Lenguajes de marcas
y sistemas de gestión
de información
2.ª edición

Isabel M.ª Jiménez Cumbreras

Lenguajes de marcas y sistemas de gestión de información

2.ª edición

Técnico Superior en Informática - ASIR - DAM - DAW

Garceta
grupo editorial

Lenguajes de marcas y sistemas de gestión de información 2.ª Edición

Isabel M.ª Jiménez Cumbreras

ISBN: 978-84-1903-494-6

IBERGARCETA PUBLICACIONES, S.L., Madrid, 2025

Edición: 2.ª

N.º de páginas: 434

Formato: 20 × 26 cm.

Materia IBIC: UMW. Programación Web

Lenguajes de marcas y sistemas de gestión de información. 2.ª Edición
© **Isabel M.ª Jiménez Cumbreras**
COPYRIGHT © 2025 IBERGARCETA PUBLICACIONES, S.L.
info@garceta.es
Edición: 2.ª
Impresión: 1.ª
ISBN: 978-84-1903-494-6
Depósito Legal: M-16897-2025
Imagen de cubierta: Bosque de Andres H. Cabrera © Flickr con licencia Creative Commons 001

Impresión: Imprenta Valle del Tiétar, S.L.
OI: 0217/2025

IMPRESO EN ESPAÑA - PRINTED IN SPAIN

Contenido

El presente libro se ajusta a los nuevos contenidos desarrollados en el Real Decreto 405/2023, de 29 de mayo de los Ciclos Formativos de Grado Superior de Desarrollo de Aplicaciones Web y Aplicaciones Multiplataforma. La normativa relacionada con la FP se ha visto modificada en los últimos tiempos y con ella se han restructurado y actualizado los módulos de gran variedad de ciclos de grado medio y superior.

Asimismo, el libro abarca todos los Criterios de Evaluación (CE) de cada uno de los Resultados de Aprendizaje (RA) que deben superarse para el módulo profesional de Lenguajes de Marcas y Sistemas de Gestión de Información, entendiendo que los RA especifican las competencias que el alumnado debe adquirir al finalizar un módulo profesional, abarcando aspectos cognitivos, procedimentales y actitudinales. Por otro lado, los CE serán aquellos indicadores que permitan valorar si se han alcanzado los resultados de aprendizaje establecidos. Un RA se dará por superado siempre que se hayan superado los CE que tiene asociados.

Dejar claro que el texto hace referencia a todos los RA y CE de la nueva normativa de Ciclos Formativos de Grado Superior de Desarrollo de Aplicaciones Web y Aplicaciones Multiplataforma, en cuanto al Ciclo de Grado Superior de Administración de Sistemas Informáticos en Red, el libro puede ser totalmente tomado como referencia ya que amplía y actualiza estos contenidos, encontrándose en él lo esencial del módulo profesional.

El texto pretende afrontar el estudio de lenguajes de marcas desde dos perspectivas: La primera de ellas es la que permite la representación visual de documentos web, desarrollo de lo que comúnmente se conoce como FrontEnd, y la segunda la que permite el almacenamiento y verificación de la información para posteriormente ser consultada y representada. Además, estudia aspectos relacionados con los sistemas empresariales de gestión de información, así como la sindicación de contenidos, de gran interés en la actualidad ya que permite la distribución y consumo de información de forma automática, eficiente y personalizada desde múltiples fuentes, beneficiando tanto a creadores como a usuarios.

Es un libro ambicioso, con mucho contenido, que espera ser de gran utilidad, no solo se persigue alcanzar conocimientos de HTML, CSS o XML, sino que además se espera que se aplique de manera adecuada para obtener resultados atractivos, de utilidad y dinámicos.

Así, en una primera parte, se abordarán tecnologías como HTML 5, CSS 3 y JavaScript, con una breve introducción a JQuery, se estudiará uno de los frameworks más usados en el desarrollo del FronEnd, BootStrap 5.0, con el fin de codificar sitios web dinámicos, claros, atractivos, bien estructurados y responsives.

La segunda parte del libro se dedica al estudio de tecnologías de almacenamiento de información tales como XML o JSON, centrándonos en el estudio de la primera. Validación de contenido mediante DTD o XML Schema, realización de consultas a los datos almacenados mediante XQuery y XPath y transformación de la misma mediante XSLT.

La última parte del texto se dedica a los sistemas empresariales de gestión de información, teniéndose en cuenta qué son, características, centrándonos en los ERP y CRM y aplicaciones como SAP u Odoo, y a la sindicación de contenidos estudiando sus aspectos principales haciendo hincapié en el desarrollo de ficheros RSS y Atom basados en nomenclatura XML.

Este libro ofrece un temario actualizado, con un contenido contrastado, ejercicios prácticos que desarrollan sitios similares a los vistos en la actualidad en Internet y un canal de YouTube que refuerza el aprendizaje, convierte a este libro en un apoyo esencial para el alumnado de estos niveles educativos.

Canal de YouTube:
https://youtube.com/@isabelm.jimenez.cumbreras?si=6BGrzvmnG9qPgDAI.

Julio de 2025

La Autora

CAPÍTULO 1

INTRODUCCIÓN A LOS LENGUAJES DE MARCAS

Contenidos

Definición y clasificación de los lenguajes de marcas.

Historia de los lenguajes de marcas y ámbitos de aplicación.

Características generales y estructura básica.

Herramientas de edición.

Resumen del capítulo

En este capítulo se iniciará al lector en el uso de los lenguajes de marcas comenzando su estudio en sus características, ámbitos de aplicación o elementos principales. Además, se explicarán los entornos de desarrollo como herramientas de edición.

Resultados de aprendizaje

RA1. Reconoce las características de lenguajes de marcas analizando e interpretando fragmentos de código.

Criterios	a) Se han identificado las características generales de los lenguajes de marcas.
	b) Se han reconocido las ventajas que proporcionan en el tratamiento de la información.
	c) Se han clasificado los lenguajes de marcas e identificado los más relevantes.
	d) Se han diferenciado sus ámbitos de aplicación.
	e) Se han reconocido la necesidad y los ámbitos específicos de aplicación de un lenguaje de marcas de propósito general.
	f) Se han analizado las características propias de los diferentes lenguajes de marcas

1.1. INTRODUCCIÓN A LOS LENGUAJES DE MARCAS

1.1.1. Definición

El **marcado** de documentos para la estructuración de información es un concepto que ha existido tiempo atrás, allá por la década de los 60 del siglo pasado, siendo uno de los primeros lenguajes dedicado a este menester GML (*Generalized Markup Language*), desarrollado por IBM. GML se utilizaba para marcar documentos con información estructurada pero su uso se limitaba principalmente a los sistemas internos de IBM.

Pero, ¿a qué hace referencia el hecho de marcar un documento? Podemos decir que el marcado de un documento consiste en agregar elementos que aportan información extra a la que ya contiene el propio documento, esta información adicional puede estar relacionada con la visualización de la propia información, con acciones adicionales que se deben realizar sobre ella o bien al significado propio de la misma.

Dicho esto, podemos definir un **lenguaje de marcas** (markup language) como un modo de codificar un texto de manera que, junto a la información, se incorporen etiquetas, marcas, anotaciones con información adicional relativa a la estructura del texto, su semántica o su presentación.

Un ejemplo de código escrito mediante lenguaje de marcas es el que se muestra a continuación:

```
<alumno id="1">
        <nombre>Isabel</nombre>
        <apellidos>Jiménez</apellidos>
</alumno>
```

La información que refiere el código será 1, junto al nombre Isabel Jiménez, serán `<alumno>`, `<nombre>` y `<apellidos>` los elementos que hacen entender que esa información refiere a un alumno con código 1 y nombre y apellidos Isabel Jiménez.

En el código anterior se observan etiquetas, elementos que comienzan con el símbolo <, finalizan con el símbolo > y contienen un nombre significativo. Definiremos este concepto en profundidad en los párrafos siguientes.

1.1.2. Clasificación de los lenguajes de marcas

En este libro vamos a proceder a clasificar los lenguajes de marcas en: **lenguajes de marcado de presentación, lenguajes de marcado de procedimiento** y **lenguajes de marcado descriptivos o semánticos**. Veamos a continuación una breve descripción de cada uno de ellos.

- **Lenguajes de marcado de presentación.** Definen el formato de la información, del texto. Este tipo de marcado es de utilidad para maquetar la presentación de un documento para su lectura, siendo insuficiente para el procesamiento de la información. Cuando accedemos a un documento desarrollado por un lenguaje de marcado de presentación veremos multitud de marcas, elementos en su mayoría ilegibles que posteriormente, al ser abiertos mediante el software adecuado muestran un texto, datos totalmente legibles colocados en forma de título, tablas, etc. Véase en la figura siguiente el código que representa un documento RTF (lenguaje incluido en este tipo) y la visualización en un lector de RTF.

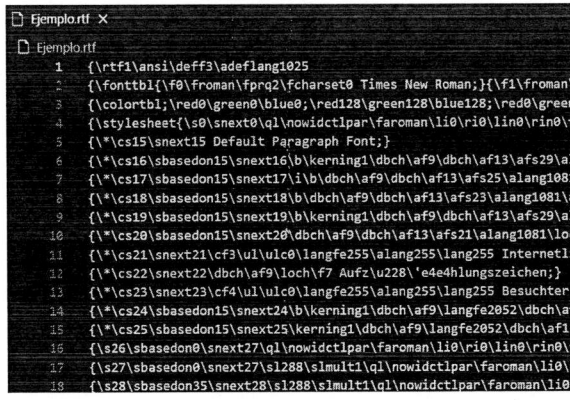

Figura 1.1. Código interno de un documento RTF de ejemplo

RTF test file

Purpose: Provide example of this file type
Document file type: RTF
Version: 1.0
Remark:

Example content:
The names "John Doe" for males, "Jane Doe" or "Jane Roe" for females, or "Jonnie Doe" and "Janie Doe" for children, or just "Doe" non-gender-specifically are used as placeholder names for a party whose true identity is unknown or must be withheld in a legal action, case, or discussion. The names are also used to refer to acorpse or hospital patient whose identity is unknown. This practice is widely used in the United States and Canada, but is rarely used in other English-speaking countries including the United Kingdom itself, from where the use of "John Doe" in a legal context originates. The names Joe Bloggs or John Smith are used in the UK instead, as

Figura 1.2. Visualización en una aplicación que permite visualización de información RTF del código RTF de la izquierda

Ejemplos de este tipo de lenguajes de marcado son:

RTF	TeX	Wikitexto
Rich Text Format —formato de texto enriquecido—. Representa textos con formato de presentación.	Usado para la representación de fórmulas matemáticas.	Usado en la creación de páginas Wiki.
Ejemplo	**Ejemplo**	**Ejemplo**
`{\fonttbl{\f0\fswiss\fcharset0 Arial;}{\f1\fmodern\fprq1\fcharset0 Courier New;}}`	`\frac{1}{2}`	`==Cabecera==`
Define dos tipos de letras a usar: Arial y Courier New	Define una fracción del tipo ½	Establece este texto como texto de cabecera

- **Lenguajes de marcado de procedimiento.** El marcado de procedimiento está enfocado como el anterior a la presentación, pero es visible además para el usuario editor. El aplicativo que representará el documento deberá interpretar el código en el mismo orden en que aparece, así, para formatear un título o subtítulo, deberán existir una serie de directivas inmediatamente antes del texto que será dicho título o subtítulo. Justo en la finalización de los elementos mencionados en el párrafo anterior deberán existir etiquetas que a la inversa finalicen las usadas en primer momento.

Ejemplos de este tipo de lenguajes de marcado son:

HTML	LaTeX
Hypertext Markup Language –Lenguaje de Marcado de Hipertexto–. Usado para el desarrollo visual de páginas web.	Orientado a la creación de documentos que presenten una alta calidad tipográfica.
Ejemplo	**Ejemplo**
`<a href=http://www.google.es> GOOGLE </a>`	`\footnote{Nota al pie de página}`
El navegador visualizará la palabra GOOGLE de manera que se podrá hacer clic sobre ella y acceder al sitio web http://www.google.es	Se visualizará como nota al pie al final de la página el texto «Nota al pie de página».

- **Lenguajes de marcado descriptivos o semánticos.** Este tipo de lenguaje de marcado se usa para describir los fragmentos de textos incluidos entre etiquetas sin tener en cuenta cuál deberá ser su representación o su orden. Son básicamente lenguajes de marcas que permitirán el almacenamiento de información especificando el sentido que esta tiene sin que se vea de un modo concreto.

Un ejemplo de este tipo de lenguaje es XML.

XML

eXtensible Markup Language-Lenguaje de marcado extensible. Permite la definición de otros lenguajes, se denomina, por este motivo, **metalenguaje**.

Ejemplo

```
<alumno>
      <nombre> Juan Luis </nombre>
      <apellidos> Vázquez Reyes </apellidos>
</alumno>
```

Almacena información e indica que Juan Luis referencia un nombre mientras que Vázquez Reyes indican sus apellidos.

Actividad 1.1

Busca en la web otros lenguajes clasificados como lenguajes de marcas, especifica en qué subtipo lo englobarías y define sus características principales.

1.1.3. Lenguajes de marcas a lo largo de la historia

Los lenguajes de marcas aparecieron inicialmente para dirigir la presentación de textos mediante uso de impresoras, de manera que eran lenguajes formados por un conjunto de códigos que permitían que el texto se mostrara de un modo u otro. Como ya sucedía con los lenguajes de programación, el formato de los códigos usados estaba muy ligado a las características de la máquina, programa o procesador de textos concreto que los usara. Así, en un principio, no existía nada que permitiera a aquel que los utilizara abstraerse del procesador de texto o máquina de modo que expresara de una forma independiente la estructura y la lógica interna del escrito en cuestión.

Más adelante se plantea como medio de presentación la pantalla. Es en este momento en el que se empiezan a emplear otros medios para el marcado de los datos.

En todo momento hablamos de la presentación del texto, pero poco a poco se comenzaron a observar las posibilidades que presentaba el marcado, comenzándose a establecer nuevos estándares que permitieran otras posibilidades. Estudiemos a continuación la historia de los lenguajes de marcas.

1.1.3.1. GML (Generalized Markup Language)

Uno de los problemas que siempre ha existido en informática ha sido la falta de estandarización en relación a los formatos de información usados en los distintos programas. Para solventar este problema, en la década de los sesenta del siglo pasado, la multinacional IBM encarga a Charles F. Goldfab el desarrollo de un sistema de edición, almacenamiento y búsqueda de documentos legales. Tras un análisis previo se llega a la conclusión de que es necesario establecer un formato estándar para todos los documentos, es decir, es necesario que todos los documentos se escriban siguiendo unas pautas y usando unos elementos concretos. El formato que se estableciera debería de ser válido para los distintos tipos de documentos legales y ser flexible para que pudiera ajustarse a las diferentes situaciones.

GML fue el formato de documentos que se creó como resultado del trabajo de Charles F. Goldfab. Se perseguía describir documentos de tal manera que el resultado fuera totalmente independiente de la plataforma o aplicación utilizada.

1.1.3.2. SGML (Standard Generalized Markup Language)

El formato GML evoluciona a lo largo de los años de manera que será en 1986 cuando dio lugar a **SGML** (estándar ISO 8879). Este será el precursor de lenguajes de marcas como HTML y XML que se estudiaran en profundidad en este libro.

SGML era un lenguaje bastante complejo. Además, precisaba de herramientas software muy caras para su uso. Es por ello que su uso ha quedado, con el tiempo, relegado a grandes aplicaciones industriales.

1.1.3.3. HTML (Hypertext Markup Language)

HTML surge gracias a la necesidad de organizar, enlazar y compatibilizar la información encontrada en diversos sistemas a través de la recién desarrollada World Wide Web, creada a finales de 1989 por Tim Berners-Lee. Fue entonces cuando se encontró con la necesidad de implementar un sistema por el que fuera sencillo el proceso de búsqueda de información a través de Internet teniendo en cuenta que esta información se encontraba ubicada en muy diversos tipos de plataformas. En el año 1991 apareció el primer documento formal HTML, en donde se encontraría la descripción de las primeras etiquetas HTML; este se identificó con el nombre de **HTML Tags** (Tag.html).

Sabías que...

A día de hoy se puede consultar ese primer documento de especificación de HTML. Para ello solo es necesario acceder a la URL:

http://www.w3.org/History/19921103-hypertext/hypertext/WWW/MarkUp/Tags.html

HTML sería un lenguaje descriptivo, combinación de dos estándares ya existentes: ASCII y SGML. ASCII es una codificación de caracteres que cualquier procesador de textos sencillo es capaz de reconocer, de manera que permitiría la transferencia de datos entre diferentes equipos, mientras que de SGML toma la forma de estructurar la información, dando relevancia a títulos y aplicando diferentes formatos a los textos.

HTML era una versión simplificada de SGML, ya que solo utilizaba instrucciones absolutamente imprescindibles. Debido a esto, es decir, a su facilidad de comprensión, fue aceptado con cierta rapidez, convirtiéndose poco después en el estándar general de creación de páginas web.

1.1.3.4. XML (Extensible Markup Language)

En 1998 W3C desarrolla un lenguaje de marcas estructural que no incluye información relativa al diseño; es el estándar **XML.** En esta ocasión, las etiquetas que conforman el lenguaje indican el significado de los datos y no la forma en que estos deben mostrarse. Así, XML es un metalenguaje[1] caracterizado por permitir etiquetas inventadas por el propio desarrollador del documento y la asignación de atributos a estas etiquetas, siendo estos atributos igualmente inventados, así como utilizar esquemas para validar etiquetas y atributos.

1.1.3.5. XHTML (Extensible Hypertext Markup Language)

XHTML aparece en el año 2000 para definir una serie de reglas por las que hacer que HTML se exprese como un lenguaje XML válido, convirtiéndolo de un lenguaje de procedimientos a un lenguaje de marcas descriptivo.

Básicamente podemos decir que gracias a XHTML definimos documentos HTML que siguen las mismas características en cuanto al código que ya XML contempla. Estudiaremos este estándar en mayor profundidad en otros apartados de este libro.

1.1.4. Características generales de los lenguajes de marcas y estructura básica

Veamos en este apartado las características generales de los lenguajes de marcas.

- **Texto plano.** Los documentos de texto plano son aquellos que están compuestos únicamente por caracteres de texto, de manera que cualquier editor, por sencillo que sea, puede abrirlos y visualizar su contenido, a diferencia de los archivos binarios. Esta característica hace que los documentos generados mediante el uso de lenguajes de marcas sean independientes del sistema operativo o programa que los crea, facilitando la interoperabilidad, fundamental sobre todo para la visualización e intercambio de información en Internet, donde los equipos que intervienen en el proceso son de muy diferentes tipos y usan plataformas dispares.

- **Compatibilidad.** El marcado de los datos se entremezcla con la propia información, de manera que encontramos etiquetas o marcas junto a datos.

- **Especialización.** Inicialmente los lenguajes de marcas se crean para visualizar documentos de texto. Esto ha ido cambiando de forma progresiva de manera que encontramos por ejemplo páginas web de mucha envergadura desarrolladas en su base por HTML.

---

[1] Según la RAE, metalenguaje es el «*lenguaje utilizado para describir un sistema de lenguaje de programación*».

- **Flexibilidad.** Los lenguajes de marcas suelen compatibilizar con otros tipos de lenguajes, por ejemplo, es fácil encontrar en una página HTML código PHP, CSS o Javascript, de manera que en su base es un código desarrollado mediante lenguajes de marcas mientras que aportan funcionalidad o visibilidad mejorada mediante el resto de elementos.

1.2. EJEMPLOS DE SOFTWARE RELACIONADO CON LOS LENGUAJES DE MARCAS

Son muchas las aplicaciones que pueden utilizarse cuando hablamos de lenguajes de marcas. En este libro centraremos nuestra atención en el software que nos permitirá desarrollar sitios web mediante HTML, generar documentos con información incrustada mediante XML, verificar esta información, así como software que permitirá comprobar la interactividad o la visualización de los documentos generados. Así, haremos uso de **Visual Studio Code,** fundamentalmente para el desarrollo de páginas web; **XML Copy Editor**[2]**,** para la generación de código XML y la posterior verificación mediante DTD y XML Schema; y navegadores web como **Chrome, Firefox** o **Edge** para la visualización y el análisis de los resultados.

1.2.1. Visual Studio Code

Visual Studio Code es uno de los entornos de desarrollo más usados hoy día para la generación de software. Acepta multitud de lenguajes, entre ellos HTML, tal que es normal usarlo en módulos formativos relacionados con la creación del frontend en aplicaciones web. Además, dispone de gran variedad de extensiones que facilitan todo el proceso de creación de un aplicativo de uso en Internet.

La versión actual de Visual Studio Code es 1.86.2 y sus características principales son:

- **Multiplataforma.** El software está disponible para su uso en múltiples plataformas, tales como Windows, Linux o macOS.

- **IntelliSense.** Esta es una característica muy interesante y útil en cualquier entorno de desarrollo ya que permite autocompletar código, resaltar palabras reservadas, etc., en definitiva, facilita la escritura de código fuente ya que proporciona sugerencias y terminaciones inteligentes en base a los tipos de variables, funciones, estructuras y demás elementos de programación. Es posible incluir extensiones que se ajustan a cada lenguaje de programación potenciando la característica aún más.

- **Función de depuración de código.** Característica fundamental a día de hoy ya que gracias a la depuración es posible detectar errores en nuestro código antes de llevar a cabo la propia ejecución del mismo.

- **Control de versiones.** Visual Studio Code es compatible con Git. Básicamente, definimos el *control de versiones* o *control de código fuente* a la práctica de controlar y gestionar los cambios en el código fuente de un software. Existen herramientas que se encargan de realizar estas operaciones, una de ellas es Git, el sistema de control de versiones más utilizado en la actualidad. Git es un proyecto de código abierto desarrollado originalmente en 2005 por Linus Torvalds (creador del kernel del sistema operativo Linux).

---

[2] Además, XBase será software de interés cuando comencemos con la realización de consultas tipo XQuery sobre un documento XML.

- **Gran multitud de extensiones.** El uso de extensiones es una de las características que hace de Visual Studio Code un entorno de gran potencia. Una extensión es un módulo de código que agrega funcionalidad al software. Así, en función del lenguaje de programación que usemos, podemos personalizar Visual Studio Code para facilitar la generación de código, además, existen componentes que facilitan su uso en general.

1.2.1.1. Descarga e instalación de Visual Studio Code

Antes de comenzar a usar Visual Studio Code debemos proceder con su descarga. Esta puede realizarse desde su web: oficial:**https://code.visualstudio.com/**

En la página principal del sitio web podemos observar un botón que permite la descarga por defecto de Visual Studio Code para Windows, si necesitáramos la descarga para otra plataforma solo debemos hacer clic sobre el icono de flecha que desplegará todas las opciones.

Actividad 1.2

Descarga e instala la última versión de Visual Studio Code.

Es interesante en la zona del menú observar el apartado **Docs** desde el que se nos enseña a usar el entorno para diferentes lenguajes de programación entre otras cosas.

NOTA. Se encuentra disponible una versión web de Visual Studio Code, de manera que es posible hacer uso de ella sin necesidad de instalar el software. La URL de acceso a esta herramienta es: https://vscode.dev/

Una vez descargado el programa el proceso de instalación es bastante sencillo, eso sí, se aconseja que se comience la instalación indicando que se es el administrador (clic con el botón derecho del ratón sobre el instalador y **Ejecutar como administrador**) ya que en otro caso se pueden producir errores a la hora de escribir ficheros en determinadas ubicaciones debido a la falta de permisos sobre las mismas. Así, en las diferentes ventanas que aparecen a la hora de instalar, aceptaremos la licencia del software y haremos clic en **Siguiente** hasta alcanzar la ventana de finalización de la instalación.

1.2.1.2. Página principal y configuración de Visual Studio Code

Página principal de Visual Studio Code

Una vez terminada la instalación del programa podemos comenzar con su uso y ejecución, desde el propio instalador, al finalizar este, se pregunta al usuario si se desea ejecutar el aplicativo. La imagen que observaremos tras comenzar el software es la que se observa en la Figura 1.3.

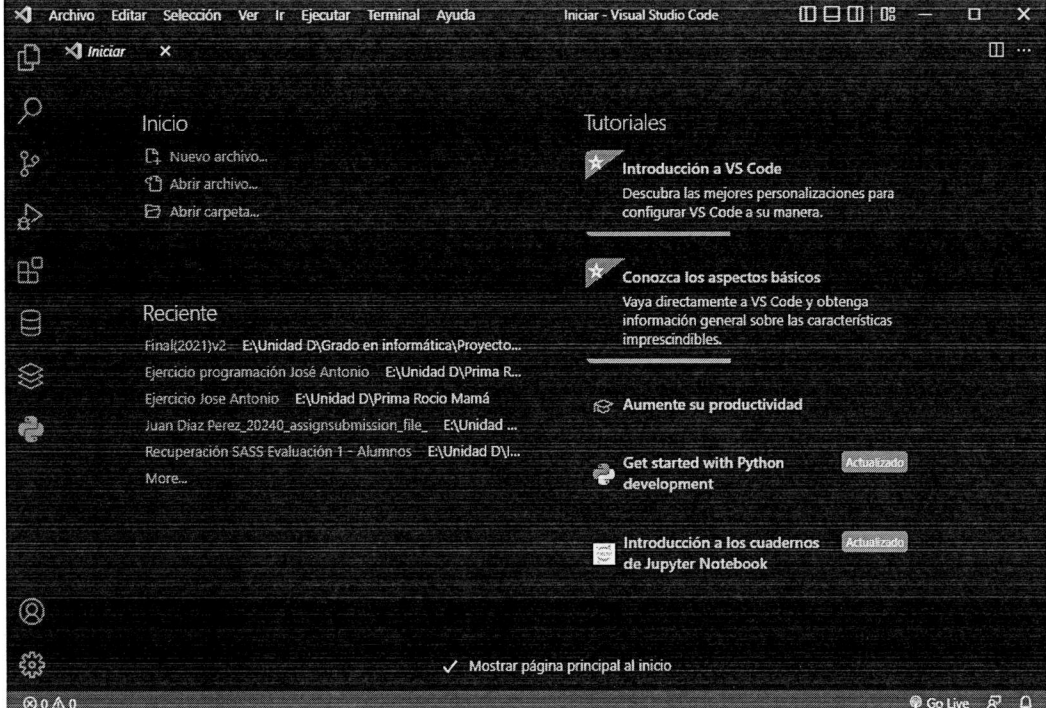

Figura 1.3. Ventana inicial de Visual Studio Code tras su instalación

Nada más comenzar, el software nos presenta una pantalla de inicio desde la que se informa de las diferentes posibilidades que aporta la aplicación. Desde la propia ventana podemos crear un nuevo archivo de código, abrir uno existente o abrir una carpeta para comenzar un proyecto web en ella entre otras muchas opciones. Además, observaremos los elementos abiertos recientemente y veremos propuestas de tutoriales, así como recomendaciones de extensiones para instalar o actualizar. La ventana de inicio será visible siempre que mantengamos activa la casilla de verificación **Mostrar página principal al inicio**.

Las partes fundamentales del entorno son las que se detallan a continuación y se pueden observar en la Figura 1.4:

- **Editor.** Zona central de la aplicación (1). Es aquí donde escribiremos nuestro código. Es posible dividir esta zona en tres para visualizar al mismo tiempo tres ficheros distintos. Para que la pantalla de edición se vea dividida solo será necesario mantener la tecla **Alt** pulsada mientras se hace clic en la zona de exploración sobre el fichero que se desea abrir.

- **Panel lateral.** Esta parte denominada como (2) en la ilustración, muestra entre otras cosas el explorador de archivos. Según hagamos clic en los iconos situados más a la izquierda, también denominados al conjunto como **Panel de actividades** (3), el panel lateral se verá modificado tal que será posible en él escoger extensiones, crear una conexión de base de datos o buscar elementos. Desde el **Panel de actividades** podremos, además, cambiar la configuración del editor.

- **Minimap**. Este componente permite visualizar un mapa del fichero que estemos editando en ese momento. Se puede observar en la Figura 1.4 como (4). Este elemento permite hacer una idea del total de código fuente escrito hasta ahora además de proporcionar una navegación rápida sobre el mismo.

- **Paneles**. Los paneles (5) se ubican en la parte inferior de la aplicación y pueden ser de diferentes tipos y proporcionar diferentes funcionalidades. En ellos podremos observar información de depuración, errores en el código, avisos y un terminal desde el que es interesante llevar a cabo la ejecución del código generado.

- **Barra de menús**. En esta zona se ubica toda la funcionalidad de Visual Studio Code. Es la barra de menús por excelencia (6), contiene diferentes opciones agrupadas según las operaciones que realiza cada elemento.

- **Barra de estado**. Al igual que la barra de menús, es un elemento que ha estado presente en todas las aplicaciones Windows desde sus inicios. Se encuentra colocada en la zona inferior de Visual Studio Code (7) y muestra información concreta sobre actividad actual.

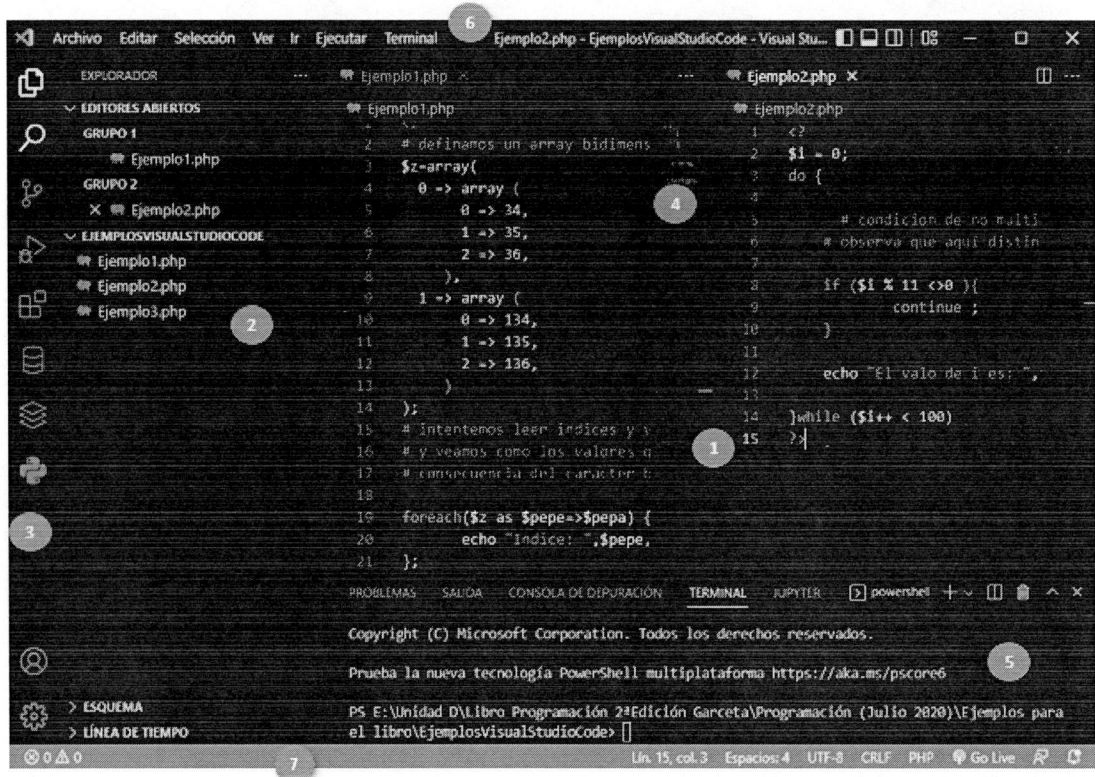

Figura 1.4. Partes del entorno de desarrollo Visual Studio Code

Configuración de Visual Studio Code

Una vez se ha procedido a la instalación de Visual Studio Code y conocemos su entorno, es posible realizar algunos cambios en el él para adaptarlo a las necesidades de quienes lo vayan a usar. Muchos programadores adaptan los editores en cuanto a colores, tipos de letras, tamaño, etc., para que les sea más cómoda su labor.

Si observamos el panel de actividades, en la parte inferior encontraremos un icono en forma de tuerca que nos derivará a un menú desplegable donde encontraremos la opción configuración. Esta permitirá la configuración del software. Es posible acceder a esta misma configuración a través de la paleta de comandos, **Ver → Paleta de comandos**. Si teniendo activa la paleta de comandos pulsamos la combinación **Ctrl +**, veremos la opción **Abrir configuración IU**.

Configuración del color del entorno

Es posible cambiar el tema de color en Visual Studio Code en función de las necesidades de cada programador. Para ello, haremos clic sobre el icono de configuración en el panel de actividades y posteriormente clic en **Tema de color**. Veremos en la parte superior cómo se ha procedido a la apertura del panel de comandos desplegado con las opciones que se visualizan en la Figura 1.5.

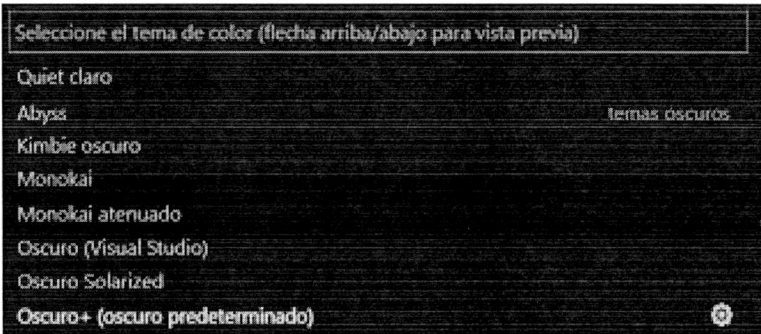

Figura 1.5. Temas de color disponibles en Visual Studio Code

A continuación, solo será necesario escoger el tema de color que nos parezca más cómodo para trabajar con el editor.

Configuración del tamaño de letra

Para cambiar o configurar las características de la tipografía accederemos a través de la opción de **Configuración** desde el icono en forma de tuerca del panel de actividades o bien, abriendo la paleta de comandos, pulsando las teclas **Ctrl +** y haciendo clic sobre **Abrir configuración (IU)**. Si pulsamos **Ctrl +**, accederemos de manera directa a los ajustes.

Entre las diferentes opciones de cambio de la interfaz veremos **Font Family.** Será aquí desde donde podemos establecer el tipo de letra del editor. Escribiremos los diferentes tipos de letra separados por comas. Además, encontraremos **Font Size** desde donde podemos indicar el tamaño de letra del código fuente que vamos a teclear.

1.2.1.3. Comenzar a trabajar con Visual Studio Code

Cuando comencemos a desarrollar nuestro sitio web, lo ideal será crear una carpeta en que ubicaremos todos los ficheros necesarios para el mismo. Debido a esto, cuando empecemos a trabajar sobre nuestro código en Visual Studio Code abriremos una carpeta y desde el entorno de desarrollo iremos creando los archivos y subcarpetas que necesitemos en cada momento. Para ello, accederemos al menú **Archivos** y haremos clic sobre **Abrir carpeta**.

Una vez que veamos este directorio sobre el panel lateral, en el explorador de archivos podremos observar en su parte superior una serie de iconos. Es necesario colocar el cursor sobre esta zona para hacerlos visibles (véase la Figura 1.6). Desde esta zona tendremos la opción a crear un nuevo fichero o una nueva carpeta.

Figura 1.6. Iconos para generación rápida de ficheros y directorios en la carpeta de proyecto actual

A partir de este punto podemos realizar operaciones tales como guardar, guardar como o abrir un fichero existente desde el menú **Archivo** o a través de diferentes atajos de teclado que veremos a continuación.

1.2.1.4. Atajos de teclado y funcionalidades de interés

En este apartado pasaremos a mostrar algunos atajos de teclado. Es interesante conocer el mayor número de atajos posibles, sobre todo aquellos que el desarrollador necesite con frecuencia, ya que facilitan la creación de código fuente sin necesidad de retirar las manos del teclado, esto conlleva una mayor velocidad a la hora de llevar a cabo nuestro trabajo como programadores.

Se aconseja al lector que visite la web: https://code.visualstudio.com/shortcuts/ keyboard shortcuts windows.pdf, para descargar la totalidad de ellos.

- Ctrl + Shift + P. Abre la paleta de comandos.

- Ctrl + P. Abre un archivo.

- Ctrl + . Muestra el fichero de ajustes del perfil, configuración del IU.

- Ctrl + N. Crea un fichero nuevo.

- Ctrl + O. Abre un archivo.

- Ctrl + S. Guardar fichero.

- Ctrl + F4. Cierra la ventana activa.

- Ctrl + X. Corta la línea en la que se encuentra el cursor.

- Ctrl + C. Copia la línea activa.

- Ctrl + F. Permite localizar un fichero abierto.

- Ctrl + 1. Activa el editor que se encuentra más a la izquierda, cuando el editor principal está dividido.

- Ctrl + 2. Activa el editor que se encuentra en la zona central, cuando el editor principal está dividido.

- Ctrl + 3. Activa el editor que se encuentra más a la derecha.

- Ctrl + W. Cierra el editor que está activo.

1.2.1.5. Plugins o extensiones para Visual Studio Code

Los *plugins* o extensiones son de gran importancia en Visual Studio Code, ya que facilitan en gran manera el trabajo del programador. Cada desarrollador escogerá la extensión que se ajuste más a sus necesidades, algunos serán elegidos en función del lenguaje de programación que se esté utilizando en cada momento.

Es posible acceder a la gran variedad de plugin desde el propio entorno de desarrollo o accediendo al sitio web del aplicativo, concretamente a la URL:

https://marketplace.visualstudio.com/VSCode

Desde Visual Studio Code, si situamos nuestra atención sobre el panel de actividades, podremos observar un icono similar al de la Figura 1.7. Al hacer clic sobre él, el panel lateral cambiará para visualizar las extensiones instaladas, así como extensiones sugeridas y una zona de búsqueda (véase la Figura 1.8).

Figura 1.7. Icono de acceso a extensiones en el panel de actividad

Si deseamos instalar una extensión, solo debemos localizarla en la lista y hacer clic sobre el botón **Instalar.** En caso de que se produzcan errores en el proceso, estos se visualizarán en la parte inferior en la zona de terminal. Si la extensión que queremos usar no estuviera presente en el listado, podríamos buscarla escribiendo su nombre o alguna palabra que se asemeje a lo que necesitamos en el cuadro de búsqueda.

En este libro se considera que las extensiones que pueden ser de mayor interés para el lector son:

Extensiones	Descripción
Live Server	Esta extensión es muy interesante. ya que permite que los cambios que se están produciendo en el código se actualicen automáticamente en el navegador sin tener que recargar la página.
Prettier-Code formatter	Permite formatear el código de forma automática.
Auto Close Tag	Cierra automáticamente las etiquetas para evitar errores.
Indent rainbow	Genera barras de colores para identificar cada nivel de indentación, siendo así más fácil la lectura del código cuando este está compuesto de multitud de líneas.
Vscode-icons	Proporciona a cada tipo de fichero y carpeta el icono que le corresponde según el lenguaje de programación o el contenido.
GitLens	Es interesante para cuando se realizan proyectos en grupos de trabajo y se usa Git para gestionarlos. Permite visualizar desde Visual Studio Code la autoría de los cambios realizados, los comentarios, etc.
HTML Snippets	Permite identificar todas las etiquetas HTML5.

Si se ha optado por usar la URL para proceder a la instalación de nuevos plugins, el modo de hacerlo será similar al explicado desde el aplicativo.

Figura 1.8. Panel lateral con el icono de extensiones activo

1. Buscaremos la extensión en la web. Para ello, echaremos un vistazo rápido a la página principal por si esta estuviera destacada y visible en primer plano. Si no encontramos lo que buscamos, utilizaremos el cuadro de búsqueda para localizarla.

2. Una vez elegida la extensión, haremos clic sobre ella.

3. El sitio nos derivará a una página en la veremos la extensión, una descripción de la misma entre otra información de interés (se aconseja observarla para conocer aún más de ella).

4. Una vez estamos convencidos de que es la extensión que necesitamos, haremos clic sobre el botón **Install.**

Actividad 1.3

Instala las extensiones que se indican en el apartado. De este modo, prepararás el software para la programación de las actividades de los capítulos siguientes.

1.2.2. XML Copy Editor

XML Copy Editor es un editor de documentos XML libre (GPL 2.0) y multiplataforma. El sitio web desde el que podemos proceder a su descarga y hacer uso de la documentación pertinente es: https://xml-copy-editor.sourceforge.io/

1.2.2.1. Descarga e instalación de XML Copy Editor

La última versión disponible de **XML Copy Editor** (2024) es la **1.3.1.0** de 8 de octubre de 2022. Para descargar la versión que deseemos en función del sistema operativo que tengamos instalado solo debemos acceder al sitio web del aplicativo y en el menú lateral izquierdo, hacer clic sobre el enlace adecuado. En nuestro caso haremos uso de la **versión para Windows de 64 bits.**

Una vez descargado el software, el proceso de instalación no remite dificultad alguna. Encontraremos diferentes ventanas:

1. En el primer cuadro de diálogo se podrá observar información sobre **XML Copy Editor**, veremos la versión que se va a incluir en el sistema. Clic en **Next**.

2. En este punto se muestra la licencia del software. Solo será necesario hacer clic sobre **I accept the agreement** para que el botón **Next** se encuentre habilitado y continuar con el proceso.

3. Como en la mayoría de aplicaciones, lo siguiente que se pregunta es el lugar de instalación, es decir, la carpeta en la que se almacenarán todos los ficheros necesarios para que el programa se ejecute. De forma predeterminada se indica una ruta y el nombre de la carpeta, que va a ser creada, ya que por defecto no existe. Clic en **Next**.

4. Tras establecer la ruta de instalación, se pregunta sobre cómo ha de llamarse el acceso en el menú Inicio hacia **XML Copy Editor**. Este es el nombre que aparece por defecto, pero si se cree oportuno, puede modificarse a aquel que se desee. Clic en **Next**.

5. La pantalla que aparece a continuación preguntará sobre los accesos directos que deberán crearse, es decir, si podrá accederse a la aplicación desde el escritorio, así como si a partir de la instalación los ficheros XML, DTD, etc., serán asociados a **XML Copy Editor** y por ende, abiertos de forma predeterminada por este aplicativo. Una vez seleccionadas las casillas oportunas, clic en **Next**. Se considera adecuado para el desarrollo de este libro que al menos se activen las casillas relacionadas con XML, DTD y XML Schema.

6. Llegados a este punto se observa una pantalla informativa donde se desglosan todas las opciones seleccionadas previamente. En caso de querer modificar alguna solo es preciso hacer clic sobre **Back**, en otro caso clic en **Install** comenzando así el proceso real de copiado de ficheros en nuestro equipo.

7. Al finalizar será posible ejecutar la aplicación de forma directa tal que pasaremos a visualizar la interfaz de **XML Copy Editor**.

Actividad 1.4

Descarga e instala la última versión de XML Copy Editor.

1.2.2.2. Interfaz y configuración de XML Copy Editor

La **interfaz de XML Copy Editor** es similar a otros editores de texto sin formato como, por ejemplo, NotePad++. La diferencia que oscila entre este y el resto se encuentra en las diferentes opciones de menú o paneles ubicados por defecto a la derecha de la aplicación.

En la Figura 1.9 se visualiza una imagen del editor con código XML. Se puede observar en la parte inferior el texto: *autores.xml es bien-formado*. Será en esta zona donde se mostrarán los errores que se puedan encontrar en el código e indicará si está bien formado (ya estudiaremos a qué refiere este término) o si es un documento válido (igualmente desarrollaremos la validación de documentos XML en profundidad en temas posteriores).

Justo debajo de los iconos de la barra de opciones encontraremos una zona de pestañas. Estas hacen referencia a cada uno de los ficheros que hayamos abierto hasta el momento. Es interesante observar que junto al nombre del fichero encontraremos un símbolo de asterisco (*), siempre que el documento haya sido modificado, pero no guardado.

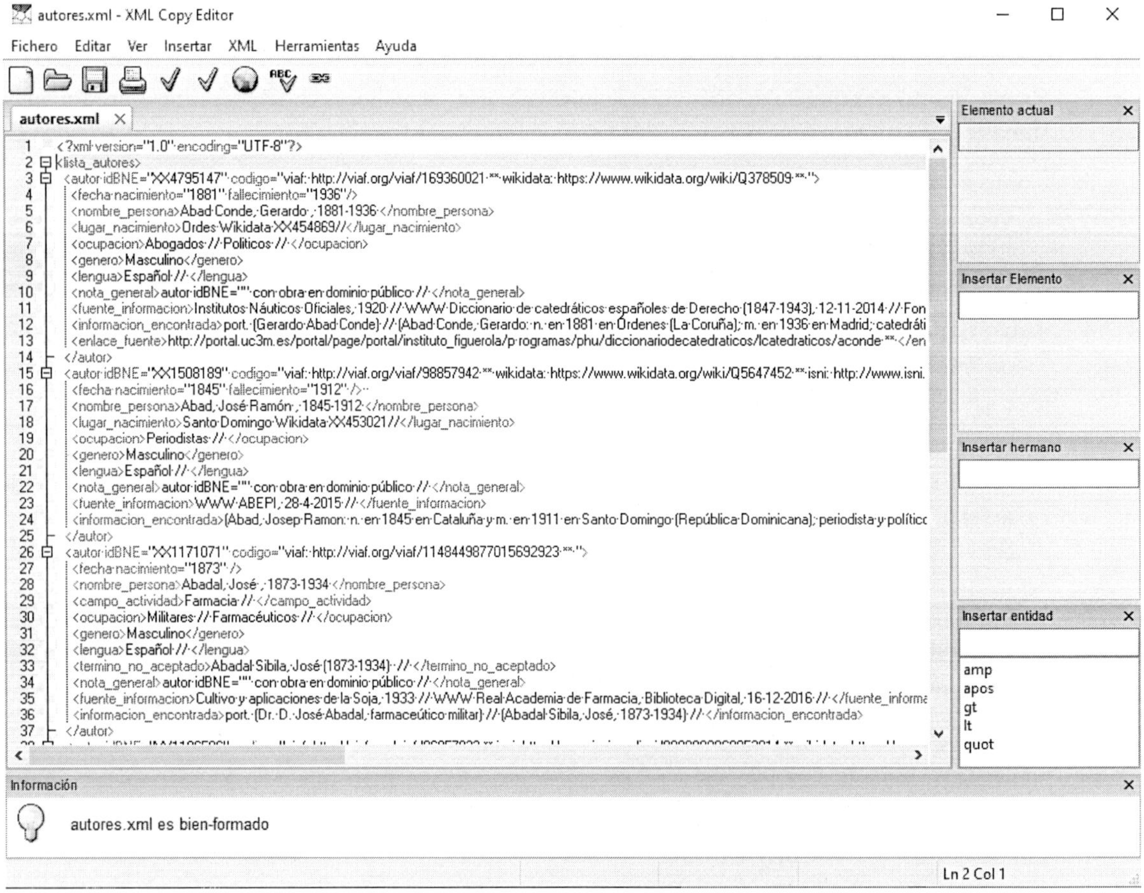

Figura 1.9. Interfaz de XML Copy Editor

Desde la barra de herramientas, situada debajo de la barra de menús, podremos acceder a las operaciones más comunes. Solo será necesario hacer clic sobre el icono en cuestión. Encontramos aquí la posibilidad de **crear un nuevo documento, abrir un documento existente, guardar un documento, imprimir el fichero que se encuentre activo en pantalla, comprobar bien formado y válido,** así como **visualizar** directamente **un documento en la web** a través del navegador por defecto, haciendo clic sobre el icono con el símbolo de bola del mundo.

Figura 1.10. Barra de herramientas con las opciones descritas en el orden en el que se han hablado de ellas

 Opción de la barra de herramientas para la verificación del documento bien formado.

 Opción de la barra de herramientas para la validación de documentos en caso de que estos usen DTD (internas o externas) o esquemas.

Configuración de XML Copy Editor

La configuración de esta aplicación es bastante sencilla y para llevarla a cabo solo debemos hacer clic en el menú **Herramientas** >> **Opciones**. En la ventana que aparece encontraremos dos pestañas: **General** y **Editor**.

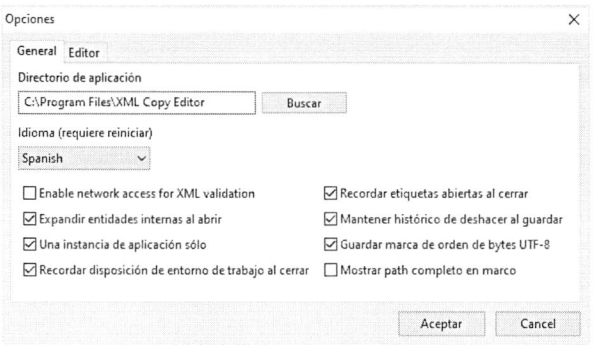

Desde las opciones generales de configuración será posible cambiar el idioma por defecto; en caso hacerlo, es preciso cerrar y abrir el programa, establecer si solo puede existir una instancia de la aplicación en ejecución a la vez o si se mantiene o no un histórico de deshacer al guardar.

Figura 1.11. Pestaña **General**

La configuración del editor será de mayor utilidad. En este cuadro de diálogo podremos establecer la fuente del código, tipo de letra usada, si se muestran o no los números de línea, si las etiquetas se autocompletan durante la escritura o si está activo el borrado inteligente de manera que cuando se intente borrar una etiqueta se eliminará por completo sin tener que hacer uso continuado de la tecla DEL o Supr.

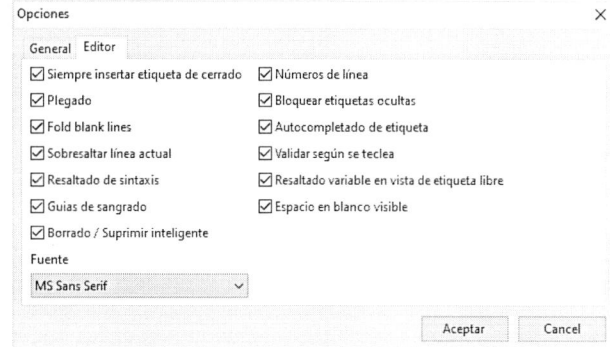

Figura 1.12. Pestaña editor

ACTIVIDADES DE AMPLIACIÓN

1. Desarrolla un breve esquema o mapa conceptual de la unidad.

2. Explica con tus palabras y *grosso modo* la clasificación general de los lenguajes de marcas.

3. Realiza una pequeña labor de investigación en la web sobre SGML. Desarrolla un documento de al menos dos páginas donde hables sobre sus elementos principales.

4. Un software usado ampliamente para el desarrollo web ha sido Sublime Text 3. Accede a su sitio web, descárgalo y observa su entorno. Compáralo con Visual Studio Code observando las diferencias y las similitudes.

5. Busca en Internet ejemplos de código XML. Observa la estructura de un documento de estas características.

6. Accede al sitio web que prefieras, haz clic con el botón derecho del ratón para mostrar el menú contextual y accede a **Inspeccionar**. Verás que, ya sea en la zona derecha o inferior, según el navegador sobre el que visualices el sitio, aparecerá una nueva ventana gracias a la que se muestra el código fuente del documento web. Familiarízate con los diferentes elementos y con la estructura de la página. Comenzaremos a estudiar estos en el próximo capítulo.

CAPÍTULO 2

INTRODUCCIÓN A HTML

Contenidos

HTML. Características principales y estándares.
Estructura de un documento HTML.
Etiquetas y atributos.
Herramientas de edición.
Incorporaciones de HTML5.

Resumen del capítulo

En este capítulo estudiaremos el lenguaje de marcas usado para el desarrollo del FrontEnd de un sitio web. Gracias a HTML describiremos el aspecto de cada una de nuestras páginas web y su contenido. Con CSS obtendremos resultados similares a los que estamos acostumbrados a visualizar en Internet.

Resultados de aprendizaje

RA1. Reconoce las características de lenguajes de marcas analizando e interpretando fragmentos de código.

Criterios		
	f)	Se han analizado las características propias de los diferentes lenguajes de marcas.
	g)	Se ha identificado la estructura de un documento y sus reglas sintácticas.
	h)	Se ha contrastado la necesidad de crear documentos bien formados y la influencia en su procesamiento.

RA2. Utiliza lenguajes de marcas para la transmisión y presentación de información a través de la web analizando la estructura de los documentos e identificando sus elementos.

Criterios		
	a)	Se han identificado y clasificado los lenguajes de marcas relacionados con la web y sus diferentes versiones y estándares.
	b)	Se ha analizado la estructura de un documento HTML e identificado las secciones que lo componen.
	c)	Se ha reconocido la funcionalidad de las principales etiquetas y los atributos del lenguaje HTML.
	d)	Se han establecido las semejanzas y diferencias entre las diferentes versiones de HTML.
	e)	Se han utilizado herramientas en la creación de documentos web.

2.1. INTRODUCCIÓN A HTML

Podemos decir que **HTML** (HyperText Markup Language) es el lenguaje de marcas usado para la representación visual y el diseño de páginas web. En Internet encontramos muchas aplicaciones web; cada una de ellas contiene textos, imágenes, elementos multimedia o elementos que permiten la estructuración del contenido. La inclusión de estos componentes se hace gracias a HTML, aunque la representación final se conseguirá mediante la adición de CSS, que permitirá establecer la estructuración, así como el cambio de características por defecto de las denominadas *etiquetas* y Javascript, que añadirá interactividad al contenido. Estas tecnologías se estudiarán más adelante en este libro. Todo nombre de archivo codificado en HTML finalizará con la extensión .html o .htm.

> **NOTA.** A menudo HTML se define como un lenguaje de programación, dato con el que en este libro no estamos del todo de acuerdo. HTML permite desarrollar la base de cualquier aplicación web, tiene una sintaxis sencilla, alejada de la de los lenguajes de programación más comunes o usados y no dispone de estructuras iterativas o condicionales ni hace uso de variables como cualquier lenguaje de programación.

2.2. CARACTERÍSTICAS DE HTML

Antes de comenzar a editar páginas web mediante el uso de HTML veamos en este apartado algunas de las características que lo distinguen.

- **Empleo de texto plano.** Esta es una de las principales características de HTML. Un documento HTML puede ser escrito por un sencillo editor de textos, de manera que es interpretado directamente sin necesidad de generación de archivos binarios y uso de programas intermedios requeridos para trabajar con ellos. Nos encontramos con texto que se entremezcla con una serie de elementos que harán que la información se muestre de un modo u otro, siendo así independientes de la plataforma, el sistema operativo o el programa con el que fueron creados.

- **Uso de etiquetas.** Al ser un lenguaje de marcas hace uso de etiquetas para definir la estructura y el contenido. Una **etiqueta** es un elemento que comienza con el símbolo «menor que» (<) seguido de una palabra representativa del tipo de elemento que se va a incrustar en la página web, para finalizar con un símbolo de «mayor que» (>). Un ejemplo de etiqueta podría ser <h1>. Si bien es cierto, las etiquetas vienen en pares, de manera que encontraremos etiquetas de inicio y finalización, siendo la diferencia entre ambas el símbolo «barra» (/) en la segunda de ellas; por ejemplo, <h1></h1>. En el ejemplo, al colocar un texto entre ambas etiquetas adoptará las características propias de un título. Así, las etiquetas de cierre delimitan qué elementos se verán modificados por ellas.

- **Compacidad.** Las etiquetas se entremezclan con el propio contenido en un único fichero.

- **Uso de una estructura jerárquica.** Los elementos se organizan jerárquicamente, de forma que encontraremos algunos elementos dentro de otros constituyendo una estructura en forma de árbol.

- **Uso de atributos.** Las etiquetas pueden contener atributos que amplían su funcionalidad. Un atributo se encuentra ubicado en la etiqueta de inicio y recibe un valor entre comillas dobles. Este valor afectará como modificador al elemento que está contenido en la etiqueta en cuestión.

- **Compatibilidad.** HTML es un lenguaje versátil y compatible con muchos lenguajes de programación, de manera que es posible incrustar código en un documento HTML o incluir HTML en códigos fuentes tales como PHP, Java o Python. Además, se suele usar en conjunto con CSS y JavaScript para, de forma sencilla, aplicar estilos y mostrar interactividad desde la parte del cliente a los sitios web creados.

En definitiva, podemos decir que HTML es el lenguaje base sobre el que se desarrolla cualquier aplicación web, independientemente de la complejidad que esta pueda tener.

HTML es un estándar conformado por W3C (World Wide Web Consortium), organización que se encargará de garantizar la consistencia y la interoperabilidad entre los diferentes navegadores web.

En este libro vamos a hacer referencia continuada al sitio web **W3Schools** que proporciona una gran multitud de manuales gratuitos relacionados con todas las tecnologías web que se van a estudiar.

2.3. ESTÁNDARES HTML

Como ya se indicaba en el Capítulo 1, en el Apartado 1.1.3, referido a la historia de los lenguajes de marcas, HTML fue desarrollado por Tim Bernes-Lee quien, al ver el rápido crecimiento de la WWW, expresó la necesidad de desarrollar un estándar para que, tanto programadores como navegadores pudieran basarse en las mismas reglas a la hora de escribir o interpretar etiquetas. Tim Berners-Lee crearía en 1991 el que podría denominarse HTML 1.0, aunque este no fue tomado como estándar oficial.

A partir de ahí surgieron diferentes estándares, siendo el primer estándar oficial el HTML 2.0. Cada especificación establece las normas respecto a qué etiquetas son válidas y cómo deben usarse.

- **HTML 2.0.** Estándar que aparece en 1995. No soportaba tablas[1]. La estructura del documento se simplificaba para agilizar así su edición. La declaración explícita de elementos como html, body y head era opcional.

- **HTML 3.2.** Esta versión se publicó en 1997, siendo publicada por primera vez por W3C (The World Wide Web Consortium). En esta especificación, además de incluir todo lo dispuesto hasta el momento, se agrega la implementación de tablas, la inclusión de applets de java o texto que fluye alrededor de las imágenes.

- **HTML 4.01.** Este estándar se publicó en diciembre de 1999. Desde su aparición, W3C se ha centrado en el desarrollo de XHTML, del que hablaremos más adelante. Por este motivo, en el año 2004, empresas como Apple, Mozilla y Opera, viendo la falta de interés por parte de W3C en el avance de HTML, se asocian para comenzar con el desarrollo del nuevo estándar HTML 5, cuyo primer borrador oficial fue publicado en 2008. HTML 4.01 contemplaba, además de la propia versión, distintas variantes[2]:

  ➢ **Strict.** En esta variante se pueden usar etiquetas 4.01, pero no se aceptan etiquetas obsoletas, es decir, etiquetas propias de otras versiones más antiguas.

---

[1] Estudiaremos más adelante en este capítulo qué son, aunque si el lector está acostumbrado a usar Microsoft Word podemos decir que se parecen bastante a las tablas que se pueden generar en este editor. Las tablas se usaron durante un periodo de tiempo para la estructuración del contenido de una página web.

[2] Cada variante se diferencia mediante la línea de cabecera de un documento HTML, <DOCTYPE…

> ➤ **Transitional.** En esta variante podemos usar todas las etiquetas de todas las versiones HTML. Debemos tener cuidado si utilizamos esta versión ya que podría ocurrir que en navegadores más actuales algunas etiquetas obsoletas no fueran reconocidas. Aun así, es la variante más usada, ya que podemos hacer uso de etiquetas antiguas y modernas aumentando la visualización de nuestro sitio web en un mayor número de navegadores.

> ➤ **Frameset.** Variante que tiene soporte de frames. Los marcos o frames fueron elementos muy usados para plasmar una estructura concreta en una página web. Gracias a ellos era posible dividir una página HTML en zonas formando ventanas, cada una de ellas con contenido distinto. Era común visualizar, como mínimo, un frame con un menú en uno de los laterales y una zona principal donde se cargaban las diferentes páginas accesibles desde el menú. Se dejó atrás este tipo de estructuración con la llegada del nuevo estándar, uso de etiquetas DIV y aplicación de CSS3.

NOTA. La asociación que forman Apple, Mozilla y Opera se denominó WHATWG (Web HyperText Application Technology Working Group). Este grupo, independiente de W3C, es el que desarrolla desde 2004 HTML, aunque W3C publica hasta 2017 recomendaciones como HTML 5, 5.1 y 5.2 basadas en el trabado de WHATWG. En mayo de 2019, W3C y WHATWG firman un acurado por el que W3C deja en manos de WHATWG el desarrollo de HTML, del DOM y de algunas API. W3C continúa con el desarrollo de CSS, otras muchas API y del resto de tecnologías relacionadas.

- **HTML 5, 5.1 y 5.2.** En 2014 sale a la luz el estándar HTML 5, que trajo consigo numerosas mejoras que permitían desarrollar contenido que hasta el momento solo podía ser llevado a cabo mediante otras aplicaciones externas del tipo de Adobe Flash.

  Nuevas etiquetas, etiquetas semánticas, posibilidad de introducir audio y vídeo de forma directa sin necesidad de plugins o complementos en los navegadores son algunas de las novedades de la nueva versión.

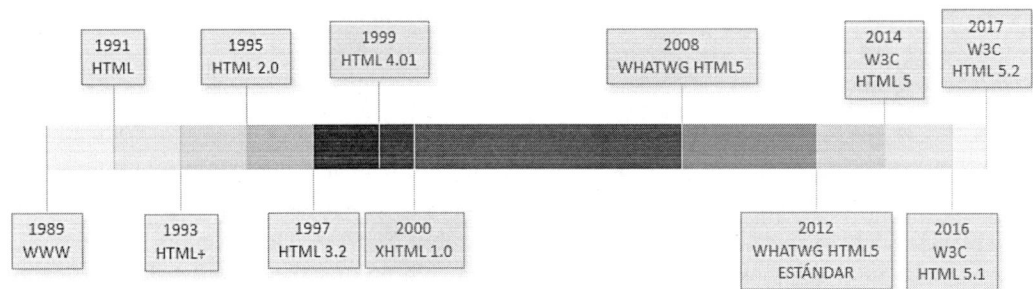

Figura 2.1. Evolución de los estándares HTML

2.4. CABECERA DE UN DOCUMENTO HTML

Todo documento HTML debe comenzar de un modo concreto que permitirá al navegador identificar el estándar HTML que se está usando. Así, si el lector accede a un sitio web y desde las preferencias del navegador y hace clic en la zona de visualizar el código fuente del mismo, verá que la primera línea comienza con algo así como `<!DOCTYPE...`

Cada versión HTML descrita en el apartado anterior requiere un encabezamiento concreto.

- **HTML 2.0.** `<!DOCTYPE HTML PUBLIC "-//ITEF//DTD HTML 2.0//EN">`.
- **HTML 3.2.** `<!DOCTYPE HTML PUBLIC "-//W3C//DTD HTML 3.2 Final//EN">`.
- **HTML 4.01 (strict).** `<!DOCTYPE HTML PUBLIC "-//W3C//DTD HTML 4.01//EN" "http://www.w3.org/TR/html4/strict.dtd">`.
- **HTML 4.01 (transitional).** `<!DOCTYPE HTML PUBLIC "-//W3C//DTD HTML 4.01 Transitional//EN" "http://www.w3.org/TR/html4/loose.dtd">`.
- **HTML 4.01 (Frameset).** `<DOCTYPE HTML PUBLIC "-//W3C//DTD HTML 4.01 Frameset//EN" "http://www.w3.org/TR/html4/frameset.dtd">`.
- **HTML 5.** `<!DOCTYPE HTML>`.

2.5. ETIQUETAS HTML

Ya hemos hecho referencia a este elemento en párrafos anteriores. En este apartado pasamos a analizar las etiquetas en profundidad estudiando aquellas que puedan resultar más relevantes.

Las etiquetas definen a los lenguajes de marcas y en este caso al que se estudia en este capítulo, HTML. Una etiqueta permite, entre otras cosas, aportar formato o almacenar información, las etiquetas HTML estarán relacionadas con la representación gráfica de manera que gracias a ellas configuraremos sitios web que se mostrarán de un modo u otro según combinemos estas.

La sintaxis de una etiqueta es la que se muestra a continuación:

```
<nombre>…</nombre>
```

- **`<nombre>`.** Representa lo que llamamos etiqueta de inicio. La palabra **nombre** referencia una palabra que no es más que el nombre representativo de la etiqueta y que define su función en el código. Suele ser una palabra en inglés o siglas de palabras inglesas que indican claramente este funcionamiento que acabamos de explicar. Por ejemplo, <head> es la etiqueta que representa la zona del código que incluye etiquetas de cabecera, etiquetas que proporcionarán información, que permitirán enlazar con otras tecnologías, en definitiva, etiquetas que no están orientadas a la visualización de elementos en la página web. Será solo en las etiquetas de inicio en las que encontraremos los denominados atributos.
- **`</nombre>`.** La barra colocada delante de la palabra que indica el nombre de la etiqueta establece a esta como una etiqueta de finalización. Es la que marca la finalización de una parte de la página web, el término de la modificación establecida para una parte del contenido.

Las etiquetas pueden ser escritas en mayúsculas, minúsculas o combinando caracteres en diferentes estilos, pero como buena práctica de programación y para estar en armonía con las reglas **XHTML**, todas las etiquetas serán escritas en **minúsculas**. Además, es importante resaltar que podemos entrelazar etiquetas, de manera que unas de ellas engloben a otras. Como dato importante, cuando tengamos etiquetas dentro de otras es fundamental que estas se inicien y cierren en orden inverso:

\<p\>Esto está en \<b\>Negrita\</b\>\</p\>	Abrimos la etiqueta \<p\>, posteriormente la \<b\> y se cierran en orden inverso, primero la \</b\> y posteriormente la \</p\>

XHTML es un estándar que se ha mencionado con anterioridad y que veremos en más profundidad a lo largo de este libro.

2.6. ESTRUCTURA BÁSICA DE UN DOCUMENTO HTML

Todo documento HTML tiene una **estructura** básica que comienza con la etiqueta \<DOCTYPE\>, que indicará el estándar HTML que se debe seguir para determinar si las etiquetas usadas son las adecuadas. A partir de ahí encontraremos unos pares de etiquetas que delimitarán las zonas fundamentales de nuestra página web.

```
<!DOCTYPE html>
<html>
        <head>
            ...
        </head>
        <body>
            ...
        </body>
</html>
```

- \<!DOCTYPE html\>. Indica que el estándar HTML usado es el HTML 5.
- \<html\>\</html\>. Delimita el contenido de una página web. Todo aquello que se incluirá en un documento web debe encontrarse entre estas dos etiquetas.
- \<head\>\</head\>. Engloba etiquetas de cabecera como la etiqueta \<title\>.

> **NOTA.** Es posible ver códigos HTML en los que encontraremos elementos fuera de estas etiquetas, dados más por programadores que desarrollan no muy buenas prácticas de programación. Los navegadores probablemente visualizarán estos documentos sin problema, pero no es un código que siga una buena práxis. Acostumbrémonos a desarrollar aplicaciones que no solo hagan lo que se pide, sino que estén además bien implementadas.

En la zona de cabecera encontraremos etiquetas que proporcionan información sobre la página web, como autor de la misma, descripción, etiquetas meta, o bien etiquetas que permiten hacer referencias a documentos CSS, Javascript, u otros relacionados con otras tecnologías, entre otras. Se aconseja dejar esta zona a elementos que no incluyan contenido visual al sitio o que no formen parte de la estructuración del mismo.

- \<body\>\</body\>. Etiqueta del cuerpo del documento. Es aquí donde colocaremos todas esas etiquetas que formarán la página web, todo aquello que el usuario final visualizará en su navegador.

2.7. ATRIBUTOS

Los **atributos** son elementos que agregan valor adicional a la etiqueta sobre la que se aplica. Se colocan en la etiqueta de inicio y se le asignan valores colocados entre comillas.

\<nombre atributo="valor"\>...\</nombre\>	Esta es la sintaxis propia de una etiqueta con un atributo. Podemos incluir tantos atributos como deseemos y como permita la etiqueta en cuestión.

> **NOTA.** Existen etiquetas que no precisan de una etiqueta de finalización. Estas se codificarán de manera que finaliarán con el símbolo />. Un ejemplo de etiqueta sin cierre es:
>
> ```
> <img src="img1.png" alt="imagen" />
> ```

2.8. NUESTRO PRIMER DOCUMENTO WEB

Antes de comenzar a estudiar etiquetas concretas, vamos a realizar nuestra primera página web. Para ello podemos hacer uso de nuestro editor de referencia, Visual Studio Code, ya sea en su versión web o aplicación o incluso acceder al sitio web de W3Schools, del que hablaremos más adelante.

Al finalizar este apartado habremos creado un documento que deberá ser almacenado con la extensión HTML o HTM, ya que este es el formato de archivos cuyo contenido está basado en HTML y está diseñado para ser visualizado en un navegador.

1. Abre Visual Studio Code.

2. Haz clic sobre **Archivo >> Abrir carpeta**. Selecciona la carpeta en la que vamos a almacenar el fichero HTML que se va a crear.

> **NOTA.** Se aconseja al lector, como procedimiento de buena práctica de cara al posterior despliegue de la aplicación web, que cree un directorio y use este para almacenar todo el sitio. Esta carpeta debería de contener subcarpetas del tipo **img, css**, etc.
>
> El concepto *desplegar una aplicación* web refiere el modo por el cual los archivos web se alojan en un servidor con características acordes a las necesarias por el propio sitio web, de manera que cualquiera pueda acceder a las páginas web mediante su URL.

> **Sabías que...**
>
> Si has descargado Visual Studio Code y el lenguaje de la aplicación es el inglés, es posible cambiar esta característica:
>
> 1. Abre la paleta de comandos pulsando las teclas Ctrl + Shift + p o pulsando la tecla F1.
>
> 2. En la línea de comandos que se muestra, escribe **configure display language**. De este modo, en la parte inferior aparecerán todos los lenguajes que se pueden seleccionar. Con las teclas de flechas, desplázate en la selección sobre **español**. Pulsa **ENTER**.
>
> 3. A partir de este momento solo debes hacer clic sobre **Restart** en el cuadro de diálogo que aparece para que la aplicación se reinicie y surta efecto el cambio realizado.

3. Haz clic sobre **Nuevo archivo** en la zona superior del explorador de archivos. Esto activará una zona en el explorador donde debes escribir el nombre del fichero en cuestión.

> **IMPORTANTE.** No debemos olvidar la extensión. Nuestro archivo se llamará **ejemplo1.html**.

4. Copia la estructura básica de un documento HTML en la zona central del editor. Puedes escribir **html,** de manera que aparezca un cuadro de opciones; entre ellas encontrarás **html:5.** Esto generará de manera automática la estructura de un documento web HTML 5. Entre las etiquetas `<body>` y `</body>` agrega el texto: **`<h1>Hola mundo</h1>`**.

5. Guarda la página web a través del menú archivo o bien, con la combinación de teclas Ctrl + S.

6. Haz clic en la parte inferior derecha sobre **Go Live**[3]. Esto abrirá una página web con el aspecto que se muestra en las Figuras 2.2 y 2.3.

```html
<!DOCTYPE html>
<html lang="es">
<head>
    <meta charset="UTF-8" />
    <title>Ejemplo 1</title>
</head>
<body>
    <h1>Hola mundo</h1>
</body>
</html>
```

Figura 2.2. Resultado del código descrito

Figura 2.3. Página web realizada a través del editor en línea de W3Schools

2.9. ETIQUETAS INCLUÍDAS EN LA CABECERA DE UN DOCUMENTO WEB

Como hemos comentado en párrafos anteriores, la **cabecera** de un documento web (`<head></head>`) incluye etiquetas que no forman parte de aquellas que muestran elementos en la página web, sino las que proporcionan información adicional, entre otras cosas. Estudiaremos a continuación algunas de ellas.

- `<title>`. Etiqueta que establece el título de la página web. Cuando se dice que establece el título, este no refiere al que se muestra en la propia página, sino al texto que se visualizará en la barra de título del navegador donde se muestre el documento web o bien en la propia pestaña en el panel de pestañas.

-

Figura 2.4. Resultado de una etiqueta `<title>` con el Texto *Inicio - IES La Arboleda*

---

[3] Este elemento aparecerá siempre que tengamos instalada en Visual Studio Code la extensión **Live Server**.

- **<base>**. Al igual que ocurre con la etiqueta title, solo puede existir una etiqueta base en un documento web. Será en este elemento, a través del atributo **href**, donde especificaremos la dirección URL base que será utilizada para todas las direcciones URL relativas contenidas dentro de un documento.

- **<link>**: Permite hacer referencia a un documento externo, incluyendo de esta manera su funcionalidad. Es la etiqueta que usaremos para enlazar hojas de estilo o ficheros JavaScript.

- **<style>**. Es la etiqueta que se usará cuando queramos incluir de forma directa contenido CSS en la propia página HTML. Esta etiqueta, al contrario que las anteriores, dispone de una etiqueta de cierre ya que todo el contenido CSS debe estar bien delimitado. Así, podremos encontrar código como el del ejemplo de la izquierda:

```
<style>
    h1{
        color: red;
        Font-family: Arial;
    }
</style>
```

- **<meta>**. La palabra meta procede de metainformación de manera que se puede deducir que esta servirá para incluir información adicional al documento web. Podemos encontrar varias etiquetas meta en la cabecera de una página web, diferenciándose entre ellas gracias a sus atributos que definen el tipo de información que incluyen.

- **<script>**.Al igual que ocurre con la etiqueta <style>, esta lleva consigo una etiqueta de cierre que permita englobar todo el código JavaScript, ya que entre ellas se insertará código de este lenguaje de programación.

2.10. ETIQUETA META

Debido a la variedad de combinaciones de atributos que se pueden usar en las etiquetas **meta** y el significado que estos harán que desprendan, se ha considerado oportuno desarrollar un apartado hablando exclusivamente de ella. Veamos qué atributos podemos utilizar y qué información hacen proporcionar al documento web.

- **Atributos name y content.** Estos dos atributos usados conjuntamente, proporcionan información sobre la página web que se está desarrollando. Podemos asignar a name los valores:

  - **Keywords.** En este caso lo que se coloca en el atributo **content** es tomado como una serie de palabras clave que permitirán localizar el documento web en búsquedas de Internet. Un ejemplo de uso de esta etiqueta sería: **<meta name="keywords" content="HTML, CSS, JavaScript" />**. En el ejemplo estaremos desarrollando un documento web, de manera que si se realizan búsquedas en Internet usando las palabras clave HTML o CSS, o JavaScript o ambas, nuestra página web aparecerá entre los resultados de búsqueda.

  - **Description.** El atributo **name** con el valor **description** indica que el **content** albergará una breve descripción de la página web en cuestión. Un ejemplo de uso de esta etiqueta podría ser **<meta name="description" content="En este capítulo veremos todo lo referido al HTML" />**.

  - **Autor.** Este valor establece quien es el desarrollador del documento web. Así, el ejemplo **<meta name="author" content="Isabel Jiménez" />** indica que el programador de la página web es Isabel Jiménez.

  - **Viewport.** Este valor se utiliza para indicar que el sitio web será **responsive** y es fundamental para que las imágenes reduzcan de forma automática su tamaño al cambiar la visualización del documento web de dispositivo o resolución. Es usual que la etiqueta meta con name viewport se codifique como sigue: `<meta name="viewport" content="width=device-width, initial-scale=1.0" />`.

- **Atributo charset.** Indica el código de caracteres usado por la página web. Es habitual encontrarlo justo después de la cabecera donde se especifica el estándar HTML. Un ejemplo de etiqueta meta con este atributo es `<meta charset="UTF-8" />`.

- **Atributo http-equiv.** Aporta información referida a los encabezados de respuesta HTTP. Es **posible** hacer uso de él en lugar del atributo name. Un ejemplo de uso de este atributo podría ser `<meta http-equiv="refresh" content="30" />`, que indica que el documento será actualizado cada 30 segundos.

2.11. SITIO WEB W3SCHOOLS

Aunque ya se ha mencionado con anterioridad en este libro el sitio web W3Schools (https://www.w3schools.com/), debido a la importancia como URL de referencia a la hora del estudio de tecnologías relacionadas con la programación web y de escritorio se cree oportuno hablar algo más sobre él.

Es un sitio web que desarrolla manuales en profundidad y con numerosos ejemplos de los estándares propuestos por la W3C. Además, es posible realizar pruebas de código gracias a sus secciones **Try it Yourself**.

A lo largo de los años el sitio web ha experimentado diferentes modificaciones. En esta última versión se ha conseguido una aplicación web intuitiva que proporciona una mayor funcionalidad a la hora de aprender un lenguaje de programación o una tecnología concreta.

Figura 2.5. Acceso a la zona «Inténtalo tú mismo»

Figura 2.6. Sitio web W3Schools

En la parte superior podremos observar un pequeño menú con las opciones **Tutorial**, **Exercises**, **Certificates** y **Services**. Justo debajo se encuentra el acceso a los tutoriales de las tecnologías más demandadas, entre las que se encuentran HTML, CSS JavaScript o el framework Bootstrap. Gracias a **Tutorial** se puede acceder a una gran cantidad de manuales mientras que en el apartado de **Exercises** es posible poner en práctica todo lo aprendido hasta el momento mediante la realización de actividades o bien, test de preguntas.

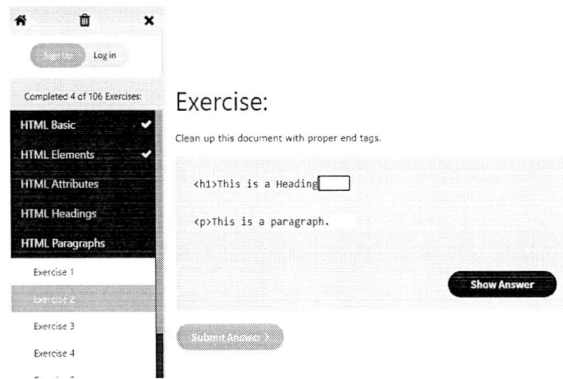

Figura 2.7. Actividades HTML a las que se puede acceder desde **Exercises**.

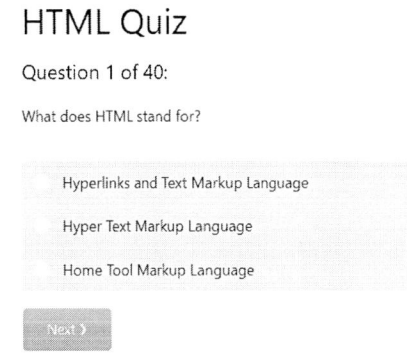

Figura 2.8. Test de preguntas, en la imagen sobre HTML, para valorar asimilación de contenidos.

Es posible sacar mucho partido a esta plataforma. Tomarla como referencia es ideal cuando se comienza en el desarrollo web, aunque existen otras que también son de especial relevancia como https://www.programiz.com/.

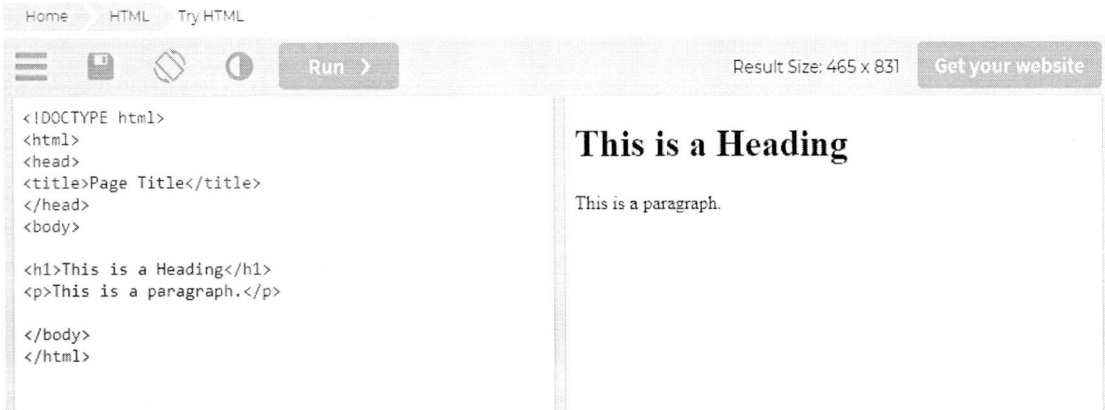

Figura 2.9. Pantalla resultante tras hacer clic sobre el botón **Try it Yourself**. El estudiante solo debe hacer modificaciones en el código de la izquierda y hacer clic sobre el botón **Run** ubicado en la zona superior izquierda. De este modo los resultados se verán en el panel de la derecha. Esta forma de edición en línea es muy usada a día de hoy, ya en el Capítulo 1 indicábamos la plataforma en línea del propio editor Visual Studio Code: https://vscode.dev/

2.12. ETIQUETAS DEL BODY

Existen numerosas etiquetas HTML que pueden ser usadas para incluir entre las etiquetas `<body>` y `</body>`. Podemos clasificar estas en función del elemento que se visualizará en el documento web, es decir, textos, imágenes, enlaces, tablas, etc.

2.12.1. Etiquetas de texto

A continuación, pasaremos a estudiar algunas de las etiquetas más usadas relacionadas con la inserción de **texto** en nuestro documento web.

2.12.1.1. Etiquetas de título. Encabezados

Este tipo de etiquetas formateará el texto para que se visualice como un título o subtítulo. Encontramos 6 etiquetas de **encabezado,** desde h1 a h6, siendo h1 la que generará un título de mayor relevancia que el resto (véase Figura 2.10).

Figura 2.10. Etiquetas de encabezado y visualización en el navegador.

2.12.1.2. Etiquetas de párrafo y de formateo del texto

A la hora de insertar texto en nuestra página web, este debe encontrarse en el código encapsulado entre un par de etiquetas, ya que esto facilitará posteriormente el uso de estilos sobre la información, entre otras cosas. Si bien es cierto que escribir texto directamente en el código sin el uso de elementos HTML no hará que este no se visualice en el navegador, pero no estaremos contribuyendo a llevar a cabo una buena práctica de programación con ello.

La etiqueta que usaremos para indicar que se está insertando un **párrafo** es `<p>`. Esta etiqueta delimitará dónde comienza y acaba un texto insertando un punto y aparte al finalizar este, de manera que el resto de elementos se colocarán tras él, a no ser que hagamos uso de otras tecnologías.

```
<p> Buenos días!! Bienvenido a mi sitio web :) </p>
```

Además de indicar la existencia de párrafos, podemos darles **formato,** ya sea en modo formato de párrafo o formato de texto. Podemos dar un formato característico al párrafo incluyendo en la etiqueta `<p>` el atributo **align.** Los valores posibles a asignar a este parámetro serán: **left** (valor por defecto), **right, center** o **justify.** De esta manera, el código siguiente genera la vista que se muestra tras él.

```
<!DOCTYPE html>
<html lang="es">
        <head>
                <title>Párrafos</title>
        </head>
        <body>
        <p>Párrafo a la izquierda</p>
        <p align="left">Párrafo a la izquierda</p>
        <p align="right">Párrafo a la derecha</p>
        <p align="center">Párrafo al centro</p>
        <p align="justify">Párrafo justificado Lorem ipsum dolor sit amet,
consectetur  adipisicing elit. Fuga sed ab adipisci! Laborum, totam aliquam.
Aliquam magnam     voluptatum sit totam consequatur? Eveniet, architecto
enim quasi nisi reprehenderit   molestias temporibus possimus. </p>
        </body>
</html>
```

Párrafo a la izquierda

Párrafo a la derecha

Párrafo al centro

Párrafo justificado. Lorem ipsum dolor sit amet, consectetur adipisicing elit. Fuga sed ab adipisci! Laborum, totam aliquam. Aliquam magnam voluptatum sit totam consequatur? Eveniet, architecto enim quasi nisi reprehenderit molestias temporibus possimus.

Para aplicar un formato de texto podemos hacer uso de la etiqueta **font.**

```
<!DOCTYPE html>
<html>
    <body>

        <p>Texto de color <font color="red">rojo</font></p>
        <p>Texto en tipo de letra
            <font face="Arial">Arial</font>
        </p>
        <p>Texto en tamaño de letra
            <font size="6">seis</font>
        </p>
        <p>El texto es
            <font color="#00FF00" face="Comic Sans MS" size="7">
                de color verde, Comics Sans y de tamaño 7
            </font>
        </p>
    </body>
</html>
```

Texto de color rojo

Texto en tipo de letra Arial

Texto en tamaño de letra seis

El texto es de color verde, Comics Sans y de tamaño 7

Figura 2.11. Uso de la etiqueta font

Este tipo de características visuales se hará posteriormente mediante la inclusión de hojas de estilo. En este capítulo hacemos uso de estas etiquetas que pueden seguir siendo usadas en los últimos estándares HTML para que el lector tenga una amplia visión de la gran variedad de elementos que posee el lenguaje. CSS ha conseguido que muchas etiquetas se encuentren en desuso.

La imagen anterior muestra un código simple de ejemplo en el que se observa el uso de la etiqueta **font** junto a sus diferentes atributos, estos serán los que realmente aporten el formato de fuente al texto.

- Atributo **color.** Especifica el color del texto. Este puede indicarse mediante su nombre identificativo o mediante una codificación en hexadecimal. Podemos encontrar en la web numerosos sitios que presentan nombres de colores en inglés. Algunas de estas referencias son:

> https://htmlcolorcodes.com/es/nombres-de-los-colores/

> https://www.cdmon.com/es/apps/tabla-colores

En cuanto al uso de colores codificados en hexadecimal, es importante destacar que:

> La codificación del color es RGB, es decir, el color resulta al mezclar los colores rojo (R-red), verde (G-green) y azul (B-blue).

> La codificación comienza con el carácter #.

> Está compuesto por 6 dígitos del sistema de numeración hexadecimal, es decir, dígitos que van de 0 a 9 y letras de la A a la F.

> El grupo de 6 se divide en tres grupos de dos, de manera que los dos primeros dígitos representan la cantidad de rojo del color, los dos siguientes la cantidad de verde y los dos últimos la cantidad de azul.

NOTA. Posteriormente, en CSS, haremos uso de funciones para generar colores tipo RGB. Estas funciones requieren igualmente cantidades de color rojo, verde y azul, pero estas serán representadas mediante números decimales ques oscilarán entre 0 y 255. Por ejemplo: RGB (0,0,255) es la representación de un color azul puro.

Desde los links indicados anteriormente podremos, además, conseguir los colores en hexadecimal. La referencia https://www.w3schools.com/html/html_colors_hex.asp permite interactuar con determinados elementos para seleccionar un color hexadecimal personalizado.

- Atributo **fase.** Permite al programador establecer un tipo de letra diferente al usado por el navegador. Los tipos de letras deben ser escritos entre comillas dobles y es posible especificar más de un tipo separando estas mediante comas. Por ejemplo: fase="Arial, Times New Roman, Comic Sans MS".

> **NOTA.** Aunque cada vez se hace un mayor uso de fuentes ubicadas en servidores tipo Google Fonts (https://fonts.google.com/) y este problema empieza a desaparecer —siempre que el servidor de fuentes no se haya caído—, es importante entender que si el tipo de letra que escogemos no se encuentra instalado en el equipo donde se visualiza este sitio, no se verá con el tipo de letra elegido. Es por ello que, como buena práctica y persiguiendo que el documento web se visualice de una forma similar, aunque la letra principal no exista, se colocan en el atributo face al menos tres tipos de fuentes diferentes, pero similares en cuanto al estilo.

- Atributo **size.** Permite establecer un tamaño de letra diferente al que usa por defecto el navegador. Los tamaños de letras no se miden en píxeles o ninguna de medidas usadas en editores de texto, o aplicaciones similares, existiendo como máximo 7 tamaños, del 1 al 7, siendo el 1 el tamaño más pequeño, 7 el mayor y 3 el tamaño que usa por defecto el navegador.

Podremos combinar los atributos como mejor nos convenga para alcanzar el resultado deseado.

2.12.1.3. Otras etiquetas relacionadas con el texto

Existen numerosas etiquetas que podemos usar relacionadas con el formato del texto; a continuación, listamos algunas de ellas. El lector puede acceder a W3Schools para estudiar en más profundidad este apartado.

```
<!DOCTYPE html>
<html>
    <body>
        <p>Texto en <b>Negrita</b></p>
        <p>Texto <strong>Importante</strong></p>
        <p>Texto en <i>Cursiva</i></p>
        <p>Texto <del>Tachado</del></p>
        <p>Texto <u>Subrayado</u></p>
        <p>Texto <mark>marcado</mark></p>
        <p>Texto<sup>Superíndice</sup></p>
        <p>Texto<sub>Subíndice</sub></p>
    </body>
</html>
```

Texto en **Negrita**

Texto **Importante**

Texto en *Cursiva*

Texto ~~Tachado~~

Texto <u>Subrayado</u>

Texto marcado

Texto^{Superíndice}

Texto$_{\text{Subíndice}}$

Figura 2.12. Otras etiquetas de formato del texto y resultado sobre el documento web

2.12.1.4. Listas ordenadas, desordenadas y de definición

Otros elementos que se pueden incluir en nuestras páginas web son las listas, por las cuales podremos ordenar datos, mostrarlos de forma diferente e incluso generar menús horizontales o verticales.

Las etiquetas HTML que permiten la inclusión de listas son **ol, ul** y **dl.** Los dos primeros tipos de listas harán uso de la etiqueta **li** para indicar elementos incluidos en ellas, mientras que las listas de definición **dl** utilizarán etiquetas del tipo **dt** y **dd.** Lo veremos en mayor profundidad en este apartado.

OL: Ordered List (listas ordenadas)

La etiqueta **ol** permite la creación de listas ordenadas, es decir, enumeraciones de elementos. Así, cada uno de los componentes de la lista está precedido por un valor que indica su posición.

Como se puede observar en la Figura 2.13, las listas ordenadas se delimitan por las etiquetas **<ol></ol>**. Cada elemento de la lista debe ser incluido entre las etiquetas de lista mediante **<li></li>**.

```
<!DOCTYPE html>
<html>
  <body>

  <h2>Listas ordenadas</h2>

  <ol>
    <li>Primero</li>
    <li>Segundo</li>
    <li>Tercero</li>
  </ol>

  </body>
</html>
```

An ordered HTML list

1. Coffee
2. Tea
3. Milk

Figura 2.13. Ejemplo de lista ordenada

Podemos añadir atributos a la etiqueta principal **ol:**

- **type.** Establece el valor que representa la posición de cada elemento. Por defecto, en una lista **ordenada**, cada elemento está precedido por un número decimal comenzando en 1. Si preferimos la ordenación mediante el uso de números romanos por ejemplo, solo tendremos que modificar la etiqueta **ol** de manera que se muestre como a continuación, **<ol type="I">**. El atributo **type** admite los valores **1, A, a, I, i**.

- **start.** Permitirá indicar el valor inicial de la lista y a partir de él, continuar la lista. Si escribimos la etiqueta **ol** como sigue **<ol start="7">** estaremos indicando que el primer elemento de la lista estará precedido por 7, siendo los siguientes 8, 9, 10, etc.

Es posible enlazar listas de manera que podemos establecer diferentes niveles. Advertir al lector que no se obtendrán con este método esquemas o listas multinivel como puede hacerse en un editor de texto tipo Microsoft Word, ya que las sublistas serán antecedidas por un único valor numérico, pudiendo ser solo modificable mediante el atributo start en cuanto a indicador de comienzo o type en cuanto a indicador de formato.

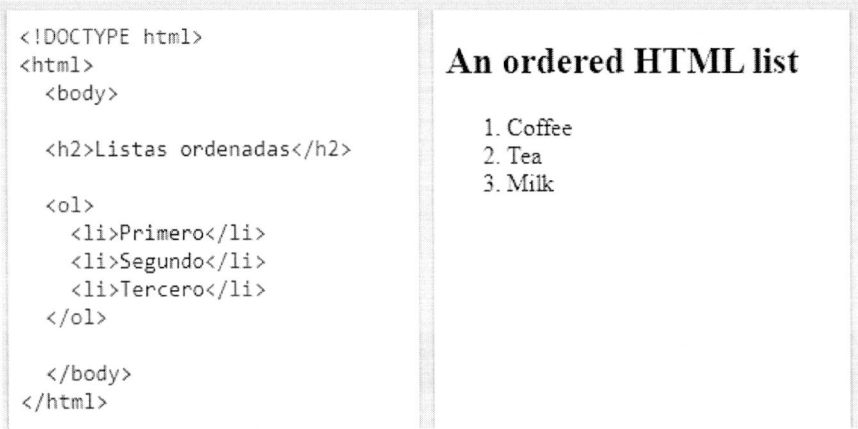

Figura 2.14. Ejemplo de uso de listas ordenadas

UL: Unordered List (listas desordenadas)

La etiqueta **ul** genera listas cuyos elementos no se encuentran ordenados, es decir, tanto el primero como el último tienen el mismo valor de ordinalidad, la posición de los mismos no importa, y serán antecedidos por un símbolo gráfico. Al igual que en las listas ordenadas, esta etiqueta hace uso de **li** para establecer sus elementos y puede incluir el atributo **type.**

type permite modificar el símbolo que se encuentra delante de cada componente de la lista. Los valores permitidos por **type** son: **disc** (opción por defecto, círculo relleno), **circle** (círculo no relleno), **square** (cuadrado) y **none** (sin símbolo).

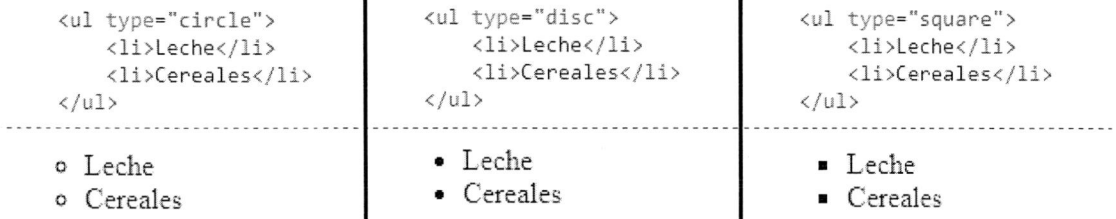

Figura 2.15. Ejemplo de uso de listas desordenadas

DL: Description List (listas de definición)

Las listas de definición, como su nombre indica, se usarán para definir términos. Como en este tipo de listas debemos tener en cuenta el término a definir y la propia definición, cada elemento de la lista estará compuesto por un par de etiquetas denominadas **dt** y **dd**.

- **dt.** La etiqueta **dt** se usará para indicar el término a definir.
- **dd.** La etiqueta **dd** se utilizará para mostrar la definición del término que lo precede.

Este tipo de listas se usa normalmente para la generación de glosarios de términos en Internet.

```
<!DOCTYPE html>
<html>
<body>

<dl>
  <dt>HTML</dt>
  <dd>Lenguaje de Marcas...</dd>
  <dt>CSS</dt>
  <dd>Técnología que da formato...</dd>
</dl>

</body>
</html>
```

```
HTML
      Lenguaje de Marcas...
CSS
      Técnología que da formato...
```

Figura 2.16. Ejemplo de uso de listas de definición

2.12.1.5. Comentarios en HTML

A la hora de codificar es importante entender que, debido a la amplitud de los proyectos web que se desarrollan hoy día, estos están realizados por varias personas, un equipo de programadores que pueden intercambiar sus códigos fuentes para ampliar su funcionalidad entre otras cosas.

Así, es importante **comentar** nuestras aplicaciones, ya no solo para que otros programadores puedan continuar nuestra labor, sino en nuestro propio beneficio, ya que, si necesitamos modificar zonas del código, detectar dónde se encuentran determinados errores, etc., será más sencillo hacerlo si tenemos claro qué se hace en cada parte de nuestro aplicativo.

En HTML incluiremos comentarios mediante los símbolos `<!- -` y `- ->`.

Aunque los guiones parecen tener separación entre ellos, esta no existe; se ha colocado de este modo para que fuera legible al lector. Puede obtenerse información adicional en el sitio W3Schools, concretamente en la URL: https://www.w3schools.com/html/html_comments.asp.

```
<!- - Comienzo de la cabecera - ->
    <h1>Título del sitio</h1>
    <p>Párrafo de introducción</p>
<!- - Fin de la cabecera - ->
```

Título del sitio

Párrafo de introducción

Figura 2.17. Resultado del código situado a la izquierda. En él se observan dos comentarios que no aparecen en el navegador.

2.12.1.6. Enlaces

La existencia de los **enlaces** que hizo que la nueva WWW tuviera tanta repercusión en un período tan corto de tiempo. El que en una página web se encontrara un elemento que al hacer clic sobre él nos redirigiera a otro documento web fue fundamental para el lanzamiento de lo que hoy conocemos como Internet. Cada vez se creaban más sitios web, con mayor información, eso sí, en sus comienzos eran sitios que, contenían en la mayoría de los casos, solo textos[4] y alguna que otra imagen.

La etiqueta HTML que permite la inserción de enlaces o hipervínculos en nuestras páginas web es `<a>`. Como otras muchas etiquetas que estudiaremos en este libro, no es relevante a no ser que añadamos en ella el atributo **href,** de manera que es fundamental encontrar esta etiqueta como se muestra en el siguiente ejemplo: `<a href="http://www.google.es">GOOGLE</a>`.

- **href.** El valor de este atributo referenciará el sitio web con el que enlazaremos. Así, entre las etiquetas de inicio y fin colocaremos un texto, una imagen u otro tipo de elemento, de manera que al hacer clic sobre él se abrirá el sitio web indicado en este parámetro. **href** contempla normalmente la dirección URL de una página web, pero es posible asignar un valor que represente una posición dentro de la misma. Tiempo atrás se usaba para referenciar direcciones de correo de manera que al hacer clic sobre el enlace se pudiera enviar un nuevo correo electrónico a través de un software específico. Además, podría ser normal la descarga de archivos a través de esta etiqueta y este atributo.

---

[4] La velocidad de red y los dispositivos de la época no daban lugar a la creación de contenidos más espectaculares;tampoco las versiones de HTML del momento.

- **target.** Este atributo indicará dónde se visualizará el sitio web que se abrirá al hacer clic en el enlace. Los posibles valores que puede adoptar serán:
  - ➢ **_self.** Esta es la opción por defecto de manera que abrirá la página web en la misma ventana, pestaña del navegador o frame donde nos encontremos.
  - ➢ **_blank**. Abre el documento web en una nueva ventana.
  - ➢ **_parent.** Le daremos uso cuando tengamos la página dividida en frames. Esta práctica era habitual tiempo atrás, pero se encuentra actualmente en desuso debido a que la estructuración de una página web se suele realizar mediante una combinación de código HTML y CSS, siendo este más óptimo que cualquier método anterior para este menester.
  - ➢ **_top**. Abre la página en la misma ventana donde nos encontramos. Si esta estuviera dividida en frames obviaría las divisiones ocupando todo el body.
- **title**. El atributo title especificará información extra sobre el enlace. Esta información se hará visible al colocar el cursor sobre el hipertexto en forma de pequeño recuadro. Véase el ejemplo siguiente:

```
<h2>Enlaces</h2>
<a href="https://www.w3schools.com/html/"
title="Tutorial HTML en w3schools">Tutorial
HTML</a>
```

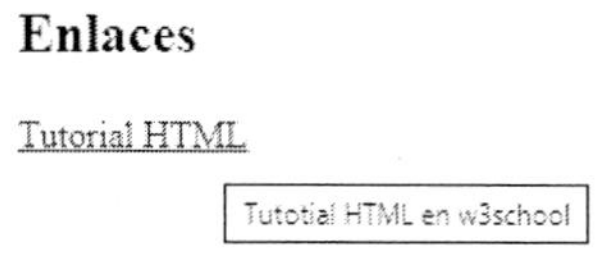

Enlaces

Tutorial HTML

Tutorial HTML en w3school

Figura 2.18. Resultado del uso del atributo title cuando se colocar el cursor sobre el enlace.

Hasta ahora, en los diferentes ejemplos usados en el apartado, se han utilizado direcciones URL para asignar al atributo href; sin embargo, cuando estemos diseñando nuestro propio aplicativo, referenciaremos diferentes documentos web del mismo. Así, es importante tener claros los conceptos de direcciones **absolutas** y **relativas.**

IMPORTANTE. A la hora de crear nuestro sitio web, lo haremos de manera local, de modo que crearemos una carpeta en la que almacenaremos todo lo necesario para el desarrollo de nuestra aplicación web. Se aconseja, dentro de este directorio, crear subcarpetas del tipo **css**, **js**, **img**, etc., de forma que organicemos adecuadamente todos los elementos referentes a las tecnologías web usadas.

Rutas absolutas y relativas

Cuando hablamos de rutas nos referimos al modo en el que accedemos a un determinado documento web o elemento que forma parte de nuestro sitio. Existen dos formas de acceder a un componente web, mediante su ruta absoluta o su ruta relativa.

- **Ruta absoluta**. Es la que indica todos los saltos que se deben de dar hasta acceder al elemento web correspondiente, es decir, si tenemos este almacenado en el disco duro principal, C:\\, en una carpeta en el escritorio llamada **sitio**, siendo el nombre del elemento web **index.html**, para acceder a él si nos encontramos en un sistema operativo Windows, la ruta absoluta sería: **C:\Users\Isabel\Desktop\sitio\index.html**. El uso de rutas absolutas está totalmente desaconsejado en aplicaciones web, ya que estas aplicaciones se crean para ser albergadas en servidores que las almacenarán en unidades y directorios cuyos nombres no conocemos, produciendo fallos fatales en la visualización de los contenidos.

- **Ruta relativa**. Es la que permite partir desde la carpeta en la que se encuentra el sitio web, de manera que todo se ubica en el mismo lugar sin tener que preocuparnos de dónde será almacenado el directorio principal en el servidor. Así, si tenemos nuestra web en un directorio llamado **sitio** en cualquier zona de nuestro disco duro y dentro de esta carpeta tenemos una subcarpeta **img** en la que tenemos el fichero **logo.png.** Podremos acceder a ella desde la carpeta principal mediante la ruta: **img/logo.png.** A la hora de configurar rutas relativas debemos usar la barra (/) junto a subdirectorios y archivos. Podemos comenzar la ruta indicando que la carpeta de partida es aquella en la que nos encontramos mediante los caracteres punto-barra (. /) o bien. en la carpeta anterior mediante doble punto-barra (. . /).

Posibles rutas relativas para la estructura de directorios de la figura. Partimos del directorio principal, **sitio** son:

- ➢ img/logo.png: da Acceso a la imagen **logo.png**.
- ➢ css/estilos.css. Acceso a la hoja de estilo **estilos.css**.
- ➢ index.html. Acceso al fichero HTML **index.html**.
- ➢ Supongamos que nos encontramos en el directorio **css**.
- ➢ ../index. Acceso al fichero **index.html** ubicado en el directorio principal.
- ➢ ../img/logo.png. Acceso a la imagen **logo.png**, debemos acceder al directorio anterior y desde ahí colocarnos en **img**. Es importante recordar que, por defecto, los enlaces se presentan en la web con determinados colores, indicando estos el estado en sí del hipervínculo. Así, los colores azul, morado y rojo son los elegidos por el estándar HTML.

Figura 2.19. Estructura de carpetas del sitio web llamado **sitio**

Enlace sin visitar	Enlace visitado	Enlace activo
Enlace que aún no ha sido pulsado o accedido.	Enlace que ya ha sido visitado, es decir, ya se ha hecho clic sobré él y se ha visto la página web o elemento.	Enlace que está siendo pulsado en ese momento. Este color se mostrará de forma momentánea, solo en el tiempo que se hace clic.

Figura 2.20. Aspecto de los enlaces insertados en el texto

Los colores por defecto podrán ser modificados incluyendo los atributos **link**, **alink** y **vlink** a la etiqueta body. Esta mista etiqueta soporta atributos del tipo **bgcolor** y **text**. A continuación, explicaremos en qué repercuten cada una de ellas.

- **link**. Modifica el color por defecto de los links de toda la página web cuando aún no han sido visitados. Cambiarán el color azul por aquel que se vea más acorde al diseño de nuestro sitio.
- **vlink**. Modifica el color de los enlaces cuando ya han sido visitados. El color morado será sustituido por el que el diseñador haya designado.
- **alink**. Modifica el color de los enlaces cuando están siendo pulsados, es decir, el color por defecto de los enlaces activos.
- **text**. Modifica el color por defecto de todo el texto de nuestra página web. El color del texto en cualquier navegador suele ser negro.
- **bgcolor**. Modifica el color de fondo de nuestro documento web.

Algunos ejemplos de uso del color son:

```
<body text="blue">
<body link="#FF0000" vlink="#00FF00">
<body bgcolor="grey">
```

La etiqueta <body> aceptará todos los atributos a la vez o las combinaciones de estos en función de las necesidades del diseño.

Uso de enlaces para acceder a posiciones de un documento web

Es habitual encontrar sitios web sencillos formados por una única página dividida en zonas, de manera que estas son accesibles mediante enlaces. Así, podemos dar nombre a diferentes partes de nuestro documento web para poder referenciarlas mediante ellos. Tiempo atrás esta práctica se llevaba a cabo mediante el uso del atributo **name** sobre la etiqueta **a**; a día de hoy puede realizarse incluyendo el atributo **id** en cualquier etiqueta.

Para dar nombre a una posición podemos colocar la etiqueta **a** del siguiente modo, en el lugar que estemos denominando:

- <a name="personajes" />. Es el lugar del documento web donde escribamos esta etiqueta se denomina **personajes**.

Sin necesidad de agregar etiqueta alguna, podemos dar nombre a la posición de un elemento incluyendo el atributo **id** en su definición. Así, si quisiéramos tener accesible la posición de un título en nuestra web podríamos crear la etiqueta como sigue:

- <h1 id="personajes">Sección personajes</h1>. El atributo **id** será usado para varios menesteres, pero en esta casuística dará nombre a la zona.

Una vez dado nombre a una posición ya sea de un modo u otro, para generar un texto que enlace con la posición escribiremos <a href="#personajes">Acceso a la sección de personajes</a>. La # es fundamental, el no colocarla delante del nombre de la posición conllevará a que este no sea operativo.

Actividad 2.1

Desarrolla una página web como la que se muestra en la Figura 2.21.

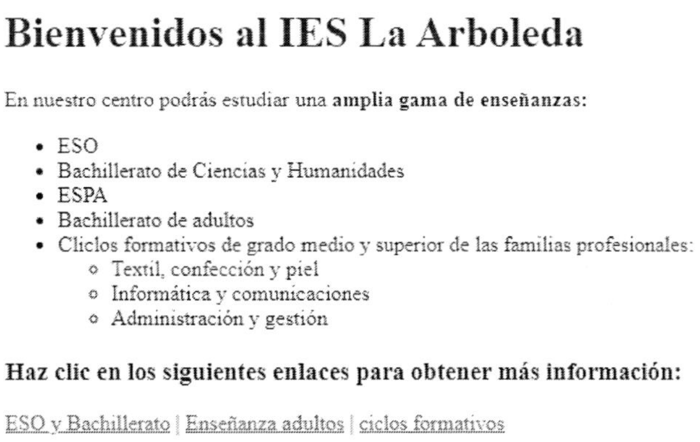

Bienvenidos al IES La Arboleda

En nuestro centro podrás estudiar una **amplia gama de enseñanzas:**

- ESO
- Bachillerato de Ciencias y Humanidades
- ESPA
- Bachillerato de adultos
- Cliclos formativos de grado medio y superior de las familias profesionales:
  - Textil, confección y piel
  - Informática y comunicaciones
  - Administración y gestión

Haz clic en los siguientes enlaces para obtener más información:

ESO y Bachillerato | Enseñanza adultos | ciclos formativos

Figura 2.21. Página web a realizar en la actividad

En el desarrollo de la actividad deberás tener en cuenta:

- El color de texto por defecto es azul oscuro.

- **Tanto** "Bienvenidos…" como "Haz clic…" son títulos de diferentes tamaños.

- Los enlaces son de color verde por defecto. Los activos serán de color amarillo, mientras que los visitados se verán en rosa.

2.12.1.7. Imágenes

Una vez hayamos creado páginas que contienen información en modo texto y las hayamos visualizado de diferentes modos, además de haber insertado elementos que permiten enlazar diferentes documentos web, es el momento de estudiar la inclusión de elementos multimedia en nuestras páginas web.

La inserción de imágenes se lleva a cabo mediante la etiqueta `<img>`. Esta etiqueta irá siempre acompañada de su atributo **src,** ya que es el que almacena el nombre del fichero de imagen que se debe mostrar. Un ejemplo de uso de la etiqueta `<img>` será: `img: <img src="logo.png" alt="Logotipo" />`.

A la hora de especificar la ruta al fichero multimedia, esta se podrá establecer siguiendo las indicaciones de rutas relativas y absolutas que se explicaron en el apartado **Enlaces**. Al igual que se comentaba en este apartado, deben usarse rutas relativas. Explicaremos a continuación de forma más detallada los atributos más comunes.

- **src.** Alberga la dirección URL de la imagen que se quiere visualizar. En Internet existen muchos sitios web que contienen imágenes que pueden ser usadas libremente. Uno de esos sitios es **Pixabay** (https://pixabay.com/es/).

- **alt.** Este atributo debe incluirse de igual modo que el atributo src ya que desde hace algún tiempo se ha convertido en obligatorio para que nuestros sitios web tengan un grado de accesibilidad adecuado y se posicionen entre los resultados de búsqueda más altos, Google y otros motores de búsqueda usan la información del atributo alt para conocer, contextualizar y así indexar las imágenes en sus bases de datos. En el caso de que una imagen no se muestre, en su lugar se observará el texto que se haya escrito en alt, de manera que en todo momento el usuario sabrá qué debería visualizarse en la zona correspondiente.

- **width** y **height.** Estos atributos permiten indicar el ancho y alto de la imagen respectivamente. Lo ideal es incluir imágenes en nuestras páginas con los tamaños adecuados para no tener que retocar estos desde el código, siempre es mucho mejor que un programa dedicado al retoque fotográfico se encargue de este menester. A la hora de indicar una cantidad esta vendrá representada en píxeles (px), más adelante estudiaremos otras unidades de medida, siendo clasificadas estas en unidades de medida absolutas y relativas.

En la tabla siguiente se muestran los formatos de imágenes permitidos por los navegadores web.

APNG	Extensión del formato de archivos PNG que aporta la capacidad de animación a las imágenes funcionando de manera similar a los conocidos GIF.	.apng
GIF	Formato ampliamente usado en Internet para imágenes con y sin movimiento.	.gif
ICO	Icono de Microsoft	.ico, .cur
JPEG	Formato estándar y ampliamente usado por su compresión. Desarrollado por Joint Photographic Experts Group.	.jpg, .jpeg, .jfif, .pjpeg, .pjp
PNG	Siglas de Portable Network Graphics. Formato de archivo muy utilizado sobre todo porque las imágenes pesan bastante poco sin demasiada pérdida de calidad debido a la compresión del fichero de imagen, algo que lo diferencia de JPEG.	.png
SVG	Gráficos vectoriales Escalables. Estándar web que permite definir imágenes basadas en vectores.	.svg

Etiqueta picture

En las versiones actuales de HTML encontramos otra etiqueta relacionada con la inserción de imágenes en un sitio web. Esta etiqueta es `<picture>`.

La etiqueta `<picture>` permite agrupar diferentes recursos de imagen mostrando uno u otro en función de las especificaciones dadas. Veamos el siguiente ejemplo:

```
<picture>
    <source media="(min-width:500px)" srcset="logoMovil.png" />
    <source media="(min-width:700px)" srcset="logoTablet.png" />
    <img src="logoEscritorio.png" alt="Logo" />
</picture>
```

- Las etiquetas `<source>` identifican diferentes archivos de imágenes además del «media» en el que deben ser visualizados, es decir, cuál debe ser la resolución del dispositivo en el que se verá la web para que se muestre la imagen. En caso de pantallas de resolución inferior a 500px la imagen que debería de tenerse en cuenta sería logoMovil.png; para pantallas entre 500px y 700px la imagen visualizada sería logoTablet.png; mientras que para el resto de resoluciones la imagen que se representa será logoEscritorio.png.
- Es fundamental que entre las etiquetas `<picture>` y `</picture>` encontremos una etiqueta `<img>`, ya que será está la que realmente hará visible la imagen en nuestro documento web.

Mapas de imágenes

Los mapas de imágenes se usaban con frecuencia cuando se quería utilizar una única imagen como enlace a varios documentos web. En la actualidad, es fácil encontrar este tipo de collage realizado a partir de capas que contienen diferentes imágenes de fondo, pero en los inicios de HTML o en versiones anteriores a la HTML5, este tipo de elemento solo se podía conseguir con la etiqueta `<map>`. Veamos a continuación cómo se configuraba un mapa de imagen.

A estas alturas del capítulo el lector habrá entendido claramente que las etiquetas HTML pueden entrelazarse de manera que es posible configurar una imagen para que sea enlace hacia una URL determinada:

```
<a href="https://www.mejoresmascotas.es">
    <img src="https://pixabay.com/es/photos/coco.png" alt="Coco" />
</a>
```

Así, un mapa de imagen hace algo similar teniendo en cuenta que el mapa definirá zonas que accederán a URL determinadas.

NOTA. Hasta el momento, si escribiéramos texto junto a una imagen, este se colocaría en la parte inferior de la misma permitiendo la inclusión de una única línea. (véase la figura de la derecha). Esto puede cambiar aplicando una propiedad CSS denominada **float** o bien, estructurando el contenido mediante tablas (teniendo en cuenta que hasta el momento solo usamos HTML para la realización de nuestras páginas web).

Es posible usar el atributo **valign** en la etiqueta **img** junto a los valores **middle**, **bottom** o **top** para conseguir que la línea del texto se encuentre al centro, abajo o arriba, junto a la imagen.

Este es un ejemplo de texto junto a imagen, si no hacemos nada adicional esta es la única forma en la que se podrá ver.

Figura 2.22. Ejemplo de texto junto a imagen

```
<map name="navegadores"> (1)
  <area shape="rect" coords="34,44,270,350" alt="Chrome"
href=https://www.chrome.es/descarga /> (2)
  <area shape="circle" coords="337,300,44" alt="Mozilla"
href=https://www.mozilla.es/descarga />
</map>

(3)
<img src="navegadores.png" alt="navegadores" usemap="#navegadores" />
```

(1) En este punto comienza la definición del mapa. Es importante que el mapa tenga un nombre por el que pueda ser referenciado. La asignación del nombre se lleva a cabo mediante el atributo **name.**

(2) El mapa estará compuesto por zonas o áreas, ya que como hemos dicho, un mapa permite acceder a diferentes URL desde una misma imagen. Así, debemos tener varias zonas bien diferenciadas. Un mapa permite tres tipos de áreas: **rect** (área rectangular), **circle** (área circular) y **poly** (área poligonal). Todas ellas están estrechamente ligadas al atributo **coords**.

➤ Si tenemos un área *rectangular*, las coordenadas deben incluir los valores x e y de la esquina superior izquierda y los valores x e y de la esquina inferior derecha, de manera que con esta información el navegador reconocerá la zona delimitada. En el código de ejemplo, la primera zona indica que la esquina superior izquierda es 34,44, mientras que la esquina inferior derecha será 270,350.

➤ Si tenemos un área *circular*, el atribututo **coords** contendrá los valores x e y del centro del círculo y el radio del mismo. En el ejemplo, coords="337,300,44" representa un círculo central en la posición 337,300, de radio 44.

➤ Si definiéramos un área *poligonal*, sería necesario indicar las coordenadas x e y de cada vértice del polígono.

➤ En todas las áreas encontramos atributos **href,** en donde se incluirá la URL del documento web a visualizar en caso de hacer clic en la zona correspondiente. Además, cada zona tiene asociada un **alt**.

(3) Para poder asignar el mapa a una imagen es preciso agregar una etiqueta <img> y añadir en ella el atributo **usemap**. Este parámetro albergará el nombre del mapa que se usará, siendo fundamental que este comience con una almohadilla (#). En caso de no ponerse esta, el mapa no será reconocido y la imagen se tratará como una única imagen.

NOTA. Si el lector desea realizar un pequeño ejercicio convirtiendo una imagen en un mapa puede ir obteniendo las coordenadas de las áreas mediante el uso de aplicaciones gráficas sencillas como Paint de Windows ya que en la parte inferior del software y conforme vamos desplazando el puntero del ratón, podemos identificar la coordenada del píxel sobre el que no encontramos en cada momento. Debemos tener cuidado cuando se hace uso de los atributos width y height sobre la imagen ya que las coordenadas se habrán tomado en tamaño normal mientra que estos parámetros están distorcinando esta consiguiendo que las coordenadas iniciales se conviertan en erróneas.

2.12.1.8. Tablas

Las **tablas** son elementos que tuvieron especial relevancia durante un período de tiempo, ya que se usaron en muchos sitios web para la estructuración de los mismos. A día de hoy, su funcionalidad está relacionada con la visualización de la información estructurada en columnas básicamente.

Si el lector está acostumbrado a usar editores tipo Microsoft Word o LibreOffice Writer podrá comparar las tablas que se generan con ellos con este tipo de elemento HTML, que estará igualmente compuesto por filas y columnas o, mejor dicho, filas y celdas. La etiqueta HTML que define el comienzo de una tabla es **<table>**. Para establecer filas y celdas usaremos las etiquetas **<tr>** y **<td>** o **<th>**, en función de si las celdas tienen carácter de celda de cabecera (<th>) o no (<td>). Veamos un ejemplo que define una tabla de 2 filas y 3 columnas:

```
<table>
  <tr>
    <th>Nombre</th>
    <th>Apellidos</th>
    <th>DNI</th>
  </tr>
  <tr>
    <td>Isabel</td>
    <td>Jiménez</td>
    <td>22444555J</td>
  </tr>
</table>
```

Nombre Apellidos   DNI
Isabel   Jiménez   22444555J

Figura 2.23. Resultado del código de la izquierda. La información se visualiza en columnas. Obsérvese cómo las celdas de cabecera se ven resaltadas en negrita

El código expuesto se inicia y finaliza con las etiquetas <table> y </table>. Estos elementos son los que indican que se ha creado una tabla en un documento web. La etiqueta inicial no contiene atributo alguno; es por ello que la tabla se visualiza sin borde, por ejemplo. Como se definen dos filas, se observan dos pares de etiquetas <tr></tr> y por cada casilla o celda, en cada fila se encuentran los pares de etiquetas <td></td>. Las etiquetas <td> o <th> serán las que alberguen información a visualizar, siendo esta de tipo texto, imágenes, o cualquier otro elemento HTML.

Es posible agregar una etiqueta `<caption>`[5] a la tabla, de manera que agregaremos con ella un título a la misma. Así, el ejemplo anterior podría verse modificado como sigue:

```
<table>
  <caption>Autores</caption>
  <tr>
    <th>Nombre</th>
    <th>Apellidos</th>
    <th>DNI</th>
  </tr>
  <tr>
    <td>Isabel</td>
    <td>Jiménez</td>
    <td>22444555J</td>
  </tr>
</table>
```

Autores

Nombre Apellidos   DNI

Isabel   Jiménez   22444555J

Figura 2.24. Tabla HTML con título

Para conseguir tablas con colorido y líneas podemos hacer uso de atributos como **border** o **bgcolor** sin necesidad de utilizar CSS, aunque ya aprenderemos más adelante que, a día de hoy, todo lo referido al formato y visualización está a cargo de esta tecnología, encontrándose en desuso la mayoría de atributos HTML que en su momento permitían que las etiquetas cambiaran algo su vista por defecto.

```
<table border="1">
  <caption>Autores</caption>
  <tr bgcolor="salmon">
    <th>Nombre</th>
    <th>Apellidos</th>
    <th>DNI</th>
  </tr>
  <tr>
    <td bgcolor="paleturquoise">
      Isabel
    </td>
    <td bgcolor="palegreen">
      Jiménez
    </td>
    <td bgcolor="thistle">
      22444555J
    </td>
  </tr>
</table>
```

Autores

Nombre	Apellidos	DNI
Isabel	Jiménez	22444555J

Figura 2.25. Tabla HTML con bordes y colores de fondo.

El atributo **border** se configura con valores numéricos, de manera que a medida que el valor es mayor, el borde de la tabla es más grueso. En el caso de **bgcolor,** ya que lo usaremos para asignar colores de fondo a casillas o filas completas, le asignaremos colores, ya sea en su valor hexadecimal o por el nombre del color, como se observa en el ejemplo.

---

[5] A partir del estándar HTML5 aparecen etiquetas semánticas relacionadas con tablas tales como <thead> o <tbody>. Estudiaremos estas etiquetas en capítulos posteriores.

A partir de aquí podemos configurar tablas de tantas filas y columnas como deseemos, tablas en las que las filas contienen el mismo número de celdas, es decir, son simétricas; pero, ¿qué sucedería si quisiéramos configurar tablas asimétricas? Supongamos que queremos crear una tabla como la que se muestra en la imagen.

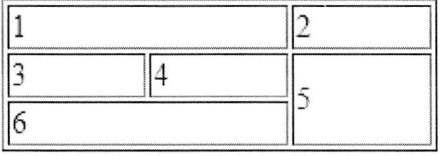

La tabla está formada por 6 casillas organizadas, algunas de ellas en tres filas y otras en dos. Además, algunas de esas filas contienen tres celdas y otras solo dos. ¿Cómo hacer para conseguir esta configuración si disponemos de solo etiquetas <tr> y <td>? En estos casos debemos agregar los atributos **colspan** y **rowspan.**

Figura 2.26. Tabla asimétrica

Para entender qué vamos a hacer y cómo usar estos atributos, vamos a continuar el símil de las tablas que se crean en editores de texto tipo Microsoft Word. Cuando creamos una tabla en Word, la generamos inicialmente con el número de filas y columnas que en total debería tener y, posteriormente, vamos seleccionando casillas haciendo clic sobre la opción de **combinar celdas.** Algo parecido vamos a hacer en HTML, de manera que el atributo **colspan** representará la combinación de casillas en horizontal, mientras que el atributo **rowspan** representará la combinación de casillas en vertical.

Si observamos la tabla del ejemplo, si no tenemos en cuenta las combinaciones realizadas, estaría formada por un total de 3 filas y 3 columnas. El código inicial sería el que se muestra a continuación:

```
<table border="1" width="50%"[6]>
    <tr>
       <td>1</td>
       <td>2</td>
       <td>3</td>
    </tr>
    <tr>
       <td>4</td>
       <td>5</td>
       <td>6</td>
    </tr>
    <tr>
       <td>7</td>
       <td>8</td>
       <td>9</td>
    </tr>
</table>
```

Figura 2.27. Tabla teniendo en cuenta el total de filas y columnas

A partir de aquí nos damos cuenta de que:

- Las casillas 1 y 2 están unidas y se convierten een la casilla 1.
- Las casillas 7 y 8 están unidas y se convierten en la casilla 6.
- Las casillas 6 y 9 se unen en vertical y debería pasar a ser la casilla 5.

---

[6] Es posible indicar el tamaño de una tabla mediante atributos como width y height. Aunque no hemos profundizado en los valores que se pueden asignar a este tipo de atributos podemos decir que admiten cantidades relativas o absolutas, que ya estudiamos estas en profundidad. Así, es posible indicar que el ancho de la tabla sea el 50 % del tamaño horizontal de la página. En cuanto al alto, height, no admitirá valores relativos representados en tanto por ciento; por ahora, indicaremos valores en píxeles, como 200px, por ejemplo.

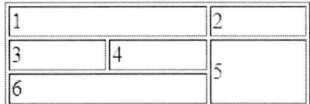

Figura 2.28. Tabla con el total de filas y columnas

Figura 2.29. Tabla con zonas a combinar bien diferenciadas

Figura 2.30. Resultado final tras la combinación

```
<table border="1" width="50%">
    <tr>
        <td>1</td>
        <td>2</td>
        <td>3</td>
    </tr>
    <tr>
        <td>4</td>
        <td>5</td>
        <td>6</td>
    </tr>
    <tr>
        <td>7</td>
        <td>8</td>
        <td>9</td>
    </tr>
</table>
```

Las casillas 1 y 2 están combinadas, por lo que colocaremos el atributo **colspan,** ya que la combinación es en horizontal (col >> column >> columna). El **atributo se coloca en la primera casilla** que interviene en la combinación, siempre teniendo en cuenta que la dirección de combinación es de izquierda a derecha o en el caso de las combinaciones, en vertical de arriba abajo. En nuestro caso el colspan se colocará en la casilla <td>1</td>.

Colspan siempre requiere un valor que indica el número de casillas que se están combinando. Como decíamos al comienzo, las casillas a unir son 1 y 2; en total, dos celdas. Así, colspan debe ser, en este ejemplo, 2.

Por otro lado, si estamos combinando casillas, la primera fila no debe seguir disponiendo de tres pares de etiquetas <td> ya que, como se muestra en la figura, en el resultado final solo existen dos celdas. De este modo, debemos eliminar la casilla <td>2</td>. El código tras las modificaciones indicadas en estos párrafos será el siguiente:

```
<table border="1" width="50%">
    <tr>
        <td colspan="2">1</td>
        <td>3</td>
    </tr>

    ...

</table>
```

Para las casillas 7 y 8 el procedimiento a seguir es similar al anterior. Usaremos el atributo **colspan** en esta ocasión sobre <td>7</td> y se eliminará la casilla <td>8</td>.

¿Qué hacemos con las casillas 6 y 9? Esta vez,la combinación es en vertical, con lo que usaremos el atributo **rowspan** (row >> fila).

La combinación debe comenzar en la casilla 6 es decir en <td>6</td>, y agrupará dos celdas, agregaremos ahí el atributo con valor 2, ahora bien, debemos eliminar una celda, concretamente la que contiene el valor 9, <td>9</td>. Esta etiqueta se encuentra en la siguiente fila, de manera que el código deberá visualizarse como sigue.

```
<table border="1" width="50%" >
    <tr>
       <td colspan="2">1</td>
       <td>3</td>
    </tr>
    <tr>
       <td>4</td>
       <td>5</td>
       <td rowspan="2">6</td>
    </tr>
    <tr>
       <td colspan="2">7</td>
    </tr>
</table>
```

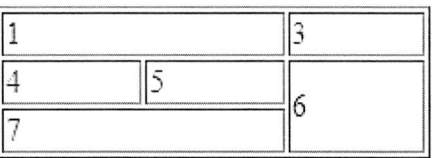

Figura 2.31. Tabla una vez aplicadas las combinaciones especificadas

Para finalizar solo debemos cambiar los valores asignados a las casillas:

```
<table border="1" width="50%" >
    <tr>
       <td colspan="2">1</td>
       <td>2</td>
    </tr>
    <tr>
       <td>3</td>
       <td>4</td>
       <td rowspan="2">5</td>
    </tr>
    <tr>
       <td colspan="2">6</td>
    </tr>
</table>
```

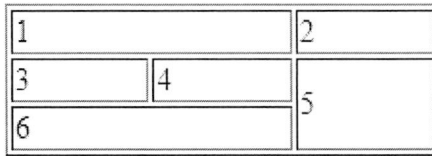

Figura 2.32. Resultado final

Llegados a este punto, si el lector ha entendido el uso de estos atributos, podrá realizar documentos web con estructuras variadas mediante el uso única y exclusivamente de código HTML. Al finalizar este capítulo se mostrará un ejemplo de ello.

Atributos cellspacing y cellpadding

No podemos finalizar el apartado dedicado a tablas sin hablar de los atributos cellspacing y cellpadding. Gracias a ellos separaremos las celdas entre sí, así como el contenido de cada celda de los bordes de la misma. Son atributos que deben colocarse exclusivamente en la etiqueta <table>.

- **cellspacing**. Debemos asignar a este atributo un valor numérico. Esta cantidad indicará la distancia existente entre las casillas de una tabla.

- **cellpadding**. Al igual que el atributo cellspacing, cellpadding admitirá valores numéricos. Estos valores indicarán la distancia existente entre el borde de una casilla y su contenido, de manera que, si configuramos cellpadding con valor 10 estaremos indicando que el contenido de cada casilla no se encontrará a menos de 10 pixeles de cada uno de los bordes de la misma.

Actividad 2.2

Genera una tabla en HTML como se muestra en la Figura 2.33.

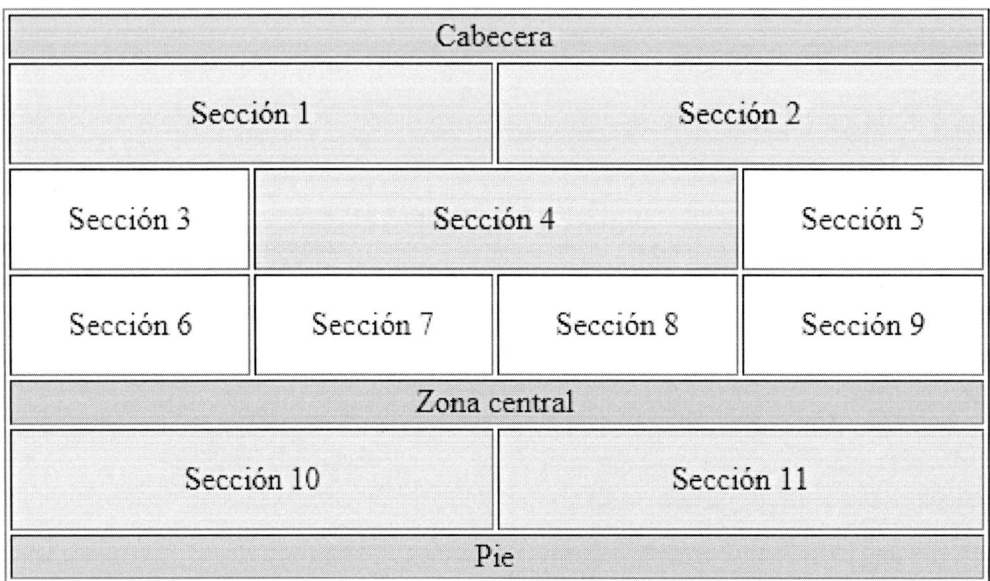

Figura 2.33. Tabla resultado del ejercicio planteado

2.12.1.9. Formularios

Para finalizar este apartado de etiquetas hechas con el lenguaje HTML vamos a estudiar qué es un **formulario** y las etiquetas que se deben usar para la realización de un formulario básico.

Hasta el momento hemos usado etiquetas que permiten la inserción de elementos visuales en nuestros documentos web y a excepción de los enlaces, que aportarán algo de control al usuario, ninguno de estos elementos da lugar a la posible interacción de la persona que accede al sitio web con el propio sitio. Es a través de formularios cuando el usuario puede aportar información que la página web puede tomar, ya sea para generar otras páginas web o bien para dar determinados servicios al consumidor, entre otras cosas. Estamos seguros de que el lector en algún momento se ha topado con un formulario web, aun así, la siguiente imagen muestra un formulario con dos cuadros de texto solicitando nombre y apellidos.

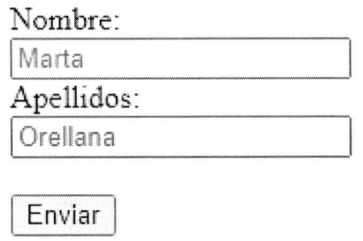

Figura 2.34. Ejemplo de formulario que solicita nombre y apellidos al usuario.

La etiqueta HTML que inicia un formulario es `<form>` y al igual que otras muchas etiquetas, no tiene mucho sentido, si no incluye determinados atributos, más allá de agrupar elementos de formulario. Así, la etiqueta `<form>` debe estar acompañada siempre de los atributos **action** y **method.**

El atributo **action** refiere la dirección URL o página web del sitio a la que debe ser dirigida la información para que esta sea procesada. El atributo **method** indicará el método usado para el envío de los datos, siendo los valores posibles **post** o **get.**

Con el primer método, **post,** la información enviada a través del formulario no es visible; sin embargo, con el uso del método **get**, los datos viajan a través de la propia URL con lo cual son visibles.

Supongamos, tomando como ejemplo el formulario de la imagen anterior, que el usuario ha rellenado los cuadros de texto con los valores **Marta** para nombre y **Orellana** para apellidos y el formulario está diseñado con un `action="recogidaDatos.php"` y un `method="get"`. Al hacer clic en enviar, teniendo en cuenta que nuestro sitio web está alojado bajo el dominio **http://www.tusclasesonline.com**, se vería algo como:

http://www.tusclasesonline.com/recogidaDatos.php?nombre=Marta&apellidos=Orellana

Como se puede observar, la información que el usuario proporciona es visible en la propia URL. Esta se coloca justo después de la dirección a partir del símbolo interrogación (?). Este elemento representa el inicio de los datos y cada dato se encuentra en pares del tipo **nombre=valor**, siendo **nombre** el nombre asignado al elemento del formulario en HTML y **valor** el dato que el usuario ha insertado. Cada par **nombre=valor** está delimitado del siguiente mediante el símbolo ampersand (&).

El método **post** no permitirá que la información introducida por el usuario sea visible, de manera que cuando hagamos clic sobre enviar en nuestro formulario de ejemplo la URL que se visualizará será exclusivamente **http://www.tusclasesonline.com/recogidaDatos.php**.

Dicho todo esto, el código que delimita un formulario será:

```
<form action="recogidaDatos.php"
method="post">
    ...
</form>
```

A partir de aquí estudiaremos los elementos HTML más comunes que podemos incluir en un formulario.

Cuadros de texto

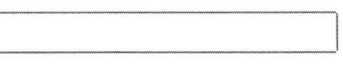

Figura 2.35. Cuadro de texto.

Los cuadros de texto han sido siempre los elementos de formulario más usados permitiendo que el usuario inserte información a través de ellos.

La etiqueta que usaremos para generarlos será <input> junto al su atributo **type** con el valor **text**. Por ejemplo: `<input type="text" name="cuadro" />`.

NOTA. Veremos la etiqueta <input> usada en repetidas ocasiones no solo para la inserción de cuadros de texto. Esta etiqueta es muy versátil gracias a su atributo **type** de manera que con ella podremos crear cuadros de contraseña, botones de selección, casillas de verificación, botones de envío y reseteo, etc. Con HTML 5 su funcionalidad crece exponencialmente.

En versiones anteriores de HTML, al incluir un cuadro de texto en nuestro formulario, era habitual colocar un texto mediante una etiqueta <p> o similar para que el usuario supiera qué tipo de información debía escribir en él, así, era normal observar un código como el siguiente:

```
<form action="action_page.php" method="post">
  <p>Nombre:</p>
    <input type="text" name="nombre" />
</form>
```

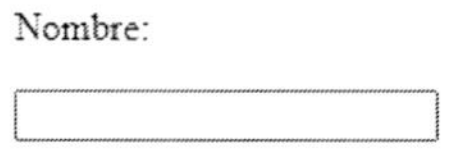

Nombre:

Figura 2.36. Cuadro de texto para insertar nombre.

A día de hoy se usa la etiqueta <label>, ya que gracias a ella se asocian cuadro de texto y etiqueta de datos, pudiéndose aplicar código CSS más específico sobre este tipo de elemento.

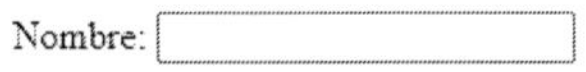

Nombre:

Figura 2.37. Cuadro de texto con etiqueta <label> asociada.

```
<form action="/action_page.php">
    <label for="eNombre">Nombre:</label>
    <input type="text" id="eNombre"
            name="nombre">
</form>
```

Veamos a continuación algunos de los atributos que se pueden incluir en esta etiqueta:

- **name.** Uno de los atributos más importantes junto a **type**. Es fundamental, ya que será la manera de referenciar al elemento para poder acceder a su información. ¿Cómo podrá el programador de backend acceder a los datos introducidos por el usuario si no sabe el nombre del cuadro que se ha usado para escribirlos? Sin bien es cierto, gracias al DOM del documento web, sería de algún modo posible obtener la información sin que esta se perdiera, pero quizás la tarea sería más ardua o podría dar lugar a un mayor número de errores en la ejecución, es decir, en la visualización de la página web en el navegador. Así, este atributo no puede faltar en ninguna etiqueta de formulario.

- **id.** El atributo id podrá sernos de utilidad a la hora de aplicar CSS al elemento o, en este caso a vincular el cuadro de texto con su etiqueta. En la etiqueta, será el atributo **for** el que cobre relevancia, es decir, tanto el **id** del cuadro de texto como el **for** de la etiqueta, deberán tener el mismo valor.

```
<label for="eNombre">Nombre:</label>
<input type="text" id="eNombre" name="nombre">
```

- **value.** Actualmente es sustituido por **placeholder**. Este atributo permitirá que aparezca en el cuadro de texto un valor por defecto, ayudando así al usuario a saber qué información debe incluir en él. Al usar value, el usuario debía borrar el texto por defecto para introducir la información que creyera oportuna; en el caso de **placeholder,** igualmente aparece un texto por defecto dentro del recuadro, pero este se elimina automáticamente cuando el usuario hace clic sobre él para escribir.

- **maxlength.** Indica el número máximo de caracteres que el usuario puede introducir en el cuadro de texto.

- **size**. Señala el ancho del cuadro de texto.

Cuadros de password

Definen cuadros de las **contraseñas.** Convertimos un cuadro de texto en un campo de contraseña asignando el valor **password** al atributo **type** de `<input>`.

Usuario: [_____]   Contraseña: [_____]

Figura 2.38. Formulario con un cuadro de texto para insertar nombre de usuario y un cuadro de contraseña

```
<form action="login.php">
  <label for="usuario">Usuario:</label>
  <input type="text" id="usuario" name="usuario">
  <label for="passwd">Contraseña:</label>
  <input type="password" id="passwd" name="passwd"><br><br>
  <input type="submit" value="Submit">
</form>
```

En este ejemplo se ha incluido un botón de envío. Lo estudiaremos en los párrafos siguientes.

Casillas de verificación

Las casillas de verificación representan elementos muy usados en formularios. Son aquellos que podremos clicar, activándose o no, y que confirman los elementos de formulario en cuestión o no. Visualmente se representan mediante un pequeño recuadro.

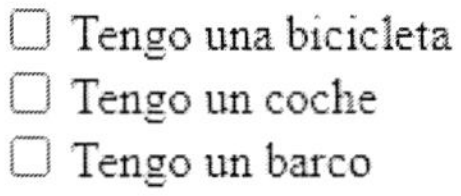

☐ Tengo una bicicleta
☐ Tengo un coche
☐ Tengo un barco

☑ Tengo una bicicleta
☑ Tengo un coche
☐ Tengo un barco

Figura 2.39. Ejemplo de casillas de verificación junto a sus etiquetas. Todas ellas están desactivadas

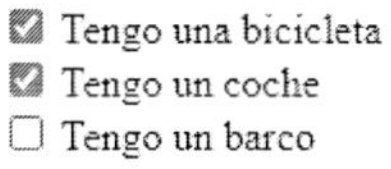

Figura 2.40. Ejemplo de casillas de verificación con las dos primeras casillas activas.

```
<form action="formulario.php">
  <input type="checkbox" id="vehiculo_1" name="vehiculo_1"
         value="bicicleta"> (1)
  <label for="vehiculo_1"> Tengo una bicicleta</label><br> (2)
  <input type="checkbox" id="vehiculo_2" name="vehiculo_2"
         value="Coche">
  <label for="vehiculo_2"> Tengo un coche</label><br>
  <input type="checkbox" id="vehiculo_3" name="vehiculo_3"
         value="Barco">
  <label for="vehiculo_3"> Tengo un barco</label><br><br>
  <input type="submit" value="Submit">
</form>
```

(1) En esta línea se inserta la primera casilla de verificación. Esta se vincula con la siguiente etiqueta que representará la etiqueta de datos **(2)** mediante el atributo **id** (**for** en `<label>`). En ambos casos, el valor es el mismo. Por otro lado, el nombre asignado a la casilla será `vehiculo_1`, `name="vehiculo_1"`. Cuando el usuario active la casilla y pulse el botón de envío, el valor que en este caso recibirá la página **formulario.php** será **bicicleta**, es decir, el valor del atributo **value.**

Es importante que el lector observe el valor del atributo **name** en cada casilla de verificación. Este debe ser diferente para que puedan ser activadas libremente por separado, es decir, el usuario pueda activar más de una casilla a la vez.

Botones tipo radio

Los botones tipo radio se asimejan a las casillas de verificación, con la diferencia de que su aspecto visual es circular. Por otro lado, al contrario que las casillas de verificación, no debe ser posible seleccionar más de un botón tipo radio a la vez, configurándose así grupos de opciones excluyentes entre sí. Veamos a continuación un ejemplo de formulario con este elemento.

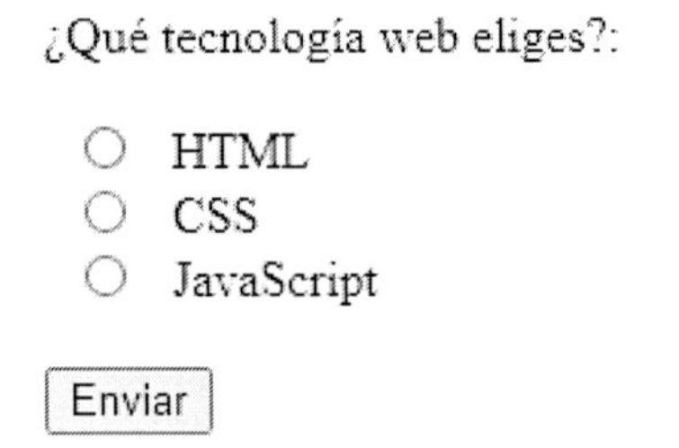

¿Qué tecnología web eliges?:

○ HTML
○ CSS
○ JavaScript

[Enviar]

Figura 2.41. Ejemplo de formulario con botones tipo radio

```html
<p>¿Qué tecnología web eliges?:</p>
<form action="lenguajes.php">
  <input type="radio" id="html"
         name="tecnologias" value="HTML"/>
  <label for="html">HTML</label><br>
  <input type="radio" id="css"
         name="tecnologias" value="CSS"/>
  <label for="css">CSS</label><br>
  <input type="radio" id="javascript"
         name="tecnologias"
         value="JavaScript"/>
  <label for="javascript">JavaScript</label>
  <br>⁷<br>
  <input type="submit" value="Enviar"/>
</form>
```

Si el lector observa el código y centra su atención en el atributo **name** de cada etiqueta `<input type="radio">` verá que en todas ellas aparece el mismo nombre, **tecnologías**. Esto es fundamental para que el funcionamiento de este tipo de elementos sea el adecuado. Cuando configuremos grupos de elementos de este tipo debemos especificar el mismo nombre en todos ellos para que solo sea posible seleccionar uno de todos a la vez. Si hiciéramos esto sobre las casillas de verificación el efecto sería el mismo. Por lo demás, en el código se observan etiquetas tipo `<label>` que generarán etiquetas de datos en el formulario, asociadas a los diferentes botones de opción.

Botones de envío

Un formulario no tendría sentido sin la existencia de un botón que permita el **envío** de la información introducida por el usuario. Estos elementos se configuran también a partir de etiquetas `<input>`, siendo importante hacer entender al lector que los datos que serán enviados son aquellos que se

---

[7] La etiqueta <br> se usaba con frecuencia para realizar saltos de línea, es el símil a pulsar la tecla ENTER. A día de hoy, el salto de línea como tal o el punto y aparte en un texto los proporciona la propia etiqueta <p> u otro tipo de etiquetas denominadas *etiquetas en bloque*. En el capítulo dedicado a CSS profundizaremos en este aspecto.

incluyen en los elementos englobados entre las etiquetas `<form>` y `</form>`. Así, supongamos el siguiente ejemplo de código erróneo:

```
<label for="nombre">Introduce tu nombre</label><br>
<input type="text" id="nombre" name="nombre" />
<p>¿Qué tecnología es tu favorita?:</p>
<form action="tecnologias.php">
  <input type="radio" id="html" name="tecnologias" value="HTML">
  <label for="html">HTML</label><br>
  <input type="radio" id="css" name="tecnologias" value="CSS">
  <label for="css">CSS</label><br>
  <input type="radio" id="javascript" name="tecnologias"
      value="JavaScript">
  <label for="javascript">JavaScript</label><br><br>
  <input type="submit" value="Enviar">
</form>
```

Los datos que se enviarán tras hacer clic sobre el botón de envío serán los relacionados con los botones tipo radio, es decir, la tecnología seleccionada por el usuario, ya sea HTML, CSS o JavaScript. El nombre que el usuario especifique en el cuadro "Introduce tu nombre", aun siendo un elemento del formulario, no será enviado, ya que se ha codificado fuera de las etiquetas `<form>` y `</form>`.

El código que generará un botón de envío será:

```
<input type="submit" value="Enviar" />
```

El atributo **type** debe ser igualado al valor **submit**, mientras que al atributo **value** le debemos asignar el texto que queramos que aparezca sobre el botón.

Este tipo de elementos transmitirá la información a la URL o página web de nuestro sitio indicada en el atributo **action** de la etiqueta **<form>**. Así, al hacer clic en **Enviar** en el código del ejemplo anterior, la información será transmitida a la página web **tecnologias.php.**

En HTML se pueden generar otro tipo de botones que a priori no tienen funcionalidad alguna, los **<input type="button">**. Para que estos botones dispongan de funcionalidad se debe agregar código adicional, por ejemplo, **<input type="button" onclick="holamundo();" />**. El atributo **onclick** indica el procedimiento a realizar al hacer clic sobre el botón. En el código expuesto en el párrafo, lo que sucederá será que se ejecute la función **holamundo()** generada a través de código JavaScript.

Botones de reseteo

Otro tipo de elementos que puede ser de utilidad en un formulario es aquel que permite borrar la información introducida en el mismo por el usuario restaurando los valores por defecto. El valor del atributo **type** que proporciona esta funcionalidad es **reset.**

```
<input type="reset" value="Borrar" />
```

Listas desplegables

Los **desplegables** son los elementos de los formularios que están compuestos por varias opciones. Estas opciones se visualizarán en forma de lista, pudiendo mostrarse una opción por defecto, varias o todas. Serán sus atributos los que harán que, tanto el aspecto como la forma de proceder sean una u otra. La etiqueta HTML que da lugar a este elemento es `<select>` (permite iniciar la lista) acompañado de etiquetas `<option>` (tendremos tantas opciones como elementos de lista).

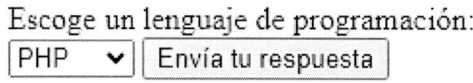

Figura 2.42. Lista desplegable con una opción visible. Solo es posible escoger una opción

```
<form action="lenguajes.php">
  <label for="lenguajes">Escoge lenguaje programación:</label><br/>
  <select id="lenguajes" name="lenguajes">
    <option value="PHP">PHP</option>
    <option value="Python">Python</option>
    <option value="Java">Java</option>
    <option value="C">C#</option>
  </select>
  <input type="submit" value="Envía tu respuesta">
</form>
```

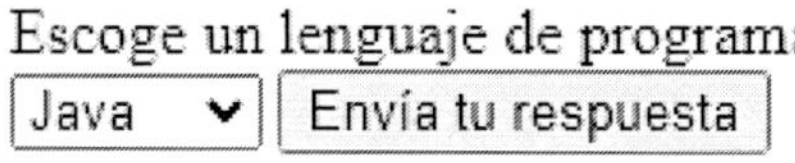

Figura 2.43. Ejemplo anterior, pero con el atributo selected colocado sobre la opción Java

```
        <option value="Java" selected[8]>Java</option>
```

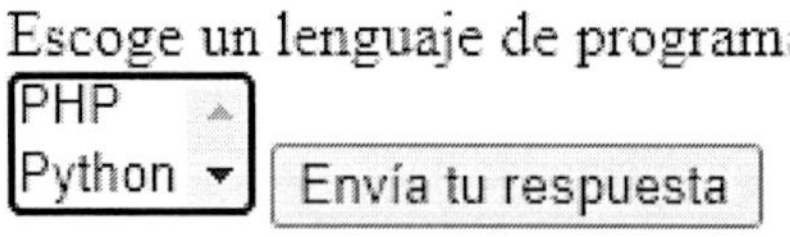

Figura 2.44. Es igual al ejemplo anterior, pero convirtiendo la lista desplegable en una lista con dos opciones visibles. Uso del atributo **size** sobre la etiqueta `<select>`

---

[8] La codificación adecuada para este tipo de parámetros en XHTML sería `selected="selected"`.

```
<select id="lenguajes" name="lenguajes" size="2">
```

Para finalizar, podemos agregar el atributo **multiple** a la etiqueta **<select>**, consiguiendo de este modo que puedan escogerse varias opciones a la vez.

Cuadros textarea

Los **textarea** son elementos similares a los cuadros de texto, con la diferencia que pueden albergar un mayor número de datos organizados en varias líneas. Suelen usarse como cuadros de comentario.

```
Introduce aquí tu
comentario




Enviar
```

```
<form action="formulario.php">
  <textarea name="comentarios" cols="20"
     rows="12">
Introduce aquí tu comentario</textarea>
  <br/>
  <input type="submit">
</form>
```

Figura 2.45. Textarea de 20 columnas y 12 filas

Los cuadros de texto se definen mediante la etiqueta **<textarea></textarea>,** como se observa en el código de ejemplo. Entre las etiquetas de inicio y fin se suele colocar el texto que se desea aparezca por defecto.

Podemos hacer uso de dos atributos, **cols** y **rows,** que definen el ancho y alto del elemento. **Cols** se iguala a un valor numérico que identificará el número de columnas, la anchura del cuadro, mientras que **rows** especificará el número de filas, es decir, el alto.

2.13. USO PRÁCTICO DE LAS ETIQUETAS VISTAS EN EL CAPÍTULO

Después de estudiar las etiquetas HTML más comunes y usadas en prácticamente todos los estándares, vamos a crear una página web estructurada, usando únicamente este tipo de elementos.

La página web a desarrollar se muestra en su conjunto en la Figura 2.46.

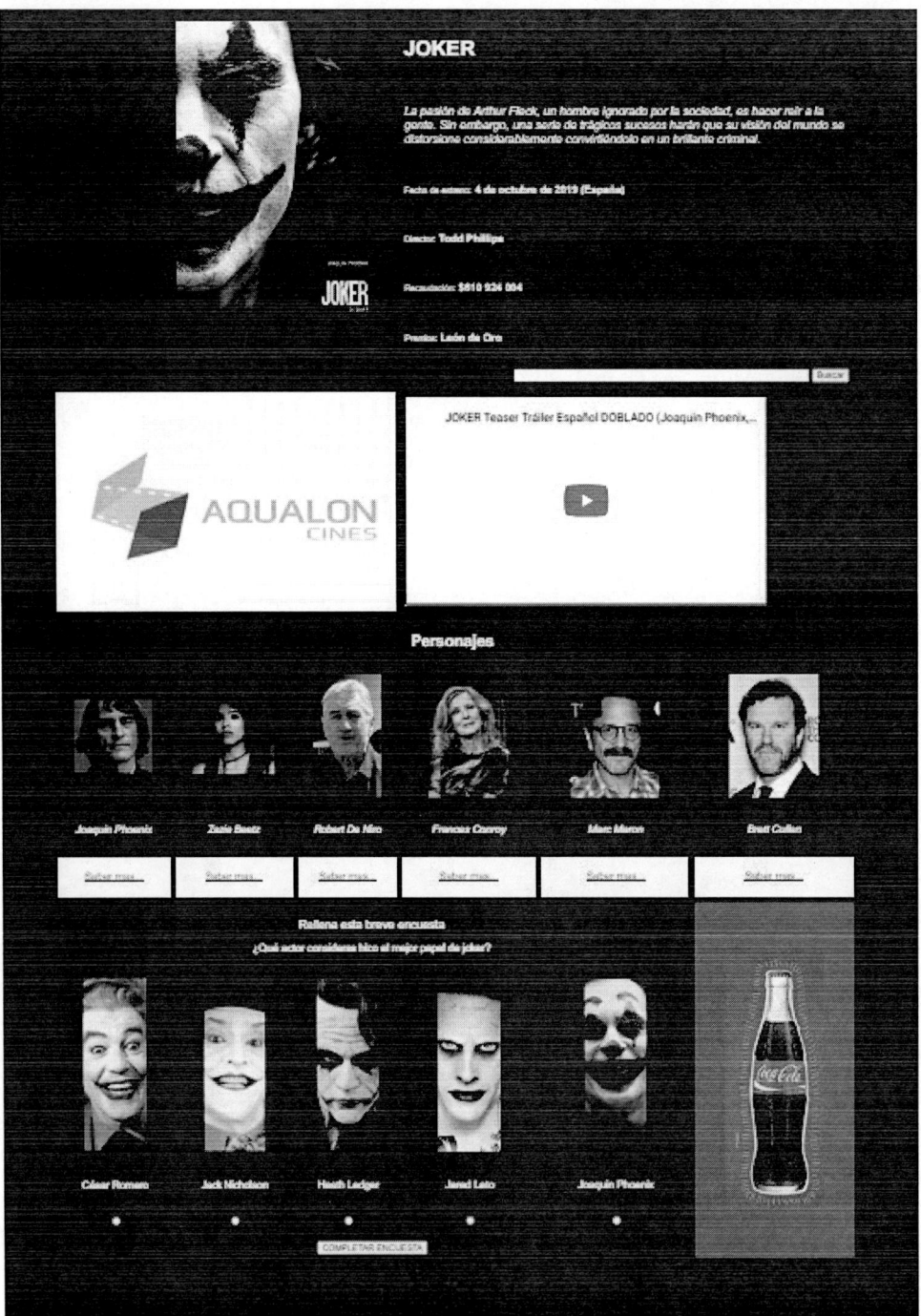

Figura 2.46. Sitio web a desarrollar en el ejercicio práctico

Abordaje del ejercicio

1. La página web tiene una estructura, así, antes de nada, debemos plantear cómo vamos a llevarla a cabo. Dado que hasta el momento solo conocemos HTML usaremos tablas para que cada elemento se coloque en el lugar que corresponda. **Debemos averiguar el número**

máximo de columnas y filas que debería tener la tabla para contener los textos, imágenes y vídeos en los lugares que se especifican.

2. Una vez organizada la tabla donde colocar la información, iremos casilla por casilla escribiendo el texto correspondiente, usando para ellos las etiquetas oportunas, además de las imágenes y otros elementos como pueden ser formularios o enlaces.

3. Colocar atributos en aquellas etiquetas que lo requieran y que estén relacionados directamente con las características de color o formato del sitio.

Desarrollo del ejercicio. Estructuración

1. Según podemos observar, la tabla que necesitaremos para colocar la información en nuestro documento web deberá estar formada por un máximo de 17 filas y 6 columnas:

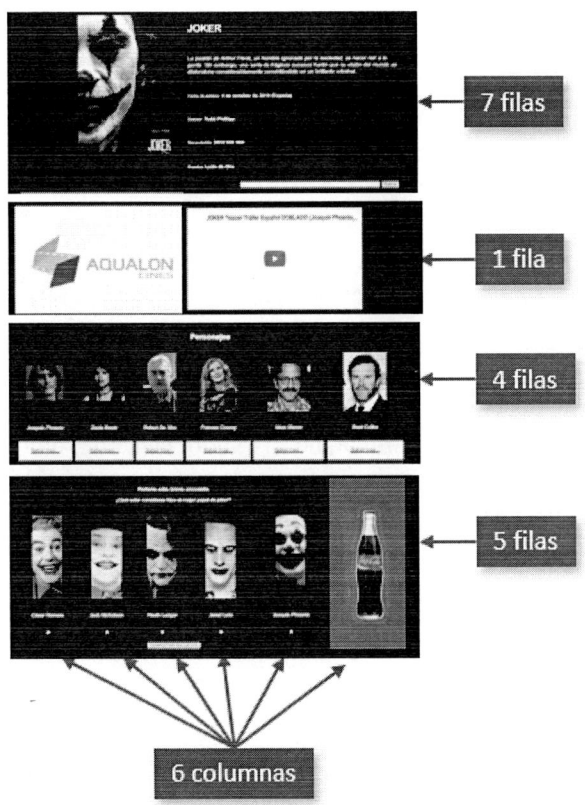

2. Las primeras 8 filas parecen tener dos columnas, mientras que el resto presenta 6. Esto quiere decir que debemos hacer uso del atributo **colspan** por cada una de las filas implicadas. Además, la zona izquierda en las primeras 6 filas forma una única casilla, con lo que será necesario usar también el atributo **rowspan**.

3. La fila "Personajes" está formada por una sola columna, al igual que la fila "Rellena esta breve encuesta". Como en el punto 2, debemos usar **colspan**.

4. En la parte inferior encontramos publicidad sobre un conocido refresco. Esas casillas en vertical deben unirse como una sola. Así, en esta casilla debemos usar **rowspan**.

Figura 2.47. Identificación de número de filas y columnas para desarrollar la estructura

Veamos a continuación el código que daría lugar a esta primera parte de la actividad.

En las 7 primeras filas:

```
<tr>
    <td rowspan="6"  (1)
       colspan="3">
    </td>
    <td colspan="3">
    </td>  (2)
</tr>
<tr>
    <td colspan="3">
    </td>  (3)
</tr>
```

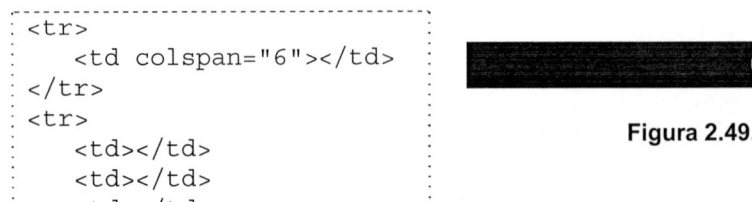

Figura 2.48. Zona superior de la web del ejercicio planteado

```
<tr>
    <td colspan="3"></td> (3)
</tr>
<tr>
    <td colspan="3"></td> (3)
</tr>
<tr>
    <td colspan="3"></td> (3)
</tr>
<tr>
    <td colspan="3"></td> (3)
</tr>
<tr>
    <td colspan="3"></td> (3)
    <td colspan="3"></td> (3)
</tr>
```

(1) Para conseguir que la primera celda ocupe 6 filas es necesario colocar en la primera casilla de la primera fila un rowspan igual a 6 además de un colspan igual a 3 ya que ocupa también 3 celdas en horizontal. A partir de aquí, debemos eliminar de las siguientes filas los tres primeros **td**, estos no tienen sentido ya que quedan combinados gracias a las especificaciones rowspan y colspan ya dadas. Hacer hincapié en que es importante eliminar estas etiquetas, en caso de no hacerlo se observarán huecos y una total desestructuración.

(2) La segunda casilla de esta primera fila debe ocupar tres celdas, es por ello que llevamos a cabo una combinación en horizontal con el atributo **colspan="3"**. Esta unión hace que solo necesitemos un **td** de los tres restantes, recordar que empezamos nuestra tabla con 6 columnas.

(3) El resto de filas deben configurarse como en el punto (2) ya que se combinan en horizontal de tres en tres.

El código siguiente es similar, con las peculiaridades de unión de mayor o menor número de casillas, se especifica a continuación:

```
<tr>
    <td colspan="6"></td>
</tr>
<tr>
    <td></td>
    <td></td>
    <td></td>
```

Figura 2.49. Título Personajes

```
      <td></td>
      <td></td>
      <td></td>
   </tr>
   <tr>
      <td></td>
      <td></td>
      <td></td>
      <td></td>
      <td></td>
      <td></td>
   </tr>
   <tr>
      <td></td>
      <td></td>
      <td></td>
      <td></td>
      <td></td>
      <td></td>
   </tr>
   <tr>
      <td colspan="5"></td>
      <td rowspan="5"></td>
   </tr>
   <tr>
      <td></td>
      <td></td>
      <td></td>
      <td></td>
      <td></td>
   </tr>
   <tr>
      <td></td>
      <td></td>
      <td></td>
      <td></td>
      <td></td>
   </tr>
   <tr>
      <td></td>
      <td></td>
      <td></td>
      <td></td>
      <td></td>
   </tr>
   <tr>
      <td></td>
      <td></td>
      <td></td>
      <td></td>
      <td></td>
   </tr>
```

Figura 2.50. Zona de filas con todas las casillas. `<tr>` con 6 `<td>` cada uno. Esta misma estructura se repite en la parte inferior de la tabla

Figura 2.51. Combinación de las primeras 5 casillas, `colspan="5"` para definir el título verdoso. Combinación de las 5 filas para la colocación de la imagen de Coca-Cola. Debemos fijarnos que, al unir en vertical, el resto de filas en lugar de 6 `<td>` están formadas por 5

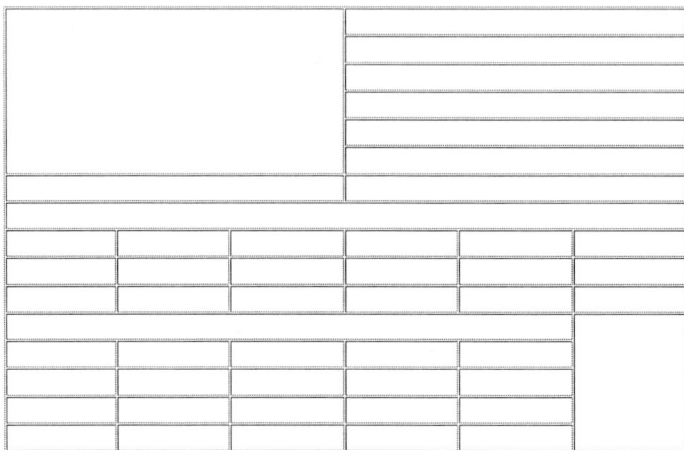

Figura 2.52. Imagen de la tabla creada. Aunque en las líneas de código anteriores no se ha especificado la etiqueta inicial `<table>` esta se encuentra con las características `<table border="1" width="50%" height="600px">`

Una vez planteada la estructura de la web, pasamos a colocar los elementos adecuados en cada una de las casillas de la tabla. Comenzaremos de arriba abajo, en la primera casilla combinada de 6 filas y 3 columnas.

```html
<tr>
     <td rowspan="6" colspan="3" align="right">
          <img src="imagenes/portada.jpg" />
     </td>
     <td colspan="3">
          <h1>JOKER</h1>
     </td>
</tr>
<tr>
     <td colspan="3">
        <p><i><font size="4">La pasión de Arthur Fleck, un hombre
ignorado por la sociedad, es hacer reír a la gente. Sin embargo, una
serie de trágicos sucesos harán que su visión del mundo se distorsione
considerablemente convirtiéndolo en un brillante criminal.
</font></i></p>
     </td>
</tr>
<tr>
     <td colspan="3">
        <p><font size="2">Fecha de estreno:</font> <b>4 de octubre de
2019 (España)</b></p>
     </td>
</tr>
<tr>
     <td colspan="3">
        <p><font size="2">Director:</font><b> Todd Phillips</b></p>
     </td>
</tr>
<tr>
```

\

```
      <td colspan="3">
         <p><font size="2">Recaudación:</font> <b>$610 924 004</b></p>
      </td>
</tr>
<tr>
      <td colspan="3">
         <p><font size="2">Premios:</font> <b>León de Oro</b></p>
      </td>
</tr>
<tr>
      <td colspan="2" align="center">
         <a href="#">Reserva entradas en cines aqualon</a>
      </td>
      <td colspan="4" align="right">
         <form action="#">
            <input type="text" name="" size="60">
            <input type="submit" name="" value="Buscar">
         </form>
      </td>
</tr>
```

El resto de casillas se completaría de igual modo que en esta zona, usando para ello etiquetas del tipo **<img>**, **<a>**, **<p>**, etc. Los colores de fondo se establecerían mediante los atributos correspondientes:

```
<body   bgcolor="black"   text="white"   alink="#004017"   link="#004017"
vlink="#004017">
    <font face="Arial">
       <table border="0" width="80%" align="center" cellspacing="10px"
cellpadding="5px">
...
          <td colspan="3" bgcolor="#650000">
...
</body>
```

NOTA. El lector puede ver el desarrollo de este ejercicio en el canal de YouTube de la autora:

https://youtube.com/@isabelm.jimenez.cumbreras?si=YhquVtl230TPpR9v.

Actividad 2.3

Desarrolla un sitio web como el que se muestra en la imagen.

El menú superior muestra los enlaces:

- Reserva de entradas en Aqualon.
- Reserva entradas en Holea.
- Inicio de sesión.

Los nombres de los personajes y de los actores del reparto son:

- Maléfica: Angelina Jolie.
- Princesa Aurora: Elle Fanning.
- Reina Ingris: Michelle Pfeiffer.
- Villano: Ed Skrein.

- Connal: Chiwetel Ejiofor.
- Príncipe Felipe: Brenton Thawites.
- Imelda Stauton:Knotgrass.
- Kenneth Cranham: Rey.

Figura 2.53. Sitio web de la película *Maléfica*

Usa *Lorem ipsum* para los textos que se encuentran bajo cada imagen.

La zona inferior contiene los textos que se visualizan a continuación, siendo necesario incluir el trailer, que se encuentra en YouTube, de la película:

https://www.youtube.com/watch?v=nlmepzBRb80

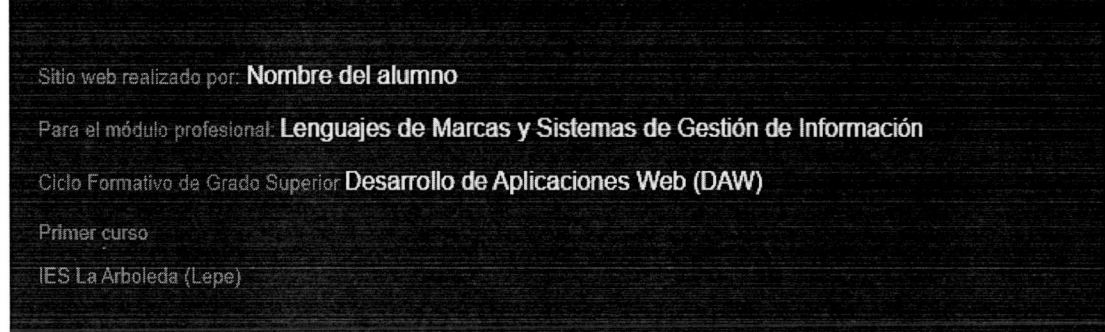

Figura 2.54. Formulario pie de página

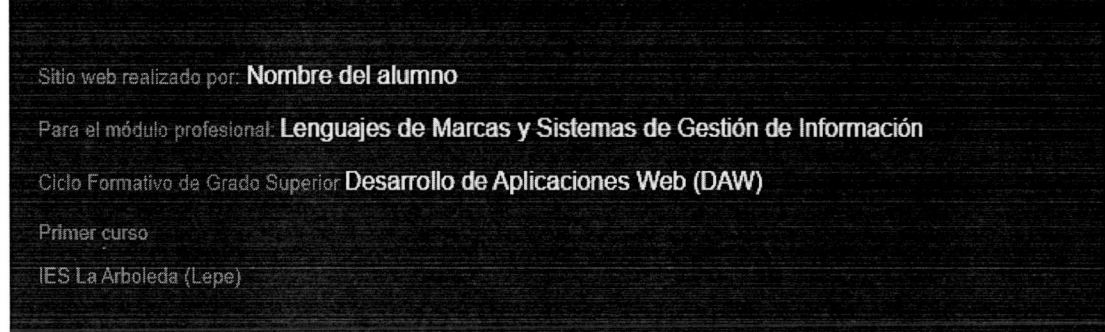

Figura 2.55. Información adicional del pie de página

2.14. ENTIDADES

Las entidades están definidas por un conjunto de caracteres que comienzan con el símbolo ampersand (&) y finalizan en punto y coma (;). Sen utilizan para mostrar en una página web caracteres reservados. Una entidad dispone, además, de un número identificativo. Así, es posible escribir la entidad mediante su nombre o su número:

- Símbolo menor que (<):
- Nombre de entidad: <
- Número de entidad: <

Un ejemplo de uso de entidad podría ser: <p>.

En HTML una etiqueta comienza con el símbolo < le sigue un nombre característico unido a un conjunto de atributos, si es necesario, para finalizar con el símbolo mayor > </p>.

Son ejemplos de entidades las siguientes:

Descripción	Nombre de entidad	Número de entidad
Espacio en blanco		
Símbolo menor que <	&lt;	&#60;
Símbolo mayor que >	&gt;	&#62;
Símbolo ampersand &	&amp;	&#38;
Comillas dobles "	&quot;	&#34;
Comilla simple '	&apos;	&#39;
Símbolo de copyright ©	&copy;	&#169;

NOTA. Tiempo atrás era necesario el uso de entidades para acentuar las palabras. Para ello se debían combinar vocales con entidades. Por ejemplo, la representación de á se realizaba del modo siguiente: a´ o a&#769á: La letra a acentuada se consigue mediante a´ o a&#769.

Si el lector lo desea, puede acceder al sitio web W3Schools para visionar todas las entidades que puede utilizar en el desarrollo de sus sitios web: https://www.w3schools.com/html/html_entities.asp.

NOTA. Debido al auge de símbolos propios en las comunicaciones vía web como son los emoticonos, es posible a día de hoy incluir estos en nuestros sitios web con total normalidad con la ayuda de codificaciones especiales. El lector puede ver todas en W3Schools desde la URL: https://www.w3schools.com/html/html_emojis.asp.

NOTA. Otro elemento de especial importancia para la identificación de nuestros sitios web es el denominado FAVICON. Se llama favicon al icono que se muestra en la pestaña o barra de títulos del sitio junto al texto que confiere el título propiamente dicho. Este icono se incluye mediante una etiqueta <link> ubicada en la cabecera del documento web. Un ejemplo de etiqueta <link> con este fin sería el que se muestra a continuación: `<link rel="icon" type="image/x-icon" href="/img/logo.ico">`.

Existen numerosas herramientas con las que poder desarrollar favicons personalizados. A continuación, se deja al lector una dirección URL que permite el desarrollo de este elemento online: https://www.favicon.cc/.

ACTIVIDADES DE AMPLIACIÓN

1. Una práctica interesante sería comenzar realizando los ejercicios que plantea W3Schools. Son ejercicios sencillos que pretenden afianzar la adquisición de conceptos. Así, una de las primeras actividades de ampliación que se propone es la de acceder a la URL https://www.w3schools.com/html/exercise.asp e ir avanzando en niveles. El lector observará algunos ejercicios relacionados con conceptos que aún no se han tratado, aunque se verán más adelante en este libro, solo tiene que obviar estos.

2. Actualmente, el sitio web de Netflix comienza como ves en la siguiente imagen.

Figura 2.56. Comienzo del sitio web de Netflix

El sitio contiene una imagen de fondo, un **logo** en la zona superior izquierda y la **lista** de **cambiar idioma** y botón de **iniciar sesión** en la parte superior derecha. La zona central muestra el texto "Películas y series…", observándose justo debajo un formulario que solicita un correo electrónico junto a un botón "**Empezar**". Evidentemente, este sitio está realizado mediante el uso de HTML y CSS, pero, teniendo en cuenta lo que hasta hora sabe el lector y los elementos que contiene la web, se pide en la actividad que se desarrolle el sitio web de Netflix con el uso exclusivo de HTML (etiquetas y atributos), de manera que se asemeje lo posible al documento web real.

3. Desarrolla un pie de página similar al que ves en la página web de Cuétara: https://www.cuetara.es/.

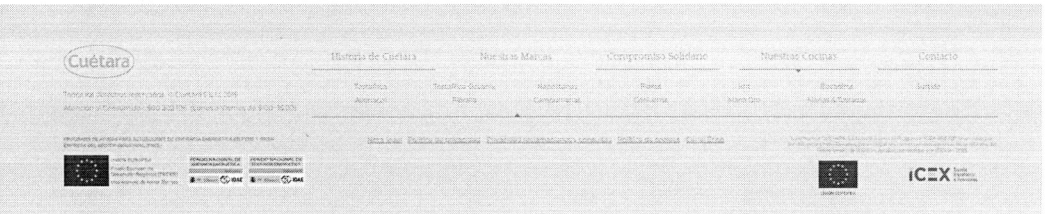

Figura 2.57. Pie de página del sitio web de Cuétara

4. Repite la Actividad de ampliación 3 tomando como referencia el sitio web de PcComponentes: https://www.pccomponentes.com/.

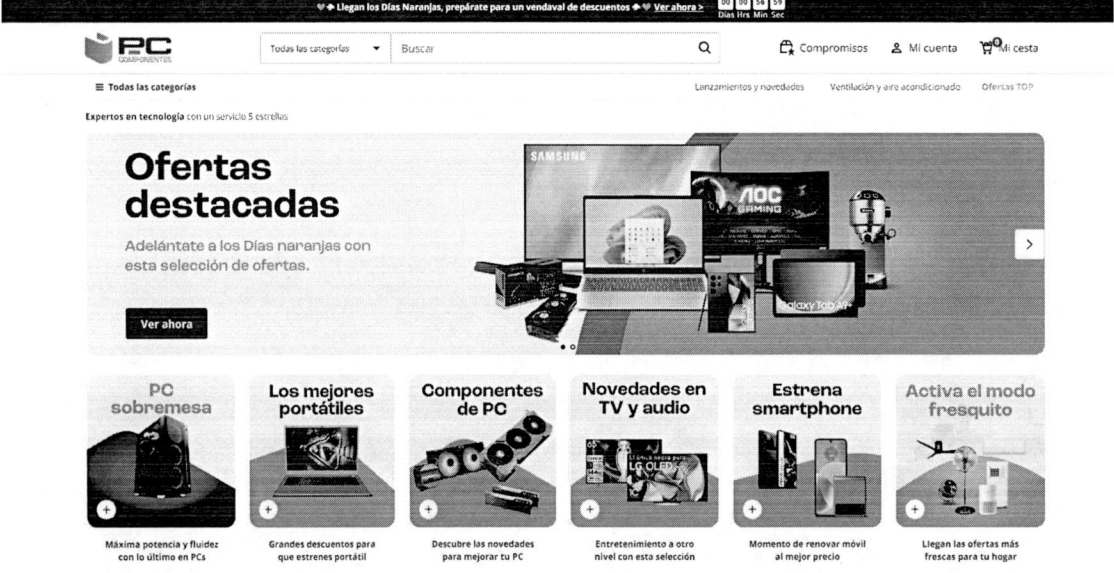

Figura 2.58. Sitio web PcComponentes. Abril de 2024

5. Pregunta al profesor sobre qué información se solicita en un formulario de matriculación de tu centro, por ejemplo, adquiere un ejemplar de documento de matriculación para alumnos en primero de Bachillerato y desarrolla una página web que lo implemente. Haz uso de tablas para que los elementos queden colocados tal como deben.

INTRODUCCIÓN A CSS

Contenidos

Herramientas de diseño web.

Hojas de estilo (CSS).

Validación de documentos HTML y CSS

Resumen del capítulo

Una vez hemos introducido al lector al lenguaje HTML, es hora de que comience el estudio de CSS. CSS permitirá modificar el modo estándar de visualización de los elementos insertados mediante HTML consiguiendo vistas más sofisticadas, sitios web más vistosos y personalizados.

Resultados de aprendizaje

RA2. Utiliza lenguajes de marcas para la transmisión y presentación de información a través de la web analizando la estructura de los documentos e identificando sus elementos.

Criterios	
	e) Se han utilizado herramientas en la creación de documentos web.
	f) Se han identificado las ventajas que aporta la utilización de hojas de estilo.
	g) Se han aplicado hojas de estilo.
	h) Se han validado documentos HTML y CSS.

3.1. INTRODUCCIÓN A CSS

CSS corresponde a las siglas en inglés de **Cascading Style Sheets, Hojas de Estilo en Cascada.** CSS es pues un lenguaje de estilos usado para definir la presentación de documentos HTML o incluso, XML, aunque en primera instancia lo combinaremos con el primero de ellos. Así, gracias a CSS, el aspecto visual de cada uno de los componentes de una página web podrá variar sustancialmente configurando sitios web complejos. La denominación de *hoja de estilos en cascada* refiere el hecho de que las propiedades CSS se irán aplicando de arriba hacia abajo, de manera que, si un elemento se modifica con una característica y un valor concretos, si este mismo vuelve a referenciarse más abajo en el código, las características CSS que prevalecerán serán las inferiores, siempre que los selectores usados para referir al elemento a modificar tengan un valor similar. En apartados posteriores profundizaremos algo más en este aspecto.

```
<!DOCTYPE html>
<html>
<head>
  <style>
    h1 {
       color: red;
       text-align: center;
       font-family: arial;
       border: 1px solid red;
    }
  </style>
</head>
<body>
    <h1>Mi primer título CSS</h1>
</body>
</html>
```

Mi primer título CSS

Figura 3.1. Resultado del código expuesto a la izquierda

En el código de ejemplo:

- Se incluye código CSS a través de la etiqueta `<style>`.
- `h1 {...}` refiere a la etiqueta `HTML h1`, incluyendo entre las llaves las propiedades CSS que se van a modificar.
- Las propiedades de la etiqueta que se van a modificar aparecen en pares propiedad:valor. Así, **color:red** indica la propiedad color del texto, que será modificado a rojo.

3.2. ESTÁNDARES CSS

CSS fue propuesto por primera vez en el año 1994 por Håkon Wium Lie, que trabajaba con Tim Berners-Lee (creador de WWW) en el CERN (Organización Europea para la Investigación Nuclear). Por esa época, existían otros lenguajes de hojas de estilo que intentaban una mejora en la presencia visual de las páginas HTML. Sería sobre el año 1996 cuando sale a la luz la primera recomendación CSS por W3C, que puso en marcha una serie de listas de correo a través de las cuales se llevaba a cabo la puesta en común de todo tipo de ideas que derivaron en lo que se conocería como CSS1. La propuesta de Bert Bos tuvo especial relevancia, tal que a día de hoy es considerado como uno de los coautores de CSS1 y reconocido asimismo como cocreador de CSS.

Así, CSS1 fue la primera especificación oficial de CSS y se publicó en diciembre de 1995. Algunas propiedades que permiten modificar el aspecto visual están relacionadas con:

- Las características de tipo de letra, fuente, tamaño, etc.
- Los colores de texto, fondos o bordes.
- La alineación de los textos, imágenes o tablas.
- Las propiedades de caja tales como márgenes, bordes, espaciados o rellenos.

Posteriormente, en mayo de 1998, W3C desarrolló CSS2, que se publicó como recomendación. Esta amplía la especificación ya existente (CSS1) agregando:

- Las funcionalidades propias de capas, etiquetas `<div>` que estudiaremos en este capítulo, relacionadas con el posicionamiento relativo/absoluto/fijo, la superposición de capas mediante la propiedad z-index, etc.
- El concepto de media types.
- El soporte para hojas de estilo auditivas.

Bajo la especificación CSS2 encontramos CSS2.1, siendo su primera y única revisión. Esta revisión corrige algunos errores encontrados en CSS2; además, elimina funcionalidades poco soportadas por navegadores añadiendo alguna nueva especificación.

Al mismo tiempo que se publicó la recomendación oficial de CSS2 se comienzó a trabajar en el CSS3, siendo los primeros borradores liberados en el año 1999. En el caso de CSS3 y a diferencia de CSS2, el estándar estaba dividido en documentos separados, constituyendo diferentes módulos que tenían diferentes grados de desarrollo. A finales de 2011 fue cuando una gran parte de esos módulos se consideraron lo suficientemente estables como para ser reconocidos por los diferentes navegadores y estandarizados por la W3C.

CSS3 sigue evolucionando agregando nuevas propiedades o valores a propiedades ya existentes, que permiten mejorar el aspecto visual de un documento web. Pudiera ser que el lector lea en bibliografía escrita o web el término CSS4, pero este estándar no existe como tal; es posible que muchos de estos documentos lo referencien como la evolución de muchos de los módulos que componen CSS3.

3.3. INCLUSIÓN DE CSS EN NUESTROS DOCUMENTOS HTML

Son varias las formas por las que podemos indicar a nuestro documento HTML que hagan uso de propiedades CSS para modificar su visualización. En este apartado estudiaremos los diferentes métodos de inclusión de CSS en un sitio web.

Método 1. Uso del atributo style

La forma más sencilla de introducir código CSS en nuestro HTML es haciéndolo de forma directa sobre la etiqueta o etiquetas que queremos se vean modificadas. Toda etiqueta HTML acepta un atributo denominado **style,** que permitirá intercalar código CSS en HTML. Así, observemos el ejemplo siguiente:

```
<html>
    …
    <h1 style="color:red;">Hola mundo</h1>
    …
</html>
```

La etiqueta `<h1>` contiene un atributo **style,** que se iguala a la cadena de caracteres `"color:red;".` Como veremos en los siguientes apartados con mayor profundidad, estamos haciendo uso de una propiedad, **color,** definida con el valor **red**. En la introducción indicábamos que **color** permitía establecer el color del texto, de manera que, como el atributo se encuentra asignado a la etiqueta `<h1>`, se está indicando con ello que el texto **Hola mundo** se mostrará en color rojo.

Este método parece efectivo; ahora bien, ¿y si quisiéramos poner en rojo más de un título?, ¿y si los 50 títulos de un sitio web tuvieran que ser de este color? Tendríamos que colocar el atributo style como en el ejemplo, en cada uno de estas etiquetas. El lector podría pensar que esta labor no es tan tediosa o laboriosa, ya que podría hacerse uso de las combinaciones de teclas oportunas para copiar y pegar, pero ¿y si una vez editado todo el código fuente el color del texto debería ser otro? Sería necesario volver a modificar uno a uno cada uno de esos 50 títulos. Ahora sí que puede que este método de inserción de CSS en HTML no sea tan útil. En ocasiones, es posible utilizar código CSS directamente dentro de las etiquetas HTML, ya sea en documentos HTML existentes o en plantillas de frontend creadas por otros. Incluso es probable que algún lector haya incluido código CSS dentro de una etiqueta HTML en algún momento. Sin embargo, esta no es una práctica común, ya que desde el punto de vista de la programación, no suele ser demasiado útil.

Método 2. Etiqueta style

Otra forma de asociar código CSS a un documento HTML es incluyendo la etiqueta `<style>` en la cabecera de nuestra página web. Veíamos este método de uso en el ejemplo mostrado en el Apartado 3.1. Introducción a CSS. Veamos un ejemplo:

```
<!DOCTYPE html>
<html>
    <head>
        <style>
        p {
            color: red;
                text-align: center;
        }
        </style>
    </head>
    <body>
        <p>Hola mundo</p>
        <p>Los párrafos tienen estilos CSS</p>
    </body>
</html>
```

Hola mundo

Los párrafos tienen estilos CSS

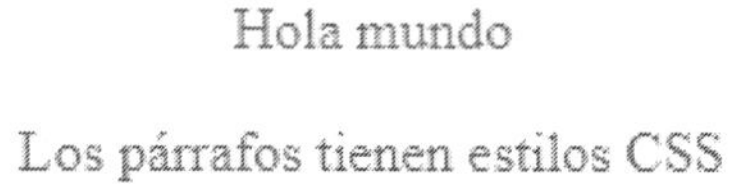

Figura 3.2. Resultado del código expuesto en la zona de la izquierda

De este modo, todas las etiquetas p se verán afectadas por las características CSS especificadas. Cada vez que se inserte un párrafo, este se verá en color rojo y centrado horizontalmente.

Pasa a ser este un mejor método que el anterior, ya que no es necesario repetir código, solo debe especificarse el nombre de la etiqueta que se va a ver modificada una vez para que cada vez que aparezca en el documento HTML se visualice al son de las nuevas propiedades. Sin embargo y si es necesario incluir muchas más etiquetas con sus respectivas características, como suele ser el caso, la zona de cabecera se vería excesivamente extensa. Además, no se suele hacer tan visible el código CSS en un documento HTML. Es por ello que el método que se utiliza con más asiduidad es el siguiente, incluir todo el código CSS en un documento externo.

Método 3. Uso de documentos externos para introducir las propiedades CSS

La práctica más usada por parte del programador de frontend es el uso de archivos externos con extensión CSS que el documento HTML incluye a través de etiquetas de enlace tipo `<link>`. Así, de manera ordenada, veremos por un lado todo el código referido a las propiedades CSS mientras el código HTML se mantiene en el documento web. El ejemplo mostrado en el método 2 se vería como sigue según este nuevo modo de inclusión.

Código CSS. Fichero estilos.css	Fichero HTML

`p {`
   `color: red;`
   `text-align: center;`
`}`
	`<!DOCTYPE html>`
	`<html>`
	  `<head>`
	    `<link rel="stylesheet"`
	          `href="estilos.css">`
	    `<title>Ejemplo HTML</title>`
	  `</head>`
	  `<body>`
	    `<p>Hola mundo</p>`
	    `<p>Los párrafos tienen estilos CSS</p>`
	  `</body>`
	`</html>`

El atributo **href** de la etiqueta `<link>,` que además ostenta el atributo **rel,** con el valor **stylesheet** indicando así que se está lincando un archivo de hojas de estilo, es el que indica el fichero CSS que el documento HTML está utilizando.

En la mayoría de ejemplos de este libro supondremos que todo el código CSS se encuentra bajo un fichero con esta extensión.

> **NOTA.** Si se han establecido propiedades CSS definidas para un elemento HTML mediante el uso de varios de los métodos explicados, debemos tener en cuenta el orden de aplicación de estos estilos:
> 1º. Estilos en línea, es decir, estilos definidos en la propia etiqueta mediante el uso del atributo **style**.
> 2º. Estilos programados de manera interna en el propio documento HTML mediante el uso de las etiquetas `<style></style>`.
> 3º. Estilos predeterminados por el navegador que visualiza la página web.
>
> Así, la característica CSS que prevalece sobre todas las demás cuando se está usando más de un método en un elemento HTML será la indicada en línea bajo el atributo **style.**

3.4. REGLAS CSS

La sintaxis de un documento CSS es bastante sencilla. A la hora de modificar las características de un elemento HTML solo es necesario especificar el modo en el que se nombra a este seguido por un par de llaves que englobarán todas las características que se desean modificar. Cada una de esas características deberán tener asociados lo nuevos valores.

Así, la sintaxis CSS será como sigue:

```
Selector {
        Propiedad: valor;
        Propiedad: valor;
        ...
        Propiedad: valor;
}
```

Los pares propiedad-valor se separan mediante dos puntos (`:`), mientras que al finalizar la definición de una propiedad se incluye un punto y coma (`;`). Estos signos de puntuación son fundamentales, ya que su no existencia en alguna línea produciría fallos en el resultado final.

Selector refiere el modo en el que se denomina a un elemento que debe cambiarse. Un selector podría ser fácilmente el nombre de una etiqueta; de hecho, es el más común, aunque veremos en el siguiente apartado que no siempre es el método más usado.

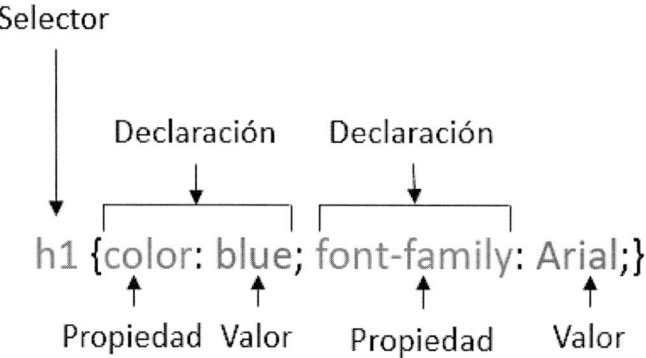

Figura 3.3. Ejemplo de regla CSS

3.5. SELECTORES

Los **selectores** se usan en CSS para seleccionar un elemento HTML al que aplicar un estilo concreto. Así, podemos decir que es la forma de referenciar la parte de un documento HTML a la que queramos modificar su aspecto visual.

Existen diferentes tipos de selectores, que podríamos clasificars en:

- **Simples.** Son aquellos que seleccionan los elementos HTML a partir de su nombre, su identificación (id) o clase (class).
- **Combinados.** Selecciona elementos en función de una relación específica entre ellos. Por ejemplo, con `h1, h2 {...}`, las características que se especifican entre llaves afectan a las etiquetas h1 y h2 por igual; otro ejemplo podría ser: `.capa > h1 {...}`, donde las características especificadas entre llaves afectan a los elementos h1 que se encuentran dentro de los elementos que tienen como nombre de clase la palabra "capa".

- **De pseudoclase.** Son aquellos que seleccionan elementos en función de un determinado estado. Por ejemplo: `a:hover {...}`, donde las características CSS englobadas entre las llaves se aplicarán sobre todas las etiquetas <a> cuando el cursor se encuentre sobre ellas.

- **De pseudoelementos.** Son aquellos que seleccionan o permiten modificar una parte de un elemento. Un ejemplo de este tipo podría ser `a::after { content: "→"; }`, que añade el símbolo de flecha justo después de todos los enlaces.

- **De atributos.** Seleccionan los elementos según si contienen un atributo o un valor de atributo concreto. Un ejemplo de este tipo es `a[href="http://www.google.es"] {...}`, que aplicaría las características CSS incluidas entre paréntesis a todos los hipervínculos que enlazaran con el sitio web de GOOGLE.

3.5.1. Selectores simples

Entre los selectores simples encontramos el **selector universal,** el **selector de elemento,** el **selector id** y el **selector de clase.**

3.5.1.1. Selector universal

El **selector universal** se identifica mediante el símbolo asterisco (`*`) y referencia todos los elementos de la página HTML.

```
* {
      text-align: center;
      color: red;
}
```

Mediante esta regla y el selector universal estamos indicando que todos los elementos de la página web se mostrarán centrados[1] y el texto será de color rojo.

3.5.1.2. Selectores de elemento

Los selectores de elementos son aquellos que están basados en los nombres de las etiquetas HTML, por ejemplo, si queremos modificar las características visuales de la etiqueta de título `<h1>` usaremos `h1` en CSS, siendo este un selector de elemento.

```
h1 {
      background-color: black;
      color: white;
      width: 40%;
      text-align: center;
}
```

Figura 3.4. Resultado de la etiqueta `h1` tras aplicar la hoja de estilo de la izquierda

---

[1] Esto es posible que no resulte para algunos elementos, ya que en función de su característica en línea o en bloque la propiedad será aplicada o no.

Al usar selectores de elementos estamos indicando que todos los elementos HTML a los que se referencian se verán afectados por las modificaciones; así, en el ejemplo anterior, todas las etiquetas `<h1>` del documento HTML sobre el que se aplique este CSS se mostrarán como en la imagen.

3.5.1.3. Selector ID

El **selector ID** hace referencia al atributo ID de HTML. Las etiquetas HTML pueden contender un atributo denominado **id**. Es utilizado para identificar de manera única a un elemento, lo que quiere decir que dos etiquetas HTML no deben tener un atributo **id** con el mismo valor asignado.

Así, podemos establecer características CSS en función del valor que se haya establecido en el atributo id de una etiqueta. Los selectores id se identifican en las hojas de estilos debido a que comienzan por el símbolo almohadilla (#); véase el ejemplo siguiente:

Documento HTML

```
<html>
    <head>
      <link rel="stylesheet" href="estilo.css" />
      ...
    </head>
    <body>
      <h1>Título de color rojo</h1>
      <h1 id="verde">Título de color verde</h1>
      <h1>Titulo</h1>
    </body>
</html>
```

Documento CSS (estilo.css)

```
h1{
    color: red;
}
#verde{
    Color: green;
}
```

El resultado del código expuesto es el que se observa en la Figura 3.5, donde la 1.ª la 3.ª líneas tienen la fuente de color rojo y la 2.ª, verde:

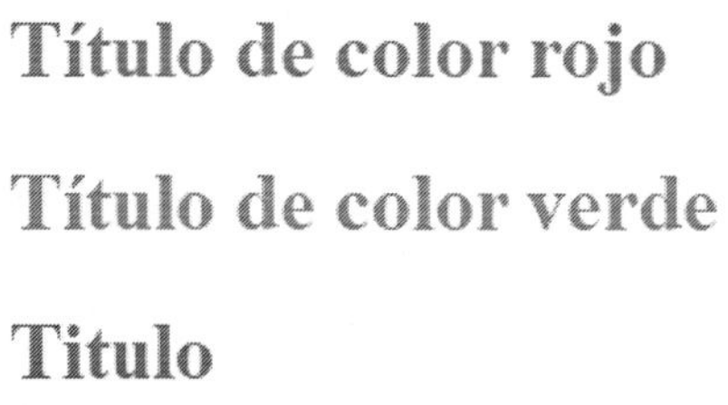

Título de color rojo

Título de color verde

Titulo

Figura 3.5. Documento HTML tras ser aplicado un estilo CSS utilizando selectores de elemento y selector ID

En el código CSS tenemos el selector de elemento **h1**, de manera que todas las etiquetas `<h1>` del documento web adquirirán el color del texto rojo. Sin embargo, vemos el segundo título de color verde. Esto es debido a que en el código CSS se encuentra un selector ID llamado verde (#verde). Este último selector hace referencia únicamente a la etiqueta de título que contiene **id="verde"**, por lo que el segundo título es de este color.

El lector puede pensar que el resultado final es el mostrado debido al orden de los selectores usados, recordamos que CSS es un lenguaje de hojas de estilo en cascada, de manera que según la definición el último estilo codificado será el último estilo a aplicar, pero aun cambiando el orden de los elementos del código el resultado seguiría siendo el mismo. Diremos que los selectores id tienen un valor mayor que los selectores de elemento; así, no tiene importancia el orden en el que se coloque en el código CSS de ejemplo, ya que siempre será ejecutado por encima de ellos. Posteriormente, en este mismo apartado se hablará sobre la prioridad de los selectores.

3.5.1.4. Selector de clase

El **selector de clase** hará referencia al valor del atributo **class** que puede encontrarse en cualquiera de las etiquetas que conforman nuestro documento web. El valor del atributo **class**, a diferencia del valor de **id**, puede repetirse tantas veces como sea necesario, facilitando así la aplicación de características a grupos de etiquetas del mismo tipo. Veamos a continuación el siguiente ejemplo.

Documento HTML

```
<html>
    <head>
      <link rel="stylesheet" href="estilo.css" />
      ...
    </head>
    <body>
      <h1>Título de color rojo</h1>
      <h1 class="verde">Título de color verde</h1>
      <h1>Titulo</h1>
      <h1 class="verde">Titulo de color verde</h1>
    </body>
</html>
```

Documento CSS (estilo.css)

```
h1{
    color: red;
}
.verde{
    Color: green;
}
```

El resultado del código anterior será el que se observa en la Figura 3.6, de manera que los títulos primero y tercero serán de color rojo, mientras que los títulos segundo y cuarto se verán de color verde.

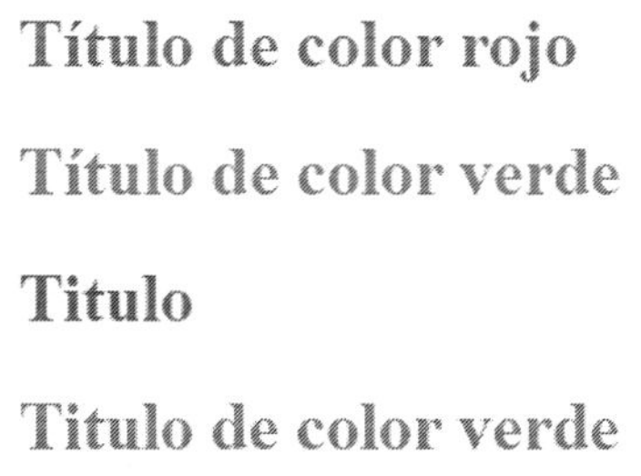

Título de color rojo

Título de color verde

Titulo

Titulo de color verde

Figura 3.6. Resultado tras aplicar el atributo class en algunas de las etiquetas `<h1>` del documento

Una clase se define en CSS mediante el nombre que se indica en el atributo **class** en HTML antecedida por el carácter punto, por ejemplo **.verde.**

3.5.1.5. Prioridad de los selectores

A la hora de aplicar las diferentes características CSS, estas, en una primera instancia, se van teniendo en cuenta en función del orden en el que son codificadas, de manera que las últimas en colocarse son las que prevalecen sobre las demás. Quizás el lector entienda el párrafo anterior como un trabalenguas, así, de manera más sencilla, imaginemos que se han establecido características CSS en dos zonas de nuestro código para las etiquetas <h1>, utilizando para ello el selector de elemento y entre esas características esta la que modifica el color del texto de la etiqueta de título. Imaginemos, además, que la primera establece el color del texto a cian mientras que la segunda establece el color del texto a magenta. Según la característica de CSS que estamos debatiendo en este apartado, el color del texto de los títulos será de color magenta ya que es el último valor que se establece para esta propiedad.

NOTA. Es importante que el alumno o lector de este libro haga una buena praxis a la hora de codificar y desarrollar hojas de estilo CSS. Nos referimos a la repetición de selectores en diferentes partes del código, entre otras cosas que se irán viendo en el libro. Si tenemos una serie de características CSS para aplicar sobre un elemento, estas deben estar agrupadas correctamente bajo el selector adecuado. Si bien es cierto que podemos observar características CSS que refieren al mismo elemento colocadas en diferentes selectores en función de las necesidades visuales del sitio en cuestión.

Ahora bien, esta regla no se cumple cuando tenemos características CSS sobre un mismo elemento o etiquetas si usamos diferentes tipos de selectores. Veamos el código siguiente:

Documento HTML

```
<html>
    <head>
      <link rel="stylesheet" href="estilo.css" />
      ...
    </head>
    <body>
      <h1>Título de color rojo</h1>
      <h1 class="cyan" id="magenta">Título de color magenta</h1>
      <h1>Titulo</h1>
      <h1 class="cyan">Titulo de color cyan</h1>
    </body>
</html>
```

Documento CSS (estilo.css)

```
h1{
    color: red;
}
#magenta{
  color: magenta;
}
.cyan{
    Color: cyan;
}
```

En el ejemplo se observa cómo, en el código HTML existe una etiqueta <h1> con los atributos **class** e **id**. En el código CSS la estructura que se plantea coloca al selector **id** justo encima del selector de clase. Si tenemos en cuenta solo la característica de cascada, podríamos pensar que el color final del segundo título es cyan; sin embargo, se ve en color magenta. Esto es debido a que, el selector **id** tiene un valor mayor que el selector de clase, de manera que prevalece sobre este.

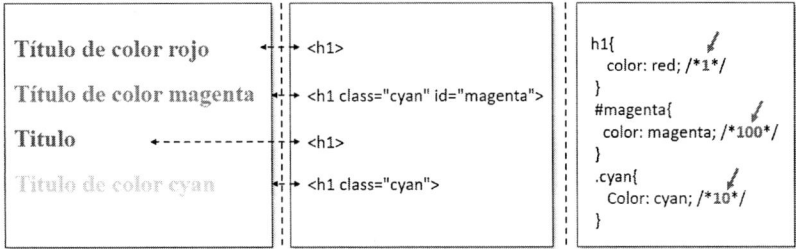

Figura 3.7. Representación del código de ejemplo

Así, cada selector posee un valor predeterminado de forma que, en el ejemplo, el selector id tiene valor de 100, el selector class valor de 10 y el selector de elemento valor 1; es por ello que el título dos es de color magenta, más allá de la posición en la que se codifique esta característica en el propio documento CSS. Los valores de 1, 10, 100, etc., vienen prestablecidos por la norma y se pueden observar en la Figura 3.8.

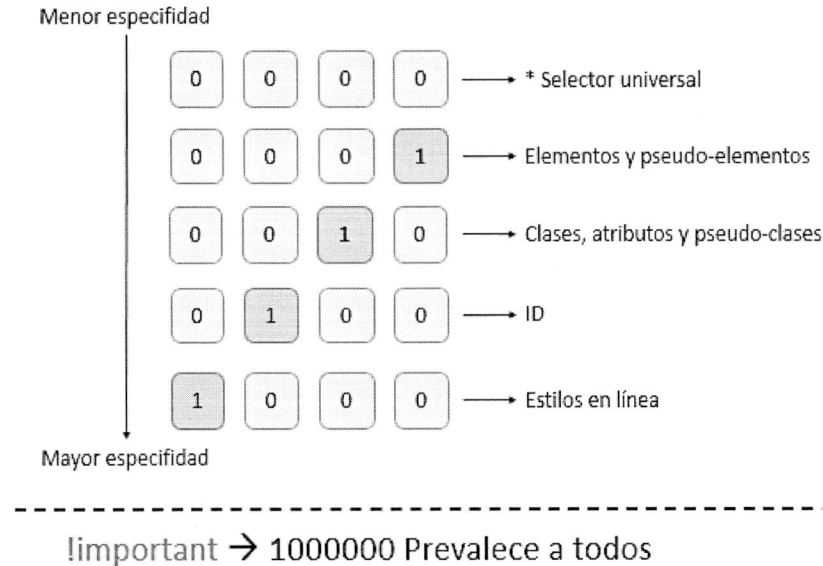

Figura 3.8. Prioridad de los selectores

NOTA. Es posible agregar la coletilla `!important` a nuestras propiedades CSS. Como su traducción indica, proporciona una mayor importancia a esta característica sobre el resto, consiguiendo que prevalezca sobre todas las demás. Muchos frameworks (códigos ya desarrollados y preparados para su uso), utilizan esta facilidad que el lenguaje proporciona; sin embargo, no supone una buena práctica de programación y se pide al lector que la coloque en el código el menor número de veces posible.

> **NOTA.** Al igual que otros muchos lenguajes de programación, CSS permite la inclusión de comentarios entre sus líneas. La sintaxis de un comentario CSS, ya sea de una o varias líneas, es `/* comentario */`.

3.6. MODELO CAJA

Podemos decir que cada elemento que se coloca en un documento HTML se encuentra contenido en una caja rectangular que cuenta con una serie de propiedades. La manera en la que codificamos estas características afectará a cómo se muestran los elementos en los diferentes navegadores. En la Figura 3.9 se representa el modo en el que se contempla cualquier etiqueta HTML desde el punto de vista CSS.

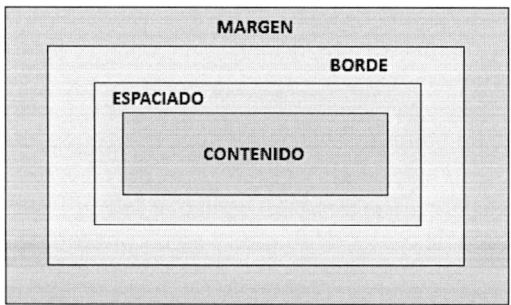

Figura 3.9. Representación del modelo caja en CSS

Así, según se puede observar en la figura, el CONTENIDO (CONTENT) representa el elemento que la etiqueta HTML en cuestión hará visualizar en el sitio web, ESPACIADO (PADDING) será el espacio existente entre el contenido y el borde de la caja, BORDE (BORDER) representa el borde correspondiente, mientras que MARGEN (MARGIN) establecerá la distancia de la etiqueta en la que nos encontramos con respecto a las demás.

Existen propiedades CSS que permitirán modificar los valores por defectos de esta caja, estas son **width** (ancho), **height** (alto), **border** (borde), **margin** (margen) y **padding** (espaciado). Además, estudiaremos la propiedad **box-sizing,** que inferirá sustancialmente en el comportamiento de algunas de las propiedades indicadas. Pero, antes de continuar explicando el uso de las características nombradas, es fundamental que prestemos atención a dos nuevos conceptos, **elementos en bloque** y **elementos en línea**.

Elementos en bloque y en línea o cajas en bloque y cajas en línea

En CSS disponemos de dos tipos de cajas: en bloque y en línea. La característica de las cajas en bloque o en línea refiere al modo en el que la caja se comporta con respecto al resto de elementos HTML (resto de cajas), así como a la página o al flujo de la página en sí.

De forma predefinida, las etiquetas estarán contenidas en cajas en bloque o en línea, pudiendo variar este comportamiento aplicando la propiedad **display** sobre la etiqueta en cuestión.

Una etiqueta **en bloque:**
- Fuerza el salto de línea, es decir, no encontraremos ninguna otra caja o elemento, a su lado.
- Se extenderá por todo el ancho del contenedor, es decir, la caja será tan ancha como su contenedor, llenando el 100 % del espacio.

- Responde ante las propiedades **width** y **height,** de manera que si se configuran el ancho y el alto, cambiarán.

- Las características de **padding, border** y **margin** mantienen a los otros elementos separados de la caja. Con esta frase se pretende indicar que cada vez que codifiquemos una de estas características aumentado o disminuyendo su valor, la caja en bloque se separará del resto, tanto en vertical como en horizontal.

Una etiqueta **en línea:**
- No fuerza ningún salto de línea. Los elementos en línea se colocarán uno al lado de otro.

- No responden a las propiedades **width** y **height,** de manera que, aunque se establezcan anchos y altos diferentes para estas etiquetas, los originales no variarán, es decir, las etiquetas mantendrán el ancho y el alto adecuados para visualizar su contenido.

- Si modificamos las características **padding, margin** y **border** se debe tener en cuenta que solo afectarán a la horizontal, es decir, los elementos en línea se separarán en horizontal, pero no en vertical. Por ejemplo, si sobre una etiqueta en línea modificamos el margen derecho aumentándolo, la etiqueta en cuestión se separará de la que se encuentre a su derecha. Sin embargo, si modificamos el margen superior de la misma etiqueta, al ser en línea no se separará de la etiqueta que se encuentre justo encima.

Algunos ejemplos de etiquetas en bloque son <h1> o <p>, mientras que entre las etiquetas en línea podríamos nombrar las etiquetas <a> o <img>. Existen numerosas referencias web que indicarán al lector qué etiquetas se engloban en un tipo u otro. Una se estas URL es: https://www.w3schools.com/html/html_blocks.asp.

Cálculo de anchos y altos

Es importante tener en cuenta cómo el navegador calcula el tamaño de una caja. Hablaremos de cajas en bloque, ya que tendremos en cuenta tanto el ancho como el alto. El lector puede pensar que configurando la propiedad **width (ancho)** la caja tendrá de forma definitiva ese valor en cuanto a la horizontal, pero esto no es del todo cierto. Si para la caja configuramos además padding, borde y margen, el ancho de la caja varía. Así, el ancho total de la caja será la suma del valor de la propiedad width, el valor del margen izquierdo, el valor del borde y padding izquierdo, el valor del margen derecho junto al valor del borde y padding derecho. Con el alto, el procedimiento sería similar (véase la Figura 3.10):

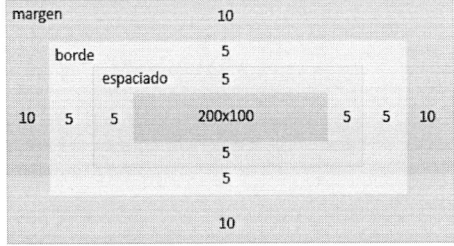

En la imagen se muestra cómo vería CSS un elemento HTML. Este elemento tiene un contenido de dimensiones 200 × 100, es decir, se le ha aplicado un width de 200 px[2] y un height de 100 px. Sin embargo, el ancho y el alto totales que tendrá la caja serán:

Figura 3.10. Modelo caja para una etiqueta HTML

---

[2] La abreviatura px representa la unidad de medida absoluta píxel.

> Ancho = margen izquierdo + borde izquierdo + espaciado izquierdo + width + espaciado derecho + borde derecho + margen derecho.

Así, si aplicamos las cantidades de la imagen:

> Ancho = 10 px + 5 px + 5 px + 200 px + 5 px + 5 px + 10 px = 240 px

Para el alto, el procedimiento es similar.

> Alto = margen superior + borde superior + espaciado superior + alto + espaciado inferior + borde inferior + margen inferior.

> Alto = 10 px + 5 px + 5 px + 100 px + 5 px + 5 px + 10 px = 140 px

Llegados a este punto, el modelo de caja nos puede parecer a priori algo confuso, ya que se establecen para él unos valores de ancho y alto que al aplicar espaciado, borde o margen, varían, consiguiendo cajas más altas o anchas de las previstas por el propio desarrollador. El modelo de caja se denomina por defecto *aditivo*, de manera que el tamaño real de una caja se debe calcular como se ha realizado en las líneas anteriores. Además, los propios navegadores pueden agregar márgenes o espaciados[3] a los elementos para mejorar su visibilidad, de manera que dispongan de propiedades CSS preestablecidas, hecho que dificulta la estructuración del sitio web que se esté produciendo.

Existe una propiedad CSS que permite al programador poseer un mayor control sobre los elementos o más bien, sobre la caja que estos dibujan en el lugar en que se colocan. Esta propiedad es **box-sizing.** Esta característica CSS permitirá modificar las propiedades por defecto del modelo caja y puede recibir tres valores: **content-box**, **padding-box** y **border-box**.

- **Content-box.** Es el valor por defecto y define ese modelo de caja aditivo que hemos estudiado.

- **Padding-box.** Este valor incluye el tamaño asignado al espaciado o padding dentro del tamaño que se haya establecido para la caja, de manera que el ancho y el alto establecidos por width y height se verán reducidos para agregar el padding correspondiente. Los valores de border y margin siguen afectando al ancho y alto total.

- **Border-box.** Es una de las propiedades más usadas. En este caso, el espaciado (padding) y el borde se agregan para que el tamaño establecido a la caja se mantenga, de manera que, si el width asignado a un elemento concreto es 200 px y el padding y el borde son de 10 px cada uno, los 40 px que se asignarían de más (20 px por cada lado) se incluirían dentro del propio ancho de la caja, tal que si el margen es de 0 px, el ancho total seguirá siendo 200 px. El margen, como el lector ha debido intuir, se deja aparte.

Supongamos que tenemos el siguiente código HTML:

---

[3] Existe un código CSS creado por desarrolladores, *ejemplo normalize*, que elimina esas características CSS preestablecidas por los navegadores. Estos códigos son de gran utilidad, ya que permiten que el programador parta de cero en su diseño y no caiga en confusiones y visualizaciónes de elementos no deseadas por factores ajenos a su propio CSS.

```
<!DOCTYPE html>
<html lang="es">
<head>
    <meta charset="UTF-8" />
    <link rel="stylesheet" href="css/estiloCaja.css" />
    <title>Ejemplo modelo caja</title>
</head>
<body>
    <h1 class="uno">1</h1>
    <h1 class="dos">2</h1>
    <h1 class="tres">3</h1>
</body>
</html>
```

```css
.uno{
    background: #D3F3EE;
    height: 50px;
    width: 50px;
    padding: 20px; /*Todos los lados*/
    border: 10px solid #7FB7BE; /*Todos los lados*/
    margin: 60px; /*Todos los lados*/
    box-sizing: content-box;
}
```

```css
.dos{
    background: #D3F3EE;
    height: 50px;
    width: 50px;
    padding: 20px; /*Todos los lados*/
    border: 10px solid #7FB7BE; /*Todos los lados*/
    margin: 60px; /*Todos los lados*/
    box-sizing: padding-box;
}
```

```css
.tres{
    background: #D3F3EE;
    height: 100px;
    width: 100px;
    padding: 20px; /*Todos los lados*/
    border: 10px solid #7FB7BE; /*Todos los lados*/
    margin: 60px; /*Todos los lados*/
    box-sizing: border-box;
}
```

- **<h1 class="uno">.** Para esta línea se establece un modelo caja **content-box,** que referencia al modelo caja por defecto. Así, aunque se establece como width un valor de 50px, el ancho total de la caja será: 60 px + 10 px + 20 px + 50 px + 20 px + 10 px + 60 px = 230 px. En el caso del alto, aunque se indica que es de 50 px, el alto total será 60 px + 10 px + 20 px + 50 px + 20 px + 10 px + 60 px = 230 px.

- **<h1 class="dos">.** En esta línea, la clase CSS **dos** establece para la característica **box-sizing** en valor de **padding-box**, de manera que el padding no se tendrá en cuenta. El ancho total será: 60 px + 10 px + 50 px + 10 px + 60 px = 190 px. El alto total se calculará del mismo modo y será igualmente de 190 px.

- **<h1 class="tres">.** Este código representa una caja visiblemente más reducida que las anteriores. Solo el margen se tiene en cuenta, de manera que el ancho total de la caja será 110 px, al igual que el alto. El borde y el padding se incluyen en el ancho y alto establecidos por las propiedades width y height.

> **NOTA.** Aunque aún no se ha introducido al lector en el estudio de propiedades CSS concretas, en este apartado se referencian algunas de ellas. Padding, margin o border representan las características de espaciado, margen o borde de cualquier caja que contenga a un elemento HTML. A estas características se les suelen asignar valores numéricos bajo una unidad de medida concreta. Además, la propiedad background permitirá modificar el color de fondo de un elemento.

3.7. HERRAMIENTA INSPECCIONAR

Los sitios web que se desarrollarán con el uso de HTML y CSS se visualizarán en navegadores web tales como Chrome, Mozilla, Edge, Safari, Opera, etc. Será en ellos donde comprobaremos si las características CSS que se han introducido son las adecuadas para la obtención de la vista que nuestras páginas web requieren. Ahora bien, cuando se codifica otro tipo de aplicaciones, por ejemplo, las de escritorio, que utilizan en su mayoría lenguajes de programación compilados, se dispone de entornos de desarrollo que permiten gestionar de forma más o menos sencilla errores en la compilación, es decir, errores que se dan en el código fuente y que no permiten que este se ejecute, pasando por la generación previa de un código objeto; o errores en la ejecución para los que se dispone de herramientas de depuración que harán que el programador detecte errores en el momento de ejecución del código fuente y pueda solventarlos.

En el caso de aplicaciones web, la detección de errores o uso de propiedades CSS inadecuadas o con valores no válidos se puede llevar a cabo desde el propio navegador gracias a la opción de inspeccionar que se hará visible desde el menú contextual. Así, si el lector hace clic con el botón derecho del ratón sobre cualquier zona de la pantalla, zona de visualización de página web, de cualquiera de los navegadores mencionados, entre las opciones del menú contextual podrá observar la de **inspeccionar.**

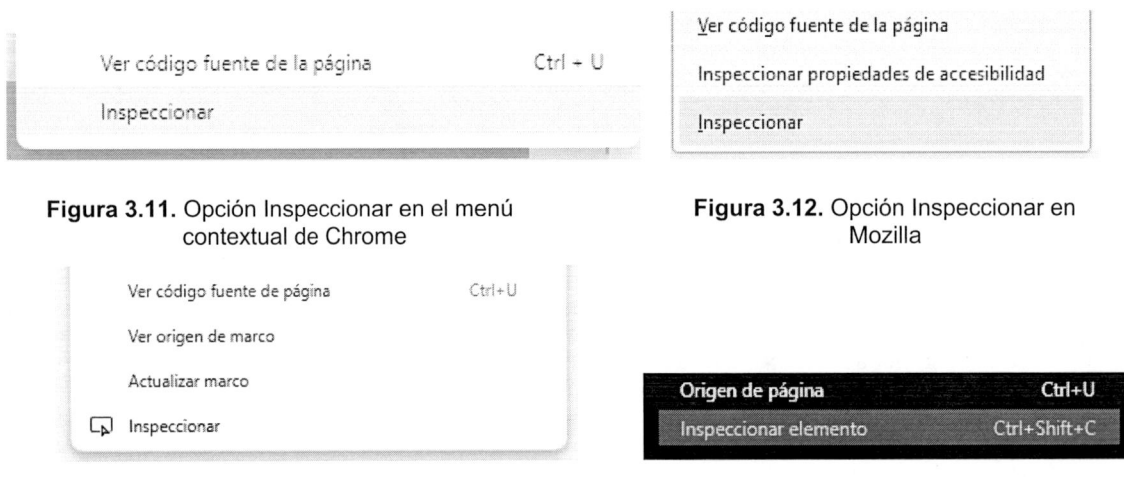

Figura 3.11. Opción Inspeccionar en el menú contextual de Chrome

Figura 3.12. Opción Inspeccionar en Mozilla

Figura 3.13. Opción Inspeccionar en Edge

Figura 3.14. Opción Inspeccionar en Opera

Al hacer clic sobre **Inspeccionar** se visualizará una nueva ventana en la que se podrá ver de forma directa el código fuente de la página y las propiedades CSS de los elementos que se podrán seleccionar de manera dinámica.

La Figura 3.15 muestra la ventana de inspeccionar que muestra el navegador Chrome. En ella se pueden observar diferentes zonas:

(1) Será uno de los elementos con los que más interactúe el desarrollador. Al hacer clic sobre el botón que contiene una punta de flecha, se activará la opción de seleccionar, de manera que podremos acceder a la zona (3), pulsar sobre cualquiera de las etiquetas HTML que se estén visualizando para conseguir, de este modo, que en la zona (4) se observen las características CSS del elemento HTML en cuestión. De igual manera se observa la caja que contiene al elemento y sus características de ancho, alto, espaciado, borde y margen mediante un gráfico representativo.

(2) Este botón será de especial interés cuando comencemos el estudio de representación adaptativa, ya que nos permitirá elegir en qué tipo de dispositivo podremos ver nuestra aplicación web desde el propio navegador. De esta manera, cuando se configuren diferentes estructuras para nuestro sitio en función del tamaño de pantalla usado, desde el propio navegador podremos ver el resultado final gracias a esta funcionalidad de la zona de inspeccionar.

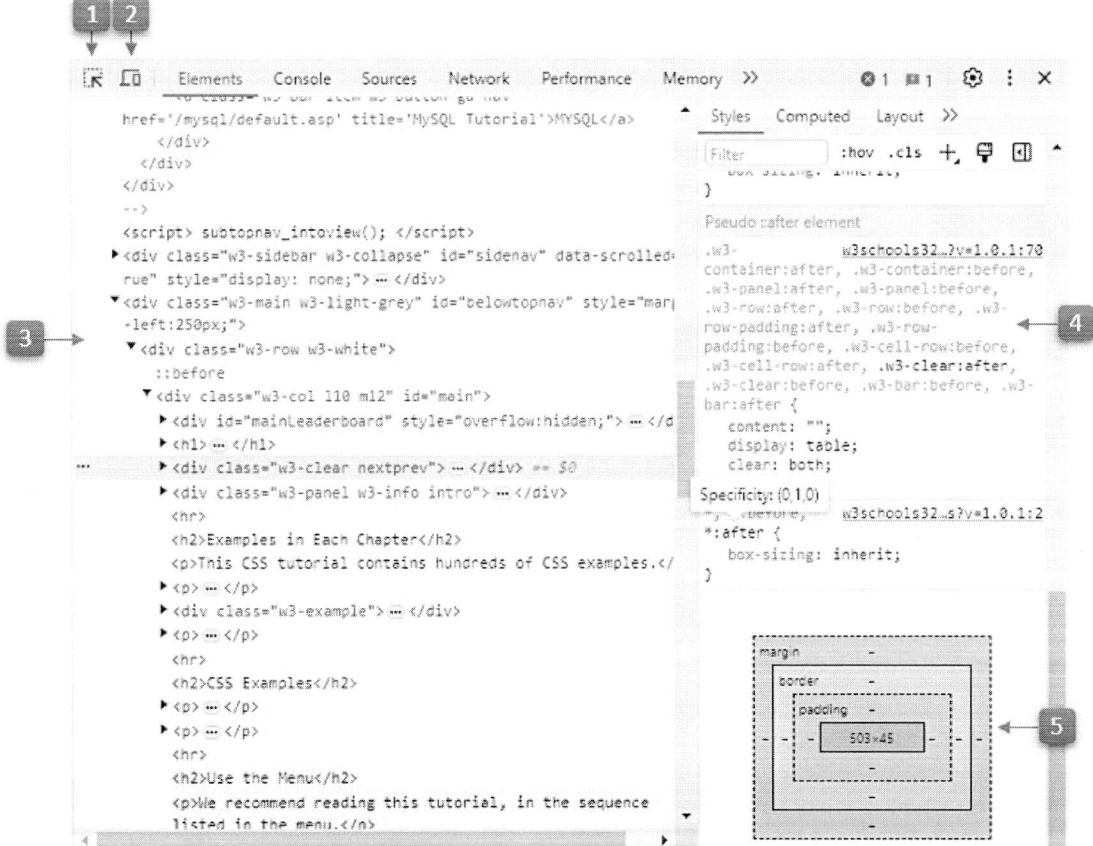

Figura 3.15. Ventana inspeccionar navegador Chrome

(3) Zona de visualización del código fuente. Será posible interactuar con ella de manera que podremos agregar etiquetas o atributos a las etiquetas ya existentes. Además, se podrán modificar los valores que contienen los atributos ya existentes, entre otras cosas; solo debemos hacer clic sobre el botón derecho del ratón para que el menú contextual muestre toda la funcionalidad que presenta esta zona de la herramienta. Para un desarrollador de frontend, este elemento que proporciona el navegador es fundamental, ya que en tiempo real es posible modificar código y observar el resultado.

(4) En esta zona visualizaremos las propiedades CSS asociadas a los elementos de la zona (3). Es posible que al hacer clic sobre una etiqueta se muestren muchas más características CSS de las programadas por el desarrollador del código en cuestión. Esto es así debido a que las propias etiquetas tienen una serie de propiedades prefijadas, además de las que el navegador pueda haber agregado. Al igual que ocurre en la zona (3), es posible modificar características existentes, agregar otras o cambiar los valores de aquellas que nos interese. Es posible que veamos líneas tachadas, lo que puede ser debido a que algunas propiedades se vean anuladas por estar en otro selector que dispone de mayor prioridad que el selector donde se encuentra la línea.

(5) Representación del modelo caja. Se encuentra personalizado con los valores que contienen las propiedades CSS que intervienen en él.

3.8. UNIDADES DE MEDIDA

A la hora de desarrollar la maquetación de un sitio web usando CSS es fundamental conocer y entender unidades, tamaños y medidas que se pueden usar ya que todos los elementos ocuparán un espacio concreto y dispondrán de unas dimensiones. Una forma clara de estudiar estos conceptos es llevarlos a la vida real e imaginar que vamos a dibujar algo sobre papel. Cuando vamos a pintar lo hacemos sobre un papel de dimensiones concretas y con unos trazos determinados, si esto lo trasladamos al mundo digital, el tamaño del papel será la resolución de pantalla sobre la que se hará la visualización de los elementos abarcando dispositivos móviles, tables, equipos de sobremesa o portátiles mientras que los trazos referirán los diferentes tipos de letras que usaremos y que tienen características concretas.

Podemos dividir las unidades de medida en CSS en dos tipos:

- Unidades de medida absolutas.
- Unidades de medida relativas.

3.8.1. Unidades de medida absolutas

Son unidades que están completamente definidas, es decir, que su valor no depende de otro valor de referencia. Así, cuando las usemos debemos entender que sea cuál sea la resolución de pantalla en la que se visualice nuestro sitio web, el elemento que esté usando este tipo de unidad se verá siempre con el mismo tamaño. En esta categoría encontramos cm, mm, in, px, pt y pc.

- **cm**. El tamaño del elemento o del texto se define en centímetros.
- **mm**. El tamaño del elemento o del texto se define en milímetros.
- **in**. En este caso la unidad de medida será pulgadas. Tenemos en cuenta que 1 pulgada equivale a 96 píxeles que a su vez serán 2,54 cm.
- **px**. Entre las unidades de medida absolutas, los píxeles serán los más usados.

    ```
    p {font-size: 32px;} >> cambia el tamaño de letra de todos los párrafos a 32 píxeles.
    ```

- **pt**. El tamaño del texto o del elemento se mide en puntos. 1 punto equivale a 1/72 pulgadas.
- **pc**. El tamaño del texto o del elemento se mide en picas, que aproximadamente son 12 puntos.

3.8.2. Unidades de medida relativas

Este tipo de unidades adapta su valor en función a otro valor de referencia, es decir, el tamaño real de un elemento definido mediante unidades relativas será diferente, aun disponiendo de la misma cantidad, en función del dispositivo o resolución de pantalla sobre el que se esté mostrando. Por ejemplo, si indicamos que un párrafo tiene un ancho del 50 %, en una pantalla de 600 px, el ancho real será de 300 px, mientras que si lo mostramos en una pantalla de 1200 px, el ancho real será de 600 px.

Las unidades relativas se dividen en:
- Unidades relativas a la tipografía.
- Unidades relativas al viewport (la resolución del área visible de pantalla sobre la que se muestra nuestro sitio web).

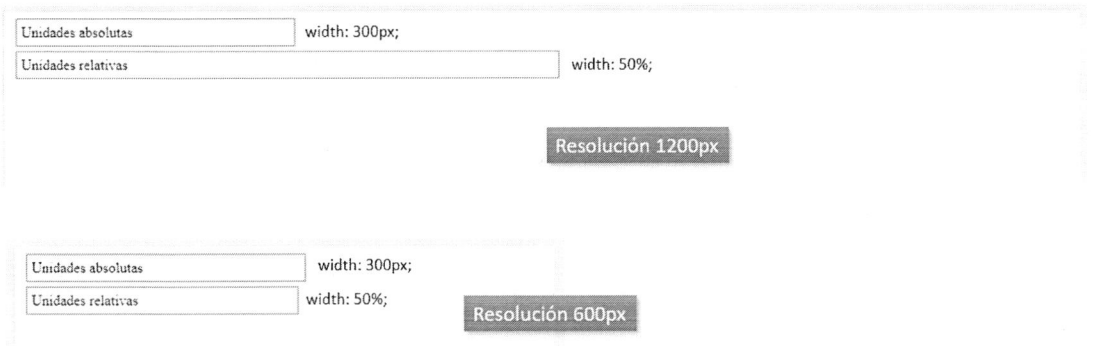

Figura 3.16. Ejemplo de uso de unidades absolutas y relativas para diferentes resoluciones

3.8.2.1. Unidades de medida relativas a la tipografía

En esta clasificación encontramos:

- **rem**. Relativo al tamaño de fuente de un elemento. Los navegadores, por defecto, representan el texto en un tamaño de fuente determinado. Así, el valor que se especifique en **rem** será multiplicado por este y el resultado será el tamaño que se esté definiendo para el elemento en cuestión. Por ejemplo, si el tamaño de texto por defecto en el navegador es de 16 px, al especificar p {font-size: 3rem;} estaremos indicando que el tamaño de letra de este párrafo es tres veces el tamaño por defecto del navegador, es decir, 3 × 16 = 48 px.

- **em**. Es similar a **rem**. La diferencia se encuentra en que el tamaño de letra de referencia no es el del navegador, sino el del elemento donde se encuentre aquel al que estemos cambiando su tamaño. Por ejemplo, supongamos que tenemos una etiqueta h1 y en su interior una etiqueta p. Al especificar p {font-size:3em;}, el tamaño final del texto de la etiqueta p será el triple del tamaño del texto de la etiqueta h1.

Código HTML	Código CSS

``
<h1>
    El siguiente párrafo usara rem
    <p class="parrafoREM">Hola mundo</p>
</h1>
<h1>
    El siguiente párrafo usara em
    <p class="parrafoEM">Hola mundo</p>
</h1>
``
	``
	.parrafoREM{
	    font-size: 2rem;
	    color: grey;
	}
	.parrafoEM{
	    font-size: 2em;
	    color: grey;
	}
	``

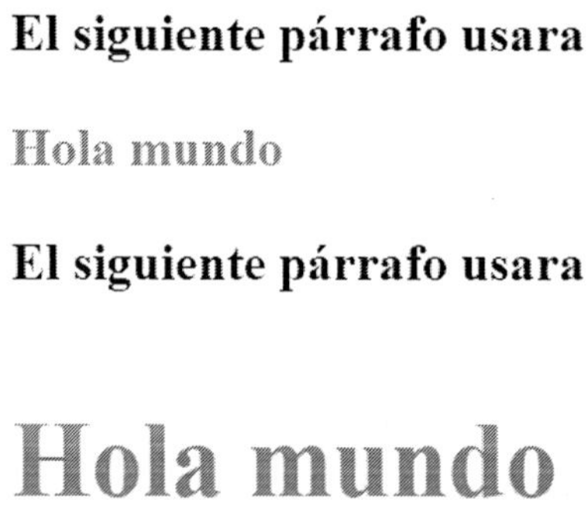

El siguiente párrafo usara rem

Hola mundo

El siguiente párrafo usara em

Hola mundo

Figura 3.17. Visualización del código HTML según el uso de las unidades de medida relativas rem y em

3.8.2.2. Unidades de medida relativas al viewport

En función del área visible de la pantalla del dispositivo, encontramos cuatro tipos de unidades de medida:

- **vw**. Tanto por ciento relativo a la anchura del viewport. Es decir, al indicar 30 vw, si el ancho de pantalla es de 300 estaremos dando una dimensión del 30% sobre 300 al elemento en cuestión.

- **vh**. Porcentaje relativo a la altura del viewport.

- **vmin**. Entre los valores de vw y vh se toma el valor menor, que será el porcentaje usado.

- **vmax**. Es lo contrario a vmin. En este caso, de los valores vw y vh se toma el mayor de los dos.

Al comenzar el apartado sobre unidades de medida relativas, la primera unidad que se ha mencionado mediante el uso de un ejemplo ha sido el %. Pero, ¿qué diferencia existe entre el uso de % y vw o de cualquiera de las unidades de medida relacionadas con el viewport?

- **vw, vh, vmin y vmax**. Siempre se tomarán como referencia para aplicar el porcentaje el tamaño visible de pantalla del dispositivo en el que se muestre el sitio web.

- **%**. El tanto por ciento se aplicará sobre el tamaño del elemento en el que se encuentre aquel al que afecte la característica en cuestión.

Veamos el siguiente ejemplo, mostrado en la Figura 3.18.

Código HTML	Código CSS

``html
<div class="parrafoC">
  <p class="parrafoVW">Uso de vw</p>
  <p class="parrafoP">Uso de %</p>
</div>
``
	``css
	.parrafoC{
	    width: 400px;
	}
	.parrafoVW{
	    width: 50vw;
	}
	.parrafoP{
	    width: 50%;
	}
	``

Uso de vw

Uso de %

Figura 3.18. Resultado de visualización de los diferentes elementos HTML tras el código CSS aplicado

Como se observa en la figura, el contenedor de ambas etiquetas p tiene un tamaño absoluto de 400 px. El primer elemento usa la unidad de medida relativa vw, por lo que ocupa el 50 % de la zona visible de la pantalla. En el caso del segundo elemento, este 50 % se aplica sobre el contenedor del mismo; es por ello que su ancho es de 200 px.

Se acaba de introducir, gracias al ejemplo, una etiqueta HTML no estudiada en el capítulo anterior, pero que es de uso repetido y necesario en la estructuración de un sitio web. Es por ello que se ha dejado su desarrollo para el apartado siguiente.

3.9. ELEMENTO DIV (HTML)

Podemos decir que la etiqueta `<div>` representa al elemento HTML contenedor por excelencia. Esta etiqueta genera un elemento que está diseñado para contener a otros y permitir la estructuración de un sitio web.

Las etiquetas `<div>` son etiquetas definidas por defecto como etiquetas en bloque, que deben ser codificadas con un ancho y alto concretos. Por defecto, el contenedor ocupará todo el ancho y su alto se adaptará a su contenido.

Al igual que todas las etiquetas HTML estudiadas con anterioridad en el Capítulo 2, esta puede admitir gran variedad de atributos entre los que se encuentran **class**, **id** o **style**, consiguiendo de este modo aplicar características CSS usando selectores de clase, de id o en línea.

3.10. PROPIEDADES CSS COMUNES

Dedicaremos este apartado a estudiar algunas de las propiedades CSS más habituales. Desde el sitio web de W3School o de bibliografía web similar será posible encontrar numerosas propiedades CSS que permitirán conseguir el resultado final deseado; así, el lector, tendrá como referencia las líneas que verá a continuación, pero para una visión más amplia deberá valerse de Internet.

3.10.1. Propiedades abreviadas

Antes de comenzar el estudio de propiedades comunes es necesario explicar al lector que existen las llamadas *propiedades abreviadas*. Las propiedades abreviadas son propiedades CSS que establecen valores a varias propiedades a la vez, estando estas de algún modo relacionadas entre sí. Con el uso de propiedades abreviadas conseguimos códigos más concisos y claros. Veamos a continuación un ejemplo de propiedad abreviada, como **border**.

`border: 1px solid red;`	`border-width: 1px;`
	`border-style`[4]`: solid;`
	`border-color: red;`

Según se puede observar, al escribir **border** se están configurando tres características CSS relacionadas con el borde de un elemento: su ancho, su estilo y su color. Es posible hacer esto en una sola línea o bien, codificar expresamente cada propiedad por separado, como se observa en la zona de la derecha de nuestro código.

Otras propiedades abreviadas que pueden resultar de interés son las relacionadas con el margen o espaciado de un elemento, es decir, **margin** y **padding.**

`margin: 10px;`	`margin-top: 10px;`
	`margin-right: 10px;`
	`margin-bottom: 10px;`
	`margin-left: 10px;`

`margin: 10px 5px;`	`margin-top: 10px;`
	`margin-right: 5px;`
	`margin-bottom: 10px;`
	`margin-left: 5px;`

`margin: 10px 5px 15px;`	`margin-top: 10px;`
	`margin-right: 5px;`
	`margin-bottom: 15px;`
	`margin-left: 5px;`

`margin: 5px 10px 15px 20px;`	`margin-top: 5px;`
	`margin-right: 10px;`
	`margin-bottom: 15px;`
	`margin-left: 20px;`

Estos mismos ejemplos pueden aplicarse sobre el espaciado; solo debemos cambiar la palabra margin por padding. Como se puede observar, es posible aplicar de 1 a 4 valores a las propiedades abreviadas. Estos valores se asignan como se observa a continuación:

---

[4] A la hora de establecer un border sobre un elemento, el estilo del mismo es obligatorio. Si no se especifica ningún tipo de línea para el borde, este no se visualizará a pesar de que estén configuradas otras características como el color o el grosor.

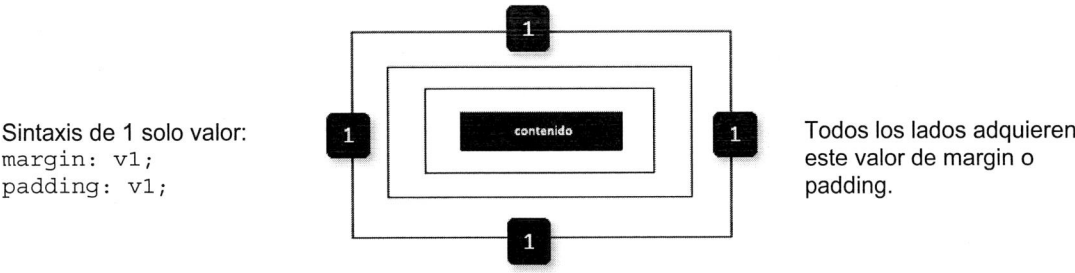

Sintaxis de 1 solo valor:
```
margin: v1;
padding: v1;
```

Todos los lados adquieren este valor de margin o padding.

Figura 3.19. Disposición de las dimensiones en sintaxis de 1 valor

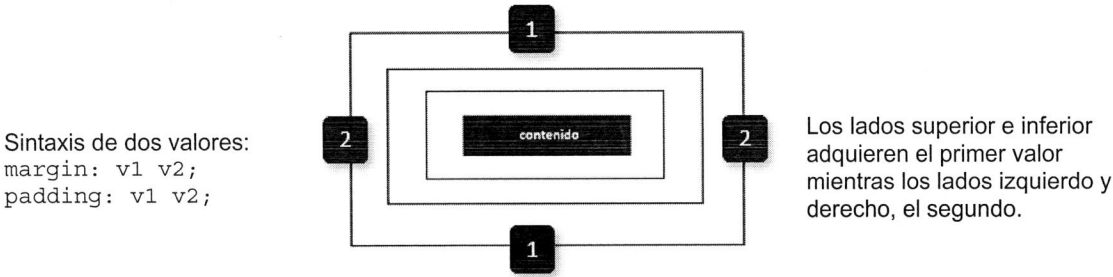

Sintaxis de dos valores:
```
margin: v1 v2;
padding: v1 v2;
```

Los lados superior e inferior adquieren el primer valor mientras los lados izquierdo y derecho, el segundo.

Figura 3.20. Disposición de las dimensiones en sintaxis de 2 valores

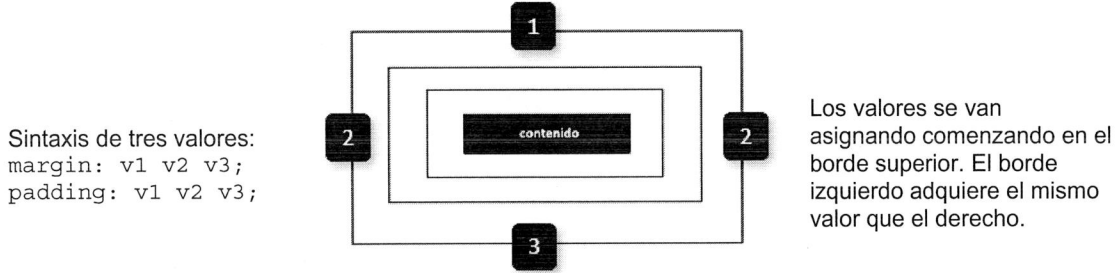

Sintaxis de tres valores:
```
margin: v1 v2 v3;
padding: v1 v2 v3;
```

Los valores se van asignando comenzando en el borde superior. El borde izquierdo adquiere el mismo valor que el derecho.

Figura 3.21. Disposición de dimensiones en sintaxis de 3 valores

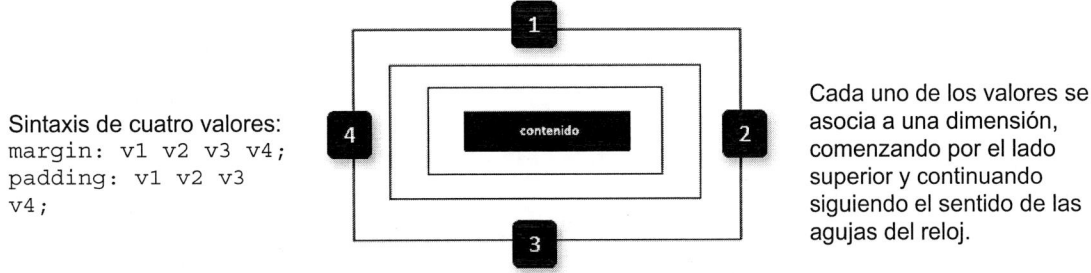

Sintaxis de cuatro valores:
```
margin: v1 v2 v3 v4;
padding: v1 v2 v3
v4;
```

Cada uno de los valores se asocia a una dimensión, comenzando por el lado superior y continuando siguiendo el sentido de las agujas del reloj.

Figura 3.22. Disposición de dimensiones en sintaxis de 4 valores

3.10.2. Características CSS relacionadas con la fuente

Existen numerosas características CSS relacionadas con la fuente de nuestros elementos HTML; entre las más destacadas encontramos:

- **font-family.** Permite establecer el tipo de letra o fuente. Lo ideal es asignar varios tipos de letra, de manera que todas ellas den el aspecto deseado a nuestro sitio web para que, si alguna de ellas no se encuentra accesible por el navegador, se pueda usar otra de la lista. Los nombres de los tipos de fuente deben colocarse entre comillas si están formados por varias palabras; en otro caso no es necesario, por ejemplo: `font-family: "Times New Roman", serif;`

- **font-size.** Característica CSS por la que podemos establecer el tamaño de la letra. Este tamaño podrá ser expresado mediante unidades absolutas, por ejemplo, píxeles, o a través de unidades relativas como em o rem.

- **font-style.** Normalmente se utiliza para visualizar el texto en itálica. `font-size: italic;`

- **font-weight.** Suele usarse para que el texto se vea en negrita, en definitiva, se muestre con mayor intensidad. Es posible observa en códigos ya creados como a esta propiedad se le asigna un valor en tanto por ciento.

- **text-align.** Indica la alineación que debe adoptar el texto sobre el que se aplica la propiedad. Los valores válidos para asignar serán: **center**, **left**, **right** y **justify**. Existen otras propiedades CSS que se encuentran relacionadas con la alineación, si el lector lo desea puede visitar W3School para conocerlas y profundizar en su estudio: https://www.w3schools.com/css/css_text_align.asp.

- **color.** Establece el color del texto. Este puede expresarse mediante su valor hexadecimal, su nombre representativo o mediante combinaciones RGB o HSL con diferentes grados de transparencia. Para las dos últimas formas de establecer un color en CSS disponemos de las funciones:

  - ➤ `rgb(valor1, valor2, valor3)`. Función que devuelve el color resultante de las cantidades de rojo (`valor1`), verde (`valor2`) y azul (`valor3`). Los valores numéricos oscilarán entre 0 y 255.

  - ➤ `rgba(valor1, valor2, valor3, valor 4)`. Similar a la anterior con la diferencia que se añade un nuevo dato numérico, `valor4`, que representa la transparencia del color: 0 será totalmente transparente y 1, totalmente opaco.

  - ➤ `hsl(valor1, valor2, valor3)`. Representa tono, saturación y brillo. Los tres valores se asocian a esta información, respectivamente. El tono debe ser un valor entre 0 y 360, mientras que la saturación y el brillo vendrán dadas en porcentajes.

  - ➤ `hsla(valor1, valor2, valor3, valor4)`. Similar a la anterior, con la diferencia que se añade un último valor que refiere la transparencia del color, que volverá a oscilar entre 0 y 1.

- **text-decoration.** Se usa para establecer si un texto presenta subrayado o no y en caso de tenerlo qué características posee. Ejemplo: **text-decoration: dotted** coloca un subrayado punteado al texto: https://www.w3schools.com/css/css_text_decoration.asp.

> **NOTA.** Tiempo atrás, a la hora de escoger un tipo de letra para nuestros sitios web, debíamos ser cautos, preparando más de un tipo o bien usando fuentes conocidas, ya que si se intentaba innovar se corría el riesgo de que el documento web no se visualizara correctamente. A día de hoy, existen numerosos servidores que ofrecen fuentes de letra en línea, de manera que es posible lincar fuentes que serán usadas por nuestros elementos HTML y CSS. Uno de los sitios más conocidos es Google Fonts: https://fonts.google.com/.

> **NOTA.** Cuando desarrollamos un sitio web es importante escoger un estilo de letra acorde al tipo de documento web, así como una paleta de color adecuada. En Internet podemos localizar sitios web que muestran diferentes paletas de color. Adobe dispone de una herramienta, Adobe color https://color.adobe.com, que permitirá la generación de paletas de color en función de determinados parámetros aportados por el usuario. Tiempo atrás no era necesario iniciar sesión para acceder a ella, algo que se ha visto modificado en la actualidad, es preciso un usuario y contraseña para usar los servicios que nos ofrece. Si el lector no desea registrarse en el sitio web de Adobe, comentar que existen otras URL similares y gratuitas: https://paletadecolores.com.mx/.

3.10.2.1. Uso de iconos

Desde hace ya cierto tiempo, la utilización de iconos en nuestros sitios web se ha convertido en algo habitual. Los iconos representan mediante una imagen mucha información al usuario consiguiéndose con ellos que nuestros documentos web sean más intuitivos y claros. El lector estará de acuerdo conmigo en que a la hora de ver en una página web el icono de un carrito o un sobre entenderá perfectamente su significado y qué gestiones se realizarán al hacer clic en cada uno de ellos.

En función del cliente que haya solicitado el desarrollo de un sitio web, los iconos que lo formen serán unos u otros. Se pueden personalizar para conseguir un diseño acorde a lo que la empresa contratante desea. Así, puede que el propio programador genere sus iconos a partir de un software específico o bien use sitios URL que ya disponen de ellos y que permiten cambios a través de CSS. Un sitio web bastante usado en este aspecto es Font Awesome, cuya URL es: https://fontawesome.com/.

Esta plataforma requiere el registro online; si no se accede mediante correo electrónico será imposible descargar el enlace al kit que debemos colocar en la cabecera HTML. Font Awesome proporciona gran cantidad de iconos. En caso de necesitar iconos más específicos desde el sitio web se ofertan diferentes modalidades de uso vía pago previo de cantidades no excesivas.

La Figura 3.23 muestra un ejemplo de código mediante el que se insertarán una serie de iconos. En la cabecera observamos la etiqueta `<script>`, que será la que incluya el kit de Font Awesome y las etiquetas posteriores `<i>`, que harán que se muestren los elementos gráficos (https://www.w3schools.com/css/css_icons.asp).

El icono visualizado se inserta mediante una clase CSS: `<i class="fas fa-cloud"></i>`.

Example

```
<!DOCTYPE html>
<html>
<head>
<script src="https://kit.fontawesome.com/a076d05399.js" crossorigin="anonymous"></script>
</head>
<body>

<i class="fas fa-cloud"></i>
<i class="fas fa-heart"></i>
<i class="fas fa-car"></i>
<i class="fas fa-file"></i>
<i class="fas fa-bars"></i>

</body>
</html>
```

Result:

Try It Yourself »

Figura 3.23. Ejemplo de código que hace uso de iconos de Font Awesome. *Fuente* w3school
(https://www.w3schools.com/css/css_icons.asp)

A partir de este momento, podemos tratar el icono insertado como texto, de manera que será posible modificar tamaño, color, estilo, etc.

Figura 3.24. Código anterior con los atributos **style** agregados en las dos primeras etiquetas `<i>`.
En ambos casos se modifica el tamaño del texto y el color

NOTA. Existen otros aplicativos webs que están diseñados como herramientas para desarrolladores de manera que permiten como Font Awesome insertar iconos en nuestras propias páginas. Una de estas aplicaciones web es **IcoMoon** (https://icomoon.io/).

NOTA. A la hora de desarrollar un sitio web, el programador recibe un prototipo del mismo. El prototipo, mockups o wireframes, está formado por textos e imágenes genéricas que posteriormente serán sustituidas y cuya misión es la de visualizar el aspecto que va a tener el sitio web y la estructuración del mismo. A menudo, el texto que se observa en un prototipo es texto **Lorem Ipsum**. Existe un generador web al que se puede acceder desde la URL https://loremipsum.io/es/.

De forma más informal, encontraremos el **Chiquito Ipsum** que, en lugar de palabras y frases en latín, referirá frases típicas de Chiquito de la Calzada, humorista de gran transcendencia en la década de los 90 del siglo pasado:
https://www.chiquitoipsum.com/.

3.10.3. Características CSS relacionadas con el modelo caja

En apartados anteriores se ha estudiado cómo se interpretan las etiquetas HTML en CSS, de modo que cada una de ellas referencian una caja en el documento web, en el denominado modelo caja. A la hora de definir las características de esta caja entran en juego una serie de propiedades CSS ya vistas en mayor o menor medida y que se definirán brevemente en este apartado.

- **width.** Establece el ancho del elemento, que puede estar definido en cualquiera de las unidades de medidas vistas. Recordemos que se distingue entre elementos en bloque y en línea, de manera que esta propiedad no produce efecto a los segundos.

- **height.** Establece el alto de un elemento. Al igual que la propiedad width, se puede definir usando para ello cualquiera de las unidades de medida vistas y, además, , la propiedad height tampoco es aplicable a elementos en línea.

- **border.** Permite colorear el borde de una caja. Esta propiedad se estudió como ejemplo en el Apartado 3.10.1. Propiedades abreviadas. Para poder establecer el borde de un elemento es preciso indicar no solo su color, sino su grosor y estilo, así, es común encontrar esta característica del modo `border: 1px solid red;` de manera que se está estableciendo un grosor de borde de 1 px, sólido y de color rojo. Estos valores pueden establecerse por separado mediante las propiedades **border-size**, **border-color** y **border-style**.

- **padding.** La propiedad padding establece el espacio existente entre el contenido de una caja y el borde de la misma. Padding, al igual que border es una propiedad abreviada. Es posible establecer valores de espaciado diferentes para cada extremo de una caja, como ya se ha visto, o bien usar propiedades tipo padding-top o padding-left para ello.

- **margin.** Permite separar los elementos entre sí, de manera se establece la distancia existente entre las cajas que conforman dos elementos diferentes. El uso de margin es similar al de padding.

- **background-color.** Esta característica CSS permite modificar el color de fondo del elemento sobre el que se esté aplicando. El valor de color puede representarse mediante el nombre del color en inglés, en formato hexadecimal o mediante el uso de las funciones ya explicadas en el Apartado 3.10.2. Características CSS relacionadas con la fuente.

- **background-image.** Es usual crear capas que contengan imágenes de fondo para configurar sitios web atractivos y sencillos. La propiedad que permite establecer una imagen de fondo para una capa o cualquier otro elemento que lo permita es bacground-image. Esta característica suele estar acompañada de otras como **background-position** o **background-repeat,** de forma que se puede configurar, además la posición en la que se encuentra la imagen dentro del elemento o si es más pequeña que el mismo, se repita hasta cubrir todo el espacio o se extienda.

3.11. POSICIONAMIENTO CSS. PROPIEDADES POSITION Y FLOAT

La colocación de los elementos en nuestras páginas web es un punto fundamental a tener en cuenta cuando se es desarrollador de la parte visual o frontend del mismo. Como primera toma de contacto vamos a estudiar el posicionamiento mediante propiedades como **position** y **float** para, en temas posteriores, hacer uso de **display** y sus diferentes variaciones de valores.

El posicionamiento de los elementos en un sitio web se realiza en función del lugar del código en el que se insertan. Así, de manera automática, si codificamos un documento web incluyendo una imagen, un texto y un enlace, los tres elementos se colocarán en el orden en el que se acaban de nombrar. Este orden puede ser alterado gracias a propiedades CSS, consiguiendo, de este modo, efectos avanzados y estructuras de páginas que no podrían darse sin el estándar.

En CSS encontramos diferentes modos de posicionamiento, todos ellos incluidos a través de la propiedad position.

- **Posicionamiento normal** o **estático (static).** Refiere el posicionamiento que usa el navegador por defecto, en función de la colocación del elemento en el código del sitio web.

- **Posicionamiento relativo (relative).** Es una variación del posicionamiento normal, de manera que el elemento sobre el que se aplique este tipo de posicionamiento se ubicará en una posición concreta, siempre en función del lugar en que debería de encontrarse; es decir, si tenemos tres imágenes y aplicamos posicionamiento relativo a la que se encuentra en la posición central, esta se desplazará partiendo de su posicionamiento normal, que será a continuación de la primera imagen.

- **Posicionamiento absoluto (absolute).** En este tipo de posicionamiento, el elemento que se ve afectado por el se desplazará teniendo como referencia su elemento contenedor. El resto de elementos de la página no se verán afectados por la nueva posición del componente con posicionamiento absoluto.

- **Posicionamiento fijo (fixed).** Esta es una variante del posicionamiento absoluto. Con este tipo de posicionamiento el desarrollador conseguirá que el elemento afectado se coloque en un lugar concreto de la pantalla, sin alterar su posición independientemente del resto de elementos y de si el usuario usa el scroll para subir o bajar la página en la ventana del navegador.

- **Posicionamiento "pegajoso" (stiky).** El posicionamiento stiky puede considerarse como una mezcla entre el posicionamiento relativo y el fijo. Así, cuando se aplica a un elemento un posicionamiento stiky, se está colocando este de forma relativa en función del lugar en que se haya definido hasta que llega a un punto en el que se fija en la pantalla.

Todos los posicionamientos estudiados deben indicar la nueva ubicación del elemento; es por ello que es preciso usar las propiedades **top, bottom, left** y **right**. Estas propiedades se igualarán a cantidades absolutas o relativas proporcionando la distancia con el elemento o contenedor superior, inferior, izquierda o derecha, respectivamente.

A continuación, veamos un ejemplo en el que se observará qué ocurre al usar cada uno de los posicionamientos estudiados.

Posicionamiento normal o estático

```
<!DOCTYPE html>
<html lang="es">
<head>
    <meta charset="UTF-8" />
    <meta name="viewport" content="width=device-width, initial-scale=1.0" />
    <title>Ejemplo de posicionamiento</title>
</head>
<body>
    <img src="img/ImagenesPrototipo.PNG" alt="Imagen 1" />
    <img src="img/ImagenesPrototipo.PNG" alt="Imagen 2" />
    <img src="img/ImagenesPrototipo.PNG" alt="Imagen 3" />
</body>
</html>
```

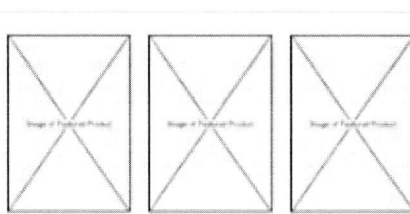

Figura 3.25. Posicionamiento normal o estático

Posicionamiento relativo

```
<!DOCTYPE html>
<html lang="es">
<head>
    <meta charset="UTF-8" />
    <meta name="viewport" content="width=device-width, initial-scale=1.0" />
    <link rel="stylesheet" href="css/estiloPosition.css" />
    <title>Ejemplo de posicionamiento</title>
</head>
<body>
    <img src="img/ImagenesPrototipo.PNG" alt="Imagen 1" />
    <img class="relativo" src="img/ImagenesPrototipo.PNG" alt="Imagen 2" />
    <img src="img/ImagenesPrototipo.PNG" alt="Imagen 3" />
</body>
</html>
```
```
/*Código CSS asociado*/.relativo{
    position: relative;
    left: 50px;
    top: 50px;
}
```

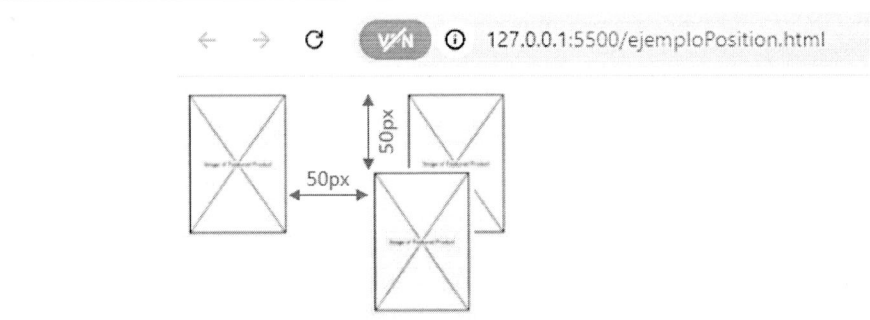

Figura 3.26. Posicionamiento relativo

La imagen central se desplaza en relación al elemento declarado justo antes que ella; así, al definirse las propiedades left y top a 50 px, la imagen se coloca a 50 px desde el lado izquierdo de la primera imagen y a 50 px desde arriba. Es por ello que las imágenes 2 y 3 se solapan. La imagen 3 sigue situándose en la posición en la que debería estar.

Posicionamiento absoluto

```html
<!DOCTYPE html>
<html lang="es">
<head>
    <meta charset="UTF-8" />
    <meta name="viewport" content="width=device-width, initial-scale=1.0" />
    <link rel="stylesheet" href="css/estiloPosition.css" />
    <title>Ejemplo de posicionamiento</title>
</head>
<body>
    <img src="img/ImagenesPrototipo.PNG" alt="Imagen 1" />
    <img class="absoluto" src="img/ImagenesPrototipo.PNG" alt="Imagen 2" />
    <img src="img/ImagenesPrototipo.PNG" alt="Imagen 3" />
</body>
</html>
```

```css
/*Código CSS asociado*/.absoluto{
    position: absolute;
    left: 50px;
    top: 50px;
}
```

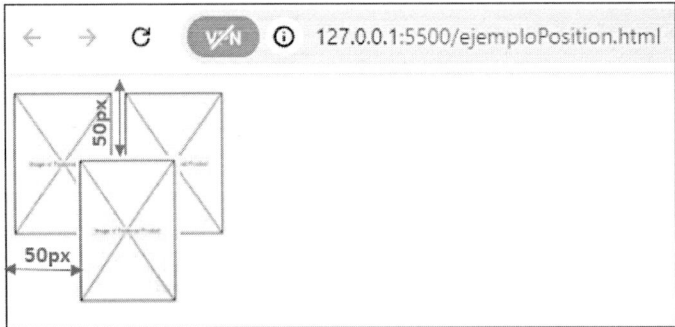

Figura 3.27. Posicionamiento absoluto

En esta ocasión, al aplicar un posicionamiento absoluto, la imagen central se hace invisible al resto de elementos que se desplazan a la posición en la que se debería encontrar esta. Por otro lado, al especificar tanto top como left a 50 px, el elemento se coloca a 50 px desde la izquierda del objeto que lo contiene, que en esta ocasión es el `<body>`, ventana del navegador y a 50 px de la parte superior.

Posicionamiento fijo

```html
<!DOCTYPE html>
<html lang="es">
<head>
    <meta charset="UTF-8" />
    <meta name="viewport" content="width=device-width, initial-scale=1.0" />
    <link rel="stylesheet" href="css/estiloPosition.css" />
    <title>Ejemplo de posicionamiento</title>
</head>
<body>
    <img src="img/ImagenesPrototipo.PNG" alt="Imagen 1" />
    <img class="fija" src="img/ImagenesPrototipo.PNG" alt="Imagen 2" />
    <img src="img/ImagenesPrototipo.PNG" alt="Imagen 3" />
    ...
</body>
</html>
```

```css
/*Código CSS asociado*/.fija{
    position: fixed;
    top: 50px;
    left: 50px;
}
```

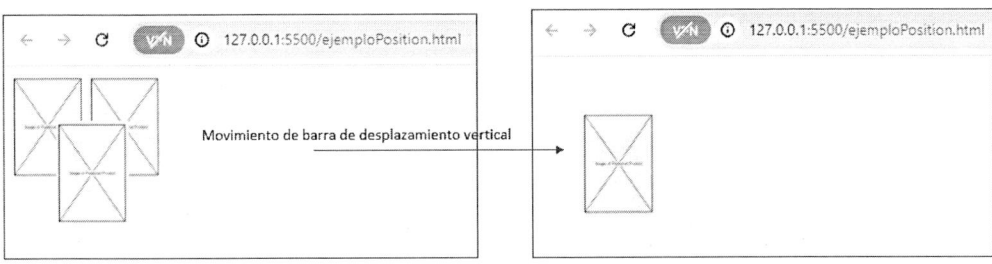

Figura 3.28. Posicionamiento fijo

Como se aprecia en la imagen, al establecer un posicionamiento fijo, a simple vista puede parecer que es similar al posicionamiento absoluto; la diferencia radica y se hace notable en el momento en el que se utiliza la barra de desplazamiento vertical. La posición con respecto al contenedor es 50 px en cuanto a la zona izquierda y superior, y siempre será esta. Los elementos que estuvieran definidos junto a este se desplazarían junto el resto de la página web.

Posicionamiento pegajoso (sticky)

```html
<!DOCTYPE html>
<html lang="es">
<head>
    <meta charset="UTF-8" />
    <meta name="viewport" content="width=device-width, initial-scale=1.0" />
    <link rel="stylesheet" href="css/estiloPosition.css" />
    <title>Ejemplo de posicionamiento</title>
</head>
<body>
    <img src="img/ImagenesPrototipo.PNG" alt="Imagen 1" />
    <img class="pegajoso" src="img/ImagenesPrototipo.PNG" alt="Imagen 2" />
    <img src="img/ImagenesPrototipo.PNG" alt="Imagen 3" />
</body>
</html>
```

```
.pegajoso{
  position: fixed;
  top: 50px;
  left: 50px;
}
```

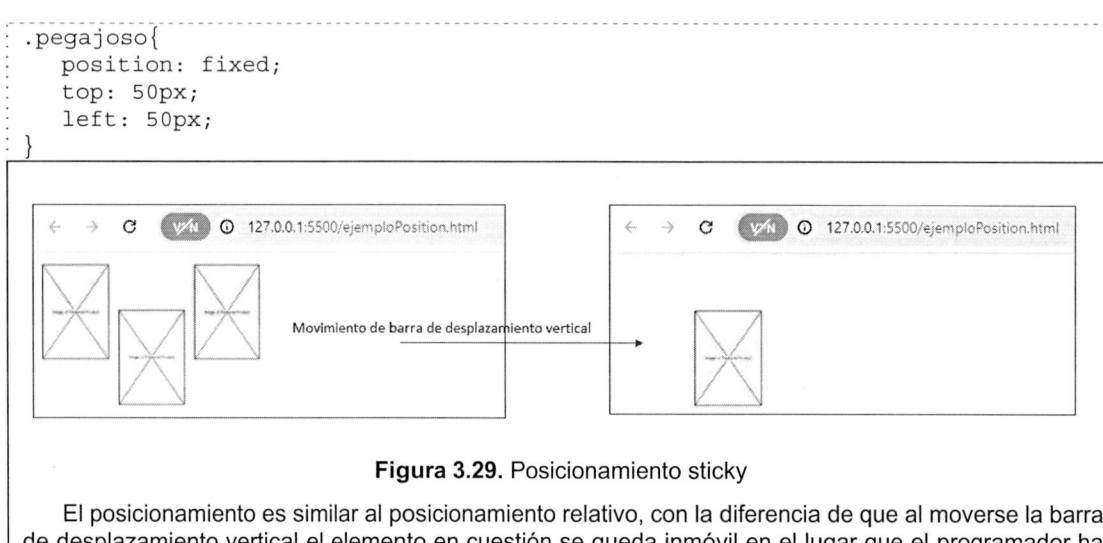

Figura 3.29. Posicionamiento sticky

El posicionamiento es similar al posicionamiento relativo, con la diferencia de que al moverse la barra de desplazamiento vertical el elemento en cuestión se queda inmóvil en el lugar que el programador ha designado.

A la hora de colocar imágenes junto a los textos, si el programador web no hace uso de ningún elemento CSS, junto a la imagen solo se coloca una línea del texto en cuestión, siempre que el elemento usado para ello sea un elemento en línea; en otros casos, el texto se colocará justo a continuación de la imagen. Para conseguir estructuras web en las que se mostrarán imágenes junto a texto en la misma línea, se utilizaban tablas sin borde hasta que aparece en CSS la propiedad **float.** Esta propiedad, en su inicio, surge para conseguir que textos e imágenes pudieran convivir en el mismo espacio atribuyendo al sitio web una visual más atractiva. Posteriormente, **float** se ha usado en muchas ocasiones para colocar elementos de todo tipo en diferentes posiciones, consiguiendo así estructuras web más avanzadas y complejas.

Veamos a continuación cómo utilizar esta propiedad. Supongamos que hemos realizado una página web en la que hemos insertado una imagen del muelle de mineral de la empresa minera Riotinto de Huelva y un texto en el que se habla sobre el mismo. Si no aplicamos código CSS alguno, el resultado al código sería el siguiente.

```
<!DOCTYPE html>
<html lang="es">
<head>
    <meta charset="UTF-8" />
    <meta name="viewport" content="width=device-width, initial-scale=1.0" />
    <title>Ejemplo Float</title>
</head>
<body>
    <p>
        <img  src="img/muelleTinto.jpg"  alt="Imagen  del  muelle  de  mineral
Riotinto" width="50%" height="auto">
        El muelle de mineral de la compañía Riotinto es un muelle-embarcadero
comercial
        del material procedente de las minas de la Compañía Minera Rio Tinto
Company Limited.
        Está situado sobre el río Odiel, en la ciudad de Huelva, España. Es
conocido popularmente
```

```
            como el «Muelle de Riotinto» o «Muelle del Tinto» al tomar parte del
nombre de la compañía
            concesionaria. En la actualidad está en desuso, pero es visitable como
lugar de paseo o de pesca.
    </p>
</body>
</html>
```

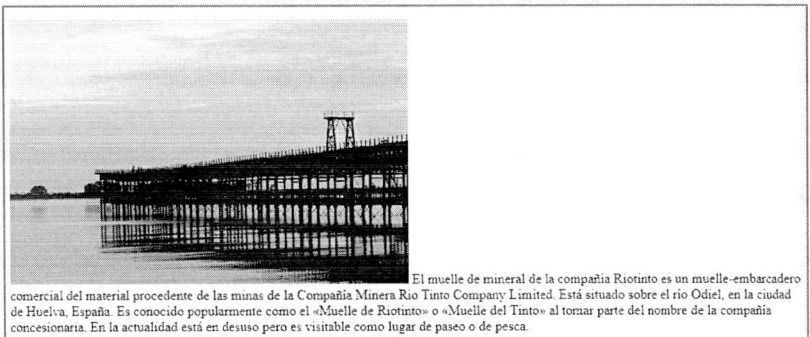

Figura 3.30. Resultado de insertar una imagen y un texto. Junto a la imagen solo aparece la primera línea del texto

A partir del código HTML expuesto, vamos a incluir CSS.

```
<!DOCTYPE html>
<html lang="es">
<head>
    ...
    <link rel="stylesheet" href="css/estiloFloat.css" />
    ...
</head>
<body>
    <p>
        <img  src="img/muelleTinto.jpg"  alt="Imagen  del  muelle  de  mineral
Riotinto" width="50%" height="auto" class="flotante">
        ...
    </p>
</body>
</html>
```
```
.flotante{
    float: right;
}
```

Figura 3.31. Definición de la imagen con la propiedad float a right

En esta ocasión, la imagen tiene asignada una clase denominada **flotante**. Esta clase se limita a indicar que la propiedad **float** es igual a **right**. Estamos especificando que la imagen, elemento al que se asigna la característica, debe "flotar" a la derecha del resto de elementos. Así, la imagen se coloca a la derecha y el texto, por defecto, a la izquierda, con la diferencia de que, ahora sí, todo el texto se coloca junto a la imagen. Si el párrafo hubiera sido mayor, el texto habría bordeado toda la imagen y acabado posteriormente ocupando todo el espacio horizontal.

La propiedad **float** admite los valores **right** o **left**. En el ejemplo anterior, indicaremos que utilizar left en lugar de right conllevaría a que la imagen flotara a la izquierda, de manera que el texto se ubicaría a la derecha.

Al igual que con **posición**, es posible hacer uso de float para componer la estructura de un sitio web; sin embargo, en la actualidad existen métodos más sencillos y de mayor potencia para este menester.

Para finalizar el apartado, veamos el siguiente ejemplo. Supongamos que tenemos una imagen seguida de dos párrafos. El código que da lugar a este documento web es el que se muestra a continuación.

```html
<!DOCTYPE html>
<html lang="es">
<head>
    <meta charset="UTF-8" />
    <meta name="viewport" content="width=device-width, initial-scale=1.0" />
    <link rel="stylesheet" href="css/estiloClear.css" />
    <title>Ejemplo Clear</title>
</head>
<body>
    <div>
        <img src="img/santuarioCinta.PNG" alt="Santuario de la virgen de la
Cinta" width="50%" />
    </div>
    <div>
        El santuario está dedicado a la Virgen de la Cinta,
        la patrona de la ciudad. La cinta es, en la iconografía
        mariana, un símbolo de consuelo y protección. Según la
        tradición cristiana, la Virgen entregó una cinta o correa
        a Santa Mónica como símbolo de la futura conversión de San
        Agustín. También se habría desprendido del cinto que ceñía su
        túnica en su Asunción para entregárselo al apóstol Tomás, que
        llegaba tarde.
    </div>
    <div>
        La leyenda onubense habla de la existencia de un zapatero
        llamado Juan Antonio, hombre piadoso que tenía por costumbrar
        regalar a los niños pobres zapatos en el día de la Natividad
        de la Virgen. Un día, cuando iba camino de Gibraleón, sufrió
        un fuerte dolor en el costado que le obligó a detenerse. Al
        invocar a la Virgen de la Natividad, apareció una cinta que se
        ciñó, calmándose sus dolores. Al llegar a casa relató la
        historia y un amigo suyo pintor, llamado Pedro
        Pablo, se brindó a pintar una imagen de la Virgen en acción de
        gracias por el milagro. El pintor retrató al Niño Jesús desnudo,
        pero calzando unas sandalias, en recuerdo del gesto caritativo
        de Juan Antonio con los niños pobres.
    </div>
</body>
</html>
```

Figura 3.32. Nuevo ejemplo de imagen y texto sin ningún tipo de modificación

Supongamos además que agregamos a la imagen una clase **class="flotante"** que adquiere las propiedades CSS **float: right;** El resultado sería el siguiente:

El santuario está dedicado a la Virgen de la Cinta, la patrona de la ciudad. La cinta es, en la iconografía mariana, un símbolo de consuelo y protección. Según la tradición cristiana, la Virgen entregó una cinta o correa a Santa Mónica como símbolo de la futura conversión de San Agustín. También se habría desprendido del cinto que ceñía su túnica en su Asunción para entregarselo al apóstol Tomás, que llegaba tarde. La leyenda onubense habla de la existencia de un zapatero llamado Juan Antonio, hombre piadoso que tenía por costumbrar regalar a los niños pobres zapatos en el día de la Natividad de la Virgen. Un día, cuando iba camino de Gibraleón, sufrió un fuerte dolor en el costado que le obligó a detenerse. Al invocar a la Virgen de la Natividad, apareció una cinta que se ciñó, calmándose sus dolores. Al llegar a casa relató la historia y un amigo suyo pintor, llamado Pedro Pablo, se brindó a pintar una imagen de la Virgen en acción de gracias por el milagro. El pintor retrató al Niño Jesús desnudo pero calzando unas sandalias, en recuerdo del gesto caritativo de Juan Antonio con los niños pobres.

Figura 3.33. Uso de float sobre la imagen con valor right

La imagen "flota" a la derecha y todo el texto se coloca a la izquierda de esta, pero, ¿y si no quisiéramos que el segundo párrafo se colocara a la izquierda y si quisiéramos que este texto apareciera justo después? En este caso debemos hacer uso de la propiedad **clear** que se utiliza con frecuencia junto a **float**. Así, podemos asignar al segundo texto una clase CSS con la propiedad **clear: both;** "<div class="libre">". El resultado final sería:

El santuario está dedicado a la Virgen de la Cinta, la patrona de la ciudad. La cinta es, en la iconografía mariana, un símbolo de consuelo y protección. Según la tradición cristiana, la Virgen entregó una cinta o correa a Santa Mónica como símbolo de la futura conversión de San Agustín. También se habría desprendido del cinto que ceñía su túnica en su Asunción para entregarselo al apóstol Tomás, que llegaba tarde.

La leyenda onubense habla de la existencia de un zapatero llamado Juan Antonio, hombre piadoso que tenía por costumbrar regalar a los niños pobres zapatos en el día de la Natividad de la Virgen. Un día, cuando iba camino de Gibraleón, sufrió un fuerte dolor en el costado que le obligó a detenerse. Al invocar a la Virgen de la Natividad, apareció una cinta que se ciñó, calmándose sus dolores. Al llegar a casa relató la historia y un amigo suyo pintor, llamado Pedro Pablo, se brindó a pintar una imagen de la Virgen en acción de gracias por el milagro. El pintor retrató al Niño Jesús desnudo pero calzando unas sandalias, en recuerdo del gesto caritativo de Juan Antonio con los niños pobres.

Figura 3.34. Uso de clear sobre el segundo párrafo del documento web.

El uso de clear permite que, aunque la imagen siga teniendo su propiedad flotante y el primer párrafo se coloque junto a ella, existan elementos que no lo hagan. En este caso estamos indicando que el segundo texto se va a colocar sin ningún elemento ni a la izquierda ni a la derecha. Los valores posibles para clear son **left, right, none** y **both**.

Si el lector lo desea puede obtener más información al respecto en los sitios web

https://www.w3schools.com/css/css_float_clear.asp

y ejemplos de uso en la URL

https://www.w3schools.com/css/css_float_examples.asp.

3.12. EJEMPLO DE USO CSS. MENÚ DE OPCIONES

Como ejemplo de uso de propiedades CSS, vamos a generar un menú de cuatro opciones a partir de una lista desordenada. Así, el código HTML junto a su visual sin CSS sería el que se muestra a continuación.

```html
<!DOCTYPE html>
<html lang="es">
<head>
    <meta charset="UTF-8" />
    <meta name="viewport" content="width=device-width, initial-scale=1.0" />
    <title>Ejemplo menú</title>
</head>
<body>
    <ul>
        <li><a href="#">Inicio</a></li>
        <li><a href="#">HTML</a></li>
        <li><a href="#">CSS</a></li>
        <li><a href="#">JavaScript</a></li>
    </ul>
</body>
</html>
```

- Inicio
- HTML
- CSS
- JavaScrip

Figura 3.35. Página web resultado del código de la tabla anterior

Empecemos a aplicar características CSS. Necesitamos un menú horizontal, de manera que cambiemos la propiedad de elementos en bloque que posee por defecto cada uno de los elementos `li` de la lista. Para ello, aplicaremos la propiedad **display.** Veremos **display** con mayor profundidad en el Capítulo 4.

```css
*{
    box-sizing: border-box;
}
li{
    display: inline-block;
}
```

\

```
Inicio HTML CSS JavaScript
```

Figura 3.36. Lista tras aplicar la propiedad **display**

Los valores de display pueden ser varios. Si tenemos en cuenta que hasta el momento solo hemos hablado de elementos en bloque y en línea, podemos decir que los valores a asociar a display son **block, inline, inline-block** y **none**.

- **display: block.** Si estamos frente a un elemento en línea. hace que este comience a funcionar como un elemento en bloque. Véase el Apartado 3.6. Modelo caja para recordar las características principales de este tipo de etiquetas.

- **display: inline.** Si nos encontramos frente a un elemento en bloque, la etiqueta consigue que su comportamiento se vea modificado al de un elemento en línea.

- **display: inline-block.** El elemento no ocupa toda la zona horizontal en la que se haya definido, se encuentra en línea, pero adquiere características que poseen los elementos en bloque. Básicamente, nos encontramos con un elemento en línea que permitirá modificar sus características de ancho, alto y margen.

- **display: none.** Si indicamos que un elemento tiene display igual a none estaremos diciendo que ese elemento no es visible y no ocupa lugar en el documento web. Es interesante el uso de este tipo de valor cuando trabajamos el responsive de un sitio web y existen zonas que para determinados dispositivos o resoluciones no son visibles.

```css
*{
    box-sizing: border-box;
}
ul{
    float: right;
    width: 60%;
    text-align: right;
}
li{
    display: inline-block;
    margin-right: 3em;
    background-color: deeppink;
    padding: 0.5em 1em;
    border-radius: 5px;
}
a{
    text-decoration: none;
    color: white;
    font-family: Arial, Helvetica, sans-serif;
    font-weight: bold;
}
```

Inicio HTML CSS JavaScrip

Figura 3.37. Menú resultante tras aplicar código CSS anterior

Nuestro menú tiene una serie de colores de fondo y de texto. Es por ello que se aplican las características **background-color** y **color.** Además, el menú se encuentra a la derecha. Hacemos uso de **float,** ya que ha sido explicado en el capítulo y aún no disponemos de otras herramientas.

Se afinan algunas características como el tipo de letra o la definición de enlaces sin línea inferior y se consigue el resultado visto. Son muchas las formas en las que se pueden definir menús y formatear estos, aunque si bien es cierto, en la mayoría de sitios web desarrollados se verá cómo el menú se lleva a cabo mediante etiquetas `<ul>`, `<li>` y `<a>`.

ACTIVIDADES DE AMPLIACIÓN

1. Desarrolla un menú similar al que se muestra en la siguiente imagen. Las opciones de menú son: Dolce Gusto, Cápsulas, Promociones y ¿Te ayudamos?

Figura 3.38. Menú de cuatro opciones formateado con CSS. Contiene dos iconos a cada extremo

2. Accede al sitio web de Dolce Gusto, a la zona dedicada a las cápsulas y elige un tipo de ellas, por ejemplo, espressos y ristrettos

    (https://www.dolce-gusto.es/capsulas/cafes-espressos-ristrettos).

    A continuación, desarrolla una página web en la que se muestren los productos de dos en dos. Para ello, debes trabajar con la propiedad **float** estudiada en este capítulo. Una imagen de cómo debería quedar el ejercicio podría ser:

Figura 3.39. Sitio web de Dolce Gusto formateado con CSS

Puedes agregar si lo prefieres, en lugar del enlace **Precio,** el precio propiamente dicho.

3. Une las Actividades 1 y 2 formando una única página web. Haz que el menú se mantenga inmóvil en la parte superior del documento.

4. Diseña un sitio web similar al que ves en la imagen. En cuanto a la imagen de fondo de la zona inferior, accede a Pixabay (https://pixabay.com/es/). El código QR lo encontrarás en el Apartado 2.12.1.7. Imágenes del Capítulo 2. Descarga alguna imagen que te parezca interesante para incluir. Si lo deseas, accede al sitio web original (https://www.photobox.co.uk/) y a través del inspector o del menú contextual del navegador, descarga la imagen que actualmente se encuentre como imagen representativa.

Figura 3.40. Sitio web a desarrollar en la Actividad 4

5. Accede al sitio web de W3Schools, a la zona dedicada a la realización de actividades (https://www.w3schools.com/css/css_exercises.asp) y realiza los ejercicios para afianzar los conocimientos que propone la plataforma.

6. Crea una página web como la que se muestra en la Figura 3.41. El menú debe permanecer estático en la parte superior.

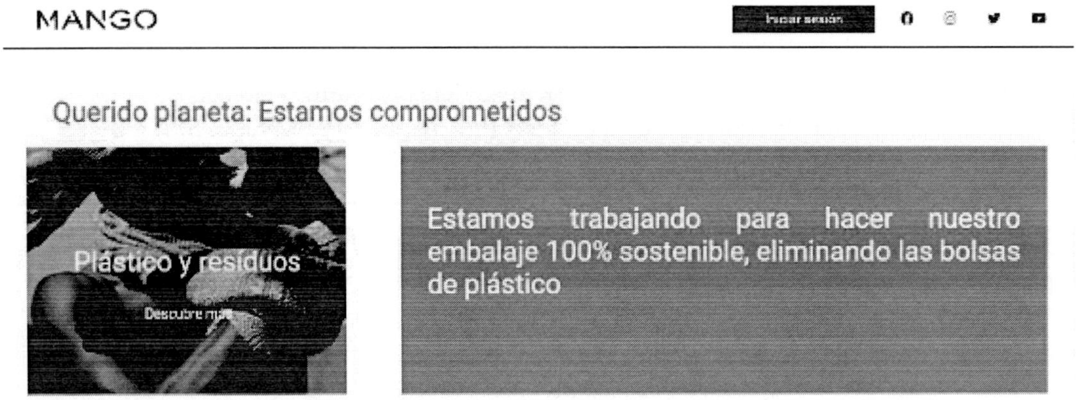

MANGO

Iniciar sesión

Querido planeta: Estamos comprometidos

Estamos trabajando para hacer nuestro embalaje 100% sostenible, eliminando las bolsas de plástico

Figura 3.41. Página a web a desarrollar sobre la tienda online de moda MANGO

7. Desarrolla un pie de página similar al que se observa en la Figura 3.42.

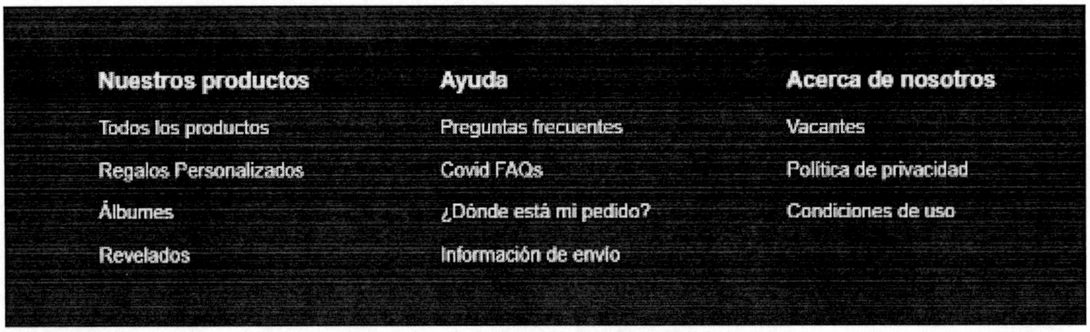

Nuestros productos	Ayuda	Acerca de nosotros
Todos los productos	Preguntas frecuentes	Vacantes
Regalos Personalizados	Covid FAQs	Política de privacidad
Álbumes	¿Dónde está mi pedido?	Condiciones de uso
Revelados	Información de envío	

Figura 3.42. Pie de página de tres columnas

HTML5 y CSS3.
ESTRUCTURACIÓN DE DOCUMENTOS WEB
Y DISEÑO ADAPTATIVO

Contenidos

Identificación de etiquetas y atributos de HTML.

Herramientas de diseño web.

Hojas de estilo (CSS).

Validación de documentos HTML y CSS.

Resumen del capítulo

En este capítulo vamos a profundizar en algunos aspectos relacionados con HTML5 y CSS3: etiquetas semánticas, selectores complejos, estructuración mediante flex y grid o diseño adaptativo. El objetivo es alcanzar los conocimientos adecuados para desarrollar sitios web complejos, avanzados y actuales.

Resultados de aprendizaje

RA2. Utiliza lenguajes de marcas para la transmisión y presentación de información a través de la web analizando la estructura de los documentos e identificando sus elementos.

Criterios	
	e) Se han utilizado herramientas en la creación de documentos web.
	g) Se han aplicado hojas de estilo.
	h) Se han validado documentos HTML y CSS.

4.1. HTML5

En los capítulos anteriores veíamos tanto elementos fundamentales en el desarrollo de un documento web como el procedimiento a seguir para modificar el aspecto visual del mismo mediante tecnologías como CSS. Así, estudiábamos HTML y CSS. En este capítulo se pretende profundizar aún más en estos lenguajes web, de manera que se consigan desarrollar páginas web complejas, avanzadas y atractivas.

Concretamente, en este apartado vamos a estudiar etiquetas propias del estándar HTML5. Comenzaremos con las denominadas etiquetas semánticas.

4.1.1. Etiquetas semánticas

Las **etiquetas semánticas** son elementos HTML que describen un significado claro, tanto para el desarrollador como para el navegador, es decir, son etiquetas que nada más verlas se entiende para qué fueron desarrolladas y en qué contexto deben ser usadas. Las etiquetas semánticas pueden definirse en la mayoría de los casos como capas, elementos tipo `<div>` o elementos en bloque, que según su nombre están diseñadas para delimitar un lugar u otro de un sitio web.

Son etiquetas semánticas: `<article>`, `<aside>`, `<details>`, `<figcaption>`, `<figure>`, `<footer>`, `<header>`, `<main>`, `<mark>`, `<nav>`, `<section>`, `<summary>` y `<time>`.

En la Figura 4.1 se representa un sitio web estructurado mediante etiquetas semánticas.

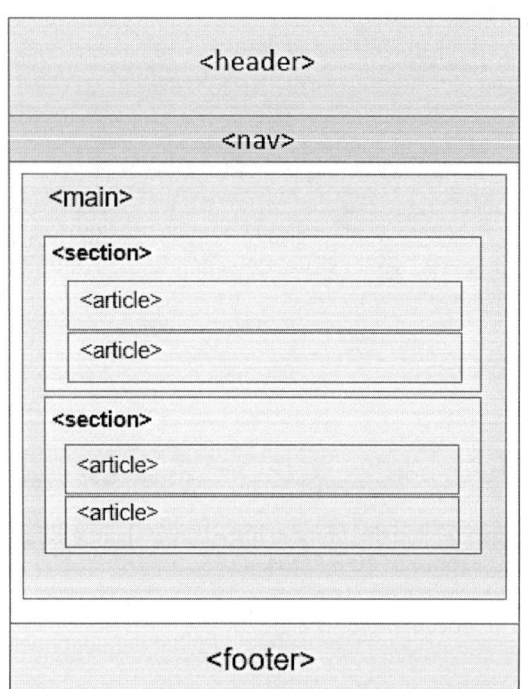

Figura 4.1. Estructura de un sitio web mediante el uso de etiquetas semánticas

El sitio contiene una zona superior, la cabecera, que se encontrará limitada por la etiqueta `<header>`. A continuación, se observa la barra de navegación, `<nav>`, que puede estar incluida también en la cabecera.

A continuación se ve la zona principal de la página, `<main>`, que alberga todo el contenido agrupado en este ejemplo en secciones, `<section>`; con diferentes contenidos, `<article>` en cada una de ellas; finaliza en el pie de página, `<footer>`, que contendrá información de la empresa que publicita el sitio, formularios, accesos a redes sociales, etc.

Antes de la llegada de las etiquetas semánticas, estas zonas se delimitaban por etiquetas <div>. A cada una de ellas se le asignaba una clase con su nombre; por ejemplo, la capa de la zona de cabecera sería: `<div class="header">`. Hoy día muchos desarrolladores siguen esta tónica.

Así, profundizando un poco más y tomando como referencia W3Schools:

- **Header.** Es un elemento que contiene información introductoria del sitio web, así como enlaces para la navegación l. Podemos encontrar en la cabecera etiquetas de título (`<h1>` a `<h6>`), el logo del sitio e incluso, otro tipo de información descriptiva.

- **Footer.** Es el elemento que representa el pie de página del documento web. En él, podemos encontrar información representativa del sitio, copyright, información de contacto, mapa del sitio, enlaces a redes sociales, etc.

- **Nav.** Representa la barra de navegación, es decir, un conjunto de enlaces que permitirán al usuario acceder al contenido del sitio web. Como ya se ha indicado, es habitual encontrar la barra de navegación incluida en la cabecera del sitio.

- **Aside.** Suele colocarse en las zonas laterales para incluir contenido adicional o relevante, como, por ejemplo, información publicitaria. En ocasiones puede incluir un menú vertical de opciones.

- **Main.** Engloba la zona de contenido principal, es decir, aquello que no se destina a ser cabecera ni pie del documento. Es la etiqueta que incluye la información del sitio web. Podemos encontrar en su interior etiquetas de tipo `<section>` o `<article>`.

- **Section.** Según la documentación W3C referida a HTML, es una agrupación de contenido semántico que normalmente suele comenzar con un título de cabecera. Así, tendremos secciones que contienen diferentes tipos de información, todas ellas agrupadas por la misma temática.

- **Article.** Suele tratarse como un elemento independiente. Particularmente, consideramos que serían las piezas que forman las diferentes secciones.

- **Figure.** Etiqueta que se utiliza para agrupar contenido multimedia de tipo gráfico, es decir, si hasta el momento incluíamos imágenes en nuestros documentos web únicamente con el uso de la etiqueta `<img>`, HTML5 propone el uso de `<figure>`, de manera que semánticamente estaríamos indicando con la secuencia `<figure>` `<img>` que la información que se muestra a continuación es gráfica. En muchas ocasiones, las etiquetas semánticas se desarrollan y posteriormente se utilizan para mejorar la accesibilidad al sitio web. Gracias a ellas, las herramientas creadas para "leer" sitios web para personas invidentes se basan en este tipo de etiquetas para definir lo que se está mostrando en el sitio.

Si el lector lo desea, puede profundizar aún más en este apartado accediendo a la web: https://www.w3schools.com/html/html5_semantic_elements.asp.

4.1.2. Nuevas etiquetas en la codificación de tablas

A la hora de insertar tablas en un documento web, las etiquetas que fundamentalmente debemos tener en cuenta son tres: `<table>`, `<tr>` y `<td>`. En las nuevas versiones de HTML aparecen otras que de algún modo permiten agrupar de forma semántica filas o columnas. Es aquí donde entran en juego las etiquetas `<thead>`, `<tbody>` o `<tfoot>`. Los navegadores pueden hacer uso de estos elementos para permitir el desplazamiento del cuerpo de la tabla independientemente del encabezado y pie de página. Además, al imprimir una tabla de grandes dimensiones que pueda abarcar varias páginas, estos elementos pueden permitir que el encabezado y el pie de página de la tabla se imprima en la parte superior e inferior de todas las páginas.

- **thead**. Esta etiqueta se usa en conjunto con las etiquetas **tbody** y **tfoot** para diferenciar en la tabla tres zonas, la cabecera, el cuerpo y el pie de la tabla. Concretamente `<thead>` debe usarse como elemento secundario de una etiqueta `<table>`, después de cualquier elemento `<caption>` y `<colgroup>` y antes de cualquier elemento `<tbody>`, `<tfoot>` y `<tr>`.

> **NOTA.** `<caption>` es la etiqueta que se usa para establecer el título de una tabla. Debe ubicarse justo después de la propia etiqueta `<table>`.

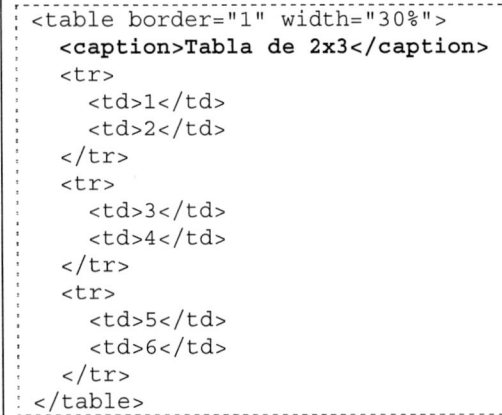

```
<table border="1" width="30%">
  <caption>Tabla de 2x3</caption>
  <tr>
    <td>1</td>
    <td>2</td>
  </tr>
  <tr>
    <td>3</td>
    <td>4</td>
  </tr>
  <tr>
    <td>5</td>
    <td>6</td>
  </tr>
</table>
```

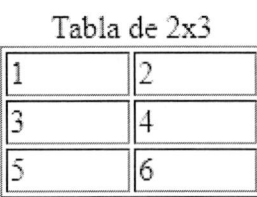

Figura 4.2. Tabla de 2 columnas y 3 filas con un título

> A su vez, `<colgroup>` se utiliza para establecer un formato concreto a un conjunto de columnas en una tabla. Es bastante útil a la hora de asignar estilos a columnas enteras, esto sustituye el uso repetitivo del atributo style o class en cada celda de cada columna.

- **tbody.** Agrupa a todas las etiquetas `<tr>` que conforman el cuerpo de una tabla. Podemos aplicar características CSS a tbody de manera que todas las etiquetas `<tr>` agrupadas por ella se vean afectadas.

```
<table border="1" width="90%">
  <thead>
    <tr>
      <th>ISBN</th>
      <th>Título</th>
      <th>Precio</th>
    </tr>
  </thead>
  <tbody style="background-color:lightblue;">
    <tr>
      <td>978-84-1903-412-0</td>
      <td>Sistemas Informáticos 3Ed</td>
      <td>32€</td>
    </tr>
    <tr>
      <td>978-84-1903-438-0</td>
      <td>Fundamentos Hardware 3Ed</td>
      <td>32€</td>
    </tr>
  </tbody>
</table>
```

ISBN	Título	Precio
978-84-1903-412-0	Sistemas Informáticos 3Ed	32€
978-84-1903-438-0	Fundamentos Hardware 3Ed	32€

Figura 4.3. Tabla creada mediante el uso de etiquetas \<table>, \<thead> y \<tbody>. Al aplicar características CSS a \<tbody> todas las filas que engloba este elemento adquieren los valores designados.

- **tfoot.** Agrupa etiquetas `<tr>` constituyendo el pie de tabla. Esta etiqueta se usará de modo similar a tbody o thead, de manera que gracias a ella podremos formatear de forma rápida y sencilla esta zona.

> **NOTA.** A su vez, `<colgroup>` se utiliza para establecer un formato concreto a un conjunto de columnas en una tabla. Es bastante útil a la hora de asignar estilos a columnas enteras, esto sustituye el uso repetitivo del atributo style o class en cada celda de cada columna.

```
<table border="1" width="90%">
  <colgroup>
    <col span="2" style="background-color:lightgreen">
    <col style="background-color:lightblue">
  </colgroup>
  <tr>
    <th>ISBN</th>
    <th>Título</th>
    <th>Precio</th>
  </tr>
  <tr>
    <td>978-84-1903-412-0</td>
    <td>Sistemas Informáticos 3Ed</td>
    <td>32€</td>
  </tr>
  <tr>
    <td>978-84-1903-438-0</td>
    <td>Fundamentos Hardware 3Ed</td>
    <td>32€</td>
  </tr>
</table>
```

ISBN	Título	Precio
978-84-1903-412-0	Sistemas Informáticos 3Ed	32€
978-84-1903-438-0	Fundamentos Hardware 3Ed	32€

Figura 4.4. Tabla con columnas formateadas mediante el uso de la etiqueta `<colgroup>`

4.1.3. Formularios

Los formularios se vieron igualmente afectados por el nuevo estándar HTML, de manera que aparecen nuevas etiquetas o valores para asignar a elementos tipo `<input type="..." >`.

4.1.3.1. Input type color

Este tipo de elemento mostrará una zona rectangular sobre la que se podrá hacer clic visualizando así una paleta de colores sobre la que el usuario podrá seleccionar una tonalidad. No todos los navegadores o versiones de estos podrán visualizar la paleta de color, en caso de que no fuera posible el valor a escribir en la zona correspondiente será un valor hexadecimal de 6 dígitos que será el formato de color aceptado. Obsérvese la Figura 4.5.

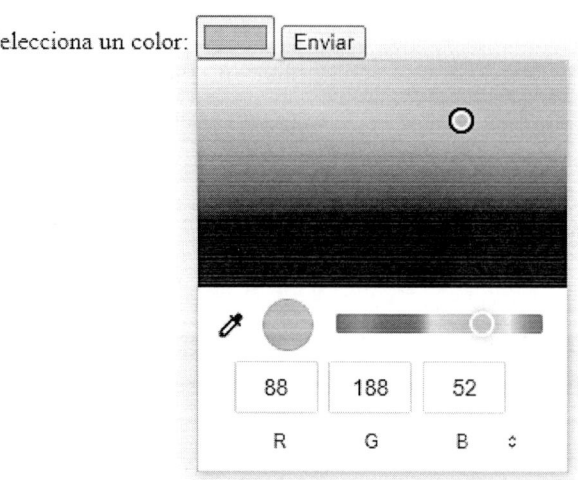

Figura 4.5. Representación de un elemento de formulario input type color

---

NOTA. Al hacer clic en el botón de envío del formulario tras seleccionar un color el valor enviado será el valor del color en hexadecimal. Por ejemplo, aparecerá una tonalidad verde que al hacer clic sobre enviar se traducirá a `#58bc34`. Este será el valor enviado al script especificado en el action del formulario en cuestión.

4.1.3.2. Input type: date, datetime-local, time, month y week

Los elementos de formulario **input type: date y datetime-local** permitirán al usuario seleccionar de forma rápida y sencilla una fecha en un calendario, así como una fecha y hora concretas. Veamos en las Figuras 4.6 y 4.7 los tipos de componentes visuales que generan estas etiquetas inputs con los valores indicados.

El valor recibido por un elemento **input type date** posee el formato de fecha en inglés, de manera que se indica primero el año, seguido del mes y del día; por ejemplo, 2024-06-14. En el caso de un elemento **input type datetime-local**, el valor que se obtiene tras hacer clic sobre el botón de envío tiene el formato **año-mes-díaThora:minutos**; por ejemplo: 2024-06-10T02:17.

El elemento **time** visualizará únicamente la zona horaria como se muestra en la Figura 4.7 en la franja derecha. Así, se podrá enviar a través de él una hora seleccionada por el usuario. El valor recibido tiene el formato **hora:minutos;** por ejemplo, 04:10.

Figura 4.6. Elemento input type date.

```
<form action="/gestion.php">
  <label for="FechaNac">
    Fecha de nacimiento:
  </label>
  <input type="date" id="FechaNac"
name="FechaNac">
  <input type="submit" value="Enviar">
</form>
```

```
<form action="/gestion.php">
  <label for="FechaNacHora">
    Fecha de nacimiento (día y
hora):
  </label>
  <input type="datetime-local"
id="FechaNacHora"
name="birthdaytime">
  <input type="submit"
value="Enviar">
</form>
```

Figura 4.7. Elemento input type datetime-local

Los valores **month** y **week** para el atributo **type** de **input** permitirán al usuario seleccionar semanas o meses completos. Las Figuras 4.8 y 4.9 muestran los elementos visuales ambos que generan.

```
<form action="/gestion.php">
  <label for="mesNac">Fecha de nacimiento (mes y año):</label>
  <input type="month" id="mesNac" name="mesNac">
  <input type="submit" value="Enviar">
</form>
```

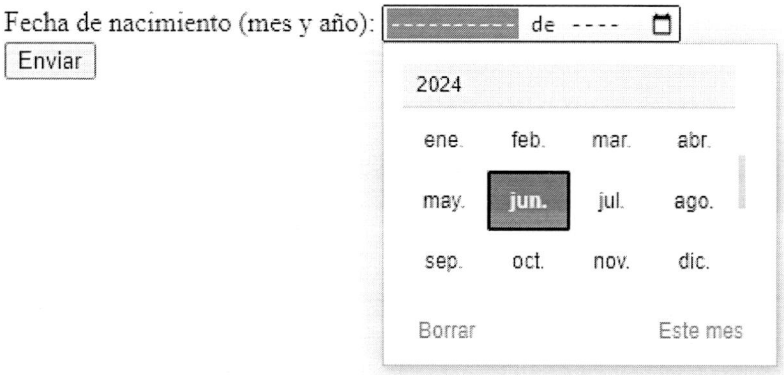

Figura 4.8. Elemento visual de input type month

```
<form action="/action_page.php">
  <label for="semana">Selecciona una semana:</label>
  <input type="week" id="semana" name="semana">
  <input type="submit" value="Enviar">
</form>
```

Figura 4.9. Elemento input type week

4.1.3.3. Input type: email y URL

La configuración de un elemento de formulario tipo **email** hace que este se encuentre predeterminado para que el usuario inserte una dirección de correo electrónico. En función del navegador que visualice el documento web se produce validación automática de la dirección a la hora de proceder al envío, es decir, si el email escrito no tiene el formato correcto la información no será enviada para su procesamiento. Muchos dispositivos móviles reconocen este nuevo tipo de elemento de formulario de manera que agregan la extensión .com sin necesidad de que esta sea tecleada.

Algo similar ocurre con los input type **url**. Están predeterminados para albergar una dirección web con el formato que esta debe presentar de manera que muchos navegadores proceden a la validación antes del envío de información y muchos dispositivos finalizan esta con la extensión .com sin que el usuario final tenga que teclearla.

```
<form action="/gestion.php">
  <label for="email">Introduce tu email:</label>
  <input type="email" id="email" name="email">
  <input type="submit" value="Enviar">
</form>
```

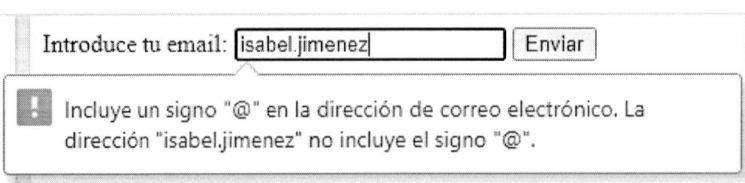

Figura 4.10. Ejemplo de cuadro de email después de hacer clic sobre el botón **Enviar,** donde se ha introducido una dirección de correo electrónico no válida

4.1.3.4. Input type image

Este tipo de elemento define una imagen como botón de envío. Si el lector accede al sitio web de W3Schools puede ver un ejemplo de este elemento de formulario:

https://www.w3schools.com/html/tryit.asp?filename=tryhtml_input_image.

En el ejemplo expuesto en W3Schools se observa el código `<input type="image" src="img_submit.gif" alt="Submit" width="48" height="48">`, que define un input type image que establece como imagen el fichero **img_submit.gif** siendo esta la que define el botón de envío.

4.1.3.5. Input type file

La etiqueta **input** con el atributo **type=file** genera un elemento de formulario que permitirá visualizar el explorador de archivos tras hacer clic sobre él. De esta manera podemos acceder a los ficheros ubicados en nuestro sistema, elegir uno de ellos y proceder a su envío.

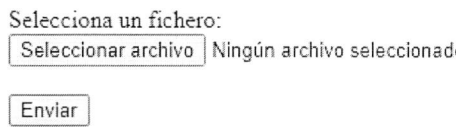

Figura 4.11. Ejemplo de formulario con un elemento input type file.

4.1.3.6. Input type number y range

Esta etiqueta pertenece a un cuadro de texto destinado a la inserción de valores numéricos enteros. El elemento presenta en el mismo cuadro de texto un par de botones pequeños que permitirán aumentar o disminuir los valores, que se pueden introducir manualmente.

```
<form action="/gestion.php">
  <label for="num">Introduce un valor (válidos entre 1 and 5):</label>
  <input type="number" id="num" name="num" min="1" max="5">
  <input type="submit" value="Enviar">
</form>
```

Introduce un valor (válidos entre 1 and 5): [   ] | Enviar |

Figura 4.12. Ejemplo de elemento de formulario tipo number que permite la inserción de valores comprendidos entre 1 y 5

La asignación de **range** al atributo **type** reproduce en el formulario un elemento mediante el cual es posible el envío de valores numéricos sin necesidad de escribirlos. Así, se visualiza una barra horizontal que puede desplazarse de izquierda a derecha. El elemento deberá configurarse especificando los valores mínimo y máximo que pueden representarse.

```
<form action="/gestion.php" method="get">
  <label for="num">Números (entre 5 and 45):</label>
  <input type="range" id="num" name="num" min="5" max="45">
  <input type="submit" value="Enviar">
</form>
```

Números (entre 5 and 45):  [Enviar]

num=42

Figura 4.13. Ejemplo de etiqueta input con el type=range. Valores mínimo y máximo: 5 y 45

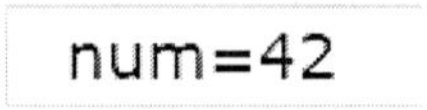

Figura 4.14. Resultado tras hacer clic en Enviar en la Figura 4.13

4.1.3.7. Input type search y tel

Los elementos tipo **search** se utilizan como campos de búsqueda, aunque se comportan como un cuadro de texto normal. La programación de la búsqueda o el autocompletado del cuadro de texto se hace desarrollando código adicional.

Los cuadros tipo **tel** son similares a los **search** en el sentido de que se comportan como cuadros de texto que albergan teléfonos y restringen este uso en función de los atributos que se configuren. Es habitual agrega a estos cuadros los atributos **pattern,** de forma que se delimita mucho más la información a insertar gracias a la especificación de un patrón. Por ejemplo, sería adecuado un código de formulario como el siguiente, que solo permite teléfonos del tipo (000)00-00-00[1].

```
<form action="/gestion.php">
  <label for="telefono">Introduce tu teléfono fijo:</label>
  <input type="tel" id="telefono" name="telefono" placeholder="(959)13-45-67"
pattern="\u([0-9]{3}\u)[0-9]{2}-[0-9]{2}-[0-9]{2}" required><br />
  <small>El formato a emplear es: (959)13-45-67</small><br />
  <input type="submit" value="Enviar">
</form>
```

El atributo `pattern="\u([0-9]{3}\u)[0-9]{2}-[0-9]{2}-[0-9]{2}"` indica que debe introducirse un paréntesis seguido de 3 dígitos, [0-9] dígitos del 0 al 9, {3} total de dígitos a introducir. El prefijo finalizará con un paréntesis para a continuación, albergar valores numéricos en pares separados por un guion. La indicación de introducción de un carácter o signo se produce anteponiendo **\u** a este o bien anteponiendo **\u** a su valor Unicode.

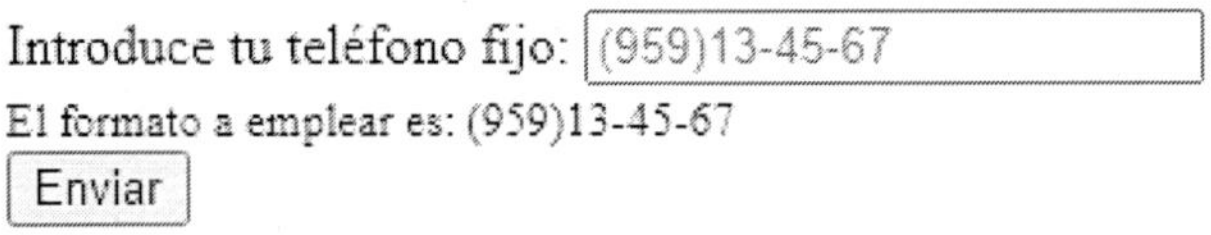

Introduce tu teléfono fijo: [(959)13-45-67]
El formato a emplear es: (959)13-45-67
[Enviar]

Figura 4.15. Formulario para inserción de números de teléfono fijos

La validación se produce en el momento de hacer clic en el botón de envío apareciendo en la parte inferior una etiqueta emergente indicando que el formato no es el adecuado.

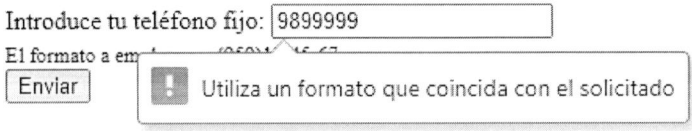

Figura 4.16. Visualización de error y no envío de datos por la introducción de la información en formato incorrecto de la información introducida

---

[1] El cero representa un dígito del 0 al 9.

4.1.4. Elementos multimedia

Cuando hablamos de *elementos multimedia* nos referimos a elementos que se encuentran en diferentes formatos pero que, en definitiva, se pueden ver u oír, como imágenes, música, vídeos, animaciones, etc. Los primeros elementos multimedia que pudieron ser insertados en una página web fueron las imágenes, siendo necesario que estas no fueran demasiado pesadas y estuvieran en determinados formatos, para que la página web donde se incluían no tardara demasiado tiempo en cargar y se visualizara correctamente. En la época el problema procedía de la comunicación a la red; los elementos físicos y las tecnologías existentes no permitían una gran velocidad ni descargas de ficheros pesados en corto periodo de tiempo.

Son formatos de archivos multimedia: .wav, .mp3, .mp4, .mpg, .wmg, .wmv y .avi. Si el lector lo desea para profundizar algo más en estos tipos de archivos puede acceder a: https://www.w3schools.com/html/html_media.asp

Ya estudiamos en capítulos anteriores la inserción de imágenes en nuestros documentos web mediante el uso de la etiqueta `<img>`, con HTML5 se añaden etiquetas semánticas del tipo `<figure>` estudiada en el Apartado 4.1.1. Etiquetas semánticas. En este apartado se darán a conocer nuevas etiquetas usadas para la inserción de otros elementos multimedia.

4.1.4.1. Inserción de vídeos

Para la inserción de vídeo en una página web usaremos la etiqueta `<video>`. Esta se encuentra asociada a etiquetas tipo `<source>` que serán quienes enlacen con el recurso multimedia en cuestión.

```
<video width="320" height="240" controls>
  <source src="video.mp4" type="video/mp4">
  <source src="video.ogg" type="video/ogg">
  Lo sentimos, su navegador no soporta la etiqueta video.
</video>
```

En el ejemplo se indica, mediante la etiqueta `<video>`, que en ese punto se va a proceder a insertar un vídeo con un tamaño de 320 px de ancho y 240 px de alto. A su vez, gracias al atributo **controls** se indica que aparecen los controles propios para la reproducción del fichero multimedia, botón de parada e inicio, volumen o visualización en pantalla completa. Es importante incluir las etiquetas `<source>`, ya que ellas indican el nombre del fichero a reproducir, si el lector observa el formato de esta etiqueta verá que contiene un atributo **src** que contiene la ruta de acceso y nombre del recurso, así como `<type>`, que indica el formato del vídeo. Podemos colocar tantas etiquetas `<source>` como se desee; de esta manera el desarrollador se asegurará de que el vídeo será reproducido en un número mayor de equipos.

Es posible agregar a la etiqueta video los atributos **autoplay** y **muted,** que harán que el vídeo se reproduzca de forma automática y sin sonido, respectivamente.

4.1.4.2. Inserción de audio

La inserción de audio en un sitio web se realiza mediante el uso de la etiqueta `<audio>`. Al igual que ocurría con la etiqueta `<video>` será necesario incluir etiquetas tipo `<source>` que indiquen acceso al fichero multimedia en sus diferentes formatos. El siguiente ejemplo ha sido extraído del sitio web W3Schools:

https://www.w3schools.com/html/tryit.asp?filename=tryhtml5_audio_autoplay _mute

```
<audio controls autoplay muted>
  <source src="horse.ogg" type="audio/ogg">
  <source src="horse.mp3" type="audio/mpeg">
Your browser does not support the audio element.
</audio>
```

▶ 0:01 / 0:01 ———— 🔇 ⋮

Figura 4.17. Visualización del reproductor de sonido que aparece mediante el uso de la etiqueta `<audio>`

En el código de ejemplo el sonido comenzará a sonar nada más acceder al sitio web gracias al uso de **autoplay** aunque estará en modo mute por el uso del atributo **muted**.

4.1.4.3. Inserción de un vídeo de YouTube

La inclusión de vídeos de plataformas como YouTube se realiza mediante el uso de **iframes**. Los iframe pueden considerarse ventanas flotantes que pueden ubicarse en cualquier zona del documento web. Normalmente, cuando se desea incluir algún vídeo de YouTube en un sitio web se hace uso del botón de compartir del propio vídeo y clic sobre **insertar**. De esta manera se mostrará el código HTML necesario; solo debemos copiarlo en el lugar adecuado de nuestro documento.

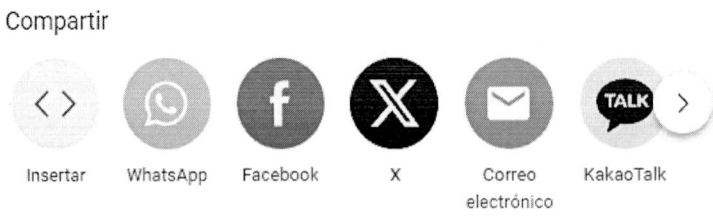

Figura 4.18. Opciones de compartición para los vídeos de YouTube

A continuación, se muestra el código necesario para insertar el vídeo "CSS – Selectores básicos" desarrollado para el canal de "Tus Clases Online – Grado de Informática".

```
<iframe width="560" height="315"
 src="https://www.youtube.com/embed/b54hnEAWHzw?si=a980clCr6i7aS75G"
title="YouTube video player" frameborder="0" allow="accelerometer;  autoplay;
clipboard-write; encrypted-media; gyroscope; picture-in-picture; web-share"
referrerpolicy="strict-origin-when-cross-origin" allowfullscreen>
</iframe>
```

4.1.4.4. Canvas y svg

La etiqueta `<canvas>` inserta en el documento web un elemento rectangular sobre el que se pueden reproducir dibujos o imágenes, interactivos o no. Suelen usarse en conjunto con CSS y JavaScript, de manera que podemos desarrollar aplicaciones complejas dentro de nuestra propia página web. Es común encontrar juegos desarrollados mediante el uso de este elemento. Un canvas no tiene borde ni contenido en principio, a menos que el desarrollador lo especifique.

A continuación, mostramos un ejemplo de uso de etiqueta `<canvas>`:

```
<!DOCTYPE html>
<html>
<body>
    <canvas id="miCanvas" width="200" height="100"
      style="border:1 px solid #000000;">
          Tu navegador no soporta el uso de CANVAS.
    </canvas>

</body>
</html>
```

En el código se observa la inserción de un canvas de 200 px de ancho y 100 px de alto. Se establece un borde para el mismo mediante el uso de un estilo concreto y se especifica un identificador, **miCanvas**. El identificador es fundamental, ya que permitirá hacerlo accesible desde JavaScript.

Por ahora no vamos a profundizar más en este elemento. Si el lector lo desea puede acceder al sitio web de W3Schools y observar cómo se insertan líneas, círculos, gráficos en él mediante el uso de JavaScript:

https://www.w3schools.com/html/html5_canvas.asp.

SVG (Scalable Vector Graphics)

SVG (Gráficos Vectoriales Escalables), permite la definición de gráficos basados en vectores, siendo un formato poco conocido y muy útil para su uso en páginas web debido a su flexibilidad y capacidad de generación de gráficos con calidad.

Al ser vectoriales, los gráficos SVG son totalmente escalables y no pierden la calidad cuando se amplían o se les cambia el tamaño. La inserción de gráficos SVG se lleva a cabo mediante la etiqueta `<svg>`. Veamos el ejemplo siguiente:

```
<svg width="100" height="100">
  <circle cx="50" cy="50" r="40" stroke="green" stroke-width="4" fill="yellow"
/>
</svg>
```

La etiqueta define una zona de tamaño 100 px × 100 px. En ella se genera un círculo gracias a la etiqueta `<circle>`. Esta etiqueta necesita la definición de los valores propios de un círculo como pueden ser el centro y el radio; es por ello que encontramos los atributos **cx, cy** y **r**. En el ejemplo se establece el centro del círculo en el punto 50,50 y con un radio de 40. El atributo **stroke** establece el color de la línea junto a **stroke-width,** que indicará el grosor de la línea, para finalizar con **fill,** que proporcionará el color de relleno.

Si el lector desea generar un rectángulo en lugar de un círculo deberá usar la etiqueta `<rect>` en lugar de `<circle>` indicando las coordenadas *x* e *y* de la esquina superior izquierda seguidas del ancho y alto que tendrá la figura geométrica. Los atributos **strock, stroke-width** y **fill** se usarán con el mismo fin que cuando se lleva a cabo el dibujo de un círculo.

Este tipo de definición de figuras recuerda un poco a la creación de mapas y la delimitación de zonas interactivas sobre el mismo. Si se desean crear figuras poligonales se solicitará cada vértice del polígono. Para ver un ejemplo, recomendamos acceder a:
https://www.w3schools.com/html/html5_svg.asp

4.2. CSS3. CARACTERÍSTICAS Y NUEVAS PROPIEDADES

El desarrollo de CSS3 comienza a principios del año 2000, justo poco después de la puesta en marcha del estándar CSS2. CSS3 se plantea no como un todo, sino como un conjunto de módulos, cada uno de ellos centrado en una característica concreta. Esta división permite el perfeccionamiento de algunas partes específicas de CSS sin tener que esperar a que todo el lenguaje sea revisado y aprobado.

Los primeros borradores de varios módulos serán publicados entre los años 2005 y 2010. Estos desarrollos incluían el nuevo modelo de caja flexible, lo que estudiaremos como Flexbox en apartados posteriores.

Una vez se especifican las nuevas características, los navegadores comienzan a adaptarse a ellas y se permitir la visualización de sitios web más complejos. Esta adaptación se produjo entre los años 2010 y 2015 para que posteriormente, a partir del año 2015 la actualidad la mayoría de las características CSS3 se conviertan en estándar y sean ampliamente adoptadas por los desarrolladores web.

Entre las nuevas características CSS3 destacamos:

- La **inclusión de selectores avanzados**. Selectores de atributos, estructurales, etc.
- **Modelo de caja flexible:** Flexbox y grid layout.

- **Diseño de columnas múltiples:** inclusión de propiedades como *columna-count*, *columna-gap*, etc.

- **Nuevas propiedades relacionadas con sombras y bordes:** text-shadow, box-shadow o border-radius.

- **Inclusión de gradientes:** propiedades tipo linear-gradient o radial-gradient.

- **Introducción de elementos para dinamizar la visualización de los nuevos sitios web**: transformaciones, transiciones y animaciones.

- **Diseño adaptativo:** configuración de un sitio web para su visualización en diferentes dispositivos mediante el uso de media queries.

- **Introducción de nuevas unidades y funciones:** vh, vw, clac(), etc.

- **Inclusión de propiedades avanzadas en relación a la fuente:** @font-face, font-variant, etc.

- **Nuevas características relacionadas con el uso de fondos en los elementos:** posibilidad de aplicar múltiples fondos a un solo componente, propiedades como *background-size* o *background-position*.

- **Definición de variables**.

A continuación, se muestra un ejemplo de código que usa algunas de estas nuevas características.

```css
/*Modelo de caja flexible (Flexbox)*/
.contenedor{
   display: flex;
   justify-content: center;
}

/*Selectores avanzados*/
a[href*="google"]{
   color: red;
}

/*Animaciones*/
@keyframes cuadro{
   from{background-color: blue;
   to {background-color: green;
}

/*Diseño adaptativo*/
@media (max-width: 600 px){
   .contenedor{
      Display: none;
   }
}

/*Variables CSS*/
:root{
   --color-fondo: cyan;
}
.cuadro{
   Background-color: var(--color-fondo);
}
```

CSS3 ha producido un gran impacto en el desarrollo web, permitiendo a los programadores y diseñadores web crear interfaces de usuario más ricas y dinámicas sin necesidad de usar técnologías adicionales como JavaScript. Las nuevas características de diseño, animación, etc., consiguen que los sitios web sean cada vez más atractivos y funcionales.

4.2.1. Selectores avanzados

Con CSS3 se introducen una gran variedad de selectores que amplían el modo de acceso a los elementos que forman una página web (DOM), que veremos a continuación.

4.2.1.1. Selectores de atributos

Son aquellos que permiten aplicar propiedades CSS a elementos en función de la existencia de un atributo concreto o de la existencia de este con un valor determinado. La sintaxis de este tipo de selector es:

```
[atributo]
[atributo="valor"]
```

Así, cualquier etiqueta que contenga el atributo enmarcado entre corchetes, o que lo contenga con el valor especificado, se verá afectada por las propiedades CSS que se establezcan; véase el siguiente ejemplo de uso.

```
[href="#"]{
    color: red;
    font-size: 0.8em;
    font-family: arial;
}
```

Todas aquellas etiquetas con atributo `href="#"` se visualizarán de color rojo, con tipo de letra **Arial** y tamaño reducido un 20 % en comparación con el tamaño de letra usado por el contenedor del elemento en cuestión.

Es posible especificar aún más este selector indicando el tipo de etiqueta sobre la que se debe localizar el atributo: `a[href="#"]`.

En este caso nos centraremos únicamente en la etiquetas `<a>` y solo en aquellas que contengan un atributo **href** igual a **#**.

Es posible el uso de comodines sobre este tipo de selectores. Tal como hemos estudiado hasta ahora, el atributo incluido en el selector debe contener exactamente el valor ubicado entre comillas. Pero ¿qué ocurre si queremos referir elementos con un atributo cuyo valor comienza o termina con el texto especificado?

- **Carácter ^**, `[atributo^="valor"]`. Este comodín permite que el desarrollador indique que el atributo debe comenzar con el texto indicado como valor. Por ejemplo, `[href^="https"]` afecta a aquellas etiquetas con atributo **href** con valor que comienza con el texto **https** seguido de cualquier combinación de letras, dígitos o símbolos.

- **Carácter $, [atributo$="valor"].** Selecciona los elementos cuyo valor de atributo termina en la cadena especificada como valor. Por ejemplo, **[href=".es"]** refiere a todas aquellas etiquetas que contienen el atributo **href** con valor finalizado en **.es**.

- **Carácter *, [atributo*="valor"].** Referencia una parte del valor asignado a un atributo, es decir, una vez localizado el atributo, este se vería afectado por las propiedades si en su contenido se encontrara en alguna parte la subcadena **valor**. Por ejemplo, **[class*="item-"]** aplicaría las características CSS a aquellas etiquetas con atributo **class** cuyo valor contenga en alguna parte el texto **item-**.

Existen otros caracteres comodín. Se emplaza al lector a visitar el sitio web de W3Schools para conocerlos:
https://www.w3schools.com/css/css_attribute_selectors.asp.

NOTA. Los siguientes apartados refieren tipos de selectores avanzados que se conforman mediante el uso del símbolo **(:)** y determinadas palabras claves, que en conjunto forman las denominadas **pseudoclases.** Las pseudoclases permiten aplicar estilos a elementos en función de su posición en el DOM o el estado de los mismos.

4.2.1.2. Pseudoclases estructurales

Las *pseudoclases estructurales* permiten seleccionar elementos en función de la estructura del DOM, por ejemplo, **:nth-child(n)** o **:first-child.** La primera de ellas selecciona el enésimo hijo de la etiqueta sobre la que se aplica, mientras que la segunda el primer hijo de su elemento padre.

Veamos a continuación los selectores de este tipo más usados:
- **:nth-child(n).** Selecciona el enésimo hijo de un elemento padre. El valor *n* del selector puede ser un número entero, una expresión matemática, ejemplo $2n$ o $3n + 2$, o valores como **odd** y **even.**
  - ➤ **n.** Referenciará el hijo que se encuentre en la posición **n.**
  - ➤ **Expresión matemática.** Al igual que el anterior, se referenciará a una posición, en este caso, a la posición resultante de realizar la operación matemática dada. Es interesante hacer uso de este tipo de selectores cuando, por ejemplo, tenemos un sitio web que muestra productos de tres en tres y es importante que el tercero de ellos se encuentre a una distancia del margen, ahí podríamos usar **:nth-child(3n)** para asignar las características CSS adecuadas.
  - ➤ **odd.** Para acceder y modificar las características de los elementos impares.
  - ➤ **even.** Para acceder y modificar las características de los elementos pares.

```
<!DOCTYPE html>
<html lang="es">
  <head>
    <meta charset="UTF-8" />
    <meta name="viewport" content="width=device-width,
      initial-scale=1.0" />
```

```
    <title>Ejemplo de uso de nth-child</title>
    <style>
        ul li:nth-child(3){
            color: green;
        }
        ul li:nth-child(even){
            margin-right: 2em;
            color: pink;
        }
    </style>
  </head>
  <body>
    <ul>
        <li>Producto_1</li>
        <li>Producto_2</li>
        <li>Producto_3</li>
        <li>Producto_4</li>
        <li>Producto_5</li>
        <li>Producto_6</li>
    </ul>
  </body>
</html>
```

Según indica el ejemplo, será de color verde el tercer elemento `li`, cuyo padre es `ul` y serán de color rosa y tendrán un margen derecho de 2 en todos los elementos `li` pares de su elemento padre, `ul`.

- **:nth-last-child(n).** Similar al anterior pero la búsqueda del elemento hijo se hace desde el final, desde el último de ellos convirtiéndose este el primero en tenerse en cuenta.
- **:nth-of-type(n).** Selecciona el enésimo elemento de su tipo. Al igual que ocurría con :nth-child(n) o :nth-last-child(n) el valor incluido entre paréntesis podrá ser un valor entero, una expresión matemáticas o las palabras reservadas **odd** o **even**. Por ejemplo, el código **p:nth-of-type(2)** modificará las características CSS del párrafo que esté en la posición 2.
- **:nth-last-of-type(n).** Similar al anterior pero la búsqueda de los elementos se lleva a cabo desde el último de ese tipo.
- **:first-child.** Selecciona el primer hijo de su elemento padre.
- **:last-child.** Selecciona el último hijo de su elemento padre.

4.2.1.3. Pseudoclases de estado

En este grupo de selectores englobamos aquellos que actuarán en función del estado en el que se encuentre el elemento sobre el que se aplica.

- **:empty.** Hace referencia a los elementos que no tienen contenido, ni subelementos ni información. Véase el siguiente ejemplo:

```
<!DOCTYPE html>
<html lang="es">
  <head>
    <meta charset="UTF-8" />
    <meta name="viewport" content="width=device-width,
```

```
        initial-scale=1.0" />
    <title>Ejemplo de uso de empty</title>
    <style>
        p:empty{
            border: 1 px solid red;
        }
    </style>
</head>
<body>
    <p></p>
    <p>Hola mundo</p>
    <p> </p>
    <p>Esto es un párrafo</p>
</body>
</html>
```

En el código encontramos cuatro etiquetas <p>. Al aplicar la pseudoclase :empty, sobre ella solo se verá afectada la primera, ya que es la única que no contiene otras etiquetas ni información. La segunda de ellas contiene el texto "Hola mundo"; la tercera, un espacio en blanco que sí se contempla como contenido; y la última, el texto "Esto es un párrafo". Así, solo el primer párrafo, que está vacío, se mostrará con un borde de color rojo. Esto, con el uso de otras propiedades, es de utilidad en algunos diseños web.

- **:enabled.** Refiere los elementos de formulario que se encuentran habilitados. En contraposición encontramos la pseudoclase **:disabled,** que hará referencia a los elementos del formulario que estén deshabilitados.

- **:checked.** Selector que se usa con elementos de formulario que pueden ser clicados de manera que se marcan o desmarcan con esta acción del usuario.

4.2.1.4. Pseudoclases dinámicas

Este tipo de selectores podrían confundirse con los anteriores debido a que actuarán en función de la acción que el usuario haya o esté realizando en un momento dado. En este apartado encontramos las pseudoclases **:hover, :focus** y **:active,** que son de gran utilidad para dar dinamismo a nuestros sitios web.

- **:hover.** Cuando aplicamos esta pseudoclase a una etiqueta estaremos referenciando el momento en el que el usuario coloque el cursor sobre ella. Se usa repetidamente para conseguir un efecto visual en menús, tarjetas[2] web, etc.

- **:focus.** En este caso se usa para reaccionar ante la obtención del foco. Cuando un elemento recibe un clic o es accesible mediante la tecla tabuladora está obteniendo el foco.

- **:active.** Esta pseudoclase puede ser confundida con la anterior. Podríamos decir que :active es accedida cuando se está haciendo clic sobre el elemento, en el momento de estar siendo seleccionado, mientras que :focus será tenida en cuenta tras ese clic debido a que el elemento en cuestión es el que dispone del foco.

---

[2] Estos elementos de diseño, también denominados *cards*, representan un grupo de etiquetas que muestran una información en conjunto dividida en un número de partes. Por ejemplo, se utiliza en tiendas online para representar productos en los que se visualiza una imagen, un precio, un nombre y una breve descripción, entre otras cosas. El formato de una card variará en función de las necesidades del sitio web.

4.2.1.5. Pseudoelementos

Los pseudoelementos se usan en CSS para acceder a partes del documento HTML que no tienen asociado un nodo en el DOM; por ejemplo, el contenido de un párrafo, su primera línea, la primera letra o la selección que el usuario ha realizado. Los pseudoelementos se conforman agregando a los selectores que ya conocemos (::) seguidos de palabras clave concretas, por ejemplo `::before` o `::after`.

- `::before`. Inserta contenido antes del contenido que ya tenga el elemento sobre el que se aplica.

- `::after`. Inserta contenido después del contenido que ya incluya el elemento sobre el que se aplica.

- `::first-letter` y `::first-line`. Referencia la primera letra o primera línea del elemento sobre el que se está aplicando el pseudoelemento.

- `::selection`. Se aplica para un elemento concreto cuando este es seleccionado. Véase el siguiente ejemplo.

```
<!DOCTYPE html>
<html lang="es">
  <head>
    <meta charset="UTF-8" />
    <meta name="viewport" content="width=device-width,
        initial-scale=1.0" />
    <title>Ejemplo de uso de ::selection</title>
    <style>
        p::selection{
          color: red;
          background-color: yellow;
        }
    </style>
  </head>
  <body>
    <h1>Ejemplo de uso de ::selection</h1>
    <p>Selecciona la parte del texto que quieras</p>
  </body>
</html>
```

Si el usuario selecciona parte del título, no se producirá ningún cambio visual; sin embargo, si selecciona el párrafo, conforme va llevando a cabo la acción, verá que el texto y su fondo cambian de color a rojo y amarillo respectivamente, observase la imagen siguiente.

Ejemplo de uso de ::selection

Selecciona la parte del texto que quieras

Figura 4.19. Resultado de uso del pseudoelemento `::selection`[3]

---

[3] La parte sombreada es amarilla y la fuente, roja.

NOTA. Existe un sitio web que puede ser de gran ayuda a la hora de estudiar los selectores y a entenderlos. En él se visualiza un juego de unas 32 preguntas por las que el usuario debe indicar qué selector se está usando. Se aconseja al lector acceder a y poner a prueba los conocimientos aprendidos en el apartado: https://flukeout.github.io/.

4.3. ESTRUCTURACIÓN DE DOCUMENTOS WEB MEDIANTE FLEXBOX

Debido al avance en el diseño de sitios web y a la necesidad de obtener páginas visualmente más atractivas, con contenidos expuestos en filas y columnas de diferentes dimensiones y dinamismo, aparece **Flexbox**. Flexbox o Flexible Box Layout es un módulo de diseño de CSS que se crea para mejorar el diseño de páginas web, consiguiendo construir estructuras complejas de forma simple en comparación a cómo se hacía hasta el momento mediante el uso de float, posicionamiento absoluto o incluso tablas en los inicios del desarrollo web.

Flexbox se basa en el uso de un elemento contenedor que engloba a todos aquellos que albergarán la información visual o escrita de nuestro sitio web. Estos elementos hijo se configurarán en diferentes tamaños, con determinadas alineaciones, de manera que tras pocas líneas de código se conseguirán estructuras diversas y complejas. Veamos el ejemplo siguiente:

```html
<!DOCTYPE html>
<html lang="es">
  <head>
    <meta charset="UTF-8" />
    <meta name="viewport" content="width=device-width,
      initial-scale=1.0" />
    <title>Ejemplo de uso de FLEX</title>
    <style>
      *{
      box-sizing: border-box;
      }
      .contenedor{ (1)
            display:flex;
            flex-wrap: wrap;
            width: 100%;
            background-color: cyan;
            justify-content: space-between;
            text-align: center;
      }
      [class|="item"]{ (2)
            height: 10vh;
            background-color: white;
            border: 1 px solid blue;
            padding-top: 1em;
      }
      .item-1{ (3)
            width: 100%;
      }
      .item-2, .item-3{
                  width: 47%;
```

```
        }
        .item-4{
                    width: 18%;
        }
        .item-5{
                    width: 75%;
        }
    </style>
  </head>
  <body>
    <div class="contenedor">  (4)
        <div class="item-1">Contenido 1</div>
        <div class="item-2">Contenido 2</div>
        <div class="item-3">Contenido 3</div>
        <div class="item-4">Contenido 4</div>
        <div class="item-5">Contenido 5</div>
    </div>
  </body>
</html>
```

(4) Esta zona del código refiere la parte HTML. En ella se observa un elemento contenedor, una capa (`<div>`) que tiene como hijos un total de cinco capas, cada una de ellas se asocia a las clases "`item-1`", "`item-2`", etc. Es fundamental entender esta estructura y que en el momento en que se aplique flex al contenedor, solo se verán afectados por la propiedad los hijos directos de este.

(1) En este punto se está configurando el contenedor flex:

> **display: flex; →.** Si se desea configurar un contenedor como Flexbox es fundamental especificar el valor **flex** a la propiedad **display.** De forma automática, todos los elementos en bloque que se ubiquen directamente en él se colocarán uno junto al otro, ocupando todo el ancho de este, sin producirse saltos de línea ni conseguir estructuras de varias filas. Si no se hace nada más, aun especificando anchos diferentes a los subelementos, estos se adaptarán al ancho del contenedor. Así, si nuestra capa contenedora de ancho 900 px tuviera tres subcapas de anchos 800 px, 500 px y 700 px, estos anchos no serían efectivos; los tres subelementos adaptarían sus anchos para ocupar los 900 px del contenedor. Si queremos que esto no sea así, debemos hacer uso de la propiedad que se muestra a continuación con el valor **wrap.**

> **flex-wrap: wrap; →.** Flex-wrap permite romper la línea de elementos del contenedor colocándolos en diferentes filas. Por defecto, el valor de esta propiedad es **no-wrap.** Al indicar **wrap** como valor, combinando este con los diferentes anchos en las subcapas obtendremos resultados como los del ejemplo. Si tenemos una capa contenedora de tamaño 900 px y tres subcapas de tamaños 800 px, 300 px y 400 px, nuestra web se dividirá en dos filas, la primera de ellas ocupada por la primera subcapa de 800 px. La de 300 px no cabría en la primera fila, por lo que se produciría un salto a la siguiente. En esta segunda fila se ubicarían las subcapas 2 y 3 de 300 px y 400 px, respectivamente.

> **justify-content: space-between; →.** La propiedad **justify-content** permitirá indicar cuál será la justificación de las subcapas dentro de cada fila en el contenedor. El valor **space-between** presentará las subcapas colocadas junto a los bordes izquierdo y derecho, dejando espacio interior entre ellas, siendo este mayor o menor en función del ancho de cada elemento. Es así por lo que la página web creada se visualiza como en la Figura 4.20.

(3) Configuración propia de cada subcapa, usando para la selección de todas ellas el selector de atributo junto al carácter comodín |. Especificamos un alto como se hace en el ejemplo, ya que las subcapas no tienen contenido. Si no se estableciera un alto, no se visualizaría el elemento.

(4) Para finalizar, es importante establecer los tamaños de los subelementos. Estableciendo un contenedor con un display igual a **flex,** de un ancho concreto y un **flex-wrap** igual a **wrap,** solo queda indicar qué anchos tendrán las capas que contiene, de manera que estos anchos harán que las subcapas se coloquen en una fila u otra, contribuyendo a la creación de estructuras complicadas.

Flexbox permitirá realizar configuraciones web muy atractivas y como el lector habrá podido observar, de forma muy sencilla.

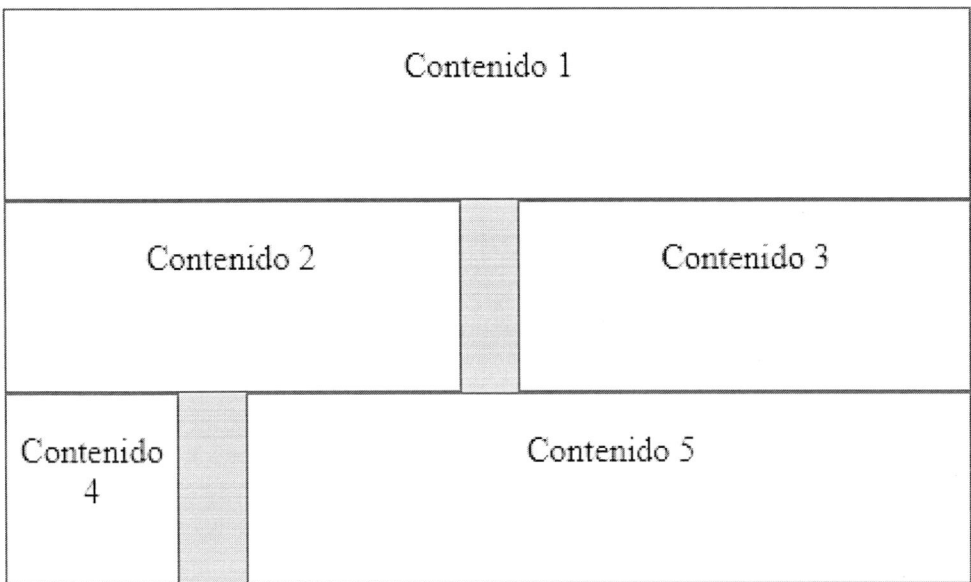

Figura 4.20. Resultado de uso de la propiedad **flex**

4.3.1. Modelo Flexbox

Cuando usamos flex para la distribución de nuestros elementos debemos tener en cuenta que estos se distribuirán con respecto a dos ejes: eje principal y eje transversal.

- **Eje principal.** Es el eje horizontal, el eje que establece la dirección en la que se colocarán las subcapas. Al inicio y al fin de este eje se les suele llamar **inicio principal** y **final principal.**
- **Eje transversal.** Es el eje perpendicular al eje principal. Al igual que ocurre con el eje principal, al inicio y al fin de este se les denomina comúnmente inicio transversal y extremo cruzado.

Teniendo en cuenta estos ejes, veremos propiedades del tipo **flex-direction** (véase la Figura 4.21).

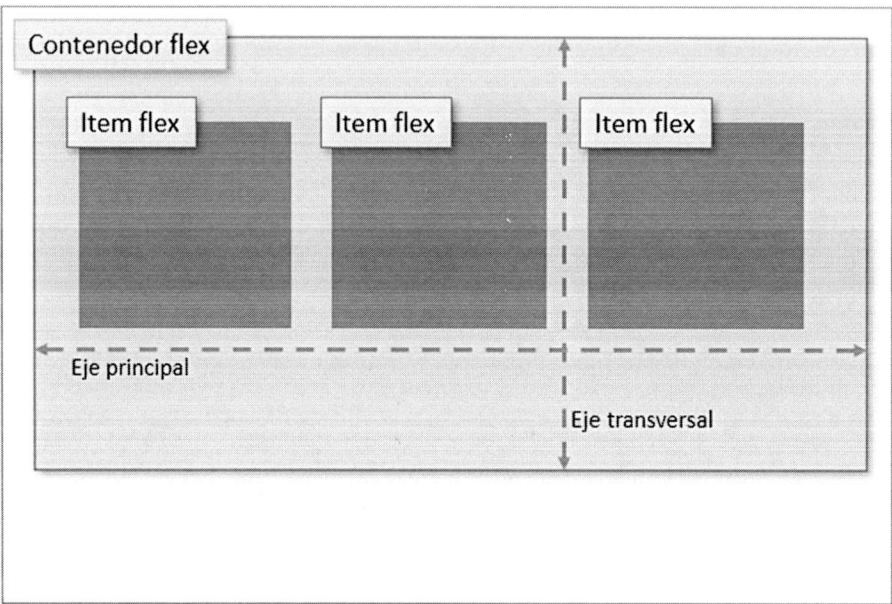

Figura 4.21. Distribución de los ejes, principal y transversal, en un contenedor **flex**

4.3.2. Propiedades de Flexbox

A continuación, se describen brevemente las propiedades asociadas a la estructuración mediante Flexbox.

4.3.2.1. Propiedades asociadas al contenedor

- **display.** Propiedad ya conocida por el lector, que permitirá que un contenedor se convierta en un Flexbox layout. Los valores que se podrán asociar para esto serán **flex** o **inline-flex.** El segundo de los valores permitirá configurar un contenedor flex en línea, algo similar al valor **inline-block.**

- **flex-direction.** Permite modificar la forma en la que los elementos se colocarán respecto al eje principal, siendo por defecto el valor para esta propiedad **row. Row** establece que las subcapas se coloquen en una fila en la dirección en la que se escribe, en el idioma predeterminado del navegador. En nuestro caso, se colocarán de izquierda a derecha según son creados en HTML. Otros valores para **flex-direction** son: **row-reverse** (los elementos se colocan de derecha a izquierda), **column** (los elementos se colocan de arriba abajo) y **column-reverse** (los elementos se colocan de abajo a arriba).

- **flex-wrap.** Permite que los elementos sean colocados en una única línea (valor **no-wrap,** establecido como valor por defecto), en varias (**valor wrap**) o en varias líneas pero en orden inverso al que son creados (valor **wrap-reverse**).

NOTA. Es posible combinar las propiedades **flex-direction** y **flex-wrap** mediante la propiedad **flex-flow**. Así, es fácil encontrar líneas del tipo `flex-flow: row-reverse wrap;` indicando mediante ellas que la dirección de los subelementos será de derecha a izquierda y se dispondrán en más de una línea.

- **justify-content.** Permite la alineación de los elementos con respecto al eje principal.
- **align-items.** Alinea los elementos del contenedor en relación al eje transversal. Es necesario que el contenedor tenga un alto para que se visualice el alineamiento.

NOTA. Véase el sitio web W3Schools para estudiar los diferentes valores que se pueden asignar a las propiedades justify-content y align-items.

https://www.w3schools.com/css/css3_Flexbox_container.asp.

- **align-content.** Puede confundirse con align-items; sin embargo, align-content, llevará a cabo la alineación de las líneas en lugar de los elementos.

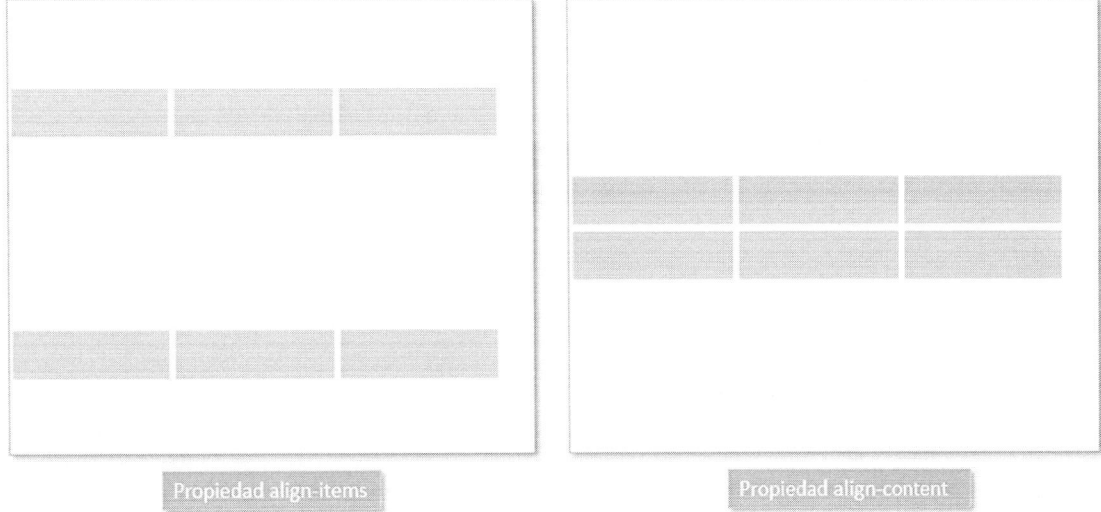

Figura 4.22. Resultados obtenidos tras el uso de las propiedades align-items o align-content sobre el contenedor

4.3.2.2. Propiedades asociadas a los ítems

- **order.** Utilizada para ordenar los elementos dentro del contenedor. Se le asignarán valores enteros, negativos o positivos que representarán un número de orden. En el caso de que dos elementos contengan el mismo valor de orden, se mostrarán en el orden en el que son creados en HTML.
- **Flex-grow.** Esta propiedad permite especificar la proporción en la que un elemento aumentará su tamaño cuando el contenedor contiene espacios en blanco. Asignaremos de este modo un valor numérico positivo, cero o decimal a los espacios. En caso de que no existiera sitio disponible en el contenedor, esta propiedad no se tendría en cuenta. Supongamos que tenemos 3 elementos de ancho 200 px dentro de un contenedor de ancho 900 px. Observamos que los tres ítems ocuparán 600 px, quedando un espacio restante en el contenedor de 300 px. Supongamos además que las propiedades flex-grow de cada uno de estos ítems son 1, 2 y 1, respectivamente.

➤ Suma de flex-grow = 1 (item1) + 2 (item2) + 1 (item1) = 4; en total se debe repartir el espacio disponible en 4 porciones.

➤ El espacio no ocupado es de 300 px y teniendo en cuenta que item 1 tiene flex-grow igual a 1, item 2 tiene flex-grow igual a 2 e item 3 tiene flex-grow igual a 1.

  o Item 1: recibe del espacio disponible (1/4) × 300 px = 75 px.

  o Item 2: recibe del espacio disponible (2/4) × 300 px = 150 px.

  o Item 3: recibe del espacio disponible (1/4) × 300 px = 75 px.

➤ Los anchos finales de cada subelemento serán:

  o Item 1 = 200 px + 75 px = 275 px.

  o Item 2 = 200 px + 150 px = 350 px.

  o Item 3 = 200 px + 75 px = 275 px.

En resumen, flex-grow indicará cuánto debe crecer un elemento cuando existe espacio no ocupado; concretamente especificará la proporción en la que crecerá. Si su valor es 0, el elemento en cuestión no ocupará espacio extra

- **flex-shrink.** Sería la propiedad opuesta a la anterior, ya que define la capacidad de un elemento a encogerse si esto fuera necesario. Esto sucederá cuando el espacio del contenedor no es suficiente para que los ítems se visualicen como se desea por ejemplo cuando se trabaja en adaptativo y pasamos de visualizaciones de unos dispositivos a otros. Acepta valores enteros positivos o cero. En caso de que existiera espacio suficiente disponible en el contenedor esta propiedad no sería tenida en cuenta. El modo en el que se calcula el tamaño al que es reducido cada item es similar al explicado en la propiedad flex-grow con la diferencia que en este caso las proporciones obtenidas serán restadas a los anchos de los elementos.

  ➤ Supongamos un contenedor de 400 px y tres elementos de 200 px cada uno. Los 3 ítems constituyen un ancho de 600 px que supera en 200 px el ancho del contenedor. Esos 200 px que suponen ese déficit será el valor tomado en cuenta para obtener las proporciones.

  ➤ Supongamos un flex-shrink para cada item de 1, 2 y 1, siendo la suma total de 4, de manera que:

    o Item 1: debe reducirse 1/4 de los 200 px, (1/4) × 200 px = 50 px.

    o Item 2: debe reducirse 2/4 de los 200 px, (2/4) × 200 px = 100 px.

    o Item 3: debe reducirse 1/4 de los 200 px, (1/4) × 200 px = 50 px.

  ➤ Los anchos finales serán:

    o Item 1 = 200 px – 50 px = 150 px.

    o Item 2 = 200 px – 100 px = 100 px.

    o Item 3 = 200 px – 50 px = 150 px.

Realizados los cálculos pertinentes los nuevos anchos suman el espacio total disponible. Así, en caso de que el ancho del contenedor cambie y se vea reducido gracias a esta propiedad, podremos controlar la proporción en la que las capas que contiene deberán reducirse también.

- **flex-basis.** Propiedad de algún modo asociada semánticamente a las propiedades flex-grow y flex-shrink, que indica el tamaño inicial de los ítems que forman parte de un contenedor flex antes de que se produzca sobre ellos algún crecimiento o contracción. El lector podría pensar que esta propiedad entra en conflicto con propiedades como width o height. Indicaremos que en caso de que estas propiedades existieran en un elemento junto a flex-basis, no tendrían efecto a menos que el valor de flex-basis fuera auto, en cuyo caso, el tamaño de este sería el especificado por width o por height. Podemos asignar a flex-basis valores fijos mediante el uso de unidades de medida relativas o absolutas, o con auto, de manera que el tamaño vendrá dado por el contenido del item.

- **flex.** Esta propiedad es una abreviatura de flex-grow, flex-shrink y flex-basis. Así, podemos encontrar esta propiedad como sigue: flex: 1 1 300 px; Así, flex con valores 1, 2 y 300 px será similar a:
  - ➢ flex-grow: 1;
  - ➢ flex-shrink: 2;
  - ➢ flex-basis: 300 px;

- **align-self.** Propiedad que permite al desarrollar, alinear cada elemento de manera independiente al resto. Cuando se usa, si los ítems del contenedor contienen alineación por parte de align-items, se sobreescribe sobre ella. Los valores que podemos asignar a esta propiedad son similares a los asignados a align-items. Vvéase el sitio web de W3Schools para profundizar aún más en esta característica y realizar prácticas (https://www.w3schools.com/cssref/css3_pr_align-self.php).

4.4. ESTRUCTURACIÓN DE DOCUMENTOS WEB MEDIANTE GRID LAYOUT

Al igual que Flexbox, Grid permite al desarrollador crear diseños bidimensionales que darán lugar a páginas web con estructuras complejas de una manera eficiente, sencilla y precisa. Gracias a este conjunto de propiedades se conseguirá posicionar y alinear los elementos rápidamente, obteniendo sitios web muy atractivos. Recalcamos la facilidad de desarrollo para la obtención de resultados muy vistosos.

Al igual que ocurría con Flexbox, el uso de Grid conlleva la creación de un elemento contenedor compuesto de una serie de subelementos que serán los que a su vez contengan la información del sitio web. Veamos a continuación el ejemplo anterior adaptado a Grid Layout.

```
<!DOCTYPE html>
<html lang="es">
  <head>
    <meta charset="UTF-8" />
    <meta name="viewport" content="width=device-width,
      initial-scale=1.0" />
    <title>Ejemplo de uso de GRID</title>
    <style>
      *{
      box-sizing: border-box;
      }
      .contenedor{ (1)
          display:grid;
          grid-template-columns: repeat(4,1fr);
```

```
            grid-template-rows: repeat(3,20vh);
            grid-gap: 10 px;
        }
        [class|="item"]{
            background-color: lightblue;
        }
        .item-1{ (2)
            grid-column: 1/span 4;
        }
        .item-2{
            grid-column: 1/span 2;
        }
        .item-3{
            grid-column: 3/span 2;
        }
        .item-4{
            grid-column: 1;
        }
        .item-5{
            grid-column: 2/span 3;
        }

    </style>
  </head>
  <body>
    <div class="contenedor"> (3)
        <div class="item-1">Contenido 1</div>
          <div class="item-2">Contenido 2</div>
          <div class="item-3">Contenido 3</div>
          <div class="item-4">Contenido 4</div>
          <div class="item-5">Contenido 5</div>
    </div>
  </body>
</html>
```

(3) Esta zona establece los elementos de nuestra página web. Como se puede observar, tenemos una capa principal que contiene cuatro capas hijas, que mantendrán la información real a visualizar.

(1) En esta primera parte del código CSS se lleva a cabo la definición del contenedor. Como se puede observar, se aplica el valor **grid** a la propiedad **display.** De este modo, al establecer un display estaremos indicando que el contenedor tendrá forma de rejilla, con un número determinado de filas y columnas. Es por esto que a continuación será preciso indicar el número máximo de columnas y filas que tendremos. Así, encontramos las propiedades **grid-template-columns** y **grid-template-rows.** Como estudiaremos más adelante, podremos establecer de diferentes modos los valores asociados a estos elementos, aunque en el ejemplo se ha optado por el uso de las funciones **repeat** y **1fr.** La primera indica que se crearán tantas columnas o filas como el valor del primer parámetro de una proporción. 1fr refiere una porción del espacio del contenedor de manera que, si este se divide en 4, 1fr hace referencia a una parte proporcional de las 4 divisiones. Para establecer el alto se usará una medida relativa (vh).

(2) Esta zona es fundamental, ya que controlará el posicionamiento de cada elemento. Para ello se ha optado por utilizar la propiedad **grid-column**. En cada capa solo debemos indicar en qué columna se debe visualizar y cuantas casillas de la rejilla ocupa. No es preciso indicar en qué fila[4] ya que en el momento en que no pueda colocarse en una fila saltará a la siguiente. Así:

➤ `.item-1{ grid-column: 1/span 4; }` – La primera capa hija, al estar definida al principio, ocupará desde la columna 1 cuatro casillas de la rejilla, teniendo en cuenta que el contenedor tiene cuatro columnas, esta capa ocupará toda la primera fila.

➤ `.item-2{ grid-column: 1/span 2; }` – La segunda capa se colocará en la segunda fila ya que no tiene espacio en la primera para hacerlo y se visualizará desde la columna 1 de la segunda fila ocupando dos casillas, así, el item-2 ocupará las casillas 1 y 2 de la segunda fila.

➤ `.item-3{ grid-column: 3/span 2; }` – La tercera capa se colocará en la segunda fila ya que ocupa dos casillas desde la columna 3, incluida esta y debido a que existe aún hueco en esta tras haberse colocado el item-2.

➤ `.item-4{ grid-column: 1; }` – El item-4 solo ocupará una casilla. Esta casilla será de la tercera fila ya que la segunda se ha completado por las capas 2 y 3.

➤ `.item-5{ grid-column: 2/span 3; }` – Para finalizar, la capa 5 o item 5 ocupará el resto de casillas de la fila 3, desde la columna 2, gracias a la existencia de span 3.

NOTA. El uso de span recuerda a la combinación de casillas en tablas HTML. Recuerda las propiedades colspan y rowspan.

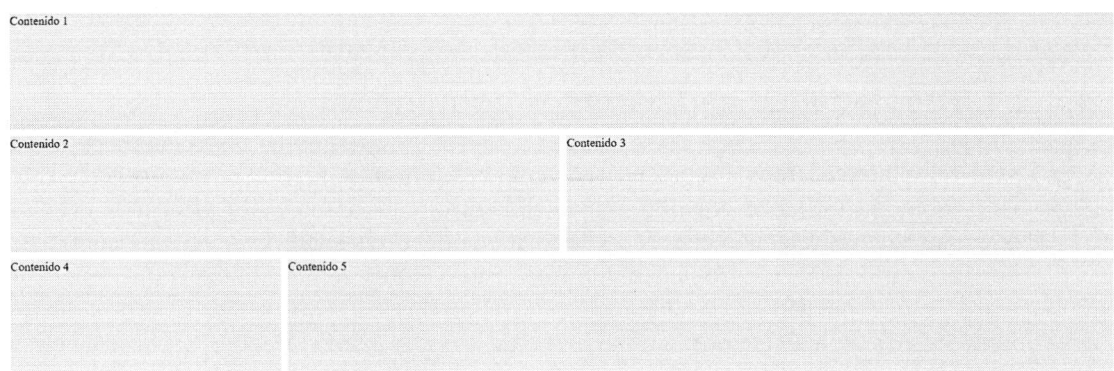

Figura 4.23. Resultado del ejemplo grid expuesto en el apartado

4.4.1. Modelo Grid Layout

Antes de comenzar a usar grid como modo de estructuración de nuestros sitios web debemos tener en cuenta los elementos que forman una rejilla. Grid divide el contenedor en una serie de filas y columnas entre las que se puede establecer un espacio. Además, cada fila y columna configura una serie de líneas que serán aprovechadas por determinadas propiedades para especificar el posicionamiento de los elementos. Véanse las Figuras 4.24 y 4.25.

---

[4] En el ejemplo no hubiera sido necesario configurar el contenedor con grid-template-row si cada capa hija hubiera tenido una mayor información o cada una por separado hubiera configurado su propio alto.

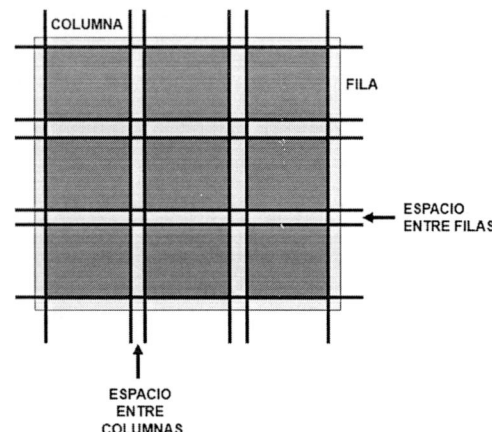

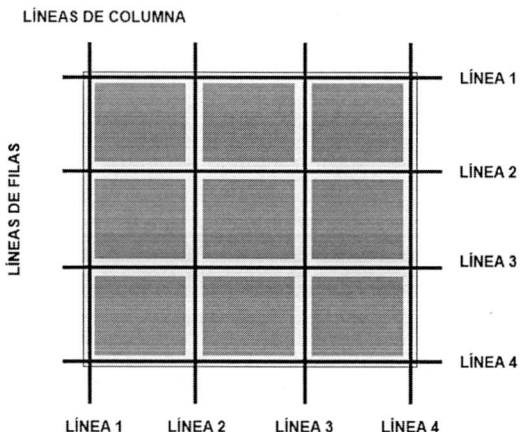

Figura 4.24. Diseño en filas y columnas de un grid layout

Figura 4.25. Indicadores de líneas para cada fila y columna

4.4.2. Propiedades Grid

Como ya se ha visto en el ejemplo del Apartado 4.4. Estructuración de documentos web mediante Grid Layout, la configuración de un contenedor como grid se lleva a cabo mediante el uso del valor **grid** o **inline-grid** en la propiedad **display.** A partir de ahí, existen características a aplicar al propio contenedor a los subelementos que lo forman.

4.4.2.1. Propiedades asociadas al contenedor

- **grid-template-columns.** Propiedad que permite definir la estructura de columnas de la rejilla. Es posible generar tantas columnas como el desarrollador desee y siempre teniendo en cuenta el contenido que debe contener cada item ya que debe ser leído o visualizado correctamente por el usuario final. La propiedad admitirá tanto valores como columnas queramos incluir. Estos valores pueden ser especificados mediante unidades de medida relativas, absolutas, funciones o simplemente puede hacerse uso de la palabra **auto.** Veamos algunos ejemplos:

  ➢ `grid-template-columns: 100 px 20% 3em 40vw.` Para esta estructura se definen un total de cuatro columnas. La primera de ellas medirá 100 pxy se está usando una unidad de medida absoluta para ella; el resto de columnas se definen con medidas relativas. La segunda columna ocupará un 20 % del espacio, la tercera tendrá un ancho 3 veces mayor que el tamaño de letra definido por defecto por el contenedor y para finalizar, la cuarta columna tendrá un tamaño de 40 vw, es decir, ocupará una medida similar al 40 % del ancho del dispositivo sobre el que se esté visualizando el sitio web.

  ➢ `grid-template-columns: 1fr 2fr auto.` En este ejemplo se están configurando 3 columnas y, para ello, se están usando porciones del ancho del contenedor. La unidad **fr** asigna una fracción del espacio restante en el contenedor una vez se hayan tenido en cuenta el resto de anchos fijos o automáticos definidos anteriormente. Es una forma de repartir el espacio equitativamente. Así, en el ejemplo se están configurando dos columnas mediante la unidad fr, de manera que la segunda será el doble de ancha que la primera. El uso de fr es frecuente, ya que permite generar estructuras que se adaptan de manera automática a diferentes tipos de dispositivos.

➢ **grid-template-columns: repeat(3, 100 px).** Modo abreviado de construcción de columnas cuando estas tienen un ancho igual al resto. En el ejemplo se está creando una estructura de tres columnas de 100 px de ancho cada una.

- **grid-template-rows.** Permite definir el número de filas que debe contemplar la rejilla grid que se está configurando, además del alto que tendrá cada una de ellas. Como ocurría con grid-template-columns, los valores que se pueden asignar a la propiedad serán fijos, incluidos mediante unidades de medida absolutas o relativas, fracciones o la palabra reservada auto.

- **grid-template-areas.** Esta propiedad permite definir áreas de manera que la estructuración, que sigue siendo en columnas y filas y se lleva a cabo mediante el uso de nombres a zonas. En la misma propiedad se determina el número de columnas y filas que tendrá la nueva estructura. Véase el siguiente ejemplo:

```
<!DOCTYPE html>
<html lang="es">
<head>
    <meta charset="UTF-8" />
    <meta name="viewport" content="width=device-width, initial-scale=1.0" />
    <style>
        *{
            box-sizing: border-box;
        }
        .contenedor{ (1)
            text-align: center;
            height: 50vh;
            display: grid;
            grid-gap: 10 px;
            grid-template-areas:
                'cabecera cabecera cabecera cabecera'
                'menu menu menu menu'
                'publicidad principal principal principal'
                'pie pie contacta contacta';
        }
        [class|="item"]{
            padding-top: 2em;
            border: 1 px solid grey;
        }
        .item-1{ (2)
            grid-area: cabecera;
            background-color: #91DDCF;
        }
        .item-2{
            grid-area: menu;
            background-color: #E8C5E5;
        }
        .item-3{
            grid-area: publicidad;
            background-color: #F19ED2;
        }
        .item-4{
            grid-area: principal;
            background-color: #64CCC5;
        }
        .item-5{
```

```
                grid-area: pie;
                background-color: #478CCF;
        }
        .item-6{
                grid-area: contacta;
                background-color: #CDF5FD;
        }
    </style>
    <title>Ejemplo areas con GRID</title>
</head>
<body>
    <div class="contenedor"> (3)
        <div class="item-1">Cabecera</div>
        <div class="item-2">Menu</div>
        <div class="item-3">Publicidad</div>
        <div class="item-4">Zona principal</div>
        <div class="item-5">Pie</div>
        <div class="item-6">Contactos</div>
    </div>
</body>
</html>
```

(3) En esta zona se define el código HTML que especifica el contenido del sitio web. Como se observa, tenemos una capa contenedora (class="contenedor") que engloba al conjunto de elementos que formarán nuestra página. Estas capas incluidas directamente bajo la capa contenedora serán las que se vean afectadas por la propiedad display con valor GRID.

(1) Esta parte del código especifica la configuración de la capa contenedora. Será aquí donde se indique que el display a usar es grid y se establecerá la estructura, en esta ocasión mediante áreas. Veamos este fragmento del código:

```
grid-template-areas:
                'cabecera cabecera cabecera cabecera'
                'menu menu menu menu'
                'publicidad principal principal principal'
                'pie pie contacta contacta';
```

➤ Se están creando un total de seis áreas, sus nombres son: cabecera, menú, publicidad, principal, pie y contacta.

➤ Se indica que la estructura tendrá un total de 4 columnas, ya que cada línea de áreas tiene un total de 4 nombres.

➤ Se señala que la estructura estará compuesta por un total de 4 filas.

➤ Se define cada fila por el uso de comillas simples. En ocasiones, en otras bibliografías o referencias web, es habitual ver en lugar de comillas simples comillas dobles (").

➤ Se incluyen en cada par de comillas, los nombres de las áreas separados por espacios.

➤ Se establecerá cada capa hija posteriormente, en un área mediante la propiedad grid-area.

(2) En esta zona del código se especifica qué lugar ocupará cada capa hija. Al encontrar líneas del tipo `grid-area: cabecera;` en el item-1 estaremos indicando que esta capa ocupará el espacio definido por este nombre. Ya que en el contenedor el área cabecera se repite 4 veces en la primera fila, esto quiere decir que la capa item-1 ocupará todo el espacio disponible de la primera fila. A continuación, se observa una imagen que muestra el resultado final del código expuesto (véase Figura 4.26).

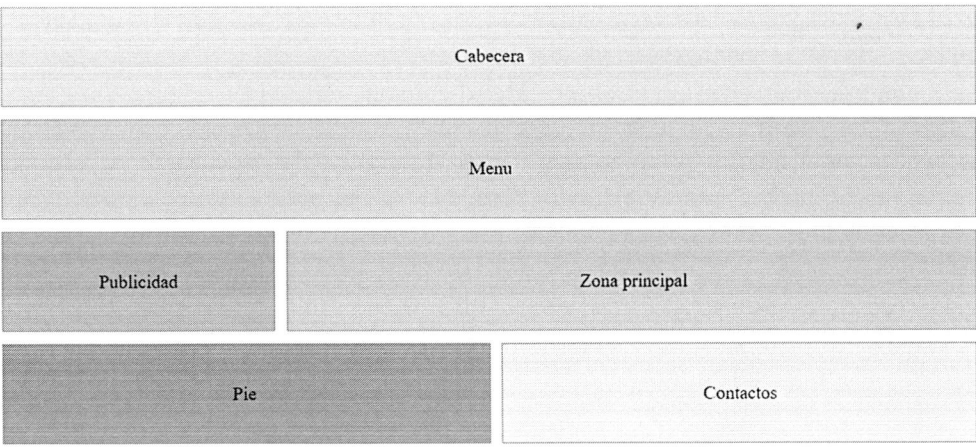

Figura 4.26. Imagen final de la estructura generada en el ejemplo

> **grid-template**. Abreviatura que permitirá combinar las propiedades grid-template-rows, grid-template-columns y grid-template-areas. Gracias a grid-template podemos encontrar configuraciones de contenedores como se muestra a continuación.

```
grid-template:
    'cabecera cabecera' 200 px
    'publicidad principal' 1fr
    'pie' 100 px auto;
```

> **grid-column-gap, grid-row-gap** y **grid-gap**. Permiten establecer espacio entre columnas y filas. Las dos primeras especifican el espaciado entre columnas o filas, respectivamente, mientras que grid-gap es una abreviatura de las anteriores. Así, si se especifica `grid-gap: 10 px;` estaremos diciendo que el espacio entre columnas y filas es de 10 px y si especificamos `grid-gap: 10 px 20 px;` estaremos indicando que el espacio entre filas es de 10 px y el espacio entre columnas 20 px.

> **justify-items**. Lleva a cabo la alineación de los ítems en la estructura en el eje horizontal. Los valores permitidos para esta propiedad son: **start**, **end**, **center** y **stretch**.

> **Align-items**. Alinea los elementos que forman la estructura a lo largo del eje vertical.

4.4.2.2. Propiedades asociadas a las capas hijas o capas incluidas en el contenedor Grid

• **grid-column-start** y **grid-column-end**. Gracias a estas dos propiedades podremos estructurar en columnas nuestro sitio web indicando en qué posición debe colocarse cada capa, teniendo en cuenta en qué columna empieza y en qué columna acaba. Más concretamente, estas propiedades refieren las líneas de columna de la organización establecida para el contenedor en cuestión. Así, si hemos diseñado un contenedor de cuatro columnas indicamos en una de sus capas `grid-column-start: 1` y `grid-column-end:3` estaremos indicando que esta ocupará las celdas 1 y 2, ya que grid-column-start refiere a la línea de columna 1 que es exactamente donde comienza la primera celda y grid-column-end, al ser igual a 3, refiere la línea de columna 3 con lo que la capa alcanzará esta línea, ocupará completamente la casilla dos y ahí finalizará el posicionamiento.

- **grid-row-start** y **grid-row-end.** Similares a las propiedades grid-column-start y grid-column-end pero refieren a la ocupación de filas por cada capa.

- **grid-column.** Propiedad abreviatura de grid-column-start y grid-column-end. Para indicar donde inicia y termina una columna solo debemos especificar las cantidades correspondiente separadas por una barra, `grid-column: 1/4`. Es normal el uso de la palabra reservada **span,** como ya se vio en el primer ejemplo. Span indicará el número de columnas (casillas) que ocupa cada celda. Con el uso de span nos referimos a columnas en lugar de a líneas de columnas.

- **grid-row.** Abreviatura de grid-row-start y grid-row.end. Un ejemplo de uso `grid-row: 1/3`.

- **grid-area.** Se usa para indicar qué área ocupa la capa en cuestión. Previamente se han definido las áreas que forman la estructura web.

El lector podrá encontrar mayor información al respecto en el sitio web de W3Schools https://www.w3schools.com/css/css_grid.asp.

4.5. DISEÑO ADAPTATIVO, DISEÑO RESPONSIVO O RESPONSIVE DESIGN

El diseño adaptativo refiere a la práctica de crear sitios web que se adaptan a los diferentes tamaños de pantallas de los dispositivos donde son visualizados. Tiempo atrás no existía este tipo de diseño, ya que una página web solo era visitada en equipos de escritorio, a lo sumo dispositivos portátiles, cuyos tamaños de pantalla no diferían en demasía. Con la llegada de móviles, tabletas, etc., y el acceso a Internet desde ellos se comienza a posibilitar la visualización de páginas web en ellos. Las mejoras en los dispositivos de menores dimensiones de pantalla así lo permitían, pero estas páginas, que no cambiaban su aspecto, no se podían visitar de igual modo que se hacía en un PC, ya que los elementos se presentaban mucho más pequeños e inaccesibles. Es por ello que se empiezan a crear páginas web que se muestran de un modo en pantallas de equipos de escritorio y de otro en tabletas o móviles. Es así como surge el diseño adaptativo que hoy conocemos.

Entre las características del diseño adaptativo encontramos:

- **Media queries.** Elemento que permite aplicar diferentes estilos CSS en función de las dimensiones del dispositivo donde se visualice el sitio web.

- **Uso de unidades de medida flexibles.** En lugar de unidades absolutas, se hará uso de unidades de medida relativas que hagan que el diseño se ajuste proporcionalmente al tamaño de pantalla.

- **Ajuste de imágenes, Flexible Images.** Las imágenes se ajustarán para no exceder el tamaño de su contenedor, de manera que así se mantiene una apariencia proporcional en los diferentes dispositivos.

- **Tipo de letra responsive.** A la hora de configurar sitios web responsive se ajustará el tipo de letra para que sea legible en los diferentes tamaños de pantalla contemplados.

- **Uso de contenedores Flexbox y Grid.** Como ya hemos estudiado, estos módulos CSS van a permitir crear estructuras complejas, fácilmente de reordenar en caso de que se produzca un redimensionamiento de la pantalla.

Gracias al diseño adaptativo, se han conseguido grandes mejoras:

- Los sitios web se visualizan correctamente en cualquier dispositivo.

- A día de hoy, los motores de búsqueda favorecen los sitios web que ofrecen una buena visualización en dispositivos móviles.

- Conseguimos un único sitio web que se ve modificado gracias a características CSS, no es necesario crear sitios web independientes por cada tamaño de pantalla que se desee contemplar.

- Se consigue una reducción de costes y en tiempo de desarrollo.

4.5.1. ¿Qué es viewport?

Viewport indica la zona visible de una página web, más bien la zona del dispositivo que deja ver esta. El concepto de viewport cobra especial importancia en el diseño web, ya que afecta a cómo se presenta y se adapta el contenido en diferentes dispositivos, PC de escritorio, portátiles, tabletas o móviles.

En el diseño responsivo es crucial tener en cuenta el viewport ya que, como mínimo, el desarrollador deberá generar sitios que se adapten a los tamaños de dispositivos más comunes.

HTML dispone de una etiqueta `<meta>` que ayudará a controlar la escala y el dimensionamiento del viewport. Esta etiqueta es fundamental en el diseño responsivo y deberá ser incluida en todas las páginas de nuestro sitio web. La etiqueta meta se codifica como sigue a continuación:

```
<meta name="viewport" content="width=device-width, initial-scale=1.0" />
```

- `width=device-width`. Ajusta el ancho del viewport al ancho del dispositivo.
- `initial-scale=1.0`. Establecerá el nivel de zoom inicial.

En apartados anteriores se han estudiado unidades de medida de viewport, estas son **vh** y **vw**. Estas unidades tienen en cuenta el alto o ancho del dispositivo estableciendo medidas proporcionales a estas. Si especificamos que el alto de un item es 24vh estaremos diciendo que este elemento es un 24 % de alto en relación al alto del viewport del dispositivo. Hay que prestar atención si se usa en % de vw o vh.

4.5.2. Media queries

Las *media queries* constituyen un elemento fundamental en CSS, ya que permiten aplicar estilos diferentes en función de las características del dispositivo en el que se está visualizando nuestro sitio web. Cuando hablamos de las características del dispositivo podemos estar refiriéndonos al tamaño de pantalla, la resolución, la orientación, etc. Para llevar a cabo un diseño responsivo es fundamental el uso de media queries. La sintaxis básica de una media querie es la que se muestra a continuación.

```
@media (condición) {
    /* Estilos CSS */
}
```

El desarrollador podrá incluir tantas @media como considere oportuno en función de las características que desee controlar. En cada @media introducirá tantos elementos y características CSS como sean necesarios para obtener los resultados de visualización deseados.

La sintaxis más compleja de este elemento es aquella en la que se pueden incluir tipos de medio (all, screen o print) y operadores tales como not, only o and. Aunque se entiende que un sitio web se desarrolla para ser visualizado en la pantalla de un dispositivo, puede ocurrir que haya que imprimirlo, de manera que es posible configurar la forma en la que se deba ver en esta tesitura. Es por ello que encontramos los tipos de medios descritos en el párrafo. Normalmente encontraremos `@media` o `@media screen` en los códigos desarrollados o mostrados en bibliografía o documentación externa.

Si el lector lo desea puede acceder al sitio web https://developer.mozilla.org/es/docs/Web/CSS/CSS_media_queries/Using_media_queries para profundizar sobre elementos que se pueden incluir en la sintaxis de @media.

En cuanto a los operadores lógicos:
- **and.** Se usa para combinar múltiples condiciones que deberán ser verdaderas para que se apliquen los estilos.
- **not.** Aplicará los estilos indicados solo si la condición específica no es verdadera.
- **only.** En este caso se aplicarán los estilos si la condición o condiciones son verdaderas ignorando aquellos navegadores que no soportan medias queries.

Entre las condiciones usadas más comúnmente encontramos aquellas relacionadas con el ancho y alto de pantalla como **max-width, min-width, max-height** o **min-height** o aquellas relacionadas con la resolución del dispositivo como **min-resolution** y **max-resolution** y la orientación del mismo, orientation: landscape u `orientation: portrait.`
- **max-width.** Hace referencia al tamaño máximo de pantalla, de manera que las características CSS se aplicarán cuando el ancho de la pantalla es menor o igual al valor especificado.
- **min-width.** Las características CSS se aplicarán cuando el ancho de pantalla es mayor o igual al valor especificado.
- **max-height.** Funciona de manera similar a max-width, pero en esta ocasión, en relación a la altura de pantalla.
- **min-height.** Similar a min-width pero, como ocurría con max-height, se tomará en cuenta el alto de la pantalla.
- **min-resolution.** Las características CSS se aplicarán en función de la resolución del dispositivo. Esta resolución será medida en dpi o dp px. Así, si como mínimo el dispositivo tiene la resolución especificada se activarán las características CSS codificadas.
- **max-resolution.** Para que las características CSS se apliquen el dispositivo debe tener una resolución máxima de la especificada por esta propiedad.
- **orientation: landscape.** Esta condición será verdadera cuando el dispositivo se encuentre en modo horizontal. Por tanto, las características CSS se aplicarán cuando tengamos el dispositivo en horizontal.
- **orientation: portrait.** Condición que será verdadera cuando el dispositivo se encuentre en posición vertical. Por ello, las características CSS se aplicarán cuando el dispositivo esté colocado en vertical.

Veamos algunos ejemplos de uso de las media queries.

```
@media (min-width: 600 px) and (max-width: 1200 px) {
      .contenedor{
            background-color: red;
      }
}
@media (max-width: 599 px){
      .contenedor{
            background-color: blue;
      }
}
```

En el ejemplo se indica que para tamaños de dispositivo de ancho mínimo 600 px y máximo de 1200 px, el contenedor será de color rojo mientras que, si el tamaño es inferior a 600 px, es decir, el tamaño como máximo es de 599 px el color de fondo se tornará azul.

```
@media not screen and (min-width: 600 px) and (max-width: 1200 px){
      .contenedor{
            background-color: red;
      }
}
```

En el ejemplo anterior estamos configurando código CSS para cuando nuestro sitio web se visualice en una pantalla. Al colocar el operador **not** estamos indicando que las características se aplicarán cuando la condición sea falsa, ya que se hará verdadera gracias a not. Así, el contenedor se coloreará de rojo cuando el tamaño del mismo sea menor de 600 px o mayor de 1200 px.

```
@media (min-resolution: 300dpi) {
      body {
            background-color: lightcoral;
      }
}
@media (orientation: landscape) {
      body {
            background-color: lightgreen;
      }
}
```

Si el lector lo desea puede acceder al canal de YouTube de la autora para ver ejemplos y desarrollos completos de sitios web adaptativos: https://www.youtube.com/channel/UCbAe-5-Hlt1GpeWUlleUOFg (@VideosparaeditorialGarce-nq6nj).

NOTA. El siguiente sitio web muestra de manera detallada las dimensiones de gran variedad de dispositivos. Se puede usar como referencia a la hora de desarrollar nuestros sitios web responsive:

https://viewportsizes.com/

4.6. TRANSFORMACIONES, TRANSICIONES Y ANIMACIONES EN CSS

Las transformaciones, transiciones y animaciones permiten aplicar dinamismo a nuestros sitios web, consiguiendo que lleguen a ser más atractivos a la vista del usuario. Eso sí, el desarrollador no debería abusar de su uso, ya que podrían conseguir el efecto contrario.

Básicamente podríamos decir que:

- Las **transformaciones** cambian la apariencia y la posición de un elemento de nuestro sitio web. Las transformaciones pueden ser de varios tipos: traslación, rotación y escalado o sesgado. En los apartados siguientes veremos algunos ejemplos.

- Las **transiciones** permiten modificar de manera gradual los elementos de una página web que pasarán de un estado a otro sin que el usuario aprecie sustancialmente el proceso.

- Las **animaciones** son técnicas CSS que permiten cambiar gradualmente el estilo aplicado a un elemento desde un estado inicial a un estado final, pudiendo establecer puntos intermedios de animación. Podríamos decir que las animaciones y las transiciones son algo similares, pero en las animaciones el grado de concreción de cómo se lleva a cabo el cambio en las propiedades o estilos es mayor.

4.6.1. Transformaciones

Como ya se ha explicado en párrafos anteriores, las transformaciones en CSS permiten aplicar cambios visuales a los elementos HTML. La propiedad que permite realizar una transformación es **transform**. A continuación, se detallan los valores que podemos asignar a transform.

- **Función translate().** La función translate moverá un elemento desde su posición original y de manera simultánea en los ejes *X* e *Y*. Es posible usar **translateX**, **translateY** o **translateZ si queremos llevar a cabo el desplazamiento solo en uno de los ejes, *X, Y* o *Z*.** Veamos a continuación un ejemplo de uso de esta función.

```
.item-1:hover { transform:
translate(50 px, 100 px);
  }
```

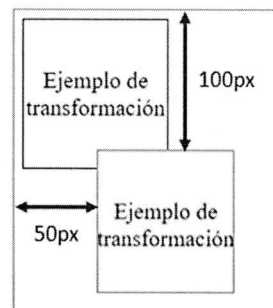

La posición del item-1 cambiará al colocar el cursor encima (`:hover`). Sin ningún tipo de efecto o transición, el elemento item-1 pasará de la posición en la que se haya creado a desplazarse 50 px en horizontal y 100 px en vertical

Figura 4.27. Uso de la función translate sobre el item-1

- **Función rotate().** Gira un elemento alrededor de un punto definido como punto de origen. Como ocurría con translate podemos usar rotateX, rotateY y rotateZ para conseguir que el elemento en cuestión gire alrededor de los ejes X y o Z, respectivamente.

```
.item-1:hover {
    transform: rotate(25deg);
}
```

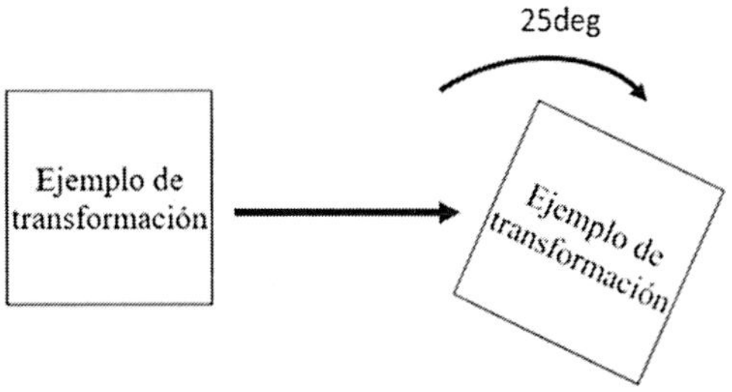

El item-1 rotará al colocar el cursor sobre él (:hover). Sin ningún tipo de efecto o transición, el elemento item-1 rotará un ángulo de 25 grados. El giro tiene como punto de origen por defecto la esquina superior izquierda.

Figura 4.28. Efecto visual tras usar la función rotate asignada a la propiedad transform

- **Función scale().** Esta función permitirá incrementar o decrementar el tamaño de un elemento HTML; para ello, se hará uso del ancho y el alto del mismo. Así, recibirá dos parámetros que indicarán la escala de aumento o decremento en las dos dimensiones.

```
.item-1:hover {
    transform: scale(3,2);
}
```

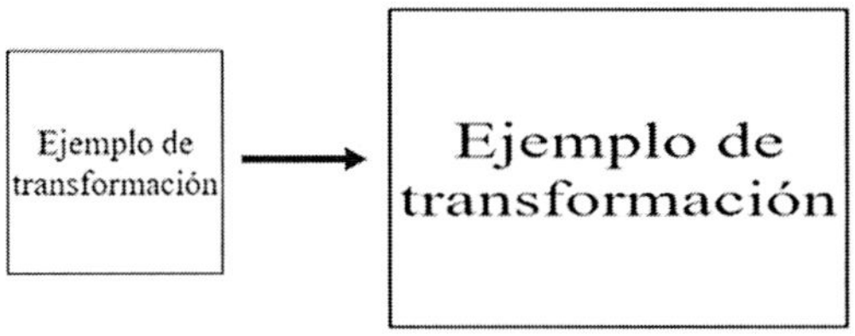

El item-1 aumentará su ancho el triple y su alto el doble cuando el curso se coloque encima de él.

Figura 4.29. Efecto visual tras usar la función scale asignada a la propiedad transform

Existen otras funciones que se podrán usar para asignar a la propiedad **transform.** Si el lector lo desea puede acceder al sitio web de W3Schools para profundizar en ellas: https://www.w3schools.com/css/css3_2dtransforms.asp.

4.6.2. Transiciones

Mediante el uso de transiciones podemos realizar cambios de propiedades CSS de manera gradual, es decir, cambiaremos un elemento HTML que se encuentra en un estado concreto a otro, pero de manera no instantánea. Gracias a las transiciones se consigue que la experiencia del usuario al realizar interacciones y animaciones sea más agradable y más atractivas visualmente hablando.

Para definir una transición asociada a un elemento, básicamente usaremos cuatro propiedades CSS: **transition-property**, **transition-duration**, **transition-timing-function** y **transition-delay**.

- **transition-property.** Mediante esta propiedad especificaremos qué propiedad o propiedades CSS se verán afectadas por la transición. Un ejemplo de uso es: `transition-property: width`.

- **transition-duration.** Define la duración de la transición. La cantidad asignada a transition-duration deberá estar expresada en segundos (s) o milisegundos (ms).

- **transition-timing-function.** Con esta propiedad indicaremos la velocidad de la transición a lo largo del tiempo. CSS dispone de varias funciones como **ease, linear** o **in-out.** Básicamente se especificará la velocidad en la que se dará la transición en diferentes puntos del tiempo que permanece esta; por ejemplo, supongamos que cambiamos el tamaño de un elemento web de manera que este aumenta y vuelve a su tamaño origina. Podemos configurar esta propiedad mediante el uso de las funciones dedicadas a ella, de manera que al principio el cambio de tamaño se dé de forma más rápida que al final. Así, las funciones específicas para transition-timing-function dibujarán una gráfica, de características diversas, que representará cómo va cambiando la velocidad de transición en el tiempo.

  Si el lector lo desea puede acceder al siguiente sitio web para profundizar en las funciones mencionadas o incluso generar líneas de velocidad en el tiempo personalizadas: https://cubic-bezier.com/#.17,.67,.83,.67.

- **transition-delay.** Determina el tiempo que tardará en comenzar la transición. El tiempo será especificado en segundos o milisegundos como ya ocurría en transition-duration.

La sintaxis de transition de forma simplificada es la que se muestra a continuación:

```
transition: [propiedad/es] [duración] [timing-function] [retardo]
transition: width 3s linear 1s;
```

Veamos un ejemplo completo de uso:

```
<!DOCTYPE html>
<html lang="es">
<head>
    <meta charset="UTF-8">
    <meta name="viewport" content="width=device-width, initial-scale=1.0">
    <title>Ejemplo de Transiciones CSS</title>
    <style>
        .caja {
            position: absolute;
            left: 300 px;
            top: 300 px;
            width: 100 px;
            height: 100 px;
            background-color: #ffb74d;
            transition: width 2s, height 2s, background-color 2s, transform
2s;
        }

        .caja:hover {
            width: 200 px;
            height: 200 px;
            background-color: #ff8a65;
```

```
                transform: rotate(45deg);
        }
    </style>
</head>
<body>
    <div class="caja"></div>
</body>
</html>
```

Si se observa el código introducido, en HTML se inserta una capa, que será la que se vea modificada. A esta capa se le asocia una clase llamada **caja.**

En primera instancia, la capa tiene una posición absoluta en el documento web; se coloca a 300 px de la parte superior e izquierda de su contenedor (body). A su vez, la capa tiene un tamaño de 100 px de ancho y alto y el color de fondo especificado para este elemento será #ffb74d. En la definición del elemento se establecerá la transición que se debe dar; por ello, es aquí donde encontramos la propiedad **transition.** La transición se dará cuando ocurra algo que haga que las características indicadas en la transición hayan cambiado sus valores.

Más abajo en el código se establece qué va a ocurrir cuando el usuario coloque el ratón sobre la capa. En `.caja:hover` se indica que el ancho cambiará a 200 px, al igual que el alto y que el color será `#ff8a65`; además, se produce una transformación que consistirá en una rotación de la capa de 45º. De este modo, cuando el usuario coloque el ratón sobre la capa, las propiedades cambiarán y lo harán de manera sucesiva en el tiempo indicado en transition.

- `transition: width 2s, height 2s, background-color 2s, transform 2s:`
  - ➢ El ancho cambia de 100 px a 200 px. La transición de tamaño se produce en 2 segundos.
  - ➢ El alto cambia de 100 px a 200 px. La transición de tamaño en cuanto al alto se lleva a cabo en 2 segundos.
  - ➢ El color de fondo cambiará paulatinamente de #ffb74d a #ff8a65 en 2 segundos.
  - ➢ La transformación de igual manera durará 2 segundos y consistirá en el giro de 45 grados del que ya se ha hablado.

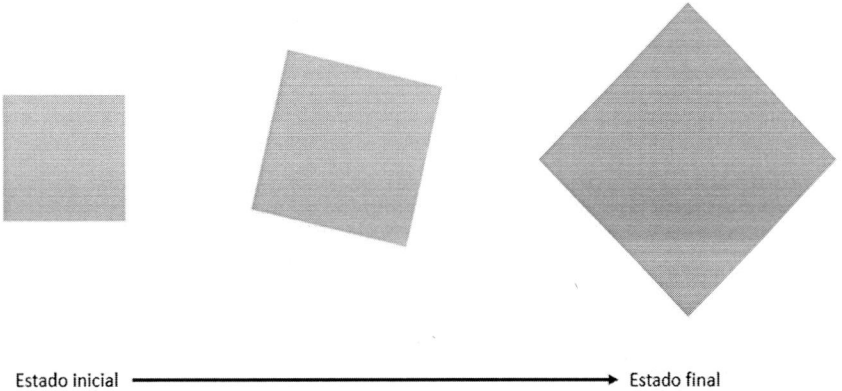

Estado inicial ⟶ Estado final

Figura 4.30. Proceso de transición del ejemplo codificado

4.6.3. Animaciones

Las **animaciones** se pueden definir como una técnica CSS que permiten cambiar gradualmente el estilo de un elemento desde un estado inicial hasta un estado final. El lector, al leer la frase anterior puede identificar esta técnica como la recientemente estudiada mediante el uso de transiciones, pero no debemos confundir transiciones con animaciones. Si bien es cierto que en ocasiones, ambas producen resultados similares, en las animaciones definiremos elementos CSS específicos que representan estados y cambios.

Para definir animaciones usaremos dos propiedades clave en CSS: `@keyframes` y `animation`.

- `@keyframes`. Permite el cambio de estilo en distintos momentos de la animación. Esta palabra reservada vendrá acompañada de un nombre que identificará y agrupará la lista de reglas de estilo que establecen cómo debe cambiar el estilo general del elemento en diferentes puntos durante la animación. Veamos un ejemplo de uso de @keyframes.

```
@keyframes colores{
     from { background-color: #ffb74d;}
     to { background-color: #ff8a65;}
}
```

En el ejemplo se está creando una animación que se llama **colores,** en la que se va a modificar el color de fondo del elemento sobre el que recaiga la animación. Dentro de un @keyframes encontraremos palabras reservadas como **from** y **to,** que refieren "de a donde", es decir, el estado inicial y el final, o los valores en porcentaje que establecen el punto del tiempo en el que se debe modificar la característica en cuestión.

- `animation`. Es la propiedad que se usa para aplicar la animación definida por `@keyframes`. Además, controla varios aspectos de la animación como su duración, el número de repeticiones, el retardo de inicio, etc.
    - `animation-name`. Es la propiedad a la que se debe asignar el nombre de la animación definida por `@keyframes`, que será aplicada al elemento que está procediendo a su llamada.
    - `animation-duration`. Indica el tiempo que debe durar la animación.
    - `animation-timing-function`. Propiedad que recoge la función de animación, que será la que defina la velocidad de la misma en los diferentes puntos del tiempo. Es similar a la propiedad transition-timing-function estudiada en el apartado anterior.
    - `animation-delay`. Tiempo que se retrasa el comienzo de la animación.
    - `animation-iteration-count`. Número de veces que debe repetirse la animación. Podemos asignar a esta propiedad un valor entero o la palabra reservada `infinite`.

Para no extender mucho más el apartado, decir que en el sitio web de W3Schools https://www.w3schools.com/css/css3_animations.asp se habla en profundidad sobre esta característica CSS a través de ejemplos encontrándose en esta documentación algunas propiedades no mencionadas pero que pudieran ser de interés en función de las necesidades del sitio web que se esté desarrollando.

Resumiendo, podemos decir que para realizar una animación, estableceremos mediante `@keyframes` la animación como tal, mientras que posteriormente con `animation` indicaremos sobre qué elemento se aplicará y en los términos en los que se producirá esta, es decir, el tiempo que durará, si comenzará o no de manera inmediata, si se retrasará unos segundos, etc. Veamos un ejemplo.

```html
<!DOCTYPE html>
<html lang="es">
<head>
    <meta charset="UTF-8" />
    <meta name="viewport" content="width=device-width, initial-scale=1.0" />
    <style>
        @keyframes colores{ (1)
            0%{
                background-color: #ffc107;
            }
            50%{
                background-color: #9ccc65;
            }
            100%{
                background-color: #ff5722;
            }
        }
        .caja{
            position: absolute;
            top: 300 px;
            left: 300 px;
            width: 100 px;
            height: 100 px;
            background-color: #ffc107;
            animation: colores; (2)
            animation-duration: 3s;
            animation-iteration-count: infinite;
        }
    </style>
    <title>Ejemplo de animaciones</title>
</head>
<body>
    <div class="caja"></div>
</body>
</html>
```

(1) En esta primera parte del ejemplo se está definiendo la animación. En ella se muestran tres puntos en el tiempo en el que se van a llevar a cabo cambios. Al iniciar, el color de fondo del elemento sobre el que se aplique posteriormente será #ffc107, a mitad de la animación el color cambiará a #9ccc65 mientras que el estado final de la animación asignará un color de fondo al elemento de #ff5722.

(2) En este punto del código se aplica la animación al elemento **caja.** Según se observa, la transición de colores dura 3 segundos (`animation-duration: 3s;`) y se reproducirá en el tiempo de manera infinita (`animation-iteration-count: infinite;`).

ACTIVIDADES DE AMPLIACIÓN

1. En los Capítulos 2 y 3 se han visto varios ejemplos de páginas web de mayor o menor complejidad. Realiza la que prefieras utilizando para ello las etiquetas HTML semánticas estudiadas en este capítulo.

2. Desarrolla la tabla de la Actividad 2.2. (Capítulo 2) utilizando para ello las nuevas etiquetas para tablas estudiadas.

3. Desarrolla una página web que contenga un formulario que solicite información al usuario de tipo: nombre y apellidos, teléfono, NIF, dirección de correo electrónico y fecha de nacimiento. Utiliza los nuevos elementos HTML relacionados con este ámbito estudiados en el capítulo.

4. ¿Sabías que WhatsApp puede visualizarse en una página web en tu equipo de sobremesa o portátil, ya que dispone de una versión web para el aplicativo? Accede al sitio e intenta desarrollarlo utilizando para ello la estructuración mediante flex estudiada en el capítulo.

5. Accede al sitio web https://www.diphuelva.es/. Echa un vistazo a su estructuración e intenta desarrollarla mediante el uso de GRID. Fíjate que algunas de las zonas tiene aplicada alguna animación, reprodúcelas.

6. Accede al sitio web del centro donde te encuentras cursando el ciclo formativo. Intenta desarrollarlo, estructurándolo con algunos de los métodos que hemos estudiado y haz que se parezca a lo que ves. Si crees que puedes mejorarlo, inventa un nuevo diseño y codifícalo.

7. Haz que las páginas web desarrolladas en las Actividades de ampliación 4, 5 y 6 sean responsive.

CAPÍTULO 5

FRAMEWORKS. BOOTSTRAP

Contenidos

Identificación de etiquetas y atributos de HTML.

Herramientas de diseño web.

Hojas de estilo (CSS).

Validación de documentos HTML y CSS.

Resumen del capítulo

En este capítulo vamos a estudiar qué es un framework y cómo facilita a día de hoy la labor de un desarrollador web, ya sea de frontend o backend. El framework proporciona una funcionalidad ya programada, que hace que no se tengan que comenzar a codificar aplicaciones web desde cero. Los sitios web a los que hoy día nos enfrentamos son de tal envergadura que se hace imposible desarrollarlos como se hacía tiempo atrás. En el capítulo se adentrará al lector en el framework de frontend Bootstrap, bastante usado en la actualidad, sobre todo para la estructuración de sitios web.

Resultados de aprendizaje

RA2. Utiliza lenguajes de marcas para la transmisión y presentación de información a través de la web analizando la estructura de los documentos e identificando sus elementos.

Criterios	
	e) Se han utilizado herramientas en la creación de documentos web.
	g) Se han aplicado hojas de estilo.
	h) Se han validado documentos HTML y CSS.

5.1. FRAMEWORK. ¿QUÉ ES?

Un *framework* es una herramienta que simplifica en gran medida el desarrollo de software. Las aplicaciones que se codifican a día de hoy son de gran envergadura, es por ello que existen estructuras, componentes desarrollados por otros que pueden ser usados facilitando así la generación de nuevos aplicativos.

El uso de frameworks no solo simplifica el desarrollo software, sino que también mejora la eficiencia y la calidad del código, facilitando además la escalabilidad y la mantenibilidad de las aplicaciones.

Existe una gran diversidad de frameworks relacionados con todas las disciplinas de desarrollo software. En el caso de desarrollo de frontend, desarrollo de la parte visual de un sitio web, encontramos algunos como: **Bootstrap, Materialize CSS, Tailwind CSS** o **Foundation.**

NOTA. State of CSS es una encuesta anual para desarrolladores que refleja las últimas tendencias en CSS. Lla más reciente se llevó a cabo en 2023.

El proyecto está liderado por Sacha Greif, desarrollador y diseñador francés conocido por sus contribuciones a la comunidad de desarrollo web. State of CSS recoge las opiniones y experiencias de desarrolladores de todo el mundo sobre diversas tecnologías, herramientas y prácticas relacionadas con CSS, de manera que se obtiene una visión general del estado actual y las tendencias emergentes en el uso de CSS.

Además de State of CSS podemos encontrar State of JavaScript o State of HTML. El sitio web de la última encuesta realizada es https://2023.stateofcss.com/es-ES/.

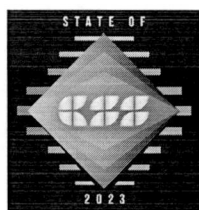

Figura 5.1. State Of CSS 2023

5.1.1. Ventajas y desventajas en el desarrollo de software a partir de frameworks

Una vez el lector sabe qué es un framework, vamos a pasar a detallar las posibles ventajas y desventajas que profiere su uso en el desarrollo de nuestros aplicativos.

Algunas de las *ventajas* que profiere el uso de frameworks son:

- **Eficiencia y productividad.** Al disponer de código ya creado, bibliotecas y componentes preconstruidos, no comenzamos nuestras aplicaciones desde cero, con lo que ahorramos en tiempo y esfuerzo. Además, normalmente se dispone de herramientas integradas para la automatización, la realización de pruebas, la depuración y el posterior despliegue de la aplicación. Todo esto conlleva una mayor productividad, desarrollos de software en menor tiempo y de manera más eficiente.

- **Estandarización.** Los frameworks siguen determinadas estructuras, de manera que los proyectos que usan aquellos se adaptan a estas. Normalmente encontramos frameworks con un árbol de directorios concreto, con zonas en que ubicar archivos CSS, ficheros JavaScript, etc. Nuestros proyectos seguirán este árbol consiguiendo la estandarización de la que se habla.

- **Calidad y consistencia.** Debido a las herramientas que los propios frameworks integran para la realización de pruebas unitarias y de integración se consiguen aplicativos de mayor calidad. Además, la manera en la que está diseñado el código, que sigue buenas prácticas de programación, facilita el mantenimiento del software, por lo que se consiguen aplicativos de mayor consistencia.

- **Comunidad y soporte.** Los frameworks disponen de documentación abundante, tanto de manera oficial como no, incluyendo tutoriales, guías y una gran variedad de ejemplos. A su vez, al ser usados con frecuencia, el grupo de personas que lo integran contribuyen al desarrollo de plugins, extensiones, soporte para foros e incluso, plataformas de desarrollo colaborativo.

Algunas de las desventajas que podemos encontrar en el uso de framework son:

- **Complejidad de entendimiento.** Antes de comenzar a usar un framework es necesario aprender cómo funciona y llevar a cabo un aprendizaje previo. En los frameworks más complejos este proceso puede llevar bastante tiempo.

- **Rigidez y limitaciones.** La estructuración de determinados frameworks obliga a que los proyectos que se hacen utilizándolos sigan las mismas pautas. Esto, que también puede ser tomado como ventaja, ya que ayuda a la estandarización del código, puede convertirse en un contratiempo, ya que supone una falta de flexibilidad para los desarrolladores. Además, los frameworks disponen a veces de características y funcionalidades innecesarias para nuestros proyectos, por lo que pueden proferir una sobrecarga innecesaria.

- **Dependencia.** Al usar frameworks nuestros proyectos dependen de ellos para el soporte y las actualizaciones. Cambios en un framework pueden suponer cambios significativos en el código de nuestro proyecto. Además, si el framework deja mantenerse, puede ser peligroso para la sostenibilidad de nuestros proyectos.

5.1.2. Elementos que forman un framework

Normalmente un framework estará compuesto por varios componentes que trabajan juntos para facilitar el desarrollo de aplicaciones. Podemos decir que los principales componentes de un framework son:

- **Bibliotecas y módulos.** En esencia, un framework supone un código desarrollado por otros que permite realizar determinadas funciones. Al disponer de funciones ya codificadas es más sencillo realizar determinadas operaciones; sobre todo, es más rápido desarrollar aplicativos, ya que hay bloques que no tienen que ser codificados desde cero. Aumentamos así muchísimo nuestro rendimiento. Según el framework que estemos utilizando encontraremos bloques de código que permiten interactuar con bases de datos, generar elementos visuales como carruseles o tarjetas de productos, etc.

- **Estructura de proyecto.** La estructura de proyecto que define un framework determinado organiza el código de una manera estándar, facilitando la mantenibilidad y escalabilidad. Esto refiere la disposición de carpetas y archivos. Un ejemplo de estructuración se puede ver en **Angular,** que es un framework de JavaScript que mantiene una organización de módulos, componentes, servicios, etc.

- **Herramientas de desarrollo.** Son herramientas que facilitan el desarrollo del código, la realización de la fase de pruebas posterior y el despliegue del software.

- **Patrones de diseño.** Los patrones de diseño son elementos reutilizables creados para resolver problemas comunes. En el desarrollo del software en muchas ocasiones, a la hora de proceder a la programación, nos damos cuenta de que muchos problemas suelen repetirse. Ya en el año 1994 un grupo de investigadores de ingeniería del software se había percatado de ello; es ahí donde surge la idea de resolución de problemas mediante patrones de diseño. Así, los frameworks exponen prácticas recomendadas y estructuras reiterativas para resolver problemas comunes en el desarrollo del software de manera eficiente y mantenible.

- **Elementos preconstruidos.** Los frameworks disponen de software listo para ser usado, es decir, que puede integrarse directamente en nuestra aplicación. Podemos encontrar en frameworks de frontend, formularios, tablas o botones ya creados, con dinamismo y listos para ser introducidos en nuestras aplicaciones.

- **Componentes para la configuración y la personalización.** Disponen de archivos y mecanismos que permiten configurar y personalizar el comportamiento del framework para que se adapte a las necesidades específicas de nuestro proyecto; es decir, mediante ficheros de configuración podemos amoldar aún más el framework al desarrolla que estamos llevando a cabo.

- **Documentación y ejemplos.** Todo framework dispone de guías, tutoriales, ejemplos y documentación en general, que ayudan a los desarrolladores a entender cómo usar el propio framework e incluir sus componentes en sus proyectos.

- **Soporte para extensiones y plugins.** Un framework suele tener la capacidad de extenderse mediante módulos adicionales que pueden ser integrados de manera sencilla según se necesiten.

- **Elementos que permiten la gestión de dependencias.** Un framework necesitará gestionar bibliotecas o componentes adicionales; todo dependerá de las necesidades de nuestro proyecto. Así, debe disponer de mecanismos o herramientas que lleven a cabo esta tarea, facilitando instalaciones y actualizaciones. Ejemplos de este tipo de herramientas podrían ser **rpm** o **yarn** para proyectos JavaScript, o **pip** para proyectos Python.

5.1.3. Mejores frameworks para el frontend

A menudo, conseguir el mejor framework de frontend dependerá del proyecto y de las necesidades específicas del equipo de desarrollo que lo vayan a llevar a cabo. Aun así, existen frameworks ampliamente reconocidos por su rendimiento, popularidad y características y, por consiguiente, son muy usados. A continuación, pasamos a citar algunos de los mejores frameworks de frontend de 2024.

- **Frameworks CSS:**

  ➤ **Bootstrap.** Framework bastante popular debido a su facilidad de uso. Dispone de una muy buena documentación y de gran cantidad y variedad de componentes. Usado por los desarrolladores con frecuencia para la estructuración de sitios web, ya que dispone de una grilla flexible y responsiva. Además existen gran variedad de sitios web que contribuyen con numerosos temas realizados con Bootstrap. El sitio web es: https://getbootstrap.com/.

  ➤ **Tailwind CSS.** Framework que está dando mucho de qué hablar entre los programadores de la parte frontal de los aplicativos webs, ya que es altamente personalizable disponiendo de un enfoque utility-first. En lugar de sobreescribir los estilos existentes se crean diseños añadiendo clases a los elementos; de este modo, se desarrollan estilos detallados sin necesidad de escribir CSS personalizados. Se utilizan ampliamente en la actualidad. El sitio web es: https://tailwindcss.com/.

  ➤ **Foundation.** Framework bastante flexible y robusto. Dispone de un sistema de grilla avanzado, estilos modulares y gran variedad de componentes. El sitio web es: https://get.foundation/.

  ➤ **Bulma.** Un framework muy sencillo de usar con un sistema de grilla basado en Flexbox. Posee gran variedad de componentes. El sitio web es: https://bulma.io/.

- **Frameworks JavaScript:**

  ➤ **React.** Framework desarrollado y mantenido por Facebook que permite construir interfaces de usuario. Ha ganado gran popularidad debido a su eficiencia, modularidad y flexibilidad. Sus componentes están diseñados como pequeños bloques reutilizables que definen cada parte de la interfaz estableciendo cómo debe comportarse. El sitio web es: https://react.dev/.

  ➤ **Angular.** Framework de desarrollo web creado y mantenido por Google. Es muy robusto y dispone de una arquitectura basada en componentes, es decir, organiza la aplicación como una colección de componentes. Cada componentes se encargará de encapsular la lógica, la plantilla HTML y los estilos CSS. El sitio web es: https://angular.dev/.

5.2. BOOTSTRAP 5.3

Bootstrap es un framework de desarrollo de frontend, utilizado para desarrollar sitios web de forma rápida y eficiente sin necesidad de escribir demasiado código desde cero. La última versión en el momento de publicación de este libro, septiembre de 2024, es la 5.3. Como ya ocurría con sus predecesoras proporciona una colección de herramientas y componentes predefinidos en HTML, CSS y JavaScript, que permite crear interfaces de usuario atractivas, modernas y responsives[1].

Algunas características de Bootstrap 5.3 son:

- **Sistema de grilla mejorado.** Bootstrap sigue utilizando Flexbox para establecer su grilla principal, proporcionando un diseño flexible y responsivo. Además, incluye mejoras en la compatibilidad con Grid, con nuevas utilidades para facilitar diseños más complejos.

- **Componentes actualizados.** Se han añadido nuevas variantes y opciones para componentes ya comunes del framework como botones, tarjetas y formularios, consiguiéndose una mayor flexibilidad en el diseño. Además, se añaden actualizaciones en componentes como navbar, modals o alerts.

- **Soporte mejorado para formularios.** Se añaden mejoras en la validación de formularios con clases de estado y estilos más intuitivos para mensajes de error y advertencias. Se agregan nuevas utilidades y ejemplos para una validación personalizada y más detallada.

- **Nuevas clases de utilidades.** Se introducen en esta versión nuevas clases de utilidades para manejar márgenes, rellenos, colores, tipografías, etc.

- **Variables CSS.** Se añade soporte extendido para variables CSS consiguiéndose así una mayor personalización y control sobre los temas y estilos globales. Esto permite a los desarrolladores ajustar fácilmente los estilos sin necesidad de modificar el código fuente principal.

- **JavaScript mejorado.** En esta versión, como en su predecesora, se elimina la dependencia con jQuery. Se utiliza JavaScript nativo, mejorando así su eficiencia y rendimiento. Además, se lleva a cabo una mejora de los componentes JavaScript como modales o tooltips.

- **Documentación y ejemplos.** Esta nueva versión mejora su documentación consiguiendo que sea más clara y comprensible, con gran variedad de ejemplos más detallados y guías paso a paso.

- **Compatibilidad y soporte.** Se mejora con Bootstrap 5.3 la compatibilidad con los navegadores asegurando así que los diseños realizados en los aplicativos webs se vean sin errores en diferentes plataformas.

5.2.1. Creación de nuestro primer sitio Bootstrap 5.3

La creación de un sitio web en Bootstrap es bastante sencillo. Para ello, podemos enlazar el framework o descargar el mismo. Veamos paso a paso qué debemos hacer.

---

[1] El código QR del sitio web de Bootstrap se encuentra en el apartado anterior.

Creación de nuestra primera página web con Bootstrap mediante enlace al framework

1. Accede al sitio web de Bootstrap, https://getbootstrap.com/.

2. En la parte superior derecha encontrarás un icono representado por tres puntos. Haz clic en él y, a continuación, clic en **Docs**. Este proceso hará visible el sitio web "*Get started with Bootstrap*"[2].

3. Crea una página de inicio HTML como la que se muestra en el sitio web. Modifica elementos como el lenguaje y cierra etiquetas. Finalmente deberás ver algo similar al código siguiente:

```html
<!doctype html>
<html lang="es">
  <head>
    <meta charset="utf-8" />
    <meta name="viewport" content="width=device-width, initial-
scale=1" />
    <title>Mi primera página Bootstrap</title>
  </head>
  <body>
    <h1>Hola mundo!!</h1>
  </body>
</html>
```

4. Añade al código los enlaces a Bootstrap y JavaScripts:

```html
<!doctype html>
<html lang="es">
  <head>
    <meta charset="utf-8" />
    <meta name="viewport" content="width=device-width, initial-scale=1"
/>
    <title>Mi primera página Bootstrap</title>

    <!-- Enlace Bootstrap -->
    <link
href="https://cdn.jsdelivr.net/npm/bootstrap@5.3.3/dist/css/bootstrap.m
in.css" rel="stylesheet" integrity="sha384-
QWTKZyjpPEjISv5WaRU9OFeRpok6YctnYmDr5pNlyT2bRjXh0JMhjY6hW+ALEwIH"
crossorigin="anonymous" />

    <!-- Enlace JavaScript -->
    <script
src="https://cdn.jsdelivr.net/npm/bootstrap@5.3.3/dist/js/bootstrap.bun
dle.min.js" integrity="sha384-
YvpcrYf0tY3lHB60NNkmXc5s9fDVZLESaAA55NDzOxhy9GkcIdslK1eN7N6jIeHz"
crossorigin="anonymous"></script>
```

---

[2] En esta zona del sitio web verás paso a paso cómo crear tu primera página, que es el procedimiento que se está explicando en este apartado.

```
  </head>
  <body>
    <h1>¡Hola mundo!</h1>
  </body>
</html>
```

5. Una vez guardada la página web, accede al navegador. Como se puede observar, debe visualizarse un título con el texto **¡Hola mundo!** Si se visualiza de forma similar a la imagen de la Figura 5.2 el proceso se habrá realizado correctamente. El tipo de letra que usa el navegador por defecto para representar un título de nivel 1 varía. Este es el indicativo de que el framework ha sido enlazado y que pueden usarse sus características y componentes sin problema. El lector debe tener precaución, ya que dependiendo de la versión del navegador algunas opciones puede que no se visualicen o que no proporcionen el dinamismo o funcionalidad esperados.

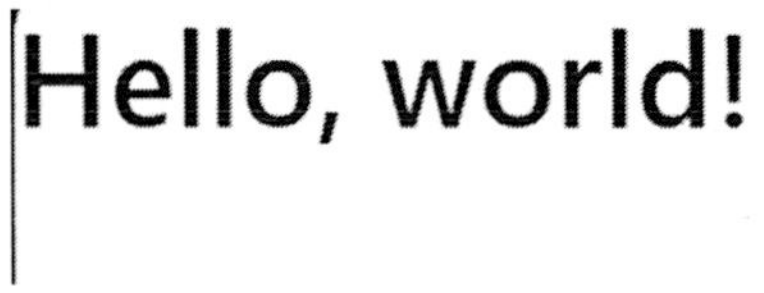

Hello, world!

Figura 5.2. Página de inicio en Bootstrap

Creación de nuestra primera página web con Bootstrap mediante la descarga del framework

1. Accede al sitio web de Bootstrap, https://getbootstrap.com/.

2. En la zona superior, bajo el botón *"Read the docs"* localiza el enlace *"Download"* y haz clic en él.

3. En el apartado *"Compiled CSS and JS"*, haz clic en *"Download"*. Esto comenzará la descarga de un fichero comprimido en el que se encontrarán todos los archivos necesarios del framework. Los archivos tienen una organización específica de carpetas, es decir, al descomprimir el fichero veremos dos directorios con los nombres *css* y *js*. Los nombres son intuitivos, de manera que es bastante obvio qué tipo de archivos encontraremos en cada una de ellas.

4. Bajo la carpeta raíz del proyecto web que se está realizando, crear una carpeta *"Bootstrap"* en donde almacenar las carpetas css y js enunciadas en el punto 3.

5. Crea un nuevo fichero HTML en el directorio raíz y agrega el contenido básico que debe contener este tipo de documento web. Introduce una etiqueta de título[3] de nivel 1 en el cuerpo de la página web, escribe el texto **¡Hola mundo!**

6. A continuación, introduce en la cabecera los enlaces a CSS y JavaScript que Bootstrap necesita.

---

[3] Normalmente se introduce una etiqueta h1 con un texto pequeño para observar si el framework está activo en los documentos web, ya que es fácil identificarlo con este método. La fuente del texto en modo normal y con el uso de Bootstrap es diferente y fácilmente apreciable.

```
<!-- CSS de Bootstrap -->
<link href="bootstrap/css/bootstrap.min.css" rel="stylesheet">

<!-- JavaScript de Bootstrap -->
<script src="bootstrap/js/bootstrap.bundle.min.js"></script>
```

Es importante observar la dirección relativa de los enlaces a los archivos necesarios. En nuestro código se ha creado una carpeta Bootstrap en el directorio raíz del sitio y dentro de esta carpeta, localizaremos las subcarpetas css y js. El fichero que contiene el CSS que debemos usar es **bootstrap.min.css.** Este archivo se encuentra en la subcarpeta css dentro de Bootstrap. Así, la dirección relativa es: **bootstrap/css/bootstrap.min.css.** Esta dirección variará en función de si el lector decide tener una estructura de directorios diferente.

El fichero que contiene la funcionalidad JavaScript es **bootstrap.bundle.min.js** y se encuentra dentro de la subcarpeta js. Por consiguiente, la dirección relativa al mismo será: **bootstrap/js/bootstrap.bundle.min.js.**

7. Guarda la página web y accede al navegador. Si el resultado es similar al visualizado en la Figura 5.2, el proceso se habrá llevado a cabo correctamente.

5.2.2. Estructuración de nuestras páginas web con Bootstrap 5.3

Una vez hemos aprendido a enlazar nuestro código con Bootstrap el siguiente paso será estructurar nuestras páginas de manera que el contenido se adapte a un diseño específico. Para ello debemos comprender qué sistema de grilla usa el framework.

Bootstrap se basa en contenedores divididos en 12 columnas. Este sistema de rejilla permite organizar contenidos de manera flexible y responsivo mediante la división de estos en filas y columnas. Así, a la hora de estructurar nuestras páginas web debemos crear en primer lugar un contenedor, que disponga al menos de una fila y tantas columnas como sean necesarias para albergar el contenido propuesto. Veamos a continuación un pequeño ejemplo.

```
<!doctype html>
<html lang="es">
  <head>
    <meta charset="utf-8" />
    <meta name="viewport" content="width=device-width, initial-scale=1" />
    <title>Sitio Bootstrap</title>
    <link
href="https://cdn.jsdelivr.net/npm/bootstrap@5.3.3/dist/css/bootstrap.min.css" rel="stylesheet" integrity="sha384-
QWTKZyjpPEjISv5WaRU9OFeRpok6YctnYmDr5pNlyT2bRjXh0JMhjY6hW+ALEwIH"
crossorigin="anonymous" />
    <script
src="https://cdn.jsdelivr.net/npm/bootstrap@5.3.3/dist/js/bootstrap.bundle.min.js" integrity="sha384-
YvpcrYf0tY3lHB60NNkmXc5s9fDVZLESaAA55NDzOxhy9GkcIdslK1eN7N6jIeHz"
crossorigin="anonymous"></script>
```

```
  </head>
  <body>
    <div class="container mt-5"> (1)
      <div class="row"> (2)
        <div class="col-2 text-center" (3)
             style="background-color: #ffeb3b;">Columna 1</div>
        <div class="col-6 text-center"
             style="background-color: #ffa726;">Columna 2</div>
        <div class="col-4 text-center"
             style="background-color: #ff5722;">Columna 3</div>
      </div>
    </div>
  </body>
</html>
```

(1) En este punto comienza la creación de la estructura. La clase que lo permite es **container.** Al insertar esta clase **container** indicamoa que esta capa se va a dividir en 12 columnas. A partir de ahí debemos especificar la organización en filas, especificando el número de columnas totales que tendrá cada una de ellas.

La clase **container** crea un contenedor que no se extiende por todo el ancho de la zona visible del dispositivo. Presenta márgenes a izquierda y derecha. Si necesitáramos expandir el elemento por toda la pantalla sería preciso usar la clase **container-fluid.** Para finalizar esta línea de código, explicaremos que la clase **mt-5** refiere el margen superior del contenedor. **mt** es similar a **margin top.** El valor indica la distancia en cm que se va a separar este. Al igual que tenemos **mt-5** tenemos clases como mt-**1, mt-2,** etc.

(2) En este punto se crea una fila. Para ello se hace uso de la clase **row.** Cada final contendrá tantas columnas como el desarrollador considere, hasta un total de 12. Ten en cuenta que si las columnas superan el ancho disponible, de forma automática se colocarán justo debajo de las ya existentes, tal como ocurría cuando usábamos el valor **flex** para **display** con un **flex-wrap** igual a **wrap.**

Podemos desarrollar estructuras de rejilla siguiendo varios planteamientos. Uno de ellos podría ser el de crear tantas filas como divisiones horizontales veamos en la maquetación del diseño y en cada una de ellas especificar el número de columnas según el **contenido;** o bien, crear una única fila e insertar en ella tantas columnas como estipule el diseño, de manera que en función de los anchos de cada una de ellas, se colocarán en una posición de la fila concreta de manera automática, sin necesidad de agregar código adicional.

(3) A partir de aquí se lleva a cabo la inserción de columnas para esta fila. Bootstrap dispone de la clase **col** para introducir columnas en la estructura. Si generamos un código del tipo `<div class="col"> Columna </div>` se visualizará una columna que ocupa todo el ancho del contenedor. Si, en lugar de una capa con estas características codificamos tres estaremos creando 3 columnas del mismo tamaño, que se distribuirán para ocupar todo el ancho de visualización del dispositivo. Pero, ¿qué debemos hacer si lo que queremos es crear columnas de tamaños diferentes? Para ello agregamos un guion y un número en el intervalo de 1 a 12, que representa el número de columnas de la estructura que ocupará la columna que se está desarrollando. Así, en nuestro código, la primera capa con la clase **col-2** ocupará dos columnas; la siguiente **col-6** ocupará 6 columnas; y la última de todas, con **col-4,** ocupará 4 columnas. La Figura 5.3 permite visualizar la representación gráfica del código expuesto.

Colummna 1	Columna 2	Columna 3

Figura 5.3. Estructura creada a partir del código desarrollado en el apartado

En el ejemplo se añaden colores a través del parámetro **style,** que permite incluir nuestras propias propiedades CSS y como ya ocurría en el contenedor, a cada columna se le agrega una nueva clase Bootstrap, **text-center**. Esta clase alinea el texto al centro y es similar al uso de la propiedad CSS **text-align** con el valor **center**. Si el lector lo desea puede acceder al fichero CSS de Bootstrap, localizar la clase text-center y observar cómo precisamente su contenido es esta característica.

Resumiendo, si deseamos estructurar un sitio web con Bootstrap solo debemos:

1. Analizar bien su diseño y observar el número de columnas que debe contener por fila en función de su contenido.

2. Crear una capa contenedora y asignar a esta la clase **container** o **container-fluid.**

3. Crear bajo la capa contenedora al menos una fila mediante el uso de la clase **row** aplicada a un elemento `<div>`.

4. Crear capas bajo cada clase **row** con la clase **col** configurada, con un número del 1 al 12 especificando así el número de columnas que debe ocupar.

A partir de aquí, una vez creada la estructura, en cada zona debe incluirse el contenido necesario. Si bien es cierto, los desarrolladores ya experimentados irán agregando el contenido al mismo tiempo que realicen la estructura.

5.2.2.1. Hacer responsive la estructuración de nuestras páginas web con Bootstrap 5.3

Es importante, como ya se ha estudiado, que los sitios web se vean adecuadamente en todos o en la mayoría de los dispositivos (Figura 5.4); así, cuando desarrollamos nuestras páginas web, deben ser responsive. Bootstrap dispone de mecanismos para conseguir sitios responsive de manera sencilla, aplicando únicamente una serie de clases a los elementos que se vean afectados.

Si accedemos al sitio web, https://getbootstrap.com/docs/5.3/layout/grid/ podemos estudiar los diferentes tamaños de pantalla que trabaja el framework y los prefijos que utiliza para llevar a cabo el diseño responsivo.

	xs	sm	md	lg	xl	xxl
	<576px	≥576px	≥768px	≥992px	≥1200px	≥1400px
Container max-width	None (auto)	540px	720px	960px	1140px	1320px
Class prefix	.col-	.col-sm-	.col-md-	.col-lg-	.col-xl-	.col-xxl-
# of columns	12					

Figura 5.4. Tabla de tamaños mínimos de dispositivos para desarrollo de sitios web responsive

Veamos un pequeño ejemplo para entender cómo usar las clases **col** con sus respectivos prefijos.

```html
<!doctype html>
<html lang="es">
  <head>
    <meta charset="utf-8" />
    <meta name="viewport" content="width=device-width, initial-scale=1" />
    <title>Responsive en Bootstrap</title>
    <link
href="https://cdn.jsdelivr.net/npm/bootstrap@5.3.3/dist/css/bootstrap.min.css"
rel="stylesheet"                                     integrity="sha384-
QWTKZyjpPEjISv5WaRU9OFeRpok6YctnYmDr5pNlyT2bRjXh0JMhjY6hW+ALEwIH"
crossorigin="anonymous" />
    <script
src="https://cdn.jsdelivr.net/npm/bootstrap@5.3.3/dist/js/bootstrap.bundle.min.
js"                                                  integrity="sha384-
YvpcrYf0tY3lHB60NNkmXc5s9fDVZLESaAA55NDzOxhy9GkcIdslK1eN7N6jIeHz"
crossorigin="anonymous"></script>
  </head>
  <body>
    <div class="container mt-5">
      <div class="row">
        <div class="col-12 text-center border" (1)
          style="background-color: #ffeb3b; height: 5vh;">Publicidad</div>
        <div class="col-md-2 col-12 text-center border" (2)
          style="background-color: #ffa726; height: 10h;">Logo</div>
        <div class="col-md-10 col-12 text-center border" (3)
          style="background-color: #ff5722; height: 10vh;">Menu</div>
        <div class="col-md-3 col-6 text-center border" (4)
          style="background-color: #82e0aa; height: 15vh;">Producto 1</div>
        <div class="col-md-3 col-6 text-center border" (5)
          style="background-color: #82e0aa; height: 15vh;">Producto 2</div>
        <div class="col-md-3 col-6 text-center border" (6)
          style="background-color: #82e0aa; height: 15vh;">Producto 3</div>
        <div class="col-md-3 col-6 text-center border" (7)
          style="background-color: #82e0aa; height: 15vh;">Producto 4</div>
        <div class="col-12 text-center border" (8)
          style="background-color: #ffa726; height: 10h;">Pie</div>
      </div>
    </div>
  </body>
</html>
```

El resultado del código se muestra en las Figuras 5.5 y 5.6. La primera de ellas deja ver el sitio web en pantallas de más de 768 px y la segunda, en pantallas de menor tamaño a este.

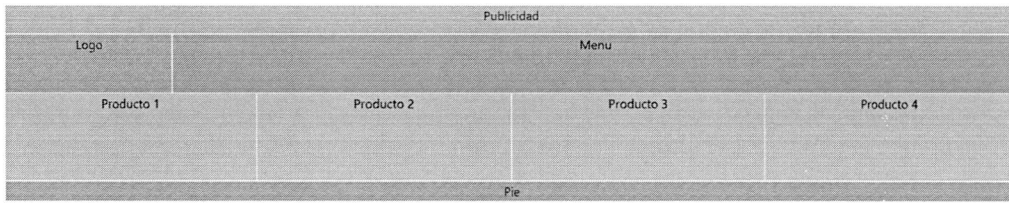

Figura 5.5. Estructuración del sitio web generado por el código para pantallas de ancho superior o igual a 768 px

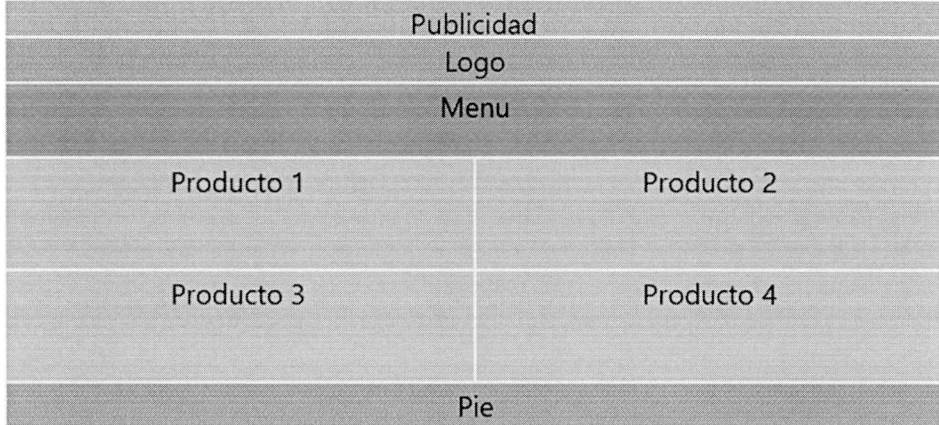

Figura 5.6. Estructuración del sitio web generado por el código para pantallas de ancho inferior a 768 px

Como se observa en las figuras, la estructura tiene un total de 8 capas. Estas capas se visualizan de modo diferente en función del tamaño de pantalla, o al menos, algunas de ellas cambian su ancho; por ejemplo, la primera capa, *"Publicidad"*, y la última, *"Pie"*, ocupan 12 columnas en todos los tamaños; sin embargo, la capa *"Logo"* ocupa 2 columnas en un tamaño mayor y 12 en tamaño pequeño; la capa *"Menú"* ocupa 10 columnas en tamaño mayor y 12 en tamaño pequeño; y las capas *"Producto"* ocupan 3 columnas en tamaños de pantalla mayores, mientras que en tamaños pequeños ocupan 6. Todo esto es posible gracias al código establecido:

(1) En este punto se está desarrollando la zona denominada *"Publicidad"*. Debido a que esta capa ocupa 12 columnas en todos los tamaños no es necesario realizar nada especial, de manera que con el uso de la clase **col-12** es suficiente.

(2) Aquí se define la capa *"Logo"*. Esta capa tiene una peculiaridad, y es que en tamaño de pantalla mayor o igual a 768 px solo ocupa dos columnas, pero en tamaños menores ocupa 12. Es por ello que encontramos las clases **col-md-2 col-12** en el atributo class. **-md-** indica tamaños mayores o iguales a 768 px. Así, **col-md-2** indica que para esos tamaños solo ocupa 2 columnas; `col-12` representa tamaños menores al no usar prefijos, de manera que estamos indicando que en pantallas menores de 768 px la capa ocupará las 12 columnas de la fila en la que se encuentra.

(3) En este punto se define la capa *"Menú"*. Esta zona debe ocupar 10 columnas en tamaños de pantallas mayores y 12 en pantallas más pequeñas. Es por ello que encontramos las clases `col-md-10 col-12` en esta capa. Para indicar pantallas de más o iguales a 768 px se añade `-md-`. Así, `col-md-10` indica 10 columnas en pantallas $\geq$ a 768 px. Para pantallas más pequeñas se define `col-12`.

Los puntos **(4)**, **(5)**, **(6)** y **(7)** son muy similares a los anteriores. Se agregan tantas clases como sea necesario para dar cabida a todos los tamaños de pantallas que se quieren contemplar en el responsive. Seguimos teniendo en cuenta que nuestra página web se va a visualizar en dos tamaños de pantallas, mayores o iguales a 768 px y menores, de manera que solo encontramos `-md-`, `col-md-3` y `col-6`.

(8) Esta línea de código es similar a la **(1)**. Como en ella, solo se tiene que incluir la clase `col` seguida del número de columnas, ya que ocupará el mismo ancho en todos los tamaños de pantalla.

Resumiendo, podemos decir que para hacer que las estructuras sean responsive:

1. El desarrollador debe tener clara la estructura del sitio en todos los dispositivos donde se desea que pueda ser visualizado. Una vez detecte todas las zonas y las columnas y filas que tiene cada diseño (esto se puede extraer a partir de los prototipos de alto o bajo nivel que se tengan previos a la codificación) se procede a la creación del contenedor, las capas filas y tantas capas columnas como corresponda.

2. Cada capa columna tendrá como mínimo una clase **col-** seguida de:

   ➢ Un número que corresponde con el número de columnas en el menor tamaño de pantalla, si para el resto de pantallas la estructura de la columna es similar, no hará falta incluir ninguna otra clase.

   ➢ Un prefijo. Los prefijos que se pueden utilizar se mostraron en la tabla de la Figura 5.4. **sm**, **md**, **lg**, **xl** y **xxl**. Cada uno de ellos representa el valor mínimo en pixeles que tendrá la pantalla para la cual se está codificando un número de columnas. Tras el prefijo será necesario indicar un guion seguido del número de columnas. **IMPORTANTE**. Si para el tamaño más pequeño tenemos una disposición de pantalla y para los restantes la composición es la misma no es necesario introducir todas las clases de todos estos tamaños, solo la que corresponda con el tamaño menor. Por ejemplo, supongamos que para tamaño pequeño la capa debe ocupar 12 columnas y para tamaños sm, md y lg esta misma capa ocupa 6 columnas, la codificación en la clase será **class="col-12 col-sm-6"** y no **class="col-12 col-sm-6 col-md-6 col-lg-6"**.

Actividad 5.1

Prepara una estructura de un sitio web con Bootstrap como se muestra en las imágenes de la Figura 5.7.

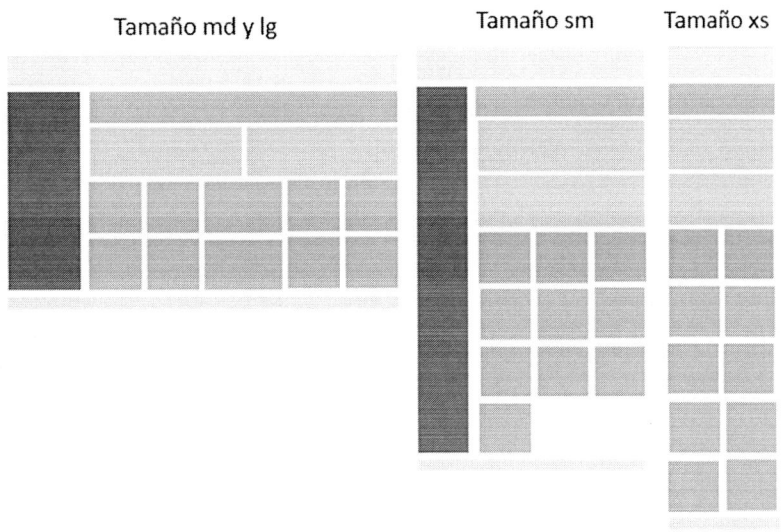

Figura 5.7. Diseño de sitio web en tres tamaños de pantalla

5.2.3. Algunas clases de interés en Bootstrap 5.3

Veamos a continuación algunas de las clases más comunes de Bootstrap. Con ellas podremos dar determinados toques de diseño, similares a los que ya aplicábamos de forma directa con nuestras propias clases CSS en capítulos anteriores. Vamos a clasificar las clases en función a qué están enfocadas a modificar: tipografía, espaciado, colores y fondos, etc.

5.2.3.1. Clases relacionadas con la tipografía

Entre las clases desarrolladas para modificar características relacionadas con la tipografía encontramos:

- Clases relacionadas con encabezados:

  ➢ `.h1, .h2, .h3, .h4, .h5, .h6.` Refieren estilos específicos para hacer que cualquier texto se muestre como un encabezado en alguno de sus niveles. El tipo de letra varía no siendo igual a la que usan las propias etiquetas de encabezamiento HTML.

  ➢ `.display-{n}.` Crea un nuevo estilo de encabezados, siendo estos de mayor tamaño. El valor n oscila entre 1 y 6, display-1 a display-6.

- Clases relacionadas directamente con el texto:

  ➢ `.text-start, .text-center, .text-end.` Permiten establecer la alineación de texto. El texto se puede colocar a la izquierda, valor por defecto (text-start), al centro (text-center) o a la derecha (text-end). Muchas propiedades usarán start y end para indicar izquierda y derecha respectivamente.

  ➢ `.text-muted.` Muestra el texto con un color gris claro.

➤ `.text-primary`,`.text-secondary`, `.text-success`, etc.. Refieren la forma de aplicar color al texto. Estos colores son de los que dispone Bootstrap, su propia paleta. En ocasiones usaremos nuestros propios estilos junto a nuestras propias variables para aplicar colores personalizados. Para acceder a la paleta de colores del framework, véase este enlace:

https://getbootstrap.com/docs/5.3/customize/color/

➤ `.text-uppercase`,`.text-lowercase`, `.text-capitalize`. Clases que permiten realizar ciertas transformaciones al texto como poner este en mayúsculas o minúsculas.

Si el lector lo desea puede acceder al sitio web de Bootstrap, zona de documentación, desde el que podrá visualizar ejemplos de uso y aclarar aún posibles dudas que hayan podido surgir durante la lectura del apartado https://getbootstrap.com/docs/5.3/content/typography/.

5.2.3.2. Clases relacionadas con el espaciado

Veamos en este apartado las clases que podremos usar para establecer márgenes entre los elementos y espaciados en los contenidos.

- Clases relacionadas con la aplicación de márgenes:

  ➤ `.m-{n}`: permite definir margen en todos los lados del elemento sobre el que se aplica. Los valores para **n** oscilan de 0 a 5 o el valor **auto**. Por ejemplo: `m-0`, `m-3`, `m-auto`. Los valores numéricos que se asignan al margen dependen de la variable SASS[4] `$spacers`, que por defecto posee valor `1rem`. Podemos encontrar esta clase en el modo `m-{prefijo responsive}-{valor}`, de manera que en función del dispositivo donde se visualice el elemento este presentará un mayor o menos margen; por ejemplo: `m-0` y `m-md-2`.

  ➤ `.mt-{n}`, `.mb-{n}`, `.ms-{n}`, `.me-{n}`: establecen los márgenes superior, inferior, izquierdo y derecho, respectivamente. Los valores de **n,** como se ha explicado en el punto anterior oscilan de 0 a 5 o contendrán el valor auto. Como ocurría con la clase `m-{n}` es posible agregar prefijos relacionados con el ancho del dispositivo si se desea tener en cuenta el tamaño responsive.

  ➤ `.mx-{n}`, `.my-{n}`: permite establecer un margen horizontal (x) o vertical (y).

- Clases relacionadas con la aplicación de espaciado del contenido con respecto al contenedor del elemento (padding):

  ➤ `.p-{n}`: define el espaciado del contenido en todos los lados, sigue las mismas características que ya se estudiaban con respecto a los márgenes.

---

[4] SASS en un preprocesador CSS. Un preprocesador CSS dispone de una sintáxis y unos mecanismos de programación no incluídos en CSS como funciones, bucles, selectores anidados, etc., que permiten desarrollar de manera sencilla hojas de estilo con gran diversidad de clases.

> `.pt-{n}`, `.pb-{n}`, `.ps-{n}`, `.pe-{n}`: Define el espaciado superior, inferior, izquierdo y derecho respectivamente. Posee las mismas características de especificación que las estudiadas para márgenes.

> **.px-{n}, .py-{n}:** establecen espaciado en cuanto a la horizontal (x) o la vertical (y).

5.2.3.3. Clases relacionadas con colores y fondos

Veamos en este apartado las clases más extendidas para aplicar colorido a nuestros sitios web realizados en Bootstrap. Como ya se ha indicado en párrafos anteriores, el framework dispone de su propia paleta de colores, que no es tan amplia como en otros sistemas.

- Clases relacionadas con los colores de fondo:

  > `.bg-primary`, `.bg-secondary`, `.bg-success`, `.bg-danger`, `.bg-warning`, `.bg-info`, `.bg-light`, `.bg-dark`, `.bg-white`, etc: son algunas de las clases principales que permiten modificar el color de fondo de nuestros elementos HTML. Véase el sitio web para visualizar todas las posibles clases de color: https://getbootstrap.com/docs/5.3/utilities/background/#background-color

  > `.bg-transparent`: establece un fondo transparente.

- Clases relacionadas con el color del borde:

  > `.border-primary`, `.border-secondary`, `.border-success`, etc.: estas son algunas de las clases relacionadas con el cambio de color del borde de algún elemento, suelen ir aplicadas junto a la clase **.border**.

5.2.3.4. Clases relacionadas con el modelo caja, flex o grid

Ya veíamos en CSS cómo generar nuestros propios contenedores **grid** y **flexbox** y así estructurar nuestros sitios web. Además estudiábamos el modelo caja y las características que este contempla. Desde Bootstrap podemos usar estas características mediante clases especializadas.

- Clases relacionadas con la visibilidad de un elemento HTML:

  > `.d-none`: oculta un elemento eliminando el espacio que ocupa. Los elementos que le siguen se colocarán en su posición y los demás harán lo propio, siempre que no existan otras clases que indiquen comportamientos no usuales.

  > `.d-{prefijo responsive}-{display}`: establece la visibilidad y el valor del display, para un elemento en diferentes tamaños de pantalla (prefijos responsive). Ejemplos de uso podrían ser: d-sm-block, d-md-none, etc.

  > `.visible`: permite hacer visible un elemento que haya sido oculto con `.invisible`. A diferencia de `.d-none`, `.visible` oculta el elemento sobre el que se aplica, pero su espacio, o el espacio en el que se debe encontrar no es ocupado por el siguiente elemento.

  > `.invisible`: oculta el elemento sobre el que se aplica la clase. Es similar a aplicar la propiedad `visibility` igual a `hidden`.

- Clases relacionadas con los tamaños de los elementos:
  - ➤ **.w-{n}:** define el ancho de un elemento. Los valores de **n** serán 25, 50, 75, 100 o auto. Ejemplos de uso son: `w-25`, `w-50`, `w-75`, `w-100` o `w-auto`.
  - ➤ **.h-{n}:** define la altura de un elemento. Como ocurre con la clase anterior, los valores de **n** podrán ser 25, 50, 75, 100 o auto. Ejemplo de uso son: `h-25`, `h-50`, `h-75`, `h-100` o `h-auto`.
- Clases relacionadas con los bordes:
  - ➤ **.rounded:** coloca bordes redondeados al elemento sobre el que se aplica la clase.
  - ➤ **.rounded-circle:** consigue que un elemento sea circular. En CSS esto es posible estableciendo la propiedad `border-round` a un valor del 50%.
  - ➤ **.border-{n}:** define el grosor del borde del elemento sobre el que se aplica. Ejemplos de uso podrían ser: `border-1`, `border-2`, etc.
- Clases relacionadas con la estructuración mediante Grid:
  - ➤ **.grid:** genera un contenedor grid.
  - ➤ **.g-col-{n}:** indica el número de columnas que debe ocupar el elemento sobre el que se está aplicando la capa. Es equivalente al uso de la propiedad `grid-column`.
  - ➤ **.g-{n}:** define el espaciado entre columnas (gutter) en las filas. Ejemplos de uso serían: `g-0`, `g-3`, etc.
- Clases relacionadas con la estructuración mediante Flexbox:
  - ➤ **.d-flex:** aplica display flex a un elemento.
  - ➤ **.justify-content-{alineación}:** alinea elementos en el eje horizontal. Los posibles valores de **alineación** son: start, center, end, between, around y evenly. Es posible adaptar la propiedad al tamaño del dispositivo agregando el prefijo responsive antes del valor de alineación, por ejemplo, **.justify-content-sm-center.**
  - ➤ **.align-items-{alineación}:** alinea elementos en el eje vertical. Los posibles valores de **alineación** son: start, center, end, baseline y stretch. Como ocurría con .justify-content es posible adicionar un prefijo responsive de manera que la alineación sea una u otra en función del tamaño del dispositivo. Un ejemplo de uso es **.align-items-sm-center.**
  - ➤ **.flex-{dirección}:** define la dirección del flujo de los elementos, que puede ser `row`, `column`, etc.

5.2.4. Componentes de Bootstrap 5.3

Bootstrap dispone de componentes predefinidos que pueden personalizarse según las necesidades del sitio web a desarrollar, de manera que pueden prepararse interfaces de usuario de manera sencilla obteniendo resultados profesionales y muy vistosos. A continuación, se explicarán algunos de los componentes más usados.

5.2.4.1. Navbar

Una navbar (Navigation Bar o Barra de Navegación) es un componente que proporciona una estructura flexible y responsiva para crear menús de navegación en una página web. Este elemento es esencial para la organización y accesibilidad a las diferentes secciones de un sitio o aplicación web, ya que permite a los usuarios desplazarse con facilidad entre ellas.

Entre las características principales de un Navbar podríamos decir que:

- **Es responsive.** Por defecto el componente cambia su forma de visualizarse en función del ancho del dispositivo donde se muestre, no hay que desarrollar ni personalizar código alguno, más allá que el desarrollado decida cambiar el icono dedicado a mostrarse en caso de visualización en pantallas de un tamaño inferior.

- **Es ampliamente personalizable.** El programador podrá modificar desde el número de elementos que puede contener, a colores, tamaños, alineaciones e incluso establecer cuáles deben encontrarse deshabilitados o activos en cada momento.

- **Posee opciones de posicionamiento.** Es posible configurar el componente para que se fije en una zona de la página (superior o inferior). Para ello solo debemos usar las clases `.navbar-fixed-top` o `.navbar-fixed-bottom`.

Si accedemos al sitio web de Bootstrap, en la sección dedicada a este componente

Figura 5.8. Barra de menú reducida. Tamaño móvil.

https://getbootstrap.com/docs/5.3/components/navbar/

veremos la existencia de gran variedad de ejemplos. Normalmente un Navbar está compuesto por: una capa contenedora, un logotipo o texto representativo, las correspondientes opciones de menú y un formulario de búsqueda.

Veamos un ejemplo personalizado a partir de las propias opciones de los ejemplos expuestos en el sitio web del framework.

```
<nav class="navbar bg-dark border-bottom border-body navbar-expand-
lg bg-body-tertiary" data-bs-theme="dark"> (1)
   <div class="container-fluid">
      <a class="navbar-brand" href="#">Logo</a> (2)

      <button class="navbar-toggler" (3)
         type="button" data-bs-toggle="collapse"
         data-bs-target="#navbarSupportedContent"
         aria-controls="navbarSupportedContent"
         aria-expanded="false" aria-label="Toggle navigation">
         <span class="navbar-toggler-icon"></span>
      </button>

      <div class="collapse navbar-collapse"
         id="navbarSupportedContent">
         <ul class="navbar-nav me-auto mb-2 mb-lg-0"> (4)
            <li class="nav-item">
              <a class="nav-link active" aria-current="page"
                 href="#">Enlace_1</a>
            </li>
```

```html
          <li class="nav-item">
            <a class="nav-link" href="#">Enlace_2</a>
          </li>
          <li class="nav-item dropdown"> (5)
            <a class="nav-link dropdown-toggle" href="#"
                role="button" data-bs-toggle="dropdown"
                aria-expanded="false">
                 Enlace_3
            </a>
            <ul class="dropdown-menu">
              <li>
                <a class="dropdown-item"
                    href="#">Enlace_31</a>
              </li>
              <li>
                <a class="dropdown-item"
                    href="#">Enlace_32</a>
              </li>
              <li>
                <hr class="dropdown-divider">
              </li>
              <li>
                <a class="dropdown-item"
                    href="#">Enlace_33</a>
              </li>
            </ul>
          </li>
          <li class="nav-item">
            <a class="nav-link disabled" (6)
               aria-disabled="true">
                 Enlace_deshabilitado
            </a>
          </li>
        </ul>

        <form class="d-flex" role="search"> (7)
          <input class="form-control me-2" type="search"
                  placeholder="Buscar" aria-label="Search" />
          <button class="btn btn-outline-success"
                  type="submit">Buscar
          </button>
        </form>
      </div>
    </div>
  </nav>
```

Figura 5.9. Barra de navegación resultado del código expuesto con todos los posibles elementos que se pueden incluir

Si observamos el código, el elemento que inicia el **navbar** es el definido en el punto **(1)**. Se observa una capa con la clase **navbar** seguida de un conjunto de clases Bootstrap que establecerán las características de color, los bordes, etc., del componente. Además, podemos ver que se incluye la clase `.navbar-expand-lg,` que establece que la barra de navegación se verá expandida en pantallas grandes (cuando el sitio web se visualice en pantallas de equipos de escritorio) y contraída en pantallas más pequeñas (móviles o tabletas). A partir de aquí se define el logo o marca asociada al sitio **(2)** y se especifica qué elementos se contraerán cuando el tamaño de pantalla sea menor **(3)**. En este punto **(3)** se observa un botón con la clase asociada `.navbar-toggler,` siendo justamente esta la que establece que esta zona será la que referencie el menú a extender o colapsar. Es un botón HTML, ya que el icono que se ha configurado para este propósito será el que se muestre en ese mismo momento de visualización en pantallas pequeñas. Además, será aquí donde encontraremos el atributo `data-bs-target,` que es el que se refiere exactamente al menú afectado por este comportamiento. En el punto **(4)** se desarrolla la lista de elementos que formarán el menú. Esta lista es representada por una lista desordenada HTML (`ul`). Se han incluido en el ejemplo todos los posibles tipos de elementos del menú que podemos encontrar. Cada elemento es un `<li>` que incluye un enlace `<a>`.

El elemento del menú activo se destaca mediante la clase Bootstrap `active`. Cada vez que deseemos introducir una nueva opción al menú solo debemos copiar un grupo `<li class="nav-item"> <a class="nav-link" href="#">Opción de menú</a> </li>`. Es importante tener en cuenta que solo puede existir un elemento de menú con la opción de clase `active`.

Los submenús se codificarán incluyendo sublistas (ul) en los ítems seleccionados, solo se debe observar el punto **(5)**.

La clase `disabled` asociada a una opción del menú hará que esta no pueda seleccionarse y se muestre en un tono grisáceo **(6)**.

Para finalizar, el formulario de búsqueda se agrega antes de acabar la codificación del navbar **(7)**. Este formulario estará compuesto por un cuadro de texto y un botón de envío. el desarrollador solo tendrá que aportar funcionalidad a este agregando un **action** para el componente HTML que indique la acción a llevar a cabo tras hacer clic en el elemento. Normalmente esta acción refiere la conexión con una página PHP que contiene la funcionalidad necesaria.

5.2.4.2. Carousel

Carousel es un componente ampliamente usado en los sitios web. Gracias a él se pueden visualizar gran variedad de imágenes o elementos multimedia que se muestran unos tras otros de manera automática o con ayuda del usuario.

Bootstrap proporciona a los desarrolladores diferentes tipos de carruseles fácilmente personalizables. Entre ellos encontraremos algunos que disponen de botones de desplazamiento entre imágenes o de acceso directo a ellas. Se recomienda al lector echar un vistazo al sitio web del framework para acceder a ejemplos de carruseles:
https://getbootstrap.com/docs/5.3/components/carousel/.

Veamos a continuación los elementos principales, así como un ejemplo de carrusel adaptado.

Un carrusel en Bootstrap está formado por:

- **Capa contenedora,** que referenciará las clases `.carousel` y `.slide.` Contendrá todos los elementos que forman un carrusel.

- **Slides,** que representa cada elemento multimedia del carrusel. Está compuesto por una capa que contiene un elemento HTML de tipo `<img>`. El conjunto de slides se agrupa mediante una etiqueta `<div>` a la que se asocia la clase `.carousel-inner`. A su vez, cada componente del carrusel se ubica en una capa con la clase `.carousel-item` asignada. Es importante, como ya ocurría con los elementos del menú, que al menos uno de los elementos multimedia esté activo, es decir, que además de la clase `.carousel-item,` tenga asociada la clase `.active`. Esta clase desaparecerá del elemento activo en un momento dado al siguiente gracias al dinamismo de tecnologías como JavaScript. Si se obvia la clase **active,** el carrusel no realizará la función para la cual se diseña.

- **Controles de navegación,** que representan los típicos botones de flecha ubicados a izquierda y derecha, que permiten desplazar las imágenes de manera manual por parte del usuario. Cada control está representado mediante un button de HTML, con las clases asociadas `.carousel-control-prev` o `.carousel-control-next,` según realicen la función de desplazamiento hacia la imagen anterior o la siguiente.

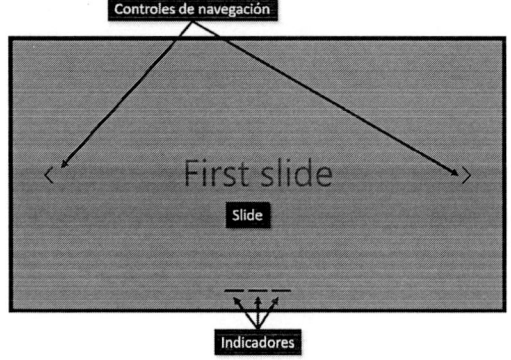

Figura 5.10. Representación gráfica de un carrusel Bootstrap

- **Indicadores,** que están representados por pequeños botones colocados en la parte inferior del carrusel. Para englobar a los indicadores, Bootstrap utiliza una capa a la que asigna la clase **.carousel-indicators**. Gracias a los indicadores podremos acceder a una imagen concreta del carrusel de manera rápida.

```
<div id="carouselExampleIndicators" class="carousel slide"> (1)
  <div class="carousel-indicators"> (2)
    <button type="button" data-bs-target="#carouselExampleIndicators"
            data-bs-slide-to="0" class="active" (3)
            aria-current="true" aria-label="Slide 1">
    </button>
    <button type="button" data-bs-target="#carouselExampleIndicators"
            data-bs-slide-to="1" aria-label="Slide 2">
    </button>
    <button type="button" data-bs-target="#carouselExampleIndicators"
            data-bs-slide-to="2" aria-label="Slide 3">
    </button>
  </div>
  <div class="carousel-inner"> (4)
    <div class="carousel-item active"> (5)
      <img src="img/img_carrusel1.png" class="d-block
           w-100" alt="Imagen de carrusel 1" />
    </div>
```

```
    <div class="carousel-item">
      <img src=" img/img_carrusel2.png " class="d-block
          w-100" alt=" Imagen de carrusel 2" />
    </div>
    <div class="carousel-item">
      <img src=" img/img_carrusel3.png " class="d-block
          w-100" alt=" Imagen de carrusel 3" />
    </div>
    <div class="carousel-item">
      <img src=" img/img_carrusel4.png " class="d-block
          w-100" alt=" Imagen de carrusel 4" />
    </div>
  </div>
  <button class="carousel-control-prev" type="button"  (6)
          data-bs-target="#carouselExampleIndicators"
          data-bs-slide="prev">
    <span class="carousel-control-prev-icon"
          aria-hidden="true">
    </span>
    <span class="visually-hidden">Previous</span>
  </button>
  <button class="carousel-control-next" type="button"
          data-bs-target="#carouselExampleIndicators"
          data-bs-slide="next">
    <span class="carousel-control-next-icon"
          aria-hidden="true">
    </span>
    <span class="visually-hidden">Next</span>
  </button>
</div>
```

El código anterior muestra un carrusel de 4 imágenes **(4)**, con indicadores **(2)** y controles de navegación **(6)**. Se puede observar cómo comienza el código en la zona indicada como **(1)**, de manera que es ahí donde encontramos la capa con las clases `.carousel` y `.slide` asociadas. Desde ese punto se codifican los indicadores **(2)**, agrupados mediante la etiqueta HTML `<div>` con el atributo `class` igual a **.carousel-indicators.** Cada indicador **(3)** dispone de un atributo `data-bs-slide-to`, al que se le asigna un valor numérico positivo, comenzando el primero de ellos en cero. Este valor referencia el slide que tiene asignado. Como hemos dicho, el primer indicador tiene este atributo igualado a cero, de manera que cada vez que se haga clic sobre él se mostrará la primera imagen.

En el punto **(4)** comienza la codificación del conjunto de slides, todas ellos agrupadas mediante una capa (`<div>`). Cada slide está definida como se muestra en **(5)**. Debe insertarse una capa a la que se le asigna la clase `.carousel-item` y `.active`; esta última solo aparecerá en una slide, aquella que esté activa en el momento dado. A su vez, cada capa `carousel-item` contiene una etiqueta `<img>`, que establece el nombre del fichero de imagen y el resto de características relevantes de la misma.

Para finalizar, en la zona **(6)** se codificarán los botones que van a formar los controles de navegación. Las etiquetas HTML que consiguen visualizar estos elementos son `<button>`.

Algunos componentes de este tipo incluyen texto sobre las imágenes o elementos multimedia. Para conseguir esta modificación el framework agrega una capa de clase `.carousel-caption` a cada item, cada slide. En el interior de esta capa podemos incluir etiquetas `<h5>` y `<p>,` como Bootstrap propone o cualquier otra que creamos que se adapta mejor a la temática del sitio que estemos diseñando.

Actividad 5.2

Accede al sitio web https://startbootstrap.com/themes. Una vez allí, verás muchas plantillas desarrolladas en Bootstrap. Escoge una denominada *"Clean Blog"*. Desarrolla una página web que contenga un menú similar al de la plantilla y un carrusel con al menos 5 imágenes. Escoge aquellas que más te gusten. Para ello dispones de sitios como *Pixabay* (https://pixabay.com/es/photos/). El carrusel deberá contener botones de navegación, indicadores y un breve título descriptivo sobre cada imagen.

5.2.4.3. Card

Las *cards* en Bootstrap representan uno de los componentes más versátiles y utilizados dentro del framework. Este componente es una evolución de los paneles y listas de Bootstrap y ofrece una estructura flexible que puede ser utilizada para agrupar contenido de todo tipo en una interfaz visualmente atractiva y organizada.

Las cards se utilizan normalmente en el diseño para agrupar contenido dispuesto en imágenes, textos, enlaces y botones en un solo bloque. Cada card es una unidad autocontenida, que puede emplearse para mostrar información de manera compacta y estructurada, siendo ideal para la creación de listas de productos, perfiles de usuarios, artículos de blog, entre otros.

Entre las características principales de las cards encontramos:

- **Flexibilidad y modularidad.** Podemos introducir cualquier tipo de contenido en una card, desde imágenes, textos, encabezados, botones, etc. en una gran cantidad de combinaciones. La modularidad permite a los programadores estructurar el contenido según las necesidades del diseño que estemos llevando a cabo.

- **Estilo uniforme.** Gracias a este componente conseguimos diseños de contenido uniforme que se integra de manera coherente con el resto del contenido.

- **Adaptabilidad y diseño responsivo.** Son elementos que se adaptan de manera automática al ancho del dispositivo sobre el que se esté visualizando nuestro sitio web.

Figura 5.11. Ejemplo de card extraído del sitio web de PCComponentes

- **Soporte para imágenes.** Uno de los elementos más usados en una card son las imágenes. Bootstrap ofrece clases específicas para ajustar las imágenes dentro de una card, asegurándose así que se vean adecuadamente en todo tipo de dispositivos.

Además de las características expuestas, podemos decir que, gracias a la estructuración de Bootstrap es posible organizar nuestras cards de muy diferentes formas: en filas, columnas, etc., consiguiendo visualizaciones complejas sin necesidad de escribir demasiado código.

Se insta al lector que acceda al sitio web de Bootstrap y en su documentación, que visualice este componente en su gran variedad de configuraciones:

https://getbootstrap.com/docs/5.3/components/card/

Entre las clases principales que forman una card encontramos:
- `.card.` Define el contenedor principal, la card como tal. La capa que contiene esta clase englobará todos los elementos que forman la tarjeta.
- `.card-body.` Representa el cuerpo principal de la card. Es aquí donde incluiremos las imágenes, los textos, etc.
- `.card-title.` Define el título de la card estableciéndolo con unas características concretas. Se encuentra incluido dentro del elemento que contiene la clase `.card-body`.
- `.card-text.` Es la clase usada normalmente para los textos que se encuentran en la card.
- `.card-img-top` y `.card-img-bottom.` Son las clases que se usan para posicionar imágenes en la card en la parte superior o inferior.
- `.card-header` y `.card-footer.` Estas son las clases que debemos usar en el caso de que se estructure la card con un encabezado y pie, para diferenciarlos.
-

Veamos a continuación un ejemplo de uso de card para la visualización de una serie de productos de un sitio web que se dedique a la venta online. Tomaremos como referencia información del sitio web de PCComponentes para ello (https://www.pccomponentes.com/).

```
<div class="container mt-3"> (1)
    <div class="row">
      <div class="col-2">
        <div class="card border-0"> (2)
          <img src="img/img-1.webp" (3)
              class="card-img-top" alt="Producto 1" />
          <div class="card-body"> (4)
            <h5 class="card-title">
              PcCom Work Intel Core i5-12400 / 16GB / 500GB
              SSD + Bundle
            </h5>
            <p class="card-text">599€</p>
            <a href="#" class="btn btn-primary">Ir al producto</a>
          </div>
        </div>
      </div>
      <div class="col-2"> (5)
```

```html
            <div class="card border-0">
              <img src="img/img-2.webp"
                   class="card-img-top" alt="Producto 2" />
              <div class="card-body">
                <h5 class="card-title">Xiaomi Redmi Note 13 8/256GB
                   Negro Libre
                </h5>
                <p class="card-text">178.97€</p>
                <a href="#" class="btn btn-primary">Ir al producto</a>
              </div>
            </div>
          </div>
          <div class="col-2">
            <div class="card border-0">
              <img src="img/img-3.webp"
                   class="card-img-top" alt="Producto 3" />
              <div class="card-body">
                <h5 class="card-title">ASUS Chromebook CX1400CKA-NK0519
                   Intel Celeron N4500/8GB/128GB eMMC/14"
                </h5>
                <p class="card-text">279€</p>
                <a href="#" class="btn btn-primary">Ir al producto</a>
              </div>
            </div>
          </div>
          <div class="col-2">
            <div class="card border-0">
              <img src="img/img-4.webp"
                   class="card-img-top" alt="Producto 4" />
              <div class="card-body">
                <h5 class="card-title">LG 32LQ631C 32" LED Full HD
                   Smart TV Wifi
                </h5>
                <p class="card-text">197.99€</p>
                <a href="#" class="btn btn-primary">Ir al producto</a>
              </div>
            </div>
          </div>
          <div class="col-2">
            <div class="card border-0">
              <img src="img/img-5.webp"
                   class="card-img-top" alt="Producto 5" />
              <div class="card-body">
                <h5 class="card-title">Alurin CoreVision 100IPSLite
                   23.8" FHD 100Hz Freesync
                </h5>
                <p class="card-text">84.99€</p>
                <a href="#" class="btn btn-primary">Ir al producto</a>
              </div>
            </div>
          </div>
        </div>
      </div>
    </div>
```

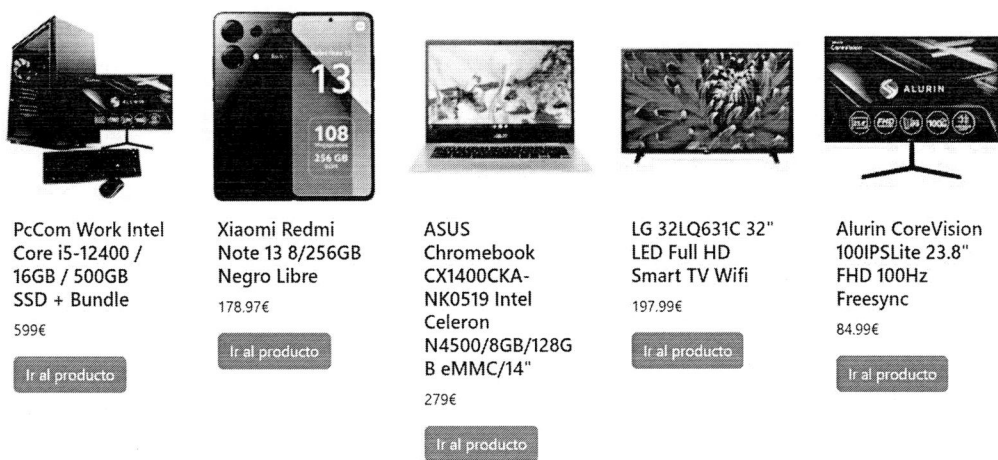

Figura 5.12. Resultado visual del código descrito

Para el desarrollo del ejemplo se han usados las clases típicas que permitirán la estructuración de nuestros sitios web en Bootstrap. **(1)** así se crea un contenedor de una fila que contiene columnas de ancho 2. En cada una de esas columnas (`.col-2`) se inserta el código que el framework dispone para generar cards[5] **(2)**.

En las líneas siguientes encontraremos la imagen asociada a la card **(3)** con las clases Bootstrap correspondientes y el cuerpo de la misma **(4)**. El cuerpo contiene etiquetas de título de nivel 5, etiquetas de texto y enlaces. A cada uno de estos elementos HTML se le asigna una clase en función de lo que debe mostrar, ya sea en nuestro caso, el título que a su vez describe el producto, su precio o el acceso a más información mediante un link convertido de manera visual a botón mediante las clases `.btn` y `.btn-primary`.

El proceso de inserción de cards se repite desde el punto **(5)** incluyendo en primera instancia una columna de tamaño 2 y el código de card adaptado a las necesidades que se plantea en el diseño.

La agrupación de las cards podría realizarse utilizando para ello una capa a la que se asociara la clase `.card-group`.

Actividad 5.3

Amplía la Actividad 5.2 agregando una zona de cards en las que se muestren pequeñas noticias, de manera que en cada una de ellas aparezca una imagen representativa, un título y texto asociados y un botón de *"Leer más..."*.

5.2.4.4. Otros componentes

Existe una gran variedad de componentes desarrollados por el framework y listos para ser usados, que proporcionan una manera sencilla de configurar una interfaz de usuario profesional y atractiva.

---

[5] Justo en esta línea, si se observa el código original, Bootstrap insertar `style="width: 18rem;"` en el ejemplo se ha obviado para que el ancho de la card se ajuste a la columna y no al ancho especificado en style.

Veamos en este apartado algunos de ellos. Aun así, si el lector lo desea, puede acceder a todos ellos mediante el enlace:

https://getbootstrap.com/docs/5.3/gettingstarted/introduction/

o visualizar algunos vídeos desde el canal de YouTube de la escritora.

Botones (buttons)

Los *botones* son elementos fundamentales en cualquier interfaz de usuario y Bootstrap proporciona una variedad de estilos predefinidos que permiten crear botones estéticamente atractivos y funcionales con facilidad. Los botones en Bootstrap se crean utilizando la clase `.btn` junto con clases adicionales que definen su estilo y color, como `.btn-primary`, `.btn-secondary` o `.btn-success`, entre otros. Además, Bootstrap permite la personalización de los botones con propiedades como tamaños: `.btn-lg` o `.btn-sm`; estados: `.active` o `.disabled`; y variantes de contorno: `.btn-outline-*`, que ofrecen flexibilidad en el diseño. A la hora de crear un botón no es necesario usar elementos HTML tipo buttons. Pueden configurarse con etiquetas `<a>` si se desea; todo dependerá del componente que se esté desarrollando. Por ejemplo, si el botón es un botón de formulario o un enlace de la barra de navegación o hacia contenido extra como los típicos botones de *"Leer más.."*.

Un ejemplo de uso sería:

```html
<button type="button" class="btn btn-outline-secondary">
    Botón Secundario
</button>
```

Alertas (alerts)

Las *alertas* son componentes utilizados para mostrar mensajes importantes a los usuarios, como notificaciones, advertencias, o confirmaciones. En Bootstrap, las alertas se implementan utilizando la clase `.alert`, acompañada de clases que determinan el contexto del mensaje, como `.alert-success` para mensajes de éxito, `.alert-danger` para errores, `.alert-warning` para advertencias, y `.alert-info` para la información general. Las alertas pueden personalizarse para incluir botones de cierre mediante la clase `.alert-dismissible` y el atributo `data-dismiss`, lo que permite a los usuarios cerrar el mensaje. Un breve ejemplo de uso de alertas podría ser el que se muestra a continuación:

```html
<div class="alert alert-success alert-dismissible
    fade show" role="alert">
    Operación realizada correctamente.
    <button type="button" class="btn-close" data-bs-dismiss="alert"
        aria-label="Cerrar">
    </button>
</div>
```

Formularios (forms)

Los formularios son elementos fundamentales en cualquier aplicación web, y Bootstrap proporciona una serie de clases y componentes para crear formularios que no solo son estéticamente atractivos sino también, funcionales y responsivos. Entre las clases relacionadas con formularios podemos destacar:

- **.form-label.** Proporciona un estilo uniforme a las etiquetas de formulario.

- **.form-control.** Aplica estilos coherentes a los campos de entrada `<input>`, `<textarea>`, `<select>`, etc.

- **.form-text.** Clase para texto de ayuda debajo de los campos de entrada, proporcionando información adicional.

A continuación, se muestra un breve ejemplo de un formulario de inicio de sesión.

```
<form action="#">
  <div class="mb-3">
    <label for="exampleInputEmail1"
           class="form-label">Introduce email
    </label>
    <input type="email" class="form-control"
           id="exampleInputEmail1" aria-describedby="emailHelp" />
    <div id="emailHelp" class="form-text">No comparta nunca
        su dirección de correo con nadie.
    </div>
  </div>
  <div class="mb-3">
    <label for="exampleInputPassword1"
           class="form-label">Introduce contraseña
    </label>
    <input type="password"
           class="form-control" id="exampleInputPassword1" />
  </div>
  <div class="mb-3 form-check">
    <input type="checkbox"
           class="form-check-input" id="exampleCheck1" />
    <label class="form-check-label" for="exampleCheck1">
        Mantener session iniciada</label>
  </div>
  <button type="submit" class="btn btn-primary">
        Iniciar Sesión</button>
</form>
```

ACTIVIDADES DE AMPLIACIÓN

1. Busca información sobre otros frameworks como Tailwind o Materialize. Pon en práctica la documentación a la que has accedido y desarrolla una pequeña página web con el texto "Hola mundo".

2. Crea un sitio web en Bootstrap que tenga la estructuración que se muestra en la Figura 5.13, con los diferentes tamaños de pantalla que se indican.

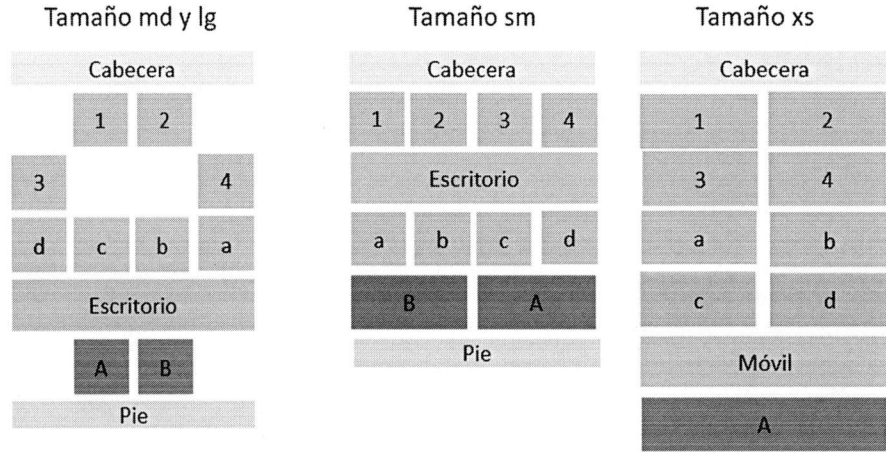

Figura 5.13. Diseño de un sitio web para tres tamaños de pantalla de dispositivo diferentes

3. Accede al sitio web https://startbootstrap.com/, localiza una de las plantillas que se proporcionan e intenta replicarla lo más fielmente que puedas usando para ello el framework Bootstrap.

4. Accede al sitio web https://artesiete.es/Cine/2/Artesiete-Holea. En este sitio web es donde se puede ver la cartelera del cine Artesiete, que se encuentra en el centro comercial Holea de Huelva. Si observas la página principal verás que está compuesta de un menú, un carrusel y una serie de tarjetas con imágenes que permiten visualizar las películas que actualmente se encuentran en cartelera. Replica el sitio web de manera que sea lo más parecido posible al original usando para ello el framework estudiado en este capítulo.

5. Accede al sitio web de tu centro educativo. Realiza en papel un nuevo diseño para la web que contenga menús, imágenes, carrusel de noticias, formularios, etc. Haz el diseño para que se visualice al menos en dos tipos de dispositivos. Una vez quetengas claro cómo quieres que se vea el sitio, codifícalo usando para ello Bootstrap. Si lo necesitas, puedes incluir clases propias realizadas en CSS.

6. Accede al sitio web de la tienda GAME https://www.game.es. Replícalo en la medida de lo posible mediante el uso de Bootstrap.

CAPÍTULO 6

PROGRAMACIÓN WEB EN ENTORNO CLIENTE. JAVASCRIPT Y ANGULAR

Contenidos

Introducción a JavaScript, características principales.

Sintaxis, elementos del lenguaje.

Manipulación del DOM.

Eventos.

JQuery, AJAX y frameworks más usados.

Resumen del capítulo

En este capítulo se estudia una de las tecnologías más usadas a lo largo de los tiempos en el desarrollo web, JavaScript. Con JavaScript aprenderemos a controlar la interacción del usuario en nuestros sitios, de manera que aportaremos dinamismo y mejoraremos la experiencia de navegación. Desde su uso más nativo, utilización de métodos de manipulación del DOM o gestión de eventos hasta bibliotecas como jQuery o frameworks.

Resultados de aprendizaje

RA3. Accede y manipula documentos web utilizando lenguajes de script de cliente

Criterios	
	a) Se han identificado y clasificado los lenguajes de script de cliente relacionados con la web y sus diferentes versiones y estándares.
	b) Se ha identificado la sintaxis básica de los lenguajes de script de cliente.
	c) Se han utilizado métodos para la selección y acceso de los diferentes elementos de un documento web.
	d) Se han creado y modificado elementos de documentos web.
	e) Se han eliminado elementos de documentos web.
	f) Se han realizado modificaciones sobre los estilos de un documento web.

6.1. INTRODUCCIÓN A LA PROGRAMACIÓN WEB DEL LADO DEL CLIENTE CON JAVASCRIPT

La programación web del lado del cliente se refiere a todas las operaciones que se ejecutan directamente en el navegador en que se está visualizando el aplicativo, permitiendo que las páginas web sean interactivas, dinámicas y altamente personalizables. A diferencia de la programación web del lado del servidor, en donde el procesamiento ocurre en el servidor y los resultados se envían al cliente, la programación del lado del cliente gestiona la interacción del usuario en tiempo real, sin necesidad de recargar la página. Aquí es donde tecnologías como JavaScript juegan un papel fundamental.

JavaScript es el lenguaje estándar para la programación del lado del cliente en el desarrollo web. Fue creado en 1995 específicamente para agregar interactividad a las páginas web y con el tiempo, ha evolucionado hasta convertirse en un lenguaje potente, utilizado tanto en proyectos simples como en aplicaciones web complejas. No se convierte en estándar hasta el año 1997. Junto con HTML (para la estructura) y CSS (para el diseño), JavaScript es una de las tecnologías clave del desarrollo frontend.

JavaScript así, permite a los desarrolladores crear sitios web más interactivos y dinámicos siendo algunas de las funcionalidades más comunes que incluye las que se especifican a continuación.

- **Acceso y manipulación del DOM**[1]. JavaScript puede modificar el contenido, estructura y estilo de una página web en tiempo real, permitiendo crear efectos visuales y actualizar información sin recargar la página.

- **Interactividad con el usuario.** A través de la programación orientada a eventos, JavaScript responde a las acciones del usuario, como clics de botones, entrada de texto, o movimientos del ratón.

- **Validación de formularios.** Antes de enviar datos a un servidor, JavaScript puede verificar la validez de la información introducida por el usuario. De esta manera se reduce la carga en el servidor.

- **Comunicación asincrónica**[2]. Gracias a tecnologías como AJAX y la Fetch API, JavaScript puede enviar y recibir datos de servidores de manera asíncrona, lo que permite actualizar secciones de la página sin necesidad de recargarla.

- **Almacenamiento local.** JavaScript puede almacenar datos localmente en el navegador mediante **localStorage, sessionStorage** o **cookies.** De esta manera se mantiene información entre sesiones.

6.1.1. Versiones de JavaScript

Veamos en este apartado, de manera esquematizada, las diferentes versiones junto a sus características principales.

---

[1] Modelo de Objetos del Documento (Document Object Model): árbol del documento web que representa su estructura,

[2] Capacidad de la que dispone el lenguaje para ejecutar tareas sin bloquear la ejecución de otras operaciones. Es una forma de manejar tareas que pueden tardar en completarse, como las solicitudes a servidores o la carga de archivos, sin detener la interacción del usuario o el funcionamiento de la aplicación.

Versión	Año	Características
JavaScript (ECMAScript 1)	1997	• Primera versión estándar. • Introducción básica de características de JavaScript, incluyendo manejo de tipos y estructuras de control básicas como `if`, `for`, funciones, etc.
ECMAScript 2	1998	• Pequeñas correcciones y mejoras menores para seguir el estándar ISO/IEC 16262.

ECMAScript 3	1999	• Introducción de características más avanzadas como:
		  ➢ Expresiones regulares.
		  ➢ Manejo de excepciones (`try...catch`).
		  ➢ Mejora de control de errores.
		  ➢ Acceso al DOM mejorado.

ECMAScript 4	Nunca	• Se desarrolla para incluir características como clases, módulos y tipos, pero fue cancelado por la complejidad que introducía.

ECMAScript 5	2009	• Gran actualización que trajo importantes mejoras:
		  ➢ Strict mode: modo estricto para mejorar la seguridad y evitar malas prácticas.
		  ➢ Nuevos métodos para arrays (map, filter, forEach, etc.).
		  ➢ JSON nativo.
		  ➢ Soporte mejorado para herencia prototípica.
		  ➢ Introducción de funciones para definir propiedades de objetos.
		  ➢ Nuevos métodos para manipular objetos.

ECMAScript 5.1	2011	• Correcciones y alineación con el estándar internacional ISO/IEC.

ECMAScript 6 / ES2015	2015	• Revolucionaria versión con grandes avances:
		  ➢ Clases: soporte para clases, aunque sigue siendo prototípico por debajo.
		  ➢ `Let` y `Const`: nuevas formas de declarar variables.
		  ➢ `Arrow functions` (`=>`): funciones más concisas.
		  ➢ `Template literals`: interpolación de cadenas con backticks (`` ` ``).
		  ➢ Módulos (`import/export`): sistema de módulos nativo; etc.

ECMAScript (ES7)	2016	• Actualización más pequeña con dos principales características:
		  ➢ Operador exponencial (`**`): para potencias.
		  ➢ `Array.prototype.includes()`: método para buscar elementos en arrays.

ECMAScript (ES8)	2017	• Introducción de características clave:
		  ➢ `Async/Await`: para manejar funciones asíncronas de manera más legible.
		  ➢ `Object.entries()` y `Object.values()`: para trabajar con objetos.
		  ➢ `String padding`: métodos `padStart()` y `padEnd()`.

ECMAScript (ES9)	2018	• Nuevas características: ➢ `Rest/Spread operator` en objetos.

Versión	Año	Características
ECMAScript (ES10)	2019	• Nuevas funcionalidades incluidas: ➢ `Array.prototype.flat()` y `flatMap()`. ➢ `Optional catch binding`. ➢ `String trimming`: métodos `trimStart()` y `trimEnd()`.
ECMAScript (ES11)	2020	• Introducción de características avanzadas como `Nullish Coalescing Operator (??)`.
ECMAScript (ES12)	2021	• Nuevas funcionales como operadores de asignación lógicos, `&&=`, `||=` o `??=`.
ECMAScript (ES13)	2022	• Nuevos métodos de clase privada: `#`.

6.2. SINTAXIS Y FUNDAMENTOS DE JAVASCRIPT

JavaScript es un lenguaje de programación versátil y dinámico utilizado principalmente para proporcionar interactividad en nuestras páginas web. Su sintaxis es bastante sencilla, lo que lo convierte en un lenguaje amigable tanto para principiantes como para programadores avanzados. A continuación, exploraremos algunos de los fundamentos y la sintaxis básica de JavaScript, pero antes, ¿cómo enlazamos con JavaScript en nuestros documentos web?

Para indicar que nuestra página web utiliza JavaScript es necesario hacer uso de etiquetas como `<script>`. Veamos en ejemplo.

```
<!DOCTYPE html>
<html lang="es">
<head>
    <meta charset="UTF-8" />
    <meta name="viewport" content="width=device-width,
        initial-scale=1.0" />
    <title>Ejemplo de inclusión de JavaScript en HTML</title>
    <script> (1)
        function mostrarSaludo() { (2)
            alert("¡Hola MUNDO!");
        }
    </script>
</head>
<body onload="mostrarSaludo();"> (3)
    <h1>Incorporación de JavaScript en HTML</h1>
    <p>Este es un ejemplo básico para aprender a incluir JavaScript
        en nuestras páginas webs.</p>
    <button onclick="mostrarSaludo();">Hacer clic para
                              ver mensaje</button> (4)
</body>
</html>
```

En el ejemplo se puede observar un documento HTML con ciertas peculiaridades:

(1) Etiqueta `<script>`. Gracias a ella se introduce código JavaScript. Este código puede estar encapsulado en funciones como en el ejemplo. Así, `mostrarSaludo()` **(2)**, representa un código JavaScript que visualizará un mensaje por pantalla, concretamente el mensaje **¡Hola MUNDO!**

(3) y **(4)**, para finalizar, indican modos de ejecución de código JavaScript desde HTML. En el punto **(3)** se utiliza el atributo HTML **onLoad,** que permite configurar el evento relacionado con la carga de la página web, es decir, una vez que se carga el sitio se establece qué debe ocurrir. Algo similar sucede con el atributo **onclick,** siendo este el relacionado con hacer clic sobre un elemento del documento web. Así, tanto una vez se ha cargado la página como posteriormente se haya hecho clic sobre el botón con el texto "Hacer clic para ver mensaje" se mostrará el mensaje **¡Hola MUNDO!**

Si el desarrollador lo desea, puede generar códigos JavaScript, almacenando estos bajo la extensión **.js.** De este modo, debemos enlazar con dicho código del mismo modo que hacíamos con ficheros CSS.

```
<!DOCTYPE html>
<html lang="es">
<head>
    <meta charset="UTF-8" />
    <meta name="viewport" content="width=device-width,
          initial-scale=1.0" />
    <script src="fScript.js"></script> (1)
    <title>JavaScript Externo</title>
</head>
<body onload="mostrarSaludo();> (2)
    <p>Haz clic en el botón para ver un mensaje.</p>
    <button onclick=" mostrarSaludo();">Hacer clic para ver
                                     mensaje</button>
</body>
</html>
```

Como se puede observar en el ejemplo, en la sección **(1)** se hace referencia a un fichero con extensión **.js** que mantiene la función **mostrarSaludo().** Al referenciarlo, todas las funciones que se incluyan en él son accesibles.

6.2.1. Variables, constantes y tipos de datos

Una vez comenzamos con el desarrollo del software, entre los elementos fundamentales en la codificación de los mismos se encuentran aquellos que permiten el almacenamiento de información útil para el código. Es aquí donde entran en juego las denominadas **variables**, **constantes** y por ende los **tipos de datos**. En este apartado analizaremos estos tres términos y cómo son implementados en JavaScript.

- **Variables.** Las variables son contenedores que almacenan datos o valores que pueden cambiar durante la ejecución de un programa.

- **Constantes.** Las constantes permiten, como las variables, el almacenamiento de información, pero esta no podrá ser modificada en toda la ejecución del programa. Así, una constante:
  - ➢ Debe ser inicializada en el momento de su declaración.
  - ➢ El valor asignado durante la inicialización será el que perdure durante la ejecución.

- **Tipos de datos.** Tanto variables como constantes representan mediante un nombre un valor. Este valor puede ser un número, un carácter, una cadena de caracteres, un valor verdadero o falso, etc. Así, el tipo de datos define el tipo al que pertenece el dato en cuestión teniendo en cuenta que cada tipo se almacena en memoria de un modo determinado y tiene asignadas una serie de operaciones básicas; por ejemplo, el valor 13 pertenece al grupo de los números enteros positivos y las operaciones que se pueden realizar con él son las típicas operaciones aritméticas: suma, resta, multiplicación, división, etc.

6.2.1.1. Creación, declaración e inicialización de variables

En JavaScript, podemos **declarar** una variable utilizando las palabras clave `var` y `let`.

- `var`. Constituyó la forma principal de declarar variables antes de la aparición de `let`. Una de las características más importantes de `var` es su alcance. Cuando hablamos de *alcance* nos referimos al contexto en el que la variable es visible. Si la variable se declara dentro de una función, esta será visible solo entre los límites de sus llaves; sin embargo, si se declara fuera de una función, su alcance es global, es decir, accesible desde cualquier parte del programa.

```
//Creación, declaración e inicialización de variables con var
var nombre = "María de la Cinta";
//Asignación de nuevo valor
nombre = "Cinta"; //El valor de la variable puede cambiar
```

- `let`. Tiene un alcance a nivel de bloque, lo que significa que solo es accesible dentro del bloque de código donde fue declarada. Esta característica lo hace más predecible y seguro que `var`. A diferencia de `var`, debemos hacer uso de la palabra reservada `let` cada vez que deseemos modificar el valor de una variable.

```
//Creación, declaración e inicialización de variables con let
let edad = 25;
if(mes == 3){
    let edad = 26;
    console.log(edad); //Aquí mostrará 26
}
console.log(edad); //Aquí mostrará 25 aunque en el bloque el
                     valor se haya
                   //modificado a 26
```

6.2.1.2. Constantes

Las **constantes** se declaran utilizando la palabra clave **const**. A diferencia de las variables, los valores asignados a una constante no pueden cambiar una vez asignados.

- Una constante debe ser inicializada en el momento de su declaración.
- No es posible reasignar una constante.

```
const PI = 3.1416;
var radio = 2;
var circunferencia = 2*PI*radio;
console.log(circunferencia);
```

```
radio = 5;
circunferencia = 2*PI*radio;
console.log(circunferencia);

PI = 6.13 //Produciría un error de compilación
```

6.2.1.3. Tipos de datos

En JavaScript, los datos que una variable o constante puede almacenar se clasifican en diferentes tipos. Los **tipos de datos** definen qué tipo de valor está siendo manejado, cómo se almacena y qué operaciones se pueden realizar con él. JavaScript tiene dos grandes categorías de tipos de datos: **tipos primitivos** y **tipos de referencia**.

A diferencia de otros lenguajes de programación, JavaScript no es un lenguaje tipado, es decir, no es necesario especificar en la creación de una variable o constante el tipo de datos de la información que va a contener.

- **Tipos de datos primitivos.** Los tipos primitivos son los más básicos y no se pueden descomponer en otras estructuras de datos. Veamos a continuación los contemplados por JavaScript.

    - **String (cadena de caracteres).** Representa texto, conjunto de caracteres alfanuméricos. Se define entre comillas simples (' ... ') o dobles (" ... ").

    - **Number (número).** Incluye tanto números enteros como decimales.

    - **Boolean (booleano).** Solo puede contener dos valores: `true` (verdadero) o `false` (falso).

    - **Null (nulo).** Representa la ausencia intencionada de un valor.

    - **Undefined (indefinido).** Tipo de datos que se obtiene al mostrar una variable a la que no se le haya asignado un valor por defecto.

- **Tipos de referencia.** Los tipos de referencia son más complejos y pueden almacenar múltiples valores. Los dos principales son:

    - **Object (objeto).** Es una colección de pares clave-valor. Los objetos son extremadamente flexibles y se utilizan para modelar datos más complejos relacionados con elementos que encontramos en la vida real en nuestro día a día.

    - **Array (arreglo o tabla).** Es una lista ordenada de elementos, donde cada elemento puede ser de cualquier tipo de dato.

6.2.2. Operadores y expresiones

Los operadores y las expresiones que se generan con la combinación de estos son elementos clave para la manipulación de valores y la ejecución de instrucciones. Los **operadores** permiten realizar acciones sobre valores (como sumar o comparar) y las **expresiones** son combinaciones de valores, variables y operadores que producen un valor.

Veamos a continuación los tipos de operadores que contempla JavaScript.

- **Operadores aritméticos.** Permiten realizar operaciones matemáticas básicas sobre números.

+	Suma.
–	Resta.
*	Multiplicación.
/	División.
%	Módulo: devuelve el resto de una división.
**	Exponenciación: eleva un número a una potencia. Ejemplo de uso: `console.log(2 ** 3); //2`³.
++	Incremento: aumenta el valor de la variable en uno.
--	Decremento: reduce el valor de la variable en uno.

- **Operadores de asignación.** Como su nombre indica, permiten asignar valores a las variables.

=	Asignación simple: Asigna un valor a una variable.
+=	Suma un valor y asigna el resultado, se usa para simplificar las expresiones: Ejemplo: `num+=3;` equivale a la expresión `num=num+3;`.
-=	Restan un valor y posteriormente realiza la asignación.
*=	Multiplica un valor y posteriormente realiza la asignación.
/=	División y asignación.
%=	Módulo y asignación.

- **Operadores de comparación.** Contrastan dos valores y devuelven un valor booleano.

==	Compara dos valores sin tener en cuenta el tipo de datos. `Console.log(5 == "5")` devuelve `true`.
===	Compara que los valores y tipos sean iguales.
!=	Compara dos valores sin atender a su tipo de datos.
!==	Compara dos elementos teniendo en cuenta su tipo y su valor. Devuelve cierto si son diferentes en el valor o el tipo.
>	Mayor que.
<	Menor que.
>=	Mayor e igual.
<=	Menor e igual.

- **Operadores lógicos.** Se usan normalmente para formar expresiones condicionales. Devuelve como resultado `true` o `false`.

&&	AND. Devolverá `true` si las dos expresiones son verdaderas.
||	OR. Devuelve `true` si al menos una de las expresiones es verdadera.
!	NOT. Invierte el valor devuelto por la expresión.

Además de los operadores descritos en el apartado, podemos encontrar en JavaScript los operadores `typeof` e `instanceof`. Con `typeof` podremos averiguar el tipo de datos de la variable o expresión sobre la que se esté aplicando, mientras que `instanceof` será usada para averiguar si una variable es instancia[3] de un objeto dado.

---

[3] A menudo es usual escuchar hablar del término instancia. Una *instancia* no es más que una variable de un objeto, una copia del mismo, de manera que esta variable adquiere todas las características del objeto en cuestión.

6.2.3. Funciones

Las **funciones** son bloques de código reutilizables que realizan una tarea o cálculo específico. Son fundamentales en el lenguaje, ya que permiten estructurar y organizar el código de manera eficiente, haciéndolo más modular y fácil de mantener.

La definición de una función en este lenguaje de programación se lleva a cabo mediante:

- La palabra clave `function`.

- Un **nombre representativo**. El nombre de la función debe ser claro y representativo, de manera que nada más verlo se sepa *grosso modo* el tipo de operaciones que realiza. Esto es importante, sobre todo para futuras actualizaciones del código o uso del mismo por parte de otros desarrolladores.

- Un conjunto de **parámetros** (si es necesario). Los parámetros representan información externa que es enviada a la función para que se procese en su interior; de otro modo, a no ser que trabajáramos de manera continuada con variables globales, no podríamos acceder a los datos ya que estos son declarados y las variables son creadas en zonas concretas accesibles solo en estas.

- Un **bloque de código** que realiza la acción. Esto representa el conjunto de líneas de código que delimitan las operaciones a realizar.

Las funciones son declaradas y creadas en una zona del código para posteriormente ser llamadas tantas veces como sea necesario. En cada llamada se ejecutará el conjunto de líneas encapsuladas entre llaves de dicho elemento.

Así, la sintaxis básica de una función es:

```
function nombreDeLaFuncion(parámetro1, parámetro2, ..., parámetroN) {
    // Código a ejecutar
}
```

Veamos a continuación un ejemplo de declaración, creación y uso de funciones.

```
<!DOCTYPE html>
<html lang="es">
<head>
    <meta charset="UTF-8" />
    <meta name="viewport" content="width=device-width,
        initial-scale=1.0" />
    <script>
        function sumar(num_1, num_2){
            var resultado = num_1 + num_2;
            alert("La suma de " + num_1 + " y " + num_2 + " es: "
                + resultado);
        }
    </script>
    <title>Ejemplo 1</title>
</head>
<body>
```

```
    <form action="#">
        <label for="n1">Introduce un número:</label>
        <input type="text" name="numero_1" id="n1" />
        <label for="n2">Introduce un número:</label>
        <input type="text" name="numero_2" id="n2" />
        <input type="button" value="Sumar"
        onclick="sumar(parseInt(document.getElementById('n1').value),
        parseInt(document.getElementById('n2').value));" />
    </form>
</body>
</html>
```

En el ejemplo se declara una función **suma** que posteriormente se utilizará tras hacer clic en un botón. La función tiene un nombre representativo de su funcionalidad, ya que suma dos números enteros pasados como parámetros. Estos valores se obtienen a partir de los cuadros de texto **n1** y **n2**. Líneas como **document.getElementById('n1').value** serán estudiadas en este capítulo en apartados posteriores pero quizá el lector, tras leerlos, sepa deducir su funcionalidad. Con **document.getElementById('n1').value** estamos accediendo al documento web, concretamente al elemento cuyo **id** es igual a 'n1', recogiendo del mismo el dato que el usuario haya escrito.

El código puede llevar a errores en tiempo de ejecución que no podremos controlar; por ejemplo, no se verifica si el valor introducido es un número o no. Para que esto no suceda sería necesario incluir bloques de código que permitieran alternativas en caso de errores en tiempo de ejecución tipo **try…catch**.

En nuestro ejemplo, el resultado de sumar dos números se muestra directamente en pantalla a través de la función **alert()** de JavaScript, pero ¿cómo deberíamos haber procedido en el caso de que quisiéramos que el resultado de la suma hubiera sido devuelto por la función y visualizado a partir del programa principal? Para estos casos, las funciones disponen de la palabra reservada **return**.

Comúnmente, en la jerga informática se habla de *procedimientos* y *funciones*. La diferencia entre un término y otro sería la devolución o no de valores. En JavaScript no existe distinción entre estos dos tipos de bloques de código, más allá del uso o no de la función **return**.

Así, si modificáramos nuestra función para que esta devolviera un valor en lugar de mostrar este directamente, el código resultante se mostraría como sigue.

```
function sumar(num_1, num_2){
    var resultado = num_1 + num_2;
    return resultado;
}
```

Si el lector lo desea puede profundizar algo más en este elemento accediendo al sitio web de W3Schools:

(https://www.w3schools.com/js/js_functions.asp).

6.2.4. Control de flujo. Condicionales y bucles

6.2.4.1. Sentencias condicionales

Las **sentencias condicionales** son aquellas que permiten la ejecución de una serie de líneas de código en función de una condición o regla. El código a ejecutar dependerá de si la condición establecida se cumple o no. El usuario de nuestro programa, a la hora de ejecutarlo, decidirá qué "camino" tomar.

Existen sentencias condicionales simples, dobles y múltiples.

- **Sentencias condicionales simples.** Son aquellas en las que se ejecutará un conjunto de instrucciones solo si la condición establecida es cierta. En caso de no cumplirse la condición, no se ejecutará nada adicional y el programa seguirá a partir de la siguiente línea de código tras este bloque.

- **Sentencias condicionales dobles.** En una sentencia condicional doble se especifica qué hacer en caso de que la condición sea verdadera o falsa; es decir, si la regla establecida es verdadera se ejecutará una serie de instrucciones, pero si es falsa, el algoritmo tendrá preparadas otras tantas para ejecutar. Es clara la diferencia con la sentencia condicional simple: en la primera, si la condición es cierta, se ejecutan instrucciones y si no, no se hace nada; y en una sentencia condicional doble se hace siempre algo, se ejecuta siempre al menos una instrucción, ya se cumpla o no la condición.

- **Sentencias condicionales múltiples.** En una sentencia condicional múltiple, la expresión o regla a comprobar no devuelve los valores verdadero o falso; devuelve un valor incluido en un rango establecido por el programador y según este, se realiza una acción u otra. Por ejemplo, imaginemos una instrucción alternativa múltiple que evalúe los días de la semana. Si es lunes, realizaremos una serie de acciones; si es martes, otras, etc. Una sentencia condicional múltiple se puede construir a partir de sentencias condicionales dobles y simples anidadas.

En JavaScript, las sentencias condicionales se introducen a través de las palabras reservadas `if`, `else`, `else if` y `switch`. Veamos la sintaxis de las sentencias condicionales estudiadas en este apartado:

Sentencia condicional simple	Sentencia condicional doble

`if (condición) {`
    `//Bloque de contenidos`
`}`
	`if (condición) {`
	    `//Bloque de contenidos si condición es verdad`
	`}`
	`else {`
	    `//Bloque de contenidos si la condición es falsa`
	`}`

Sentencias condicionales múltiples	

`if (condición 1) {`
    `//Bloque de contenidos a ejecutar si`
    `condición 1 es verdad`
`}`
`else if (condición 2) {`
    `//Bloque de contenidos a ejecutar si`
	`switch(expresión) {`
	    `case valor_1:`
	        `//Bloque de código a ejecutar si la expresión`
	        `da lugar a `**`valor_1`**
	        `break;`
	    `case valor_2:`

condición 2 es verdad, la condición 1 no
   se ha cumplido
 	
}
…
else if (condición n){
  //Bloque de contenidos a ejecutar si
   condición n es verdad, ninguna de las
   condiciones anteriores se han cumplido
}
	//Bloque de código a ejecutar si la expresión
	   da lugar a **valor_2**
	    break;
	  default:
	   //Bloque de código a ejecutar si ninguna de las
	    expresiones anteriores ha sido cierta
	}

En las sentencias condicionales múltiples generadas a partir de la palabra reservada `switch` es fundamental el uso de `break,` ya que es el elemento que rompe la secuencia en este bloque en caso de que se haya accedido, debido a que un valor coincida con el resultado de la expresión inicial. Si no se usa `break`, se ejecutarán todas las sentencias de todos los bloques `case` hasta finalizar la sentencia condicional al completo o encontrar un `break` en otro bloque.

Nota. JavaScript, al igual que la mayoría de los lenguajes de programación, permite la inclusión de comentarios entre sus líneas de código. Un comentario representa información adicional para el desarrollador, de manera que este conoce en todo momento qué hace cada parte de su código. En JavaScript podemos definir comentarios de una o varias líneas. Para los comentarios de una línea usaremos doble barra (//) mientras que para los comentarios de varias líneas usaremos los caracteres / y */. Veamos los siguientes ejemplos:

```
//Este es un comentario de una línea

/* Este comentario es de
varias líneas */
```

6.2.4.2. Bucles

Un **bucle** es un tipo de sentencia de control que hará que una o varias instrucciones se repitan tantas veces como permita la configuración de dicha sentencia.

En JavaScript podemos hacer uso de 5 tipos de bucles:

- `for`. Constituye un bucle cuyas sentencias están predeterminadas a ser ejecutadas un número determinado y conocido de veces.

- `for/in`. Diseñado para uso con objetos o elementos tipo arreglos. Permite recorrer las propiedades de un objeto dado.

- `for/of`. Es similar a `for/in` con una peculiaridad: los elementos sobre los que recorren sus propiedades deben ser iterables, es decir, deben ser elementos tipo `Array`, `String`, `NodeList`, etc.

- `while`. Constituye un bucle del que no se sabe con exactitud el número de veces que se repetirán sus sentencias, ya que esto dependerá de una condición. Esta condición se coloca al inicio del bucle de manera que pudiera ocurrir que las sentencias que conforman dicha estructura no fueran ejecutadas en ningún momento.

- **do/while.** Similar al anterior, con la salvedad de que la condición de ejecución del bucle es comprobada al final, de manera que al menos una vez las sentencias que contiene serán ejecutadas.

Vamos a continuación la sintaxis de las diferentes estructuras con un breve ejemplo, para una mayor información al respecto acceder al sitio web W3Schools (https://www.w3schools.com/js/js_loop_for.asp).

for	for/in

`for`
`(inicialización;condición;incremento){`
`   //Sentencias`
`}`
 	
• **Inicialización.** Establece la variable o variables que controlan la ejecución del bucle.
• **Condición.** Expresión que permitirá la ejecución mientras sea cierta.
• **Inicialización.** Expresión que hará cambiar el valor de la variable o variables que controlan el bucle, permitiendo así que este finalice y no sea infinito.
	`for (clave in objeto){`
	`   //Sentencias`
	`}`

for/of	while

`for (variable of objeto_iterable){`
`   //Sentencias`
 	
`}`
	`while (condición){`
	`   //Sentencias`
	`}`

do/while

`do {`
`   //Sentencias`
`}while (condición);`

6.2.5. Arrays

Un **array** es un tipo de datos compuesto que permite almacenar un número x de elementos del mismo tipo. El uso de array consigue que mediante una sola declaración hagamos referencia a un conjunto de valores, que pueden ser de los tipos de datos simples estudiados o bien. de algún tipo de datos diseñado por el usuario.

Cada elemento del array se referencia mediante su posición en la tabla, empezando a contar en 0. Al trabajar con arrays debemos diferenciar entre su contenido y sus posiciones. El contenido del array puede ser de cualquiera de los tipos de datos estudiados, mientras que cada posición será un número entero de 0 a n, siendo n el número de elementos del array menos 1.

Veamos a continuación qué operaciones podemos llevar a cabo cuando trabajamos con arrays en JavaScript.

Creación de un array

La **creación** de un array se produce en el momento de su declaración y mediante el uso de los símbolos corchetes ([]). Veamos el ejemplo del sitio web **Mozilla Developer** que puede ser tomado como referencia:

```
let frutas = ["Naranja", "Manzana", "Banana"];
console.log(frutas.length[4]);

//3
```

https://developer.mozilla.org/es/docs/Web/JavaScript/Reference/Global_Objects/Array

Acabamos de crear una variable llamada **frutas** que contiene tres valores: **Naranja**, **Manzana** y **Banana**.

Acceso a un elemento de un array

Para **acceder** a uno de los valores almacenados en un array será necesario especificar su índice o número de posición. Para ello, usaremos nuevamente los símbolos corchete ([]).

```
let fruta_cena = frutas[1];

/*La variable fruta_cena es inicializada con el valor encontrado en la
posición 1 del array, en nuestro ejemplo es Manzana */

let ultimo = frutas[frutas.length - 1];

/*La variable ultimo contiene el valor que está en última posición en el
array, en nuestro ejemplo es Banana */
```

Recorrer un array

Recorrer un array supone acceder a cada uno de sus elementos, desde el que se encuentra en la posición 0 al último. Normalmente, el recorrido de arrays, ya sea en JavaScript o en otros lenguajes de programación, se lleva a cabo mediante el uso de bucles **for**.

Para nuestro array de ejemplo:

```
for (let i = 0; i < frutas.length; i++){
    console.log(frutas[i]);
}
```

---

[4] Palabra reservada que representa una propiedad del array. Concretamente, este atributo contiene el número de elementos del array.

Añadir un elemento a un array

Podemos **añadir** elementos a un array ya creado con anterioridad mediante las funciones `push` y `unshift`. La primera de ellas añade un elemento al final, mientras que la segunda lo coloca al principio del mismo.

```
frutas.push("Pera");

//["Naranja", "Manzana", "Banana", "Pera"]

frutas.unshift("Pera");

//["Pera", "Naranja", "Manzana", "Banana"]
```

Eliminar un elemento del array

La eliminación, al igual que la inserción, puede realizarse sobre el último o el primer elemento del array. Es posible, además, mediante la función **splice** eliminar el elemento encontrado en una posición o los elementos desde esa posición en adelante.

```
frutas.pop(); //Elimina el último elemento, en nuestro caso "Banana"
frutas.shift(); //Elimina el primer elemento, en nuestro ejemplo
"Naranja"
frutas.splice(pos,1); //Elimina, desde pos un elemento. Si pos es igual
                      a 0 eliminaría el siguiente elemento,
                      es decir "Manzana"
frutas.splice(pos,2); //Eliminaría dos elementos a partir de la
                      posición dada.
```

Encontrar el índice de un elemento

Normalmente accedemos a los elementos indicando la posición de los mismos, siendo la información almacenada en el array lo que nos parece claramente relevante, sin embargo, en ocasiones, podemos necesitar conocer la posición en la que se encuentra un dato.

En un array de JavaScript, la posición de un elemento se localiza mediante la función `indexOf`.

```
let posición = frutas.indexOf("Manzana");
```

6.3. MANIPULACIÓN DEL DOM (DOCUMENT OBJECT MODEL)

6.3.1. ¿Qué es el DOM y cómo interactúa con JavaScript?

El **DOM** (**Modelo de Objetos de Documento** o **Document Object Model**) es la manera en la que se representa la estructura de un documento HTML o XML mediante un conjunto de nodos. Hablaremos de él en los capítulos relacionados con XML, siendo importante referenciarlo en este ya que es la manera en la que JavaScript es capaz de interactuar y manipular el contenido, estructura y estilo de un documento web de manera dinámica.

Cada parte de un documento HTML es un nodo. Así, tendremos:

- **Nodos de elemento.** Son las etiquetas HTML.

- **Nodos de texto** o **datos.** Es la información incluida entre las etiquetas de inicio y fin de un elemento.

- **Nodos de atributo.** Refieren los atributos que se encuentran en los elementos.

JavaScript utilizará el DOM para acceder y manipular estos nodos. Algunas de las acciones más comunes son:

- **Seleccionar elementos.** Mediante métodos concretos como `getElementById()` podemos apuntar a un elemento determinado para posteriormente realizar alguna operación sobre él.

- **Modificar contenido.** Desde JavaScript será posible cambiar el contenido de un nodo. Para ello tenemos `innerHTML` o `textContent`.

- **Crear** y **eliminar elementos.** Será posible añadir nuevos elementos al DOM o eliminar algunos existentes. Funciones como `appendChild()` o `remove()` lo harán posible.

- **Modificar los estilos de los elementos.** Es importante que el aspecto visual sea dinámico y en función de determinadas iteraciones del usuario, este se vea cambiado. JavaScript dispone de mecanismos de acceso a estilos para poder modificar estos.

Antes de comenzar a tratar algunas de las funciones más relevantes del lenguaje en relación a la comunicación con el DOM, es importante conocer algunos elementos clave a partir de los cuales accederemos a los diferentes nodos. Uno de ellos es **document**. Esta palabra reservada referencia todo el documento web. Será preciso incluirla cuando queramos acceder a algún nodo del DOM.

```
document.getElementById("nombre");
```

La palabra reservada **window** también será comúnmente usada. Si bien **document** referencia el documento web como tal, window representará la ventana o pestaña del navegador donde se está mostrando este. Mediante este elemento podremos, por ejemplo, abrir una nueva ventana del navegador o cerrar la existente.

Además de document y window, existen otras palabras reservadas similares tales como **console**[5], **history** o **navigator**.

Actividad 6.1

Busca en la web qué tipo de funcionalidad se lleva a cabo a partir de las palabras reservadas **history** y **navigator**. Existen otras que no se han mencionado en el apartado. Localiza alguna más y expresa cuál es su cometido principal.

---

[5] Este elemento ya ha sido usado con anterioridad en alguno de los ejemplos expuestos. Gracias a console el desarrollador puede mantener un feedback y saber qué está ocurriendo en cada momento en ciertas partes de su código en tiempo de ejecución, ya que escribe en la consola qué estamos visualizando al inspeccionar información que puede ser de cierta relevancia.

6.3.2. Selección de elementos del DOM. Métodos `getElementById()` y `querySelector()`

Gracias a `getElementById()` y `querySelector()` podemos acceder a elementos del documento HTML y realizar cualquier operación permitida sobre ellos.

6.3.2.1. `getElementById()`

Si traducimos al español las palabras que conforman la función, **get – Element – By – Id** podemos deducir algo así como **consigue – elemento – por – id.** Así, `getElementById()` permitirá apuntar a aquella etiqueta HTML que tenga un `id` similar al especificado entre los paréntesis. Recordar que el valor de los atributos `id` debe ser único. Aunque se usen para asignar estilos a un elemento, este no debe repetirse. Si existieran dos `id` iguales, desde JavaScript sería complicado seleccionar el adecuado.

```html
<!DOCTYPE html>
<html>
  <body>
    <h1 id="titulo">Hola Mundo</h1>
  </body>
</html>
```
```
var            titH1           =
document.getElementById("titulo");
(1)
console.log(titH1.textContent);
```

Si suponemos un código HTML como el indicado en la tabla, el código JavaScript accede y almacena en la variable **titH1** el objeto cuyo id es **titulo (1)** para posteriormente mostrar su contenido, texto incluido entre las etiquetas de inicio y fin, en la consola del navegador.

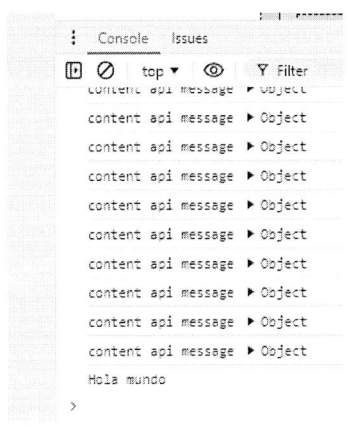

Figura 6.1. En la parte inferior se puede visualizar el texto **Hola Mundo** incluido en la etiqueta **<h1>**

6.3.2.2. `querySelector()`

Esta función, al igual que la anterior, permite acceder a elementos del DOM. La diferencia estriba en cómo se hace referencia a ellos. Si `getElementById` hace uso del valor del atributo **id** con `querySelector` nos fijaremos en el selector utilizado. Así, seleccionará el primer elemento del DOM que coincida con el selector pasado como parámetro. Si existieran varios selectores coincidentes solo devolvería el primero de ellos. Su sintaxis es la siguiente:

```
document.querySelector(selector);
```

Veamos un ejemplo.

```
<!DOCTYPE html>
<html>
  <body>
    <h1 id="titulo">Hola Mundo</h1>
    <p class="descripcion">Este es un párrafo.</p>
    <p class="descripcion">Este es otro párrafo.</p>
  </body>
</html>
```

La selección del titulo **h1** a través de la función estudiada sería como se muestra a continuación:

```
var titulo = document.querySelector('#titulo'); (1)
console.log(titulo.textContent);
//En la consola se mostraría el texto "Hola Mundo"
```

Entre los paréntesis de la función debe colocarse el selector tal como se escribiría en su código CSS, es por ello que en el ejemplo se puede leer **#titulo**. Al ser un selector de tipo **id** el que se está referenciando es necesario que la almohadilla aparezca al comienzo. En caso de selectores tipo **clase** colocaríamos un punto antecediendo al nombre del selector, en selectores tipo elemento especificaríamos de manera directa el nombre de la etiqueta, e incluso podemos especificar una combinación, por ejemplo **"div p"** nombrando de manera explícita que se está queriendo localizar la primera etiqueta **p** de la primera capa **div** que se encuentre.

Si en lugar del elemento con id igual a titulo hubiéramos querido acceder a la clase descripción, el código debería de haberse escrito como sigue:

```
var descripcion = document.querySelector('.descripcion');
console.log(descripción.textContent);
//En la consola el valor mostrado es Este es un párrafo.
```

Existen otras funciones que permiten el acceso a los elementos del DOM, si el lector lo desea puede seguir formándose en este aspecto en el sitio web de W3Schools o páginas similares. En este libro se han incluido las que parecen tener un mayor interés y difusión entre desarrolladores.

6.3.3. Modificación y acceso al contenido del DOM

Para el desarrollo de algunos ejemplos ya se ha hecho uso de algunas de las propiedades que se van a estudiar en este apartado. Así, una vez que sabemos cómo localizar los elementos del DOM el siguiente paso es poder acceder a su contenido y al mismo tiempo tener opción a modificar este. Veamos el siguiente ejemplo:

```
<!DOCTYPE html>
<html lang="es">
<head>
    <meta charset="UTF-8" />
    <meta name="viewport" content="width=device-width,
          initial-scale=1.0" />
    <script>
        var p;
        var check1;
```

```
        var check2;
        function cargarVariables(){ (1)
            p=parseInt(document.getElementById('precio').textContent);
            radio1 = document.getElementById("r1");
            radio2 = document.getElementById("r2");
        }
        function aplicaDescuento(){ (2)
            var aux = p;
            if (!radio1.checked && !radio2.checked){ (3)
                aux = p;
            }
            else if (radio1.checked){
                //Aplicamos descuento 10 %
                aux = aux - aux * 0.1;
            }
            else if (radio2.checked){
                //Aplicamos descuento 20 %
                aux = aux - aux * 0.2;
            }
            document.getElementById('descuento').textContent = aux;
        }
    </script>
    <title>Ejemplo 3</title>
</head>
<body onload="cargarVariables();">
    <label for="r1">Descuento del 10 %</label>
    <input type="radio" name="rDescuento"
        id="r1" onchange="aplicaDescuento();">
    <label for="r2">Descuento del 20 %</label>
    <input type="radio" name="rDescuento"
        id="r2" onchange="aplicaDescuento()">
    <p>Precio del producto: <span id="precio">45</span> €</p>
    <p>El precio final sería: <span id="descuento"></span></p>
</body>
</html>
```

En el ejemplo se crean dos botones tipo radio, de manera que en función de si se activan o no se aplica un descuento al precio de un productor imaginario. La interfaz gráfica es muy sencilla, alejada totalmente de las interfaces creadas en otros capítulos.

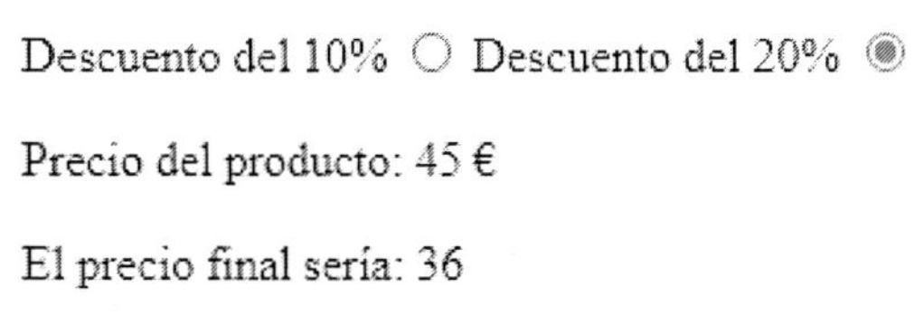

Descuento del 10% ○ Descuento del 20% ◉

Precio del producto: 45 €

El precio final sería: 36

Figura 6.2. Ejemplo de acceso y modificación de los elementos del DOM

Debemos tener en cuenta varias cosas en el código. Por un lado se crea una función llamada **cargarVariables() (1).** Para poder modificar correctamente el precio, es necesario acceder a él y obtener su valor inicial. Este valor no se podrá obtener hasta que la página web se haya cargado totalmente. Así, si de forma directa en nuestra etiqueta <script> colocáramos la inicialización daría lugar a error ya que los elementos aún no han sido creados.

La función **cargarVariables()** tiene en su interior el código:

```
p=parseInt(document.getElementById('precio').textContent);
radio1 = document.getElementById("r1");
radio2 = document.getElementById("r2");
```

Este código refiere componentes HTML. Si seguimos la estructura de incluir los elementos no visuales en la cabecera del documento web, estas líneas cargarían variables vacías o de tipo **undefined,** ya que están haciendo referencia a etiquetas del **body** que aún no se han creado, recordar la forma en la que el navegador interpreta una página web. Es por ello que deben ser incluidas en una función y ser llamadas justo tras la carga completa de la página. El atributo **onload** de la etiqueta <body>, refiere exactamente esto. Esta palabra reservada hace referencia a un evento que estudiaremos líneas más adelante.

El resto de código **(2)** supone programación estructurada como tal y verificación de si los botones tipo radio se encuentras activos o no. Si **radio1**, botón de opción que permite un descuento del 10 % y **radio2**, botón de opción que aplica un descuento del 20 %, no están activos, el precio que debe aparecer es el original **(3)**, en otro caso se aplica el descuento oportuno.

Ya que el apartado trata sobre el acceso y modificación del contenido de los elementos del DOM por parte de JavaScript, puntualizaremos sobre la función **textContent**. Gracias a **textContent,** como se ha podido comprobar, podemos extraer el contenido de una etiqueta, es decir, la información incluida entre las etiquetas de inicio y fin y al mismo tiempo, podemos modificar esta información en función de las interacciones que el usuario realice sobre nuestro sitio. Existen otras funciones similares:

- **innerHTML.** Permite acceder o modificar el contenido HTML de un elemento, de manera que, además de texto, es posible añadir o cambiar con esta función elementos HTML completos dentro de una etiqueta. La diferencia con textContent se encuentra en que, mientras textContent solo trabaja con texto plano, no interpreta HTML, innerHTML puede tanto referir texto plano como código HTML.

- **innerText.** Similar a textContent con la salvedad de que solo devuelve el texto visible, es decir, si el elemento contiene alguna característica tipo **display:none**, o similar, el texto que se devolverá solo será el que en ese instante se esté mostrando en el documento web.

- **value.** Necesario para obtener o cambiar el valor de elementos de formulario cuya información reside precisamente en el atributo con este nombre. Gracias a value, en el momento que una casilla de verificación, un cuadro de texto o cualquier otro elemento sea seleccionado, podremos saber el valor que el usuario a establecido con dicha acción.

Actividad 6.2

Añade código CSS al sitio web de ejemplo de este apartado para que se visualice de una manera más atractiva. Además, puedes probar algunas de las funciones explicadas líneas más arriba para añadir etiquetas al resultado de precio final.

6.3.4. Creación y eliminación dinámica de elementos del DOM

Según vamos avanzando en el capítulo, vamos afianzando la necesidad de uso de JavaScript para la interacción directa del usuario con nuestra web para que la experiencia de navegación sea cada vez más productiva, fructífera y atractiva. Recordemos que el diseño junto a la accesibilidad y usabilidad son elementos clave a la hora de diseñar un documento web, sin dejar atrás la funcionalidad del mismo.

Veamos un pequeño ejemplo.

```html
<!DOCTYPE html>
<html lang="es">
<head>
    <meta charset="UTF-8" />
    <meta name="viewport" content="width=device-width,
        initial-scale=1.0" />
    <script>
        var t_dias, t_horas;
        function cargarElementosDOM(){ (1)
            //Recogida de objetos del DOM de interés
            t_dias = document.getElementById("dias");
            t_horas = document.getElementById("horas");
        }
        function generarPlanificador(){
            if (t_dias.value == undefined || t_dias.value <= 0){ (2)
                alert("Error. No has especificado número de días");
            }
            else if (t_horas.value == undefined || t_horas.value <= 0){
                alert("Error. No has especificado número de horas");
            }
            else{ (3)
                var body = document.getElementsByTagName("body")[0];
                let totalFilas = t_horas.value;
                let totalCeldas = t_dias.value;
                // Crea un elemento <table> y un elemento <tbody>
                var tabla = document.createElement("table"); (4)
                var tblBody = document.createElement("tbody"); (5)

                // Crea filas y celdas
                for (var i = 0; i < totalFilas; i++) { (6)
                    // Crea las filas de la tabla
                    var fila = document.createElement("tr");

                    for (var j = 0; j < totalCeldas; j++) {
                    //Genera cada casilla con un texto de ejemplo
                    var celda = document.createElement("td");
                    var textoCelda = document.createTextNode(
                        "Día " + j + " - Hora " + i
                    );
                    celda.appendChild(textoCelda);
                    fila.appendChild(celda); (7)
                    }

                    // agrega cada fila al final de la tabla (al final
                    del elemento tblbody)
                    tblBody.appendChild(fila);
                }
```

```
                    //Coloca el <tbody> debajo del elemento <table>
                    tabla.appendChild(tblBody); (8)
                    //Agrega <table> al <body>
                    body.appendChild(tabla);
                    // modifica el atributo "border" de la tabla y lo fija a
                    "1";
                    tabla.setAttribute("border", "1"); (9)
                }
            }
    </script>
    <title>Ejemplo 4 - Planificador</title>
</head>
<body onload="cargarElementosDOM();">
    <h1>Planificador semanal</h1>
    <label for="dias">Introduce el número de días</label>
    <input type="text" name="texto_dia" id="dias" />
    <label for="horas">Introduce el número de horas</label>
    <input type="text" name="texto_horas" id="horas" />
    <input       type="button"      value="Generar       planificador"
onclick="generarPlanificador();" />
</body>
</html>
```

Aunque el código se encuentra comentado, pasemos a explicarlo para que quede claro al lector su funcionalidad y así hacer hincapié en las diferentes funciones objeto de este apartado.

(1) En este punto encontramos la función que accede a dos elementos clave de nuestro código, las etiquetas HTML, que permiten indicar el número de filas y columnas que debe tener nuestro planificador. Así, apuntamos tras la carga del documento a los cuadros de texto, de manera que los tenemos referenciados para cuando sea necesario acceder a su contenido.

(2) Nos adentramos ya en la función **generarPlanificador()**. Lo primero que haremos será una comprobación sobre el contenido de los cuadros de texto. Si estos no tienen información o la información no es correcta, debemos advertir al usuario. Es por ello que la primera parte del código refiere comprobaciones de si los cuadros están vacíos o su valor es negativo o cero.

(3) Apuntamos a la etiqueta <body> para posteriormente hacer uso de ella, una vez que se ha creado la tabla y queramos agregarla al sitio web. Además, recogemos los valores de los cuadros de texto: **let totalFilas = t_horas.value;** y **let totalCeldas = t_dias.value;**.

(4) Comenzamos a utilizar funciones relacionadas con la creación de nuevos elementos para añadir al DOM, así, con **createElement** en este punto vamos a crear la tabla HTML que formará nuestro planificador.

(5) Este punto es similar al anterior, creando en esta ocasión un elemento de tipo **tbody.**

(6) Esta zona del código es la que procede a generar la estructura completa de la tabla. Con la ayuda de bucles **for** anidados se consigue establecer una serie de filas y columnas en cada una de ellas. Estas, contendrán como ejemplo un breve texto informativo sobre la fila y la columna en la que se encuentra la celda. Además de la función createElement ya comentada en el párrafo anterior, encontramos la función **createTextNode,** que será la que permitirá añadir texto a cada celda.

(7) Cada casilla generada debe ser anidada a su fila correspondiente. Es por ello que en el bucle descrito en el punto **(6)** se observa la función **appendChild()**. Está será definitivamente la que realmente establezca la estructura, indicando que cada etiqueta <td> debe incluirse como elemento de cada etiqueta <tr>. Líneas más abajo se hace lo mismo con <tr> y <tbody>.

(8) Una vez finalizada la tabla, el <tbody> generado completamente se añade a la etiqueta <table> y a su vez, la tabla se agrega al cuerpo del documento.

(9) Como punto final, se modifica un atributo de la tabla, su borde, mediante la función **setAttribute()**.

El resultado visual, tras proceder a la ejecución, se puede observar en la Figura 6.3.

Planificador semanal

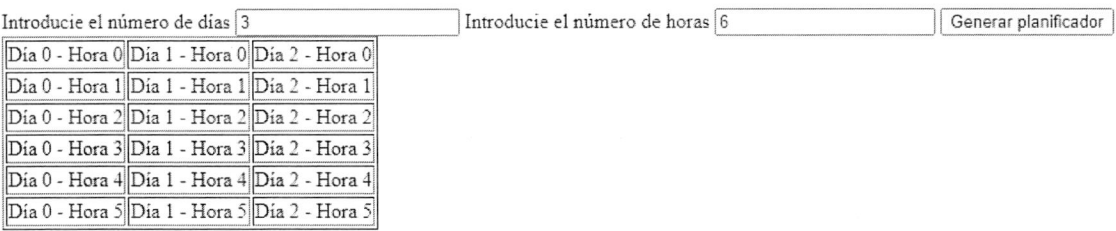

Figura 6.3. Visualización del sitio web de ejemplo una vez se han introducido valores en los cuadros de texto y se ha pulsado el botón *Generar planificador*

Actividad 6.3

Modifica el código de ejemplo para que su visualización sea algo más atractiva.

Actividad 6.4

Modifica el código del ejemplo para que cada vez que se genere un planificador sea eliminado el anterior.

Actividad 6.5

Modifica el código de ejemplo para que cada celda de la tabla contenga un elemento que permita al usuario introducir información.

Veamos a continuación una breve descripción de las funciones que podemos usar para crear y eliminar dinámicamente elementos del DOM.

- **createElement()**. Método utilizado para crear un nuevo elemento HTML. Entre paréntesis se especifica el nombre de la etiqueta que se desea crear, por ejemplo, (div), (p), (button), etc., devolviendo un nuevo elemento del tipo indicado.

- **createTextNode()**. Procedimiento que crea un nodo de texto. Los nodos de texto contienen solo texto y no tienen etiquetas HTML. Es útil cuando solo se quiere agregar texto dentro de un elemento sin que se interprete como HTML.

- **appendChild().** Modo para agregar un nodo hijo a un elemento. El nodo hijo puede ser un elemento creado con `createElement()`, un nodo de texto creado con `createTextNode()` o cualquier otro nodo existente. El nuevo nodo se agregará al final de los hijos del elemento.

- **insertBefore().** Similar a `appendChild()`, pero en lugar de agregar el nuevo nodo al final de los hijos del elemento, inserta un nodo antes de otro nodo hijo existente. Es interesante cuándo se precisa controlar la posición en la que se debe agregar un elemento.

- **removeChild().** Eliminación de un nodo hijo específico de un elemento. Es preciso tener una referencia al nodo que se desea eliminar y al que lo contiene.

```
var lista = document.querySelector('ul'); //Referencia al padre
var elementoAEliminar = lista.firstChild; //Indicación de nodo a borrar
lista.removeChild(elementoAEliminar); //Eliminación
```

- **replaceChild().** Método que reemplaza un nodo hijo de un elemento por un nuevo nodo. Suele ser útil cuando se desea cambiar un elemento o contenido específico en la estructura del DOM sin eliminarlo completamente.

- **cloneNode().** Creación de una copia de un nodo. Es posible la clonación con o sin sus nodos hijos. Como parámetro podemos pasar al procedimiento los valores **true** o **false**. Si se usa `cloneNode(true)`, se produce la copia de todos los hijos del nodo, mientras que si se emplea `cloneNode(false)`, solo se clonará el nodo en sí, sin sus hijos.

- **setAttribute().** Método que permite establecer el valor de un atributo en un elemento. Es de especial utilidad cuando se precisa añadir atributos como `class`, `id`, `src`, etc., a los elementos creados dinámicamente.

- **removeAttribute().** Procedimiento que recibe como parámetro el nombre de un atributo que será eliminado del elemento sobre el que se está aplicando.

Si el lector lo desea puede localizar más información en el sitio web de W3Schools en la dirección URL: https://www.w3schools.com/jsref/dom_obj_document.asp, además de en el canal de YouTube de la autora.

6.3.5. Gestión de estilos con JavaScript

A través de JavaScript, es posible modificar los *estilos* de los elementos HTML de manera que podemos cambiar la apariencia de los elementos en respuesta a las acciones del usuario, condiciones o cualquier evento en tiempo real. A continuación, vamos a estudiar las formas más comunes de gestionar estilos usando la tecnología estudiada en este capítulo.

6.3.5.1. Modificación de estilos individuales a través de la propiedad style

Como ya estudiábamos en capítulos anteriores, cada elemento HTML dispone de un atributo **style,** que permite el acceso y la modificación de estilos CSS en línea, es decir, de manera directa sobre la etiqueta. Así, mediante el uso de **style** estaremos alterando los estilos que afectan directamente a ese elemento y no a otros elementos de la página.

Desde JavaScript, es posible modificar los estilos accediendo al elemento en cuestión y usando precisamente una propiedad denominada **style.**

```
elemento.style.propiedadCSS = 'valor'; //Sintaxis para modificación de
                                        estilos en JavaScript
```

Veamos un ejemplo de uso:

```
var capa = document.getElementById('miCapa'); //Crea una variable que
apunta a una capa con

id miCapa
capa.style.backgroundColor = 'cyan'; //Cambia el color de fondo a cian
capa.style.fontSize = '16px'; //Cambia el tamaño de letra a 16px
```

6.3.5.2. Adición o eliminación de clases con `classList`

Aunque sea posible modificar los estilos en línea a partir del atributo **style,** es más eficiente hacer esta operación a través del uso de clases CSS. Podemos tener configuradas varias clases CSS en ficheros externos, de manera que en función de la interacción del usuario sea posible activar unas u otras, presentando así diferentes interfaces o elementos visualmente cambiantes en función de las decisiones de aquellos que acceden al sitio web.

JavaScript dispone de una serie de funciones relacionadas con las clases CSS asociadas a los elementos HTML. Veamos a continuación las más relevantes:

- `classList.add()`. Añade una o más clases al elemento sobre el que aplica.

- `classList.remove()`. Elimina la clase o clases especificadas entre paréntesis del elemento sobre el que se utiliza la función.

- `classList.toggle()`. Añade una clase si no está presente, o la elimina si ya está aplicada.

- `classList.contains()`. Verifica si un elemento tiene una clase específica.

6.3.5.3. Modificación de reglas de estilo de manera dinámica con JavaScript

Además de lo estudiado en los apartados anteriores, es posible manipular hojas de estilo al completo utilizando para ello JavaScript, esto permite añadir o modificar reglas CSS en tiempo real.

- **Modificar reglas CSS directamente.** Es posible modificar el contenido de los estilos incluidos en el propio documento web.

- **Crear nuevas hojas de estilo.** Es posible generar nuevas reglas CSS y añadirlas a nuestro sitio.

Veamos un breve ejemplo de uso:

```html
<!DOCTYPE html>
<html lang="es">
<head>
    <meta charset="UTF-8" />
    <meta name="viewport" content="width=device-width,
        initial-scale=1.0" />
    <style>
        div{
            width: 200px;
            height: 200px;
            margin: 20px 20px;
            border: 1px grey solid;
        }
    </style>
    <script>
        function hojaClara(){ (1)
            const nuevaHojaEstilo = document.createElement('style');
            nuevaHojaEstilo.innerHTML = `
                .estiloClaro {
                    background-color: #C6E3FA;
                    color: #188FD9;
                    font-size: 25px;
                }
            `;
            document.head.appendChild(nuevaHojaEstilo);
            const capa = document.getElementById('miCapa');
            //Aplicación dinámica de estilos
            capa.classList.add('estiloClaro');
        }
        function hojaOscura(){ (2)
            const nuevaHojaEstilo = document.createElement('style');
            nuevaHojaEstilo.innerHTML = `
                .estiloOscuro {
                    background-color: #188FD9;
                    color: #C6E3FA;
                    font-size: 25px;
                }
            `;
            document.head.appendChild(nuevaHojaEstilo);
            const capa = document.getElementById('miCapa');
            //Aplicación dinámica de estilos
            capa.classList.add('estiloOscuro');
        }
    </script>
    <title>Ejemplo 5</title>
</head>
<body>
    <div id="miCapa">Pruebas</div>
    <input type="button" value="Estilo Claro" onclick="hojaClara();" />
    <input type="button" value="Estilo Oscuro" onclick="hojaOscura();"
/>
</body>
</html>
```

En el ejemplo se observa cómo en los puntos **(1)** y **(2)** se generan mediante funciones, los correspondientes estilos que serán aplicados en función de la decisión del usuario, que será quien haga clic en los botones oportunos de la parte HTML.

```
function hojaClara(){
    const nuevaHojaEstilo =
          document.createElement('style');
          nuevaHojaEstilo.innerHTML = `
          .estiloClaro {
                background-color: #C6E3FA;
                color: #188FD9;
                font-size: 25px;
          }
          `;
document.head.appendChild(nuevaHojaEstilo);
    const capa =
        document.getElementById('miCapa');
    //Aplicación dinámica de estilos
    capa.classList.add('estiloClaro');
}
```

La función **createElement()** genera una etiqueta **style** que posteriormente es agregada al **head** gracias a **appendChild()**. Como deseamos que el nuevo elemento creado contenga elementos HTML, es necesario que se use **innerHTML** para añadir contenido a la etiqueta más allá de texto plano. El contenido refiere clases CSS que en la primera función tienden a colorear la capa con tonalidades claras.

Una vez que se haya configurado el estilo, solo queda aplicarlo mediante **classList.add.**

Figura 6.4. Visualización tras el uso del estilo claro   **Figura 6.5.** Visualización tras el uso del estilo oscuro

6.3.5.4. Modificación de las hojas de estilo (`styleSheets`) existentes

Es posible acceder a las hojas de estilos referenciadas desde un documento web a través de JavaScript mediante **document.styleSheets**. De este modo, será posible como en el apartado anterior modificar y agregar reglas, pero sobre ficheros externos. Veamos un ejemplo de uso.

```
// Accedemos a la primera hoja de estilo referenciada en nuestro HTML
const hojaEstilo = document.styleSheets[0];

//Crea una nueva regla: body{...} y añade esta al final cssRules.length
hojaEstilo.insertRule('body{background-color:lightgreen;}',
hojaEstilo.cssRules.length);
```

> **Nota.** Es posible eliminar una propiedad completa de un estilo, para ello solo debemos usar el método `removeProperty()` colocando entre los paréntesis el nombre de la propiedad.
>
> `elemento.style.removeProperty('backgroundColor');`

6.4. PROGRAMACIÓN ORIENTADA A EVENTOS

6.4.1. Introducción al modelo de eventos en JavaScript

El **modelo de eventos** de JavaScript es una de las características más importantes de esta tecnología, ya que permite crear aplicaciones web interactivas. Los eventos permiten que los usuarios interactúen con una página web y que el navegador reaccione a esas interacciones, como hacer clic en un botón, escribir texto, mover el ratón o presionar una tecla.

Un **evento** en JavaScript es una acción o suceso que ocurre en la página web y que puede ser detectado por el navegador. Los eventos pueden ser generados por el usuario (como un clic o una pulsación de tecla) o por el propio navegador (como la carga de una página o la finalización de una animación).

Ya hemos hecho uso de ellos en ejemplos de este capítulo. En muchas ocasiones se han incluido en etiquetas HTML atributos como `onclick` u `onload`. Estos atributos refieren a los eventos relacionados con hacer clic o carga del sitio web.

6.4.2. Tipos de eventos

Existe una gran variedad de eventos, que pueden agruparse en función del elemento que en cierto modo los origina. Así, tenemos:

- **Eventos del ratón:**
  - ➢ **click.** Representa el clic del ratón en cualquier sitio del documento web.
  - ➢ **dblclick.** Representa el doble clic del ratón.
  - ➢ **mouseover.** Se da cuando colocamos el ratón sobre un elemento.
  - ➢ **mouseout.** Similar al anterior, pero cuando dejamos de estar sobre el elemento.
  - ➢ **mousedown.** Representa la primera parte de la acción de hacer clic, es decir, el momento en el que se mantiene pulsado el botón izquierdo del ratón.
  - ➢ **mouseup.** En contraposición de mousedown, representa el momento en el que suelta el botón del ratón.
- **Eventos de teclado:**
  - ➢ **keypress.** Supone la pulsación de una tecla.
  - ➢ **keydown.** Relacionado con la pulsación de una tecla, representa el momento en el que se comienza la pulsación.
  - ➢ **keyup.** En contraposición de keydown, representa el momento en el que la tecla deja de ser pulsada.

- **Eventos de formulario:**
  - ➤ **submit**. Supone la pulsación del botón de envío de información.
  - ➤ **change**. Refleja el momento en el que algún elemento del formulario ha cambiado.
  - ➤ **focus**. Representa la adquisición del foco por parte de un elemento del formulario, es decir, cuando este pasa a ser el elemento activo.
  - ➤ **blur**. Supone la pérdida del foco por parte de un elemento de formulario.
- **Eventos de ventana:**
  - ➤ **load**. Se da cuando se produce la carga del sitio web. Al final la carga de todos sus elementos.
  - ➤ **resize**. Se produce un cambio en las dimensiones de la ventana, ya sea por el uso de los botones de maximizar, redimensionar o por un cambio manual mediante el uso del ratón.

Además de los nombrados, son muchos más los eventos que se pueden producir cuando se esta navegando a través de una página web. Para completar la información de este apartado se puede acceder al sitio web de W3Schools https://www.w3schools.com/js/js_htmldom_events.asp.

6.4.3. Manejadores de eventos: `addEventListener`

Para hacer que el navegador reaccione a un evento se necesita "escuchar" el evento en un elemento específico. Esto se hace utilizando los event listeners (escuchadores de eventos). Un **event listener** se encarga de capturar el evento y ejecutar una función cuando el evento ocurre. Si bien es cierto que hasta el momento esta función la habíamos llevado a cabo en nuestros ejemplos a través de los atributos correspondientes en las etiquetas HTML (`onclick`, `onload`, etc.).

La sintaxis básica para generar escuchadores de eventos se muestra a continuación.

```
elemento.addEventListener('evento', funcionManejadora);
```

- **`evento`**. Representa uno de los eventos listados en el apartado anterior y será el evento que queremos escuchar.
- **`funcionManejadora`**. Es la función que se ejecutará cuando se produzca el evento.

```
const boton = document.getElementById('miBoton');
boton.addEventListener('click', function() {
    alert('¡Has hecho clic en el botón!');
});
```

En el ejemplo la función se crea justo en el momento en que se añade el event listener, algo habitual en la práctica. Como se podrá deducir, se esta referenciando un botón al que se prepara para escuchar el evento **click**. En el momento en que este se produzca se ejecutará un mensaje de alerta con el texto *"¡Has hecho clic en el botón!"*.

Al igual que añadimos escuchadores de eventos, podemos eliminar estos. Para ello disponemos de la función **removeEventListener**. Tiene una sintaxis similar a **addEventListener** ya que como en esta será preciso indicar el evento y la función como parámetros.

Actividad 6.6

Modifica los ejemplos anteriores en los que se producen modificaciones tras hacer clic en botones de formulario, de manera que uses la función `addEventListener` en ellos, es decir, añade escuchadores de eventos eliminado el uso de atributos tipo `onload` y `onclick`.

6.5. jQUERY

jQuery es una biblioteca de JavaScript con gran numerosas funcionalidades que ha jugado un papel central en el desarrollo web moderno. Creada por John Resig en 2006, tiene como objetivo simplificar la manipulación del DOM, el manejo de eventos, la animación y las solicitudes asincrónicas (AJAX). Su lema, *"Escribe menos, haz más"*, refleja su propósito de optimizar el código JavaScript, reduciendo la cantidad de líneas necesarias para realizar tareas comunes en el desarrollo web.

En este apartado abordaremos, sin profundizar demasiado, en los aspectos principales de jQuery, su estructura, funcionalidad y cómo ha influido en la evolución de las bibliotecas y frameworks de JavaScript, particularmente en lo que se refiere a la creación de interfaces de usuario dinámicas.

6.5.1. Características principales de jQuery

Una de las principales razones del éxito de jQuery ha sido su capacidad para simplificar operaciones comunes de desarrollo web que, en JavaScript nativo, podrían requerir mucho más código. Las principales características que ofrece jQuery son:

- **Compatibilidad entre navegadores.** jQuery abstrae las inconsistencias entre los distintos navegadores, asegurando que el código funcione de manera uniforme en todos ellos.

- **Selección del DOM simplificada.** Permite seleccionar y manipular elementos del DOM con una sintaxis simple, inspirada en los selectores de CSS.

- **Manejo de eventos mejorado.** Proporciona una forma concisa y eficiente de manejar eventos como clics, movimientos del ratón o cambios en los formularios.

- **Animaciones y efectos.** jQuery incluye métodos fáciles de usar para agregar animaciones y transiciones visuales a los elementos del DOM.

- **AJAX simplificado.** Facilita la implementación de solicitudes AJAX para la carga de contenido dinámico sin necesidad de recargar la página.

- **Plugins.** jQuery dispone de una comunidad de personas muy extensa que ha desarrollado una amplia gama de plugins que amplían sus funcionalidades.

6.5.2. Selección y manipulación del DOM

Uno de los aspectos fundamentales en jQuery es la capacidad de seleccionar elementos del DOM utilizando una sintaxis muy similar a CSS. El método principal para ello es `$(selector)`, que permite seleccionar uno o varios elementos en el DOM, de manera concisa y eficiente.

6.5.2.2. Selección de elementos

La selección de elementos es uno de los puntos clave en cualquier lenguaje de manipulación del DOM. jQuery hace uso del símbolo de dólar (**$**) seguido de un selector CSS para seleccionar elementos.

- Seleccionar por nombre de etiqueta:
    - ➢ `$('nombre');`.
    - ➢ Ejemplo. `$('h1');`.
- Seleccionar por clase:
    - ➢ `$('.nombre_clase);`.
    - ➢ `$('.fondo);`.
- Seleccionar por id:
    - ➢ `$('#id_elemento);`.
    - ➢ `$('#t_dia);`.

6.5.2.3. Manipulación de elementos

Una vez se han seleccionado los elementos, jQuery facilita enormemente su manipulación. Por **manipulación** entendemos la modificación del contenido, atributos, estilos y estructura del DOM.

Modificación del contenido

Es posible hacer uso de métodos como **text()** para cambiar o leer el texto incluido dentro de un elemento.

```
$('#parrafo').text('Nuevo texto');
```

La línea de código anterior accede al elemento con id igual a `párrafo´` y cambia su texto por `Nuevo texto´`.

Modificación de HTML

Con el método **html()** es posible obtener o establecer el contenido HTML de un elemento dado.

```
$('#div').html('<strong>Texto en negrita</strong>');
```

El código mostrado accede a un elemento con id igual a **div** y le añade un texto en negrita.

Modificación del valor de un elemento tipo input

El método **val()** permite a jQuery acceder o cambiar el valor de un campo de formulario.

```
$('input#nombre').val('Javier Trani');
```

En el código anterior se hace referencia a un elemento de formulario tipo **input** con id igual a **nombre.** Una vez accedido, su valor es modificado por `Javier Trani´`, siendo este dato la información transmitida una vez se envíe el formulario al que pertenece.

Modificación de atributos

El **cambio de atributos** mediante esta tecnología se lleva a cabo a partir de la función **attr().** Es preciso especificar como parámetros por un lado el nombre del atributo y por otro el nuevo valor asignado. En el ejemplo se muestra cómo se modifica el atributo **src** de una etiqueta **img.**

```
$('img').attr('src', 'nuevaImagen.jpg');
```

6.5.2.4. Manejo de eventos

En el **manejo de eventos** jQuery proporciona un enfoque bastante simplificado y flexible en comparación con el JavaScript nativo. La sintaxis básica para referenciar eventos es mediante el uso de métodos preestablecidos como **click(), hover(), focus(), blur(),** etc.

Veamos un ejemplo en el que se configura el clic sobre un botón.

```
$('#boton').click(function() {
  alert('Haz hecho clic');
});
```

6.6. AJAX (ASYNCHRONOUS JAVASCRIPT AND XML)

AJAX (Asynchronous JavaScript and XML) es una técnica ampliamente utilizada en el desarrollo web que permite a las aplicaciones web enviar y recibir datos desde un servidor de manera asíncrona, sin la necesidad de recargar la página completa. Esto ofrece una experiencia de usuario mucho más dinámica y fluida, ya que partes específicas de la página pueden actualizarse sin interrumpir la interacción del usuario.

Aunque el término incluye "XML", hoy en día AJAX no está limitado al uso de XML como formato de datos. En su lugar, suele emplear JSON (JavaScript Object Notation), que es más liviano y más fácil para trabajar en JavaScript. Sin embargo, el término AJAX ha permanecido como el nombre estándar para describir estas interacciones asíncronas.

Anteriormente a la existencia de AJAX, cada vez que se necesitaba enviar datos al servidor (como enviar un formulario) o recibir nuevos datos (como cargar una nueva página), el navegador debía recargar toda la página. Esto suponía tiempos de espera más largos, interrupciones en la experiencia de usuario y mayor consumo de recursos. Con AJAX, las aplicaciones web pueden:

- Enviar pequeñas solicitudes al servidor.
- Recibir respuestas (datos) y actualizar partes específicas de la página, sin recargar la totalidad de la misma.
- Mejorar la velocidad, la eficiencia y la interactividad de la aplicación web.

Para finalizar, indicaremos que AJAX no es una tecnología nueva en sí misma, sino una combinación de tecnologías que ya existían antes de que el término fuera popularizado por Jesse James Garrett en 2005. Las tecnologías que forman AJAX incluyen:

- **HTML** y **CSS:** para estructurar y dar estilo a las páginas web.
- **JavaScript:** para realizar las solicitudes asíncronas y manipular el DOM.
- **XMLHttpRequest:** un objeto JavaScript que permite la comunicación entre el cliente y el servidor de forma asíncrona.
- **XML** o **JSON:** formatos de datos para intercambiar información entre el cliente y el servidor.

Con la evolución de las tecnologías web, hoy en día se suele usar Fetch API como una alternativa más moderna y fácil de usar para XMLHttpRequest.

6.6.1. Funcionamiento de AJAX

La idea principal de AJAX es la comunicación asíncrona. Esto significa que cuando un usuario interactúa con una página web, se puede hacer una solicitud al servidor en segundo plano sin interrumpir la interacción del usuario. Al recibir la respuesta del servidor, JavaScript se encarga de actualizar partes específicas de la página. Así, los pasos básicos de una operación AJAX serían:

1. El usuario realiza una acción (como hacer clic en un botón o enviar un formulario) que dispara una solicitud AJAX.
2. JavaScript crea una solicitud HTTP (GET, POST, etc.) a un servidor mediante XMLHttpRequest o Fetch API.
3. El servidor procesa la solicitud y responde con los datos (normalmente en formato JSON o XML).
4. JavaScript procesa los datos recibidos y actualiza la página de manera dinámica sin recargar toda la página.

6.6.2. Estructura básica de operación usando XMLHttpRequest

Mediante el siguiente ejemplo vamos a observar cómo se procesa una solicitud GET básica utilizando el objeto XMLHttpRequest, siendo esta la forma tradicional de realizar este tipo de solicitudes en AJAX.

```
//Crear una variable de tipo XMLHttpRequest (instancia)
const xhr = new XMLHttpRequest(); (1)

//Configurar la solicitud (GET o POST, URL y si será asíncrona)
xhr.open('GET', 'https://api.ejemplo.com/datos', true); (2)

//Definir lo que debe hacer cuando la solicitud cambie de estado
xhr.onreadystatechange = function() { (3)
    //Verificar si la solicitud ha finalizado y ha sido exitosa
    if (xhr.readyState === 4 && xhr.status === 200) {
        //Parsear la respuesta JSON
        const datos = JSON.parse(xhr.responseText);
        //Actualizar el DOM o hacer alguna operación con los datos
```

```
            console.log(datos);
      }
};

// Enviar la solicitud
xhr.send();  (4)
```

Analizando el código, podemos decir que:

(1) Se crea una nueva instancia del objeto que gestiona las solicitudes asíncronas.

(2) Se configura la solicitud. El primer parámetro indica el método HTTP (GET, POST, etc.), el segundo es la URL del recurso y el tercero especifica si la solicitud será asíncrona (true) o síncrona (false).

(3) En este punto se asigna una función que se ejecutará cada vez que el estado de la solicitud cambie. El estado de la solicitud se monitoriza a través de **readyState**.

(4) Finalmente, se envía la solicitud al servidor.

Actividad 6.7

Investiga sobre Fetch API y realiza operaciones similares a las vistas en el ejemplo. ¿Qué diferencias encuentras con AJAX?

6.6.3. Manipulación y procesamiento de datos en AJAX

Como ya se ha indicado anteriormente, aunque AJAX históricamente se asociaba con XML, en la actualidad se utiliza comúnmente JSON (JavaScript Object Notation) por su simplicidad y compatibilidad con JavaScript. Para trabajar con JSON en JavaScript se usan las funciones **JSON.parse()** y **JSON.stringify().** La primera convierte una cadena JSON a un objeto JavaScript, mientras que la segunda realiza el proceso inverso, convirtiendo un objeto JavaScript en una cadena JSON.

6.6.3.1. Actualización dinámica del DOM

Uno de los usos más potentes de AJAX es la capacidad de actualizar dinámicamente partes de la página web con los datos recibidos del servidor. Esto permite a los desarrolladores mejorar la experiencia del usuario sin interrupciones. Veamos a continuación un ejemplo de cómo actualizar el DOM tras recibir datos vía AJAX.

```
fetch('https://api.ejemplo.com/datos')
    .then(response => response.json())
    .then(datos => {
        const elemento = document.getElementById('contenido');
        elemento.innerHTML = `
            <h1>${datos.titulo}</h1>
            <p>${datos.descripcion}</p>
        `;
});
```

En el código de muestra, los datos recibidos del servidor se utilizan para actualizar un bloque HTML dentro de la página web.

6.7. INTRODUCCIÓN A LOS FRAMEWORKS Y LAS LIBRERÍAS BASADAS EN JAVASCRIPT

En el desarrollo web moderno, JavaScript juega un papel crucial en la creación de aplicaciones web interactivas y dinámicas. Sin embargo, a medida que las aplicaciones web se vuelven más complejas, el código JavaScript puro puede volverse difícil de gestionar, mantener y escalar. Para resolver estos problemas surgieron los **frameworks JavaScript**. Estos frameworks proporcionan una estructura predefinida y las herramientas que facilitan la construcción de aplicaciones de forma más eficiente y organizada.

En este apartado exploraremos qué son los frameworks JavaScript, cómo funcionan, sus beneficios, los tipos más populares y cuándo es conveniente usarlos.

6.7.1. ¿Qué es un framework JavaScript?

Un **framework JavaScript** es una colección de herramientas, bibliotecas y protocolos que proporciona una estructura estándar para el desarrollo de aplicaciones web, especialmente del lado del cliente (frontend). En lugar de escribir todo el código desde cero, los desarrolladores pueden aprovechar esta estructura para construir aplicaciones de manera más rápida, modular y organizada. Ya estudiábamos frameworks HTML-CSS-JavaScript en el Capítulo 5 mediante Bootstrap.

La principal característica de un framework es que define cómo debe estructurarse la aplicación y qué reglas se deben seguir. Estos lo diferencian de una biblioteca (como jQuery), que es simplemente un conjunto de funciones que el desarrollador puede usar a su discreción sin imponer ninguna estructura.

6.7.2. Características principales de un framework

Entre las características que debe tener un framework, cabe destacar:

1. **Estructura predefinida.** Proporciona una arquitectura definida para la aplicación, promoviendo una mejor organización del código. Esto supone que existe una estructura de carpetas y organización de gran ayuda para el desarrollador.

2. **Componentes reutilizables.** Facilita la creación de componentes reutilizables como formularios, botones o menús, que pueden ser utilizados en diferentes partes de la aplicación.

3. **Manipulación del DOM simplificada.** Ofrece métodos y técnicas para interactuar con el DOM de manera más sencilla que con JavaScript puro.

4. **Desarrollo asíncrono.** Facilita la integración de operaciones asíncronas (como solicitudes AJAX o con Fetch API) sin recargar la página.

6.7.3. Ventajas de usar frameworks JavaScript

El uso de un framework JavaScript conlleva ventajas importantes, sobre todo en proyectos medianos o grandes.

- **Eficiencia.** Los frameworks ofrecen soluciones listas para usar y patrones predefinidos, lo que reduce el tiempo de desarrollo, permitiendo al desarrollador centrarse en la lógica específica de la aplicación. Muchas de las funcionalidades están ya codificadas.

- **Código organizado y mantenible.** Proporcionan una estructura clara para organizar el código, lo que facilita el mantenimiento y la escalabilidad del proyecto a largo plazo.
- **Reutilización.** Los frameworks están diseñados para crear componentes modulares y reutilizables, lo que permite escribir menos código duplicado.
- **Desarrollo de aplicaciones robustas.** Los frameworks incluyen herramientas para trabajar con tareas comunes (gestión de estado, validación de formularios, etc.), lo que da lugar a aplicaciones más robustas y coherentes.
- **Comunidad activa.** Los frameworks más populares tienen grandes comunidades y ecosistemas de desarrolladores, lo que significa que hay mucha documentación, ejemplos, bibliotecas y soporte para solventar gran diversidad de problemas rápidamente.

6.7.4. Frameworks *versus* bibliotecas

Es importante entender la diferencia entre un framework y una biblioteca en JavaScript. Aunque a menudo se confunden, cumplen roles diferentes.

Las bibliotecas referencian un conjunto de funciones o métodos que pueden utilizarse cuando sea necesario, sin imponer ninguna estructura o flujo de trabajo. El desarrollador controla el flujo del programa. Un ejemplo popular es **jQuery,** estudiado en el Apartado 6.5.

Los frameworks representan una organización e indican cómo debe estructurarse la aplicación. El framework controla el flujo del programa y el desarrollador trabaja dentro de las reglas que establece el framework. Ejemplos populares incluyen **React, Angular** y **Vue.**

6.7.5. Frameworks JavaScript más populares

Entre los frameworks JavaScript más populares encontramos **React, Angular** y **Vue.** Veremos a continuación una breve descripción de los mismos sin profundizar demasiado en ellos ya que estas tecnologías son propias de estudio en módulos de segundo curso.

6.7.5.1. React

Aunque técnicamente es una biblioteca de JavaScript para construir interfaces de usuario, **React** es considerado por muchos como un framework por su capacidad de estructurar aplicaciones web de manera eficiente. Fue desarrollado por Facebook y ha ganado gran popularidad por su enfoque en la creación de componentes reutilizables y su eficiente manejo del DOM virtual.

Entre sus características clave encontramos:
- **Componentes.** Basa su estructura en la creación de componentes modulares, reutilizables e independientes.
- **DOM virtual.** Utiliza un sistema de actualización eficiente del DOM mediante el **DOM virtual,** que actualiza solo las partes que han cambiado.
- **Unidirectional Data Flow.** Los datos fluyen en una sola dirección, lo que facilita el control del estado de la aplicación.

- **JSX.** Usa una sintaxis parecida a HTML dentro de JavaScript, lo que facilita la escritura de componentes visuales.

El ejemplo siguiente muestra una función que genera el texto "Hola Mundo desde React" entre etiquetas de título de nivel 1.

```
function HolaMundo(){
  return (
    <div>
      <h1>¡Hola Mundo desde React!</h1>
    </div>
  );
}

export default HolaMundo;
```

6.7.5.2. Angular

Angular es un framework de JavaScript desarrollado por Google, que ofrece una solución completa para la creación de aplicaciones web dinámicas y complejas. A diferencia de React, Angular es un framework completo (full-featured) que proporciona todo lo necesario para construir una aplicación web. Entre las características principales de Angular encontramos:

- **Arquitectura basada en MVC.** Usa el patrón Model-View-Controller para estructurar la aplicación.
- **Two-way Data Binding.** Sincroniza automáticamente el modelo (datos) con la vista (UI).
- **Modularidad.** Promueve la creación de módulos que organizan diferentes partes de la aplicación de manera independiente.
- **CLI de gran potencia.** Ofrece una herramienta de línea de comandos (CLI) para generar, compilar y gestionar proyectos de manera eficiente.

Veamos un ejemplo básico de código **Angular**.

```
import { Component } from '@angular/core';

@Component({
  selector: 'app-root',
  template: `<h1>{{ titulo }}</h1>`,
})
export class AppComponent {
  titulo = '¡Hola Mundo en Angular!';
}
```

6.7.5.3. Vue.js

Vue.js es un framework JavaScript diseñado para ser muy flexible y fácil de integrar en proyectos existentes. Al igual que React, Vue.js se enfoca principalmente en la creación de interfaces de usuario mediante componentes reutilizables, pero también proporciona funcionalidades avanzadas como el enrutamiento y el manejo de estado, como hace Angular. Entre las características principales de Vue.js encontramos:

- **Enlace de datos bidireccional.** De forma similar a Angular, Vue permite la sincronización entre el modelo y la vista.
- **Componentes.** Se basa en componentes, lo que permite reutilizar bloques de código.
- **Reactividad y ligereza.** Es conocido por su capacidad de respuesta y ligereza, lo que lo hace ideal para aplicaciones rápidas y dinámicas.
- **Facilidad de uso.** Es fácil de aprender y de integrar en proyectos existentes.

Veamos un pequeño ejemplo.

```
<div id="app">
  {{ mensaje }}
</div>

<script>
  new Vue({
    el: '#app',
    data: {
      mensaje: '¡Hola Mundo desde Vue.js!'
    }
  });
</script>
```

ACTIVIDADES DE AMPLIACIÓN

1. Mediante el uso de los elemento HTML input button e input text, diseña una pequeña calculadora web que realice las operaciones básicas de suma, resta, multiplicación y división.

2. Desarrolla un sitio web sencillo en donde se pueda introducir una temperatura expresada en grados Celsius y que los convierta en grados Fahrenheit.

3. Crea una función que recoja el texto de un párrafo de nuestra página web y que cuente el número de vocales que contiene.

4. Desarrolla una pequeña aplicación en JavaScript que permita visualizar una web en modo oscuro o en modo claro.

5. Crea un formulario de inicio de sesión que precise como usuario un correo electrónico. Antes de producirse el envío, verifica que el correo introducido sea correcto.

6. Desarrolla el ejercicio anterior usando para ello jQuery.

7. Crea una pequeña galería de imágenes de manera que al hacer clic sobre una miniatura, cambie la imagen principal.

8. Desarrolla un carrusel de imágenes.

9. Crea un formulario que permita modificar el tamaño de la fuente, el color del texto y el color de fondo de un elemento div.

LENGUAJES PARA EL ALMACENAMIENTO DE INFORMACIÓN. XML Y JSON

Contenidos

Características y ámbitos de aplicación de XML y JSON.

Estructura y sintaxis. Elementos, atributos y entidades.

Elaboración de documentos bien formados.

Resumen del capítulo

En este capítulo se estudia una de las tecnologías más usadas a lo largo de los tiempos en el desarrollo web, JavaScript. Con JavaScript aprenderemos a controlar la interacción del usuario en nuestros sitios, de manera que aportaremos dinamismo y mejoraremos la experiencia de navegación. Desde su uso más nativo, utilización de métodos de manipulación del DOM o gestión de eventos hasta bibliotecas como jQuery o frameworks.

Resultados de aprendizaje

RA1. Reconoce las características de lenguajes de marcas analizando e interpretando fragmentos de código.

Criterios	
	a) Se han identificado las características generales de los lenguajes de marcas.
	b) Se han reconocido las ventajas que proporcionan en el tratamiento de la información.
	d) Se han diferenciado sus ámbitos de aplicación.
	e) Se han reconocido la necesidad y los ámbitos específicos de aplicación de un lenguaje de marcas de propósito general
	f) Se han analizado las características propias de diferentes lenguajes de marcas
	i) Se han identificado las ventajas que aportan los espacios de nombres.

RA6. Gestiona la información en formatos de intercambio de datos analizando y utilizando tecnologías de almacenamiento y lenguajes de consulta.

Criterios	
	a) Se han identificado los principales métodos de almacenamiento de la información utilizados en documentos de intercambio de datos.
	b) Se han identificado las ventajas e inconvenientes de almacenar información en formatos de intercambio de datos.

7.1. INTRODUCCIÓN A XML. CARACTERÍSTICAS Y ESTÁNDARES

XML (**Lenguaje de Marcado Extensible o eXtensible Markup Language**) es un estándar de codificación desarrollado por el World Wide Web Consortium (W3C). XML se diseñó con el propósito de facilitar el intercambio de información a través de diferentes sistemas y plataformas, utilizando una estructura jerárquica basada en etiquetas que define el contenido y la estructura de los datos. Es un lenguaje de marcado desarrollado para el almacenamiento de información dejando de lado la parte visual que hasta ahora hemos estudiado en este libro.

Como ya se introducía en el Capítulo 1, XML surgió en 1998 como una evolución simplificada y flexible de SGML (Standard Generalized Markup Language), un lenguaje de marcado más complejo utilizado en la década de 1980. La necesidad de un lenguaje que fuera más fácil de implementar y comprender, pero que mantuviera la capacidad de definir estructuras de datos complejas, condujo a la creación de XML. Desde su lanzamiento, XML se ha consolidado como una tecnología esencial para la interoperabilidad de sistemas, en especial en el ámbito de la web y en la integración de aplicaciones empresariales.

7.1.1. Características principales de XML

XML se caracteriza por una serie de propiedades que lo hacen idóneo para la definición y el intercambio de datos. A continuación se detallas algunas de sus características principales.

- **Autodescriptivo.** XML se explica por sí solo, lo que significa que las etiquetas utilizadas en un documento XML definen claramente la naturaleza de los datos que encapsulan. Esta característica permite que tanto humanos como máquinas puedan interpretar el contenido sin necesidad de información externa adicional.

- **Estructura jerárquica.** Un documento XML está organizado en una estructura de árbol jerárquico, donde cada nodo representa un elemento, un atributo o un dato. Esta estructura permite modelar de manera natural las relaciones de contención y dependencia entre datos.

- **Extensibilidad.** A diferencia de HTML, que tiene un conjunto fijo de etiquetas, XML se puede expandir, lo que significa que permite a los usuarios definir sus propias etiquetas y estructuras según las necesidades específicas de su aplicación. Esta flexibilidad lo convierte en una herramienta versátil para representar la información en una amplia variedad de dominios.

- **Independencia de una plataforma.** XML no está vinculado a una plataforma y al lenguaje de programación, lo que lo hace ideal para el intercambio de datos entre sistemas heterogéneos. La capacidad de ser leído y procesado por una amplia gama de software garantiza que los datos en XML puedan ser utilizados en múltiples entornos.

- **Válido y bien formado.** Los documentos XML deben estar bien compuestos, lo que implica que sigan reglas sintácticas estrictas, como el correcto cierre de etiquetas y la anidación adecuada de elementos. Además, pueden ser validados mediante esquemas o DTD (Document Type Definition), lo que asegura que el documento cumple con una estructura predefinida.

- **Legibilidad humana.** Aunque XML está diseñado principalmente para el procesamiento por parte de máquinas, mantiene una estructura legible para el ser humano. Esto facilita la creación, edición y depuración de documentos XML sin necesidad de usar herramientas especializadas.

7.1.2. Ventajas y desventajas de XML

Una vez concretadas las características principales de XM,L se extraen a continuación las ventajas y las desventajas más relevantes del lenguaje de marcas.

En cuanto a las ventajas de XML, podemos destacar:

- **Interoperabilidad.** XML facilita la comunicación entre diferentes sistemas y plataformas.
- **Estandarización.** Es un estándar reconocido y soportado por una amplia gama de herramientas y tecnologías.
- **Legibilidad.** La estructura de XML es fácilmente comprensible para los humanos, facilitando la creación y mantenimiento de documentos.
- **Extensibilidad.** Su capacidad para definir etiquetas personalizadas lo hace adaptable a diversas necesidades.

Pero XML también posee algunas desventajas, que son:

- **Verbosidad.** Los documentos XML tienden a ser más grandes en tamaño comparados con otros formatos de datos como JSON, lo que puede afectar el rendimiento en ciertas aplicaciones.
- **Complejidad.** La necesidad de definir esquemas o DTD para validar documentos XML puede añadir una capa adicional de complejidad en su implementación.
- **Rendimiento.** La interpretación y procesamiento de XML pueden ser más lentos en comparación con otros formatos más simples.

7.1.3. Aplicaciones y usos de XML

XML se ha convertido en una tecnología omnipresente en la industria de la tecnología de la información. Si bien es cierto que existen nuevas tecnologías que están obteniendo un mayor peso en el ámbito web, como es el caso de JSON, que estudiaremos más adelante en este capítulo, XML sigue siendo utilizado en muchos entornos. Entre sus **aplicaciones** más comunes se incluyen:

- **Intercambio de datos.** XML se utiliza ampliamente para el intercambio de datos entre aplicaciones, especialmente en entornos empresariales donde es necesario comunicar sistemas heterogéneos.
- **Servicios web.** XML es la base de varios protocolos de servicios web, como SOAP (Simple Object Access Protocol), que permite la comunicación entre aplicaciones a través de Internet.
- **Configuración de aplicaciones.** Muchos sistemas utilizan XML para la configuración de sus aplicaciones, dado su formato estructurado y legible.
- **Almacenamiento de documentos.** XML es utilizado como un formato de almacenamiento para documentos que requieren una estructura definida, como los documentos técnicos, manuales y libros electrónicos (por ejemplo, en el formato ePub).

7.1.4. Componentes principales y estructura básica de un documento XML

Un documento XML estará constituido fundamentalmente de los siguientes elementos:

1. **Declaración XML.** Refiere la primera línea de un documento XML y especifica la versión y la codificación utilizada, por ejemplo: `<?xml version="1.0" encoding="UTF-8"?>`.

2. **Elementos.** Son las unidades básicas de un documento XML, delimitadas por etiquetas de inicio y fin, como `<libro>...</libro>`. Los elementos pueden contener otros elementos (anidación), texto o una combinación de ambos.

3. **Atributos.** Al igual que al estudiar HTML se observaba que algunas de sus etiquetas contenían atributos, los elementos XML pueden también contenerlos, proporcionando así información adicional en forma de pares nombre-valor, como `<libro titulo="Lenguajes de Marcas y Sistemas de Gestión de Información">...</libro>`.

4. **Entidades.** Las entidades son un mecanismo para definir y reutilizar bloques de texto o caracteres especiales dentro de un documento XML, como `&lt;` para `<` o `&amp;` para `&`.

5. **Comentarios.** XML permite incluir comentarios que no son procesados por las aplicaciones. La sintaxis de los comentarios en XML es similar a HTML, de manera que un comentario en XML se introduciría entre los signos: `<!--` y `-->`.

Veamos a continuación un breve ejemplo de documento XML.

```
<?xml version="1.0" encoding="UTF-8"?>
<libros editorial="Gaceta">
    <libro titulo="Lenguajes de Marcas y Sistemas de Gestión de Información">
        <isbn>978-3-17-152789-0</isbn>
        <autor>Isabel María Jiménez Cumbreras</autor>
    </libro>
    <libro titulo="Sistemas Informáticos">
        <isbn>978-3-17-152797-0</isbn>
        <autor>Isabel María Jiménez Cumbreras</autor>
        <autor>Francisco Javier Trani Jiménez</autor>
    </libro>
</libros>
```

En el ejemplo se observa en primera línea la declaración XML que permitirá distinguir el estándar que se está utilizando para así llevar a cabo ciertas validaciones. A partir de ahí, se inserta la etiqueta raíz, que debe ser única, `<libros>`, que contiene un atributo que permite almacenar información sobre la editorial de los libros almacenados. Otras etiquetas como `<libro>` o `<autor>` seguirán manteniendo datos relacionados con el tema en cuestión. Se puede observar que el documento XML forma una base de datos que es fácilmente accesible y legible.

7.1.5. DOM (Modelo de Objetos del Documento)

El **Modelo de Objetos del Documento**, comúnmente conocido por sus siglas en inglés como DOM (Document Object Model), es una interfaz de programación que permite a los desarrolladores acceder y manipular la estructura y el contenido de documentos XML (y HTML). DOM representa el documento como una estructura jerárquica de nodos, lo que proporciona una forma estándar de interactuar con los elementos, atributos y demás componentes del documento. Esta abstracción es fundamental en el desarrollo de aplicaciones que requieren la manipulación dinámica de documentos XML, ya que permite modificar, agregar o eliminar elementos y atributos de manera programática.

DOM convierte un documento XML en una estructura de árbol, donde cada componente del documento se representa como un nodo dentro de este árbol. La estructura jerárquica permite navegar por los nodos de manera sistemática, lo que facilita el acceso y la manipulación del contenido del documento.

En el DOM, cada parte de un documento XML se representa como un nodo. Los tipos de nodos más comunes son:

- **Nodo raíz.** Es el nodo principal que representa todo el documento XML. Es el punto de entrada al árbol DOM y actúa como el contenedor principal para todos los demás nodos.
- **Nodo de elemento.** Representa un elemento en el documento XML, como `<libro>`, `<autor>` o `<isbn>`; recuerda el ejemplo del apartado anterior. Los elementos pueden contener otros nodos, como atributos, texto o elementos hijos.
- **Nodo de atributo.** Representa un atributo de un elemento. Aunque los atributos se asocian a elementos, en el DOM se tratan como nodos separados.
- **Nodo de texto.** Engloba el contenido textual de un elemento o un atributo, es decir, la información como tal. Los nodos de texto son siempre hojas en el árbol DOM, es decir, no pueden tener nodos hijos.

Ahora bien, a la hora de representar el DOM, la estructura jerárquica que se forma se basa en relaciones de contención y parentesco entre nodos, de manera que tendremos:

- **Nodo raíz.** Es el nodo superior del árbol. Existe un único nodo raíz y es el que contiene al resto de nodos.
- **Nodo padre.** Un nodo que contiene otros nodos se denomina nodo padre. Por ejemplo, un elemento `<libro>` que contiene un `<autor>` sería el padre del nodo `<autor>`.
- **Nodo hijo.** Los nodos que están contenidos dentro de un nodo padre se llaman nodos hijos. En el ejemplo anterior, `<autor>` sería un nodo hijo de `<libro>`.
- **Nodo hermano.** Los nodos que comparten el mismo padre se conocen como nodos hermanos. Por ejemplo, `<isbn>` y `<autor>`, son ambos hijos de `<libro>`, con lo que serían hermanos.

Gráficamente, el documento XML representado en el apartado anterior tendría el DOM que se muestra en la Figura 7.1.

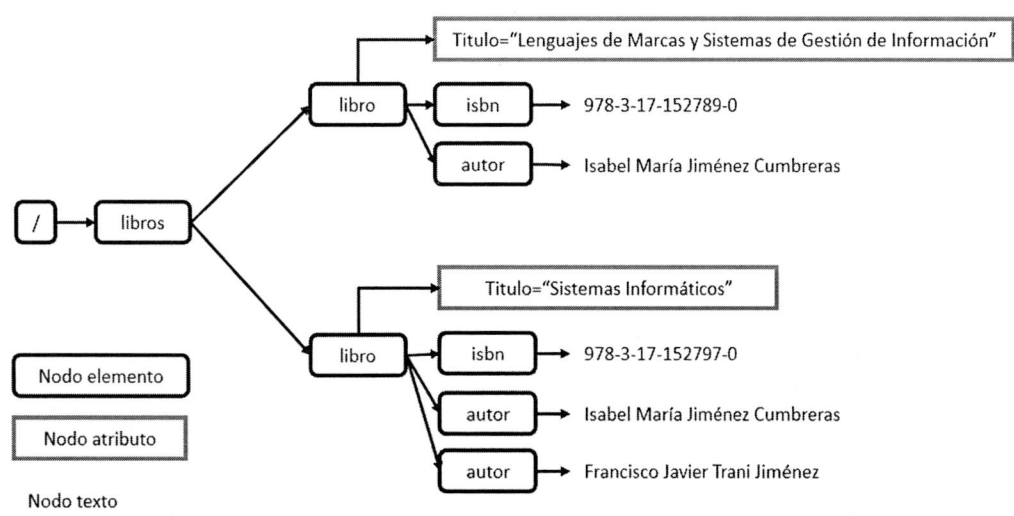

Figura 7.1. DOM del documento XML con nodo raíz <libros>

7.2. SINTAXIS DE UN DOCUMENTO XML

El Lenguaje de Marcado Extensible (XML) se rige por un conjunto de **reglas de sintaxis** que garantizan la consistencia, legibilidad y validez de los documentos que lo emplean. Estas reglas son fundamentales para asegurar que los documentos XML puedan ser procesados correctamente por diferentes aplicaciones y sistemas, facilitando así la interoperabilidad en diversos entornos. En los siguientes apartados se describen de manera detallada los componentes que constituyen un documento XML, así como las normas que deben seguir.

7.2.1. Declaración XML

Un documento XML puede comenzar con una **declaración** opcional que define la versión de XML y la codificación de caracteres utilizada. La declaración se escribe de la manera siguiente:

```xml
<?xml version="1.0" encoding="UTF-8"?>
```

- **versión.** Especifica la versión de XML que se está utilizando. La versión más común es 1.0.
- **encoding.** Define la codificación de caracteres del documento. UTF-8 es la codificación más utilizada.

7.2.2. Comentarios XML

Los **comentarios** en XML, como en otros lenguajes de programación, se utilizan para incluir notas o descripciones que no forman parte del contenido y no son procesadas por los parsers de XML. La sintaxis de un comentario XML es similar a la que estudiábamos en HTML.

```xml
<!-- Así se define un comentario en XML -->
```

7.2.3. Elementos XML

Los **elementos** son la unidad básica de un documento XML. Son similares a las conocidas etiquetas HTML. Un elemento puede contener texto, otros elementos, o estar vacío. A diferencia de HTML, XML no dispone de un conjunto determinado de etiquetas, debido a que estas se configurarán en función de la información que el propio documento almacena. Así, es el desarrollador quien crea elementos que posteriormente necesitan ser validados.

A continuación, se muestran diferentes ejemplos de elementos:

```xml
<!-- Ejemplo de elemento con información -->
<libro>Sistemas Informáticos</libro>

<!-- Ejemplo de elemento con subelementos -->
<libro>
    <titulo>Sistemas Informáticos</titulo>
</libro>

<!-- Ejemplo de elementos vacíos (uso del modo abreviado de cierre) -->
<libro titulo="Sistemas Informáticos"></libro>
<libro titulo="Sistemas Informáticos" />
```

7.2.4. Atributos XML

Los **atributos** proporcionan información adicional sobre un elemento y se definen dentro de la etiqueta de apertura del elemento. Cada atributo se expresa mediante un par nombre del atributo-valor asignado.

- **Nombre del atributo.** Identificador del atributo, colocado después del nombre del elemento o después de otros atributos en caso de que existiesen.

- **Valor del atributo.** Representa la información adicional aportada. Se coloca entre comillas dobles (") aunque el valor sea numérico. Es posible encontrar valores englobados entre comillas simples ('), pero las dobles son más comunes.

Un ejemplo de inclusión de atributos en elementos XML sería:

```
<!-- Elemento libro con dos atributos, titulo y autor. La información se encuentra
en estos atributos -->
<libro  titulo="Sistemas  Informáticos"  autor="Isabel  M.  Jiménez  Cumbreras,
Francisco Javier Trani Jiménez" />
```

7.2.5. Entidades XML

Las **entidades** se utilizan para definir caracteres especiales o para incluir fragmentos de texto que pueden reutilizarse en varias partes del documento.

```
<libro>El título del libro es &quot;Sistemas Informáticos&quot;</libro>
```

En el ejemplo, `&quot;` es una entidad. Representa el símbolo de comillas dobles ("). En ocasiones es necesario el uso de entidades, ya sea las definidas por el propio lenguaje o por el desarrollador. El uso de determinados símbolos en la propia información puede ser confuso, ya que pueden ser tomados como parte de la sintaxis XML. Por ejemplo, si necesitamos usar el símbolo mayor que (>) en los datos almacenados, puede confundirse con el cierre de un elemento, con lo que llevaría a una falta de claridad a la hora de validar nuestro documento.

7.2.6. Espacios de nombres en XML

Los **espacios de nombres** (o *namespaces*) en XML se usan para evitar conflictos de nombres cuando se combinan elementos y atributos de diferentes fuentes en un mismo documento. Esta capacidad de manejo de nombres es crucial para garantizar la interoperabilidad y la correcta interpretación de documentos XML en contextos donde se integran datos de múltiples dominios.

Los espacios de nombres proporcionan un contexto a los nombres de elementos y atributos mediante la asociación de un prefijo con un identificador de espacio de nombres, que es típicamente una URI (Uniform Resource Identifier). Este identificador no necesita ser un recurso accesible en la web, sino que simplemente actúa como un nombre único para distinguir los elementos y atributos.

Como ya se ha podido intuir, el propósito principal de los espacios de nombres es evitar colisiones entre nombres cuando diferentes vocabularios XML se mezclan en un solo documento.

Como ejemplo vamos a suponer que tenemos datos referidos a libros y películas y queremos combinar ambos. Tanto de libros como de películas almacenaremos información sobre el, es decir, en el vocabulario propio de ambos documentos encontraremos una etiqueta tipo `<titulo>`. Ahora bien, ¿cómo distinguimos al mezclar los contextos que un título refiere a un libro o a una película?, la manera de hacerlo es a través de los espacios de nombres.

7.2.6.1. Declaración de espacios de nombres en XML

Los espacios de nombres se **declaran** en un documento XML utilizando el atributo **xmlns** en la etiqueta de apertura de un elemento. El valor de este atributo es una **URI** que identifica el espacio de nombres.

```
<elemento xmlns="http://www.miURL.com/espacio">
  <!-- Contenido del elemento -->
</elemento>
```

En el ejemplo tenemos un espacio de nombres bajo la URL

http://www.miURL.com/espacio.

Todos los subelementos de <elemento> referirán dicho espacio.

Supongamos que deseamos entrelazar varios vocabularios, es decir, información proveniente de varios contextos. Por ejemplo, imaginemos que tenemos almacenados datos sobre libros y películas. Esta información se aloja en diferentes ficheros que contienen las estructuras de validación (DTD[1] o esquemas), fomentando así la modularidad de nuestro código. Estos contextos contienen etiquetas y atributos similares. Así, ¿cómo debemos proceder si deseamos entrelazar la información en nuevo fichero XML? La manera de hacerlo es usando espacios de nombre con prefijo para indicar explícitamente a qué contexto refiere cada etiqueta.

```
<productos xmlns:l="http://www.miURL.com/libros"
           xmlns:p="http://www.miURL.com/peliculas">
  <l:titulo>Sistemas Informáticos</l:titulo>
  <p:titulo>Enigma</p:titulo>
</libro>
```

Si analizamos el código:

- `xmlns:l="http://www.miURL.com/libros"` declara un espacio de nombres asociado al prefijo l, es decir, las etiquetas que comiencen con `l:` serán elementos del contexto de libros.

- `xmlns:p="http://www.miURL.com/peliculas"` declara un espacio de nombres asociado al prefijo p, es decir, las etiquetas que comiencen en `p:` serán elementos del contexto de películas, de manera que el vocabulario asociado deberá existir en este.

Mediante el uso de estos prefijos, l y p, se evita cualquier ambigüedad en la interpretación de los elementos y atributos.

---

[1] DTD y esquemas refieren modos de validar los elementos, atributos y entidades de un fichero XML. Representan una manera de definir qué componentes podrán usarse para un fichero XML de una temática concreta.

Resumiendo, podemos decir que:

1. Podemos disponer de numerosas definiciones de etiquetas alojadas, cada una de ellas en diferentes ficheros. Estas definiciones se realizan mediante DTD y esquemas. Estas definiciones referirán contextos y vocabularios diferentes.

2. Cuando deseemos generar un nuevo fichero XML que deba contener etiquetas de varios contextos, será preciso utilizar espacios de nombres. Así, las etiquetas deberán contener el atributo **xmlns** que recibirá el valor de dicho namespace.

3. Los subelementos que se encuentren bajo un elemento con un espacio de nombres concreto se verán afectados por este mismo.

4. Podemos hacer uso de prefijos de manera que a la hora de referir un contexto usemos este.

```
<entrada_blog xmlns:xhtml=http://www.w3.org/1999/xhtml
          xmlns:svg="http://www.w3.org/2000/svg">
  <xhtml:div>
    <xhtml:h2>Título de la entrada</xhtml:h2>
    <xhtml:p>Texto de la entrada</xhtml:p>
    <svg:svg width="100" height="100">
      <svg:circle cx="50" cy="50" r="40" />
    </svg:svg>
  </xhtml:div>
</entrada_blog >
```

En el ejemplo se usan los espacios de nombres http://www.w3.org/1999/xhtml y http://www.w3.org/2000/svg. El primero de ellos se referencia mediante el prefijo **xhtml** y el segundo, mediante **svg**.

Así, cuando utilizamos la etiqueta <h2> colocamos <xhtml:h2> indicando, de este modo, que esa etiqueta se define en el espacio de nombres http://www.w3.org/1999/xhtml.

Del mismo modo, cuando usamos la etiqueta <svg> estamos colocando delante de ella el prefijo <svg:svg>, de manera que se está haciendo uso de la definición de svg del espacio de nombres http://www.w3.org/2000/svg y no http://www.w3.org/1999/xhtml.

7.2.7. Los documentos XML deben estar bien formados

Un documento XML es considerado **bien formado** si cumple con las reglas básicas de sintaxis establecidas por el estándar XML. Esto es esencial para que el documento pueda ser interpretado correctamente por los parseadores (parsers)[2] de XML. Las principales reglas que deben cumplirse para que un documento esté bien formado se muestran a continuación.

---

[2] Herramientas que permiten detectar si las palabras del lenguaje están correctamente escritas, es decir, usan los signos del lenguaje y además las frases u organizaciones sintácticas y la semántica es correcta.

Declaración XML

Aunque no es estrictamente obligatorio, es una buena práctica iniciar un documento XML con una **declaración** que especifique la versión del estándar XML y la codificación del documento. Ya vimos las declaraciones en el ejemplo del Apartado 7.1.4. Componentes principales y estructura básica de un documento XML. Así, vamos a comenzar todo documento XML con la línea:

```xml
<?xml version="1.0" encoding="UTF-8"?>
```

Esta línea debe ser la primera en el documento y no debe contener espacios ni caracteres adicionales antes de ella.

Un único elemento raíz

Todo documento XML debe tener un **único elemento raíz** que englobe a todos los demás elementos del documento. Este elemento raíz es el contenedor principal de todo el contenido XML.

```xml
<libros>
    <!-- Resto de elementos -->
</libros>
```

Los elementos deben estar anidados correctamente

Los elementos deben estar **correctamente anidados,** lo que significa que, si un elemento se abre dentro de otro, debe cerrarse dentro de ese mismo elemento. Así, los elementos se abren y cierran en orden inverso.

Forma incorrecta	Forma correcta

<pre><libro titulo="Lenguajes de Marcas y
Sistemas de Gestión de Información">
    <autor>Isabel M. Jiménez Cumbreras
    </libro>
</autor></pre>
	<pre><libro titulo="Lenguajes de Marcas y
	Sistemas de Gestión de Información">
	    <autor>Isabel M. Jiménez Cumbreras
	    </autor>
	</libro></pre>

La etiqueta libro es la primera en abrirse y será la última en cerrarse.

Todas las etiquetas deben estar cerradas

Todas las etiquetas de apertura deben tener una correspondiente **etiqueta de cierre.** En el caso de elementos vacíos (sin información), se permite una etiqueta de cierre abreviada utilizando una barra diagonal al final de la etiqueta de apertura; por ejemplo, `<br />`.

```xml
<libro titulo="Sistemas Informáticos" isbn="978-3-17-152797-0" autor="Isabel M.
Jiménez Cumbreras, Francisco Javier Trani Jiménez" />
```

Sensibilidad a mayúsculas y minúsculas

XML **distingue entre mayúsculas y minúsculas,** lo que significa que `<Libro>`, `<LIBRO>` y `<libro>` serían considerados como elementos distintos. Es importante mantener la coherencia en el uso de las mayúsculas y minúsculas en todo el documento. Particularmente, desde este libro, se recomienda el uso de minúsculas sobre las mayúsculas.

Caracteres especiales

Algunos **caracteres** tienen significados **especiales** en XML y no pueden ser utilizados directamente en el contenido de un elemento o atributo. Estos caracteres incluyen &, <, >, " y '. Para incluir estos caracteres en el texto, deben ser representados mediante el uso de entidades:

Caracteres especiales	Entidades que los representan
&	&amp;
<	&lt;
>	&gt;
"	&quot;
'	&apos;

Los atributos deben estar bien formados

Los atributos de los elementos deben tener un **nombre** válido y seguido de **un signo igual =.** A su vez, el valor del atributo debe estar encerrado entre **comillas dobles** (") o **simples** ('). No está permitido duplicar atributos en un mismo elemento.

```
<libro titulo="Lenguajes de Marcas y Sistemas de Gestión de Información">
   <!-- Resto de elementos -->
</libro>
```

Actividad 7.1

Accede al sitio web de Mclibre: (https://www.mclibre.org/consultar/xml/ejercicios/documentos-bien-formados.html #ejercicio-1) y desarrolla las actividades que se proponen en las que se deben configurar documentos XML bien formados.

Actividad 7.2

Modela mediante XML la información referida a un instituto. En él se deben contemplar los diferentes niveles de enseñanza, el alumnado, el profesorado y las asignaturas.

Actividad 7.3

Modela mediante un documento XML la información de una tienda de alimentación, cuyos productos se encuentran categorizados y contienen datos de interés como nombre, referencia y precio.

7.3. INTRODUCCIÓN A JSON. CARACTERÍSTICAS Y ESTÁNDARES

JSON (JavaScript Object Notation) representa un formato ligero de almacenamiento de datos, fácil de leer y escribir para los seres humanos y fácil de generar y analizar para las máquinas cuya sintaxis se basa en JavaScript. JSON se utiliza ampliamente en aplicaciones web, servicios web, API, bases de datos NoSQL, y en cualquier contexto donde se requiera un formato de datos estructurado, pero no excesivamente complejo. Se usa a menudo como alternativa a otras bases de datos y formatos de almacenamiento de datos, como XML o CSV. Además, como la sintaxis de JSON es sencilla y fácil de entender, muchos desarrolladores lo encuentran mucho más fácil de usar que otros formatos de datos.

Fue creado a comienzos de la década de 2000 por Douglas Crockford para mejorar los formatos de almacenamiento de datos existentes hasta el momento, XML y CSV.

Para finalizar el apartado, veamos cuáles son las ventajas y desventajas del uso de JSON.

Las ventajas del uso de JSON son, entre otras:

- **Sintaxis sencilla y concisa.** JSON utiliza una sintaxis sencilla basada en pares clave-valor. Esto hace que sea muy legible y fácil de escribir.

- **Ligereza.** Los documentos JSON son más compactos que sus homólogos en XML. Esto hace que se opte por su uso, ya que son una excelente opción para aplicaciones donde el rendimiento y la eficiencia son fundamentales.

- **Compatibilidad con JavaScript.** Debido a que JSON se originó en JavaScript, se integra perfectamente con este lenguaje y es muy utilizado en aplicaciones de frontend.

- **Procesamiento eficiente.** Al disponer de una estructura simple, el procesamiento de datos JSON es rápido y eficiente.

En cuanto a las desventajas del uso de JSON, destacamos las siguientes:

- **Menos descriptivo.** JSON es menos descriptivo que XML; es más fácil de leer pero no proporciona tanta información estructural.

- **Inexistencia de comentarios.** JSON no dispone de estructura alguna que permita introducir comentarios entre sus líneas. Aunque no parezca un dato de demasiada importancia, el uso de comentarios es fundamental para la legibilidad del código y su posterior aportación a nuevos desarrolladores que partan de cero desde un documento JSON.

- **Limitaciones en los tipos de datos.** JSON no dispone de una amplia gama de tipos de datos soportados; además, se basa sobre todo en la estructura de almacenamiento de información clave-valor que en ocasiones puede resultar insuficiente, sin la flexibilidad que puede proporcionar XML.

7.3.1. Sintaxis JSON

La información almacenada en un fichero JSON se encuentra estructurada en dos tipos de elementos, objetos y arrays constituyéndose, de este modo, una sintaxis bastante sencilla.

7.3.1.1. Objetos

Un **objeto** es un elemento en JSON que almacena información mediante una colección de pares **clave-valor.** Los objetos se representan entre llaves ({ }). Cada par clave-valor se encuentra separado del siguiente por una coma (,). La clave se representa por una cadena de caracteres entre comillas dobles ("") y el valor, por cualquier información representada por alguno de los tipos de datos permitido por JSON. Un objeto válido en JSON podría ser:

```
{
    "titulo": "Lenguajes de Marcas y Sistemas de Gestión de Información",
    "autor": "Isabel M. Jiménez Cumbreras",
    "isbn": "978-3-17-152789-0"
}
```

En el ejemplo se almacena información referida al libro "Lenguajes de Marcas…", se crea un objeto que agrupa título, autor e ISBN.

Entre los tipos de datos soportados por JSON para representar los valores asignados a las claves encontramos:

- **Cadenas de texto.** Se incluyen entre comillas dobles. Por ejemplo: "Hola Mundo".
- **Números.** Pueden ser enteros o de punto flotante. Por ejemplo, 13, 3.14.
- **Booleanos.** Aceptan dos únicos valores true o false.
- **Nulos (null).** Representan un valor nulo o sin valor.

Es posible encontrar objetos anidados de manera que un objeto este compuesto por otros. Veamos el ejemplo siguiente.

```
{
    "titulo": "Lenguajes de Marcas y Sistemas de Gestión de Información",
    "autor": {
            "nombre": "Isabel M.",
            "apellido_1": "Jiménez",
            "apellido_2": "Cumbreras"
            },
    "isbn": "978-3-17-152789-0"
}
```

EL fichero JSON que se acaba de codificar muestra la información relacionada con un libro, de forma que se almacena el título del mismo mediante la clave "titulo" y el ISBN mediante la clave "isbn". Ambas claves contienen la información en una cadena de caracteres, tipo de datos asociado string y la clave "autor" que a su vez, es un objeto. Así, anidamos a la información referida de libro, que es un objeto. Otros objetos que almacenan los datos necesarios del autor son nombre y apellidos mediante el uso de las claves "nombre", "apellido_1" y "apellido_2".

La estructura de un documento JSON sería una sucesión de objetos junto a los arrays, que estudiaremos a continuación.

7.3.1.2. Arrays

Representados por corchetes [], los *arrays*, también denominados *arreglos*, representan listas ordenadas de valores. Los datos contenidos en un array pueden ser de cualquier tipo de dato, incluidos otros objetos o arreglos. Además, los elementos de un mismo array no tienen que ser todos del mismo tipo como ocurre en algunos lenguajes de programación, es fácil encontrar arrays con información de tipo [1, "Hola", 7, "Mundo"].

Veamos un pequeño ejemplo de uso de arrays en JSON.

```
{
    "titulo": "Sistemas Informáticos",
    "autores": ["Isabel M. Jiménez", "Francisco Javier Trani"],
    "isbn": "978-3-17-152797-0"
}
```

En el código expuesto se desarrolla un objeto que referencia a un libro con el título "*Sistemas Informáticos*". A la hora de definir los autores de la obra se usa un array en el que se especifican dos cadenas de caracteres separadas por coma. Los elementos que forman un arreglo deben encontrarse separados por este signo de puntuación (,) para ser diferenciados.

Al igual que incluimos arrays como valores de claves en un objeto, un array puede contener entre sus corchetes objetos.

```
{
    "libros": [
            {
                "titulo": "Lenguajes de Marcas y Sistemas de Gestión de
                        Información",
                "autores": ["Isabel M. Jiménez Cumbreras"],
                "isbn": "978-3-17-152789-0"
            },
            {
                "titulo": "Sistemas Informáticos",
                "autores": ["Isabel M. Jiménez Cumbreras",
                        "Francisco Javier Trani Jiménez"
                        ],
                "isbn": "978-3-17-152797-0"
            }
        ]
}
```

Actividad 7.4

Desarrolla las Actividades 7.2 y 7.3 en JSON

Actividad 7.5

Modela mediante JSON la información referida a un videoclub. Debes almacenar los datos de las películas, los clientes y los alquileres de las mismas.

7.4. XHTML

XHTML, acrónimo de Extensible Hypertext Markup Language, es una reformulación del lenguaje HTML (Hypertext Markup Language) bajo los estándares de XML (Extensible Markup Language). XHTML nació con el objetivo de combinar la flexibilidad y el poder del HTML con la rigidez estructural y las ventajas de la sintaxis XML. Esta fusión permite que los documentos web sean más compatibles con diversos dispositivos y tecnologías, a la vez que se facilita el mantenimiento y la validación del código.

Básicamente podemos decir que con XHTML se establecen una serie de reglas de sintaxis basadas en el estándar XML que hacen que los documentos HTML sigan una misma estructura en cuanto a la codificación. Así, los desarrolladores generarán aplicaciones de código más similar y de fácil operabilidad.

7.4.1. Contexto histórico

En la década de 1990, HTML se había establecido como el lenguaje fundamental para la creación de páginas web. Sin embargo, el desarrollo de HTML había llevado a una serie de versiones que, con el tiempo, introdujeron inconsistencias en la sintaxis y prácticas de codificación. Los documentos HTML eran en su mayoría permisivos con los errores, lo que daba lugar a que los desarrolladores llevaran a cabo gran variedad de prácticas de codificación, algunas de las cuales podían conducir a problemas de interoperabilidad y accesibilidad.

XML, por el contrario, había sido desarrollado como un lenguaje de marcado más estricto y extensible, diseñado para estar bien estructurado y que fuera compatible con una amplia gama de aplicaciones, desde documentos a sistemas de datos complejos. Con estas premisas, en 1999, el World Wide Web Consortium (W3C) decidió integrar las mejores prácticas de XML en HTML, dando como resultado XHTML 1.0.

7.4.2. Ventajas y desventajas de XHTML

Veamos en este apartado algunas de las ventajas y desventajas que proporciona el estándar XHTML.

Entre las ventajas podemos citar
- **Mayor interoperabilidad.** Al seguir las reglas de XML, XHTML asegura que los documentos web sean más fáciles de intercambiar y reutilizar entre diferentes aplicaciones y sistemas.
- **Mejora en la accesibilidad.** La estructura estricta de XHTML puede facilitar la creación de sitios más accesibles para personas con discapacidad, ya que reduce las ambigüedades que podrían dificultar la interpretación del contenido por parte de tecnologías de asistencia.
- **Mejora del mantenimiento.** La exigencia de una sintaxis bien formada hace que el código sea más fácil de mantener y depurar.

Pero también, XHTML tiene desventajas, como pueden ser:

- **Mayor rigurosidad.** La necesidad de seguir estrictamente las reglas de XML puede ser vista como una limitación para los desarrolladores, especialmente en comparación con la permisividad de HTML.

- **Problemas de compatibilidad.** Aunque XHTML es compatible con navegadores modernos, algunos navegadores antiguos o mal configurados puede que no interpreten correctamente documentos XHTML.

7.4.3. Reglas de sintaxis XHTML

Veamos en este apartado las *reglas de sintaxis* que deben seguir los documentos HTML para estar acorde con el estándar XHTML. Es importante tener en cuenta que, al seguir las especificaciones de lenguajes como XML, una de las premisas debe ser que cualquier documento XHTML debe estar bien formado, debe ser impecable.

7.4.3.1. Cabecera de todo documento XHTML

Todo documento XHTML debe comenzar con una declaración `<!DOCTYPE>`. Esta línea especifica el estándar HTML que se está usando.

Estructura de un documento XHTML

Todo documento XHTML debe tener una estructura básica en la que se delimite correctamente el propio documento, la cabecera y el cuerpo del mismo. Así, todo documento XHTML debe seguir la siguiente estructura de etiquetas.

```
<!DOCTYPE html>
<html>
    <head>
        <title> … </title>
    </head>
    <body>
        …
    </body>
</html>
```

Los elementos deben cerrarse correctamente

Los elementos deben estar **cerrados** correctamente, de manera que, si tenemos etiquetas anidadas, las primeras en cerrarse deberán ser las ultimas en abrirse.

- Correcto: `<p><b>Hola mundo</b></p>`.
- Incorrecto: `<p><b>Hola mundo</p></b>`.

Todos los elementos deben estar cerrados

Todo elemento XHTML debe estar compuesto por una **etiqueta de inicio** y otra **de cierre,** de manera que el contenido este englobado entre ambas. En el caso de etiquetas vacías se permite el cierre abreviado de estas mediante el uso de los caracteres `/>`.

- Correcto: `<p>Hola Mundo</p>`.
- Incorrecto: `<p>Hola Mundo`.
- Correcto: `<img src="img1.png" alt="Imagen 1" />`.
- Incorrecto: `<img src="img1.png" alt="Imagen 1">`.

Etiquetas y atributos escritos en minúsculas

Todas las etiquetas y atributos deberán escribirse en **minúsculas.** Si bien es cierto que los navegadores aceptarán estos elementos escritos de cualquier forma mientras la palabra sea la adecuada, es decir, si escribimos la etiqueta `<a>` de estas diferentes formas, `<A>`, `<a SRC="">` o `<A srC="">` los navegadores detectarán que lo que se está incluyendo es un enlace en esa línea. En XHTML se debe escribir el código en minúsculas para garantizar esas propiedades que lo caracterizan y ayudan en la interoperabilidad entre códigos entre otras cosas.

Atributos bien formados

Los atributos deben estar formados en **pares clave-valor** o **nombre-valor,** de manera que cuando una etiqueta aporte un atributo este debe tener un nombre al que se le asigne mediante un signo igual (=) un valor que deberá estar siempre entre comillas dobles (""), independientemente de si este dato es un texto o un valor numérico.

Minimización de atributos

No se puede usar la **minimización de atributos,** es decir, la colocación de atributos a los que no se asigne ningún valor debido a que su propio nombre ya referencia su funcionalidad. En HTML es habitual usar el atributo **checked** sin asignarle valor alguno, ya que su valor es igual a su nombre. En XHTML, esta práctica no es aceptada.

- Correcto: `<input type="text" disabled="disabled" />`.
- Incorrecto: `<input type="text" disable />`.

Es posible saber si un documento web es válido o sigue las reglas XHTML mediante la herramienta que proporciona W3Schools:
https://www.w3schools.com/html/html_xhtml.asp.

Validate HTML With The W3C Validator

Put your web address in the box below:

```
https://www.w3schools.com/html/html_validate.html
```

Validate the page

Figura 7.2. Herramienta de validación de W3Schools

ACTIVIDADES DE AMPLIACIÓN

1. Modela, usando XML, un cine, que contenga una serie de salas de proyección (al menos una). Te aconsejamos que asignes a cada sala un atributo que la identifique obligatoriamente. En cada sala se proyectan una serie de películas, por lo que debe existir un elemento `películas`, donde se debe guardar el titulo junto a una breve sinopsis. También se deben recoger las horas de proyección por cada película. Cada película tiene un atributo código de película. Además, puede aparecer un atributo opcional en la película, que indica si es 3D o no.

2. Realiza la Actividad de ampliación 1 mediante JSON.

3. A continuación, se presenta un esquema relacional de una base de datos desarrollada en Access. A partir de él, crea un modelo XML.

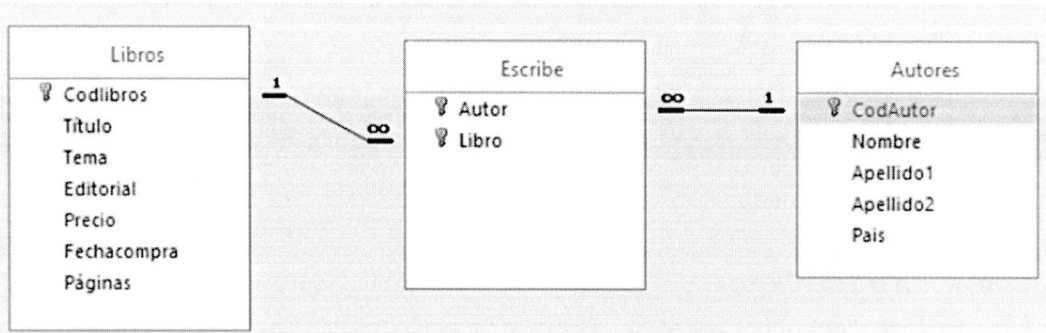

Figura 7.3. Esquema relacional de una base de datos desarrollada en Access

4. Realiza la Actividad de ampliación 3 usando para ello JSON.

5. Representa gráficamente el DOM del modelo XML codificado en la Actividad de ampliación 1.

6. Representa gráficamente el DOM del modelo XML codificado en la Actividad de ampliación 3.

7. Escribe un documento XML que represente la información contenida en la factura siguiente:

FACTURA NÚMERO 27 – FECHA: 18/12/2013					
DATOS EMISOR:			**DATOS CLIENTE:**		
Librería Pérez			Biblioteca Txantrea		
CIF: 44555666B			CIF: 33111222A		
Teléfono: 777888999			Teléfono: 333999444		
DETALLE FACTURA:					
CÓDIGO-ARTÍCULO	**TIPO**	**DESCRIPCIÓN**	**CANTIDAD**	**OFERTA**	**PVP**
AW7	Libro	Analítica Web 2.0	1	SI	25 €
CP5	DVD	Curso de HTML	2	NO	30 €
IMPORTE:					**85 €**

Figura 7.4. Factura para almacenar en XML

8. Realiza la Actividad de ampliación 7 usando para ello JSON.

9. Representa gráficamente el DOM del documento XML generado en la Actividad de ampliación 7.

DTD.
VALIDACIÓN DE DOCUMENTOS XML

Contenidos

Validación de documentos XML.

DTD. Inclusión en documentos XML.

Estructura de un documento DTD. Sintaxis.

Definición de componentes. Elementos, atributos y entidades.

Resumen del capítulo

En este capítulo vamos a continuar con el estudio de tecnologías usadas para la validación de documentos XML, XML Schema. Se definirán mediante XML Schema elementos, atributos y entidades así como restricciones, entendiendo así que mediante el uso de esquemas la validación de documentos será muchos más precisa que la que se realiza a través de DTD.

Resultados de aprendizaje

RA4. Establece mecanismos de validación de documentos para el intercambio de información utilizando métodos para definir su sintaxis y estructura.

Criterios	
	a) Se ha establecido la necesidad de describir la información transmitida en los documentos y sus reglas.
	b) Se han identificado las tecnologías relacionadas con la definición de documentos.
	c) Se ha analizado la estructura y sintaxis específica utilizada en la descripción.
	d) Se han creado descripciones de documentos.
	e) Se han utilizado descripciones en la elaboración y validación de documentos.
	f) Se han asociado las descripciones con los documentos.
	g) Se han utilizado herramientas específicas.

8.1. INTRODUCCIÓN A LA VALIDACIÓN DE DOCUMENTOS XML

Una vez hemos estudiado XML, sus características y componentes principales, debemos comenzar el estudio relacionado con su verificación o, más bien, el estudio de lenguajes que delimitan la estructura y los elementos que puede contener un documento XML concreto.

Como ya se ha podido observar, podemos crear etiquetas XML a demanda y de las maneras que creamos oportunas para el almacenamiento de información. Estas etiquetas podrán estar vacías, conteniendo la información en sus atributos, disponer de subelementos, contener directamente información, etc. Así, si desarrollamos un documento XML, para que pueda ser usado por otros desarrolladores es necesario plantear en qué modo se combinan los elementos, qué etiquetas contienen atributos y cuáles son o qué número de veces se puede repetir una etiqueta. Es aquí donde entra en juego la tecnología que estudiaremos en este capítulo.

8.1.1. Documento de definición de tipos (DTD)

El **Documento de Definición de Tipo**, conocido comúnmente como **DTD** (por sus siglas en inglés, *Document Type Definition*) refiere un conjunto de reglas que define la estructura, elementos y atributos permitidos en un documento XML. Su propósito principal es la validación del contenido de un documento XML mediante un conjunto predefinido de reglas. Esto garantiza que los documentos XML que cumplen con un DTD específico sigan un formato y una estructura predecibles y estandarizados.

El DTD tiene sus raíces en el lenguaje SGML (Standard Generalized Markup Language) que, como ya se ha estudiado en este libro, fue uno de los primeros lenguajes de marcado utilizados para la definición y la validación de estructuras de documentos. Con la aparición de XML (Extensible Markup Language) en 1998, el DTD se incorporó como una forma estándar de definir la estructura de documentos XML, permitiendo que estos fueran interoperables y más fáciles de procesar.

8.2. INCLUSIÓN DE UN DTD EN NUESTROS DOCUMENTOS XML

Una vez se ha entendido que un documento DTD, para la validación de nuestros ficheros XML encargados de almacenar información es fundamental conocer el modo en que debemos asociar un DTD concreto a un documento XML. Esta asociación puede realizarse de manera externa o interna, de modo que las especificaciones DTD se almacenen en un fichero externo de extensión .dtd o en el mismo documento XML.

8.2.1. Asociación de un DTD externo a un fichero XML

Si queremos validar un documento XML a través de un DTD externo debemos incluir al comienzo de nuestro XML una línea similar a la que se muestra a continuación.

```
<!DOCTYPE nombre SYSTEM "uri">
```

En la línea de código expuesta:

- **nombre**. Refiere el nombre del elemento raíz del documento XML.

- **uri**. Representa la dirección URL al recurso DTD o el nombre del fichero DTD junto con su ruta de acceso.

Veamos un pequeño ejemplo;

```
<?xml version="1.0" encoding="UTF-8" standalone="no"?> (1)
<!DOCTYPE libros SYSTEM "Ejemplo1.dtd"> (2)
<libros>
  <libro>
    <titulo>Lenguajes de Marcas y Sistemas de Gestión de Información</titulo>
    <autor>Isabel M. Jiménez Cumbreras</autor>
  </libro>
</libros>
```

El atributo **standalone="no" (1)** ubicado en la etiqueta descriptiva de XML debe incluirse con valor igual a "no" para especificar, de este modo, que la verificación del documento se hace de manera externa.

Posteriormente, en el punto **(2)** se indica la uri del fichero DTD. En el ejemplo esta se reduce al nombre del mismo, ya que se ubica en el directorio donde se encuentra el fichero XML. Instaremos al lector a observar que justo a continuación de **<!DOCTYPE** se coloca el nombre del elemento raíz que posteriormente se abrirá y englobará al resto, como ya se ha estudiado en el Capítulo 8.

La especificación DTD de este documento XML sería la siguiente:

```
<!ELEMENT libros (libro+)>
<!ELEMENT libro (titulo, autor)>
<!ELEMENT titulo (#PCDATA)>
<!ELEMENT autor (#PCDATA)>
```

En los siguientes apartados estudiaremos esta sintaxis.

8.2.2. Asociación de un DTD interno a un fichero XML

Otra manera de llevar a cabo la validación de un documento XML consiste en realizar la declaración de su DTD asociado en el mismo fichero. Veamos a continuación el ejemplo del apartado anterior, pero con validación interna.

```
<?xml version="1.0" encoding="UTF-8"?>
<!DOCTYPE libros [ (1)
  <!ELEMENT libros (libro+)>
  <!ELEMENT libro (titulo, autor)>
  <!ELEMENT titulo (#PCDATA)>
  <!ELEMENT autor (#PCDATA)>
]>
<libros>
  <libro>
    <titulo>Lenguajes de Marcas y Sistemas de Gestión de Información</titulo>
    <autor>Isabel M. Jiménez Cumbreras</autor>
  </libro>
</libros>
```

En el punto **(1)** del código comienza la declaración DTD de los elementos XML. Como se puede observar, justo después de DOCTYPE debe colocarse el nombre del elemento raíz del documento XML. A partir de ahí, toda la especificación se engloba entre corchetes ([]). Cuando el DTD es externo, en el fichero con extensión .dtd se incluye la definición de elementos de manera directa, mientras que un DTD interno viene precedido de <!DOCTYPE, algo que posee cierta lógica, ya que cuando se hace uso de un DTD externo, es esta notificación la que indica dónde encontrarlo e igualmente, el nombre del elemento raíz del fichero XML validado.

Así, resumiendo, podemos decir que un documento XML será validado a partir de un documento DTD que establece los elementos, atributos y entidades, así como las reglas de estructuración que siguen estos y su cardinalidad. La validación podrá llevarse a cabo referenciando a un DTD externo o interno. Ambas codificaciones son las explicadas en este apartado en los párrafos anteriores.

8.3. COMPONENTES PRINCIPALES DE UN DTD

Si un DTD se diseña para validar un documento XML, este debe contener componentes que contemplen todos los tipos de elementos que se pueden incluir en un documento XML. Así, entre los elementos principales de un DTD encontramos **elementos, atributos** y **entidades**. Es posible incluir comentarios en los documentos DTD, que tienen una sintaxis similar a la vista en XML y HTML.

```
<!-- Comentario DTD -->
```

8.3.1. Elementos

Los elementos en DTD refieren la definición de los elementos XML, es decir, las etiquetas que forman el archivo XML y permiten el almacenamiento de la información.

La sintaxis para la declaración de un elemento es la siguiente:

```
<!ELEMENT nombre (contenido)>
```

- **nombre.** Indica el nombre de la etiqueta o elemento XML. Por ejemplo, si en XML tenemos una etiqueta **<libro>** nombre en esta declaración sería **libro**.
- **contenido.** Establece el contenido de la etiqueta XML. Una etiqueta XML puede contener información, otras etiquetas, una mezcla de información y etiquetas o estar vacía. En los párrafos siguientes estudiaremos en profundidad cómo configurar el contenido de la definición de un elemento.

Un ejemplo de declaración de elementos XML en DTD serían los que se muestran a continuación:

```
<!ELEMENT libro (titulo, autor)> (1)
<!ELEMENT autor (#PCDATA)> (2)
```

En el primer ejemplo de código **(1)** se está definiendo una etiqueta llamada **libro,** que contendrá a su vez dos etiquetas, llamadas **titulo** y **autor.** Ambas tendrán que ser definidas posteriormente en el desarrollo del fichero DTD.

En el segundo ejemplo **(2)** se procede a definir una etiqueta llamada **autor,** que contiene directamente información.

8.3.1.1. Definición de los elementos que solo contienen información

Los elementos o etiquetas que contienen **datos** son los más sencillos de definir en DTD, ya que solo se tiene que indicar su nombre y el valor **#PCDATA** como contenido. **#PCDATA** indica que el elemento contiene información sin hacer distinción del tipo de la misma.

```
<!ELEMENT autor (#PCDATA)>
```

Para esta definición de elemento en DTD serían válidas las siguientes líneas en un XML concreto.

`<autor />`	La etiqueta es válida para la definición debido a que la cadena vacía se toma como dato. Hemos creado una etiqueta que tiene la cadena vacía como información y esto se toma como texto
`<autor></autor>`	Esta etiqueta es similar a la anterior, pero en su modo no abreviado, con lo que también es una etiqueta correcta en la definición del DTD.
`<autor>Isabel M. Jiménez</autor>`	Etiqueta que contiene información referida al autor, texto, datos en general, registrados dentro del tipo #PCDATA, con lo que la etiqueta es válida en la definición.

Un ejemplo de etiqueta no válida sería:

```
<autor><nombre>Isabel</nombre><apellidos>Jiménez</apellidos></autor>
```

ya que entre las etiquetas de inicio y fin de autor encontramos otras etiquetasn que son las que contienen la información. No es acorde a la especificación del DTD proporcionada.

8.3.1.2. Definición de los elementos que contienen otros elementos

Para definir **elementos que contienen otros elementos,** es decir, otras etiquetas que son las que mantienen la información, debemos seguir la sintaxis que se muestra a continuación.

```
<!ElEMENT nombre (elemento)>
```

- **nombre**. Indica el nombre del elemento que se está definiendo.
- **elemento**. Refiere la subetiqueta o subelemento ubicado entre las etiquetas de inicio y fin del elemento principal.

Un ejemplo de definición DTD y de elemento XML válido para él sería el que se muestra a continuación.

```
<!ELEMENT libro (autor)> (1)
<!ELEMENT autor (#PCDATA)> (2)
<libro>
    <autor>Isabel M. Jiménez Cumbreras</autor>
</libro>
```

Al definir elementos que contienen otros elementos, hay que definirlos todos. Así, en el ejemplo, se declara la definición de la etiqueta **libro** en el punto **(1)** que contiene la etiqueta **autor,** que debe ser definida posteriormente **(2)**.

Así, para la definición del elemento **libro:**

`<libro>`
`   <autor>Isabel Jiménez</autor>`
`</libro>`
	Esta definición es correcta ya que **libro** tiene como subelemento a **autor** y este a su vez contiene información.

`<libro>`
`   <autor></autor>`
`</libro>`
	Similar al supuesto anterior, en esta ocasión autor no contiene información. La etiqueta **autor** en su formato abreviado también es correcta, `<autor />`

`<libro>Isabel M. Jiménez</libro>`	No es correcto ya que **libro** contiene información y según la definición debería contener etiquetas de tipo **autor**.

Al declarar elementos que contienen otros elementos es importante definir el número de subelementos, entre otros aspectos. Por ejemplo, tal como se define la etiqueta `<libro>` solo puede contener una etiqueta `<autor>`. Colocar de dos etiquetas sería incorrecta para el contexto definido.

`<!ELEMENT libro (autor)>`
`<!ELEMENT autor (#PCDATA)>`
	`<!-- Fichero XML incorrecto, no acorde a la definición DTD aportada -->`
	`<libro>`
	`   <autor>Isabel M. Jiménez</autor>`
	`   <autor>Francisco Javier Trani</autor>`
	`</libro>`

Así, debemos estudiar como establecer la cardinalidad y cómo indicar que una etiqueta pueda estar compuesta por más de una subetiqueta. Para ello existen una serie de operadores.

- **Operador coma (,)**. Este operador será utilizado para separar los subelementos que constituyen un elemento e indicar el orden en el que deben aparecer estos. Veamos un ejemplo de definición y uso.

`<!ELEMENT libro (titulo, autor)>`
`<!ELEMENT titulo (#PCDATA)>`
`<!ELEMENT autor (#PCDATA)>`
	`<!-- XML correcto -->`
	
	`<libro>`
	`   <titulo>Lenguajes de Marcas</titulo>`
	`   <autor>Isabel M. Jiménez</autor>`
	`</libro>`
	`<!-- XML incorrecto, la colocación de las etiquetas no están en el orden establecido por el DTD -->`
	
	`<libro>`
	`   <autor>Isabel M. Jiménez</autor>`
	`   <titulo>Lenguajes de Marcas</titulo>`
	`</libro>`
	`<!-- XML incorrecto, la etiqueta autor se incluye más de una vez con lo que no es acorde con el modelo DTD -->`
	
	`<libro>`
	`   <titulo>Lenguajes de Marcas</titulo>`
	`   <autor>Isabel M. Jiménez</autor>`
	`   <autor>Francisco Javier Trani</autor>`
	`</libro>`

- **Operador barra (|)**. Este operador será utilizado para indicar qué subelementos podrán aparecer dentro de un elemento concreto teniendo en cuenta que no pueden aparecer a la vez, es decir, si como contenido indicamos (`titulo | autor`) estaremos obligando a que bajo la etiqueta que contenga estas subetiquetas solo se pueda ver la etiqueta **libro** o **autor,** pero no ambas. Veamos un pequeño ejemplo.

```
<!ELEMENT productos (producto+¹)>
<!ELEMENT producto (libro | pelicula)>
<!ELEMENT libro (titulo, autor, isbn)>
<!ELEMENT película (nombre, director, actores)>
<!ELEMENT titulo (#PCDATA)>
<!ELEMENT autor (#PCDATA)>
<!ELEMENT isbn (#PCDATA)>
<!ELEMENT nombre (#PCDATA)>
<!ELEMENT director (#PCDATA)>
<!ELEMENT actores (#PCDATA)>
<productos>
    <producto>
        <libro>
            <titulo>Lenguajes de Marcas</titulo>
            <autor>Isabel M. Jiménez</autor>
            <isbn>9788419034120</isbn>
        </libro>
    </producto>
        <película>
            <nombre>Ready Player One</nombre>
            <director>Steven Spielberg</director>
            <actores>Win Morisaki</actores>
        </película>
    <producto>
    </producto>
</productos>
```

Como se puede observar en el ejemplo, el elemento **producto** puede contener elementos de tipo **libro** o bien, elementos de tipo **película,** pero en ningún caso estos dos elementos se encontrarán a la vez bajo la etiqueta **producto**.

- **Operador interrogación (?)**. Este operador indica opcionalidad, de manera que el elemento o expresión sobre la que se aplique podrá aparecer o no y si lo hace será solo una vez. Veamos un breve ejemplo.

```
<!ELEMENT libro (titulo, autor, isbn?)>
<!ELEMENT titulo (#PCDATA)>
<!ELEMENT autor (#PCDATA)>
<!ELEMENT isbn (#PCDATA)>
```

Para este código DTD los XML desarrollados a continuación serán válidos.

```
<libro>                                 <libro>
    <titulo>Lenguajes de Marcas</titulo>    <titulo>Lenguajes de Marcas</titulo>
    <autor>Isabel M. Jiménez</autor>        <autor>Isabel M. Jiménez</autor>
    <isbn>9788419034120</isbn>          </libro>
</libro>
```

---

[1] Estudiaremos el operador + en las siguientes líneas.

- **Operador asterisco (*).** El operador asterisco se usa para establecer que un elemento o expresión pueda aparecer 0, 1 o muchas veces bajo el elemento sobre el cual este definido. Así, si nuestro código DTD presenta la siguiente definición `<!ELEMENT productos (producto*)>` estaremos indicando con él que la etiqueta **productos** estará compuesta de etiquetas tipo **producto** y esta podrá aparecer o no (podremos encontrar elementos **productos** sin información) y si aparece puede ser en un intervalo de uno a infinito.

  Recordemos que los documentos XML están diseñados para almacenar grandes cantidades de información que se encuentran de algún modo agrupadas, como ocurre con la información almacenada en las bases de datos relacionales como las creadas con Access. Así, si deseamos mantener datos relacionados con una librería, esta estará compuesta por libros y de cada libro almacenaremos una serie de datos. Libros y sus datos constituirán posteriormente elementos XML perfectamente estructurados. En una biblioteca existe una gran cantidad de libros; es por ello que se hace necesario el uso de operadores como *. Sin él en el archivo DTD asociado no podríamos generar un fichero XML con más de una etiqueta **libro** en su interior.

- **Operador más (+).** Este operador es similar al anterior (*). La diferencia entre el operador más y el asterisco estriba en que el operador más obliga a la existencia de al menos un elemento, es decir, el operador + indica que el elemento sobre el que se aplica debe aparecer una o muchas veces, la opcionalidad de no encontrarse es nula.

- **Operador paréntesis (( )).** Este operador es de gran utilidad, ya que permite generar expresiones complejas y llevar al desarrollo de documentos XML más elaborados y completos. Ejemplo de uso del operador paréntesis sería:

```
<!ELEMENT peliculas (pelicula(cd | dvd))*>
```
El código DTD representa un elemento XML llamado **películas**, que estará compuesto de **película** (véase * justo detrás del paréntesis que engloba todo el contenido) seguida de una etiqueta de tipo **cd** o **dvd**. Así, encontraremos bajo **peliculas** de manera repetida y agrupada una **película** y a continuación, una etiqueta tipo **cd** o una etiqueta tipo **dvd**.
```
<peliculas>
    <pelicula></pelicula>
    <cd></cd>
    <pelicula></pelicula>
    <dvd></dvd>
    <pelicula></pelicula>
    <dvd></dvd>
</peliculas>
```

Podemos crear expresiones tan complejas como requieran la información y la estructura que deseemos almacenar en nuestro fichero XML, así como la restricción de uso.

8.3.1.3. Definición de los elementos que contienen información y otros elementos

Puede ocurrir que nuestro documento XML contenga elementos que deban presentar **información y otros elementos;** es por ello que se pueden definir etiquetas que alberguen cualquier "cosa". Estas etiquetas se definen mediante la palabra reservada ANY.

Un ejemplo de código XML que precisa una definición de este tipo podría ser:

```
<producto>
    Naranjas
    <localidad>Lepe</localidad>
    <precio>1.89 €/kg</precio>
</producto>
```

En el ejemplo se observa como el elemento **producto** contiene información y un par de subetiquetas, **localidad** y **precio,** que a su vez, proporcionan información adicional.

El DTD asociado a nuestro XML sería:

```
<!ELEMENT producto ANY>
```

La palabra reservada **ANY** se coloca sin paréntesis. El uso de ANY puede ayudarnos en determinadas situaciones debido a lo poco estricto que puede llegar a ser la tecnología DTD. Aun así, se aconseja al lector usar este tipo de definiciones lo menos posible.

8.3.1.4. Definición de elementos vacíos

Un **elemento vacío** es aquel que no contiene información, pudiendo ser él mismo, si existe o no, el propio dato. Es usual encontrar elementos vacíos con atributos que son los que realmente mantienen la información. Veamos a continuación varios ejemplos de elementos vacíos XML.

```
<libro titulo="Sistemas Informáticos"></libro>
<libro titulo="Sistemas Informáticos" />
<formato_cd />
<formato_dvd />
```

La palabra reservada para definir elementos vacíos en DTD es **EMPTY**. Así, la definición de las etiquetas <formato_cd /> o <formato_dvd /> sería como se muestra a continuación.

```
<!ELEMENT formato_cd EMPTY>
<!ELEMENT formato_dvd EMPTY>
```

Actividad 8.1

Accede al sitio web de Mclibre, en el apartado dedicado a la realización de ejercicios relacionados con la validación mediante DTD: https://www.mclibre.org/ consultar/xml/ejercicios/dtd.html y realiza los ejercicios englobados bajo los Epígrafes 1 y 2. Verás que las soluciones se exponen un poco más abajo. Comprueba que tus soluciones sean acordes a las dadas en el sitio web.

8.3.2. Atributos

Los **atributos** constituyen una parte fundamental en un fichero XML, ya que en muchas ocasiones mantienen información simplificando la estructura del mismo. Además, en función de las preferencias del desarrollador, agruparán información directa sobre los elementos, consiguiendo que sean mucho más compactos. El uso de los atributos en mayor o menor medida se deja a expensas del programador en la mayoría de los casos. Veamos a continuación un código XML desarrollado a base de elementos y su homólogo en el que se hace uso de atributos.

```
<pc>                                    <pc procesador="i5-12400F"
    <procesador>i5-12400F</procesador>      ram="16GB" />
    <ram>16GB</ram>
</pc>
```

La definición de atributos en DTD se realiza mediante la palabra reservada `<!ATTLIST`. Su sintaxis es la siguiente.

```
<!ATTLIST nombre_del_elemento atributo_1 tipo opciones
                              atributo_2 tipo opciones
                                  ...
                              atributo_n tipo opciones
>
```

Veamos la definición DTD para el ejemplo XML planteado en el apartado.

```
Código XML

<pc procesador="i5-12400F" ram="16GB" />

DTD asociado

<!ELEMENT pc EMPTY>
<!ATTLIST pc procesador CDATA #REQUIRED ram CDATA #REQUIRED>

DTD asociado (sin agrupación de atributos en la definición)

<!ELEMENT pc EMPTY>
<!ATTLIST pc procesador CDATA #REQUIRED>
<!ATTLIST ram CDATA #REQUIRED>
```

Tanto **CDATA** como **#REQUIRED** son palabras reservadas aplicadas en la definición de atributos. La primera de ellas representa el tipo de datos que contendrá el atributo, siendo CDATA similar a #PCDATA, que refiere texto, información general y caracteres alfanuméricos. La segunda de las palabras reservadas se encuentra entre la parte de **opciones** de la definición, siendo **#REQUIERED** la utilizada para indicar obligatoriedad, es decir, los atributos **procesador** y **ram** contienen información de carácter alfanumérico y ambos son obligatorios. Si se utiliza la etiqueta **pc** sin alguno de ellos el sistema de validación profesará un error.

Como tipos de datos válidos para la definición de atributos tenemos:

- **CDATA.** Es el tipo de dato más común y permite cualquier secuencia de caracteres. No tiene restricciones específicas.

- **ID.** Define un identificador único dentro del documento XML. Un atributo de tipo ID debe ser único en todo el documento y su valor debe comenzar con una letra o un guion bajo y no puede contener espacios.

- **IDREF.** Este tipo de dato es una referencia a un atributo de tipo ID. Se usa para establecer una relación entre elementos. El valor que se asigne a este atributo debe coincidir con el valor de alguno de los atributos ID definidos en el código XML.

```
<?xml version="1.0" encoding="UTF-8"?>
<!DOCTYPE biblioteca [
  <!ELEMENT biblioteca (libro*, autor*)>
  <!ELEMENT libro EMPTY>
  <!ATTLIST libro titulo CDATA #REQUIRED
                  ref_autor IDREF #REQUIRED>
  <!ELEMENT autor EMPTY>
  <!ATTLIST autor id_autor ID #REQUIRED
                  nombre CDATA #REQUIRED>
]>

<biblioteca>
  <libro titulo="Lenguajes de Marcas" ref_autor="IMJC"/>
  <libro titulo="Lo que el viento se llevó" ref_autor="MM" />
  <autor id_autor="IMJC" nombre="Isabel María Jiménez Cumbreras" />
  <autor id_autor="MM" nombre="Margaret Mitchell" />
</biblioteca>
```

En el ejemplo se crean dos elementos, **libro** y **autor** que se encuentran relacionados entre sí ya que todo libro está escrito por un autor o varios. Así, la etiqueta **libro** mantiene un atributo que almacena una referencia de autor (**ref_autor**), mientras que la etiqueta **autor** tiene definido un atributo identificador (**id_autor**). El atributo **ref_autor** en **libro** es obligatorio y su valor debe ser alguno de los recogidos en los atributos **id_autor** de **autor** para garantizar así que la información sea consistente.

- **IDREFS.** Es similar a IDREF, pero permite una lista de referencias separadas por espacios, cada una de las cuales debe ser un valor de tipo ID en el documento.

- **ENTITY.** Se utiliza para hacer referencia a una entidad general definida en el DTD. El valor debe coincidir con el nombre de una entidad.

- **ENTITIES.** Es parecido a ENTITY, pero permite una lista de entidades separadas por espacios.

- **NMTOKEN.** Define un nombre que puede contener letras, dígitos, puntos, guiones o guiones bajos, pero no espacios. Es similar a ID, pero menos restrictivo ya que no necesita ser único.

- **NMTOKENS.** Similar a NMTOKEN, pero permite una lista de tokens separados por espacios.

Una vez especificado el tipo del atributo, el siguiente paso es establecer alguna de las opciones asociadas al mismo. Entre ellas tenemos:

- **#REQUIRED.** Esta opción indica que el atributo es obligatorio, de manera que debe estar presente en todas las especificaciones del mismo en el documento XML.

- **#IMPLIED.** El atributo es opcional, de manera que puede aparecer o no en el documento XML.

- **#FIXED "valor".** El atributo siempre debe tener un valor específico. Aunque se incluya en el documento, su valor será el definido.

- **Valor por defecto.** Si el atributo no está presente en el elemento dentro del documento XML, se le asigna este valor por defecto.

```
<!DOCTYPE personas [
    <!ELEMENT personas (persona*)>
    <!ELEMENT persona EMPTY>
    <!ATTLIST persona genero (masculino | femenino) "masculino">
]>
```

En la definición del ejemplo vemos un elemento **persona** con un atributo de nombre **genero**. Este a su vez, puede contener los valores de la enumeración **(masculino | femenino)** y si no existe, su valor será **masculino**. Así, podemos crear los siguientes documentos XML.

`<persona />`	Al no existir el atributo por defecto el valor de género será masculino.
`<persona genero="femenino" />`	En este código el atributo existe y contiene un valor válido en la enumeración, así, el género para esta persona será **femenino**.
`<persona genero="hombre" />`	CÓDIGO ERRÓNEO. La validación de este código de ejemplo proferirá un error ya que el valor asignado al atributo no es un valor válido en la enumeración.

Actividad 8.2

Accede al sitio web de Mclibre, apartado dedicado a la realización de ejercicios relacionados con la validación mediante DTD (https://www.mclibre.org/consultar/xml/ejercicios/dtd.html)[2] y realiza los ejercicios englobados bajo los Epígrafes 3 y 4. Verás que las soluciones se exponen un poco más abajo. Comprueba que tus soluciones sean acordes a las dadas en el sitio web.

8.3.3. Entidades

Una *entidad* en DTD es una referencia simbólica que se sustituye automáticamente por su valor correspondiente cuando el documento XML se procesa. Las entidades pueden representar desde un simple carácter especial hasta grandes bloques de texto o fragmentos de XML. Así, las entidades son un mecanismo fundamental que permite la reutilización y la simplificación de contenidos dentro de un documento XML. Las entidades actúan como marcadores o atajos que representan textos o fragmentos de código que pueden ser invocados en diversas partes del documento, facilitando tanto la edición como la legibilidad del mismo.

En XML encontramos dos tipos de entidades, las generales y las externas.

8.3.3.1. Entidades generales

Entre las entidades generales encontramos:

- **Entidades de carácter.** Son entidades que representan caracteres especiales que tienen un significado particular en XML, como &, <, >, " y '. Estas entidades están predefinidas en XML y siempre están disponibles.
- **Entidades definidas por el usuario.** Los desarrolladores de DTD pueden definir sus propias entidades para representar texto repetitivo o cualquier secuencia de caracteres. Estas entidades se declaran en el DTD y se invocan en el documento XML mediante el uso del carácter & seguido del nombre de la entidad y terminado con un punto y coma ;. La sintaxis para declarar una entidad general es:

```
<!ENTITY nombre-entidad "valor-de-la-entidad">
```

---

[2] Puedes encontrar el código QR en la Actividad 8.1.

Un ejemplo de declaración de entidad podría ser el que se muestra a continuación.

```
<!ENTITY autor "Isabel María Jiménez Cumbreras">
```

Una vez definida se haría uso de ella del siguiente modo:

```
<libro>
    <titulo>Lenguajes de Marcas y Sistemas de Gestión de Información</titulo>
    <autor>&autor;</autor>
</libro>
```

Una vez se procese el documento XML `&autor;` será sustituido por "`Isabel María Jiménez Cumbreras`".

8.3.3.2. Entidades externas

Las entidades *externas* son aquellas cuyo valor se encuentra fuera del documento XML, en un archivo externo. Estas entidades permiten modularizar el contenido y compartir fragmentos de texto o XML entre múltiples documentos. Las entidades externas se declaran de la siguiente manera:

```
<!ENTITY nombre-entidad SYSTEM "ruta-al-archivo">
```

Un ejemplo de definición de este tipo de entidades sería el siguiente:

```
<!ENTITY capitulo1 SYSTEM "capítulos/capitulo1.xml">
```

En el documento XML usaríamos la entidad, como ya hacíamos con las entidades generales, de manera que al ser procesado el valor de la misma será sustituido en el ejemplo por el contenido del fichero "`capitulo1.xml`".

```
<libro>
    &capitulo1;
</libro>
```

El uso de entidades dentro de un DTD y un documento XML conlleva varias ventajas significativas:

- **Reutilización de contenidos.** Facilitan la reutilización de textos repetitivos o fragmentos de código, mejorando la eficiencia en la creación y mantenimiento del documento.

- **Modularidad.** Especialmente con entidades externas, permite dividir un documento grande en secciones manejables, lo que simplifica la organización y actualización del contenido.

- **Legibilidad y mantenimiento.** Ayudan a hacer que los documentos XML sean más legibles y fáciles de mantener, ya que los cambios en el contenido de una entidad se reflejan automáticamente en todas las instancias donde se usa.

8.4. EJEMPLO COMPLETO DE UN FICHERO DTD

Veamos a continuación un ejemplo completo de XML y su DTD asociado.

```xml
<?xml version="1.0" encoding="UTF-8"?>
<concesionario>
    <cliente codCliente="C100" nombre="Santiago" apellidos="Robles Marín">
        <direccionCliente nombre="Gran Vía, 3" poblacion="Murcia"
                           cp="&zona_1;" provincia="Murcia"/>
        <telefono>963689521</telefono>
        <telefono>633458795</telefono>
        <fechaNacimiento>
          <dia>10</dia>
          <mes>05</mes>
          <anio>1975</anio>
        </fechaNacimiento>
    </cliente>
    <cliente codCliente="C106" nombre="Iván" apellidos="Romero López">
        <direccionCliente nombre="Junterones, 3" poblacion="Murcia"
                           cp="&zona_2;" provincia="Murcia"/>
        <telefono>962485147</telefono>
        <fechaNacimiento>
          <dia>30</dia>
          <mes>10</mes>
          <anio>1947</anio>
        </fechaNacimiento>
    </cliente>
    <cochesVendidos matricula="CFG7812">
        <caracteristicas marca="Citroen" modelo="Xara 2.0"
                          color="blanco" precio="12650"
                          extras="Antena eléctrica"/>
    <codigoCliente codigo="C100" />
        <fotografia>img/citroen_xara2.jpg</fotografia>
    </cochesVendidos>
    <cochesVendidos matricula="CMX1231">
        <caracteristicas marca="Peugeot" modelo="307"
                          color="blanco" precio="18000" />
        <codigoCliente codigo="C106" />
    </cochesVendidos>
    <revisiones matricula="CFG7812">
        <numRevision numero="R1" />
        <cambioAceite />
        <cambioFiltro />
        <revisionFrenos />
        <otros>&luces;</otros>
    </revisiones>
    <revisiones matricula="CMX1231">
        <numRevision numero="R2" />
        <cambioAceite />
        <otros>&luces;</otros>
    </revisiones>
    <revisiones matricula="CMX1231">
        <numRevision numero="R3" />
        <cambioFiltro />
        <revisionFrenos />
    </revisiones>
</concesionario>
```

El DTD asociado a este XML sería el siguiente.

```
<!DOCTYPE concesionario [
  <!ELEMENT concesionario (cliente*, cochesVendidos*, revisiones*)>
  <!ELEMENT cliente (direccionCliente, telefono*, fechaNacimiento)>
  <!ATTLIST cliente codCliente ID #REQUIRED
                    nombre CDATA #REQUIRED
                    apellidos CDATA #REQUIRED>
  <!ELEMENT direccionCliente EMPTY>
  <!ATTLIST direccionCliente nombre CDATA #REQUIRED
                             poblacion CDATA #REQUIRED
                             cp CDATA #IMPLIED
                             provincia (Huelva | Murcia | Toledo) "Murcia">
  <!ELEMENT telefono (#PCDATA)>
  <!ELEMENT fechaNacimiento (dia, mes, anio)>
  <!ELEMENT dia (#PCDATA)>
  <!ELEMENT mes (#PCDATA)>
  <!ELEMENT anio (#PCDATA)>
  <!ELEMENT cochesVendidos (caracteristicas, codigoCliente, fotografia?)>
  <!ATTLIST cochesVendidos matricula ID #REQUIRED>
  <!ELEMENT caracteristicas EMPTY>
  <!ATTLIST caracteristicas marca CDATA #REQUIRED
                            modelo CDATA #REQUIRED
                            color (blanco | negro | gris) "blanco"
                            precio CDATA #REQUIRED
                            extras CDATA #IMPLIED>
  <!ELEMENT codigoCliente EMPTY>
  <!ATTLIST codigoCliente codigo IDREF #REQUIRED>
  <!ELEMENT fotografia (#PCDATA)>
  <!ELEMENT revisiones (numRevision, cambioAceite?,
                  cambioFiltro?, revisionFrenos?, otros*)>
  <!ATTLIST revisiones matricula IDREF #IMPLIED>
  <!ELEMENT numRevision EMPTY>
  <!ATTLIST numRevision numero ID #REQUIRED>
  <!ELEMENT cambioAceite EMPTY>
  <!ELEMENT cambioFiltro EMPTY>
  <!ELEMENT revisionFrenos EMPTY>
  <!ELEMENT otros (#PCDATA)>
  <!ENTITY luces "Revisar luces">
  <!ENTITY zona_1 "30004">
  <!ENTITY zona_2 "30005">
]>
```

En el ejemplo se intenta plasmar todo lo aprendido en el capítulo, desde expresiones complejas de elementos, tipos de atributos ID e IDREF, entidades &zona_1 o &zona_2. Analicemos algunas de sus líneas un poco más detalladamente.

```
<!ELEMENT concesionario (cliente*, cochesVendidos*, revisiones*)>
```
Definición del elemento raíz. En ella indicamos que estará compuesto por cero, uno o muchos **clientes**, cero, uno o muchos **cochesVendidos** y cero, una o muchas **revisiones**. Los subelementos se colocan en orden, primero todos los **clientes**, seguidos de los **cochesVendidos** y las **revisiones**.

```
<!ATTLIST cliente codCliente ID #REQUIRED>
```

Definición del atributo **codCliente** para el elemento **cliente**. Este es de tipo **ID**, es por ello que su valor en el XML debe comenzar siempre por una letra o un guion bajo. Además, **#REQUIRED** indica que es obligatorio.

```
<!ELEMENT direccionCliente EMPTY>
```

Definición de un elemento vacío, **direccionCliente**. Este mantiene la información mediante sus atributos.

```
<!ATTLIST direccionCliente provincia (Huelva | Murcia | Toledo) "Murcia">
```

Definición del atributo **provincia** para el elemento **direccionCliente**. Este atributo será de tipo texto y los valores posibles que puede almacenar se encuentran en la enumeración **(Huelva | Murcia | Toledo)** siendo el valor por defecto si no se incluye **Murcia**.

```
<!ELEMENT cochesVendidos (caracteristicas, codigoCliente, fotografia?)>
```

Definición del elemento **cochesVendidos** que está compuesto por una serie de subelementos entre los que se encuentra **fotografía** que al tener el operador interrogación (?) será opcional, es decir, puede encontrarse en el XML o no.

```
<!ELEMENT codigoCliente EMPTY>
<!ATTLIST codigoCliente codigo IDREF #REQUIRED>
```

Definición de la etiqueta vacía **codigoCliente**. Esta etiqueta contiene un atributo **código** de tipo **IDREF** de manera que el valor que se asigne a este debe encontrarse en el documento XML en otro atributo **ID**. Es el modo en el que se relacionan los coches que se venden en el concesionario con los clientes que tiene este. El atributo, además, es obligatorio.

```
<!ENTITY luces "Revisar luces">
```

Definición de una entidad llamada **luces** cuyo valor asociado es **"Revisar luces"** al encontrar la entidad en el documento XML del modo **&luces;** el valor que aparecerá al procesar este será **"Revisar luces"**.

ACTIVIDADES DE AMPLIACIÓN

1. Accede a las Actividades de ampliación del Capítulo 6 y desarrolla el DTD que asociarías al documento XML desarrollado en la Actividad 1. Recuerda que se debía modelar la información recogida en un cine.

2. Desarrolla un DTD que valide la Actividad de ampliación 3 propuesta en el Capítulo 7 de este libro.

3. Desarrolla un DTD que valide el Actividad de ampliación 7 propuesta en el Capítulo 7 de este libro.

4. ¿Recuerdas la típica base de datos *"Neptuno"* que Microsoft adjunta a Access como base de datos de ejemplo? Échale un vistazo, usa las tablas Artículos, Pedidos, Proveedores y Clientes para desarrollar un documento XML junto a un DTD que lo valide.

5. Crea un DTD que valide el siguiente código XML.

```xml
<?xml version="1.0" encoding="ISO-8859-1" ?>
   <rss version="2.0">
      <canal>
         <titulo>Mi canal</titulo>
         <url>http://www.canal.com</url>
         <descripcion>Canal dedicado a la creación de vídeos vistos en clase
         </descripcion>
         <lenguaje>es-ES</lenguaje>
         <imagen>
            <titulo>Título de la Imagen</titulo>
            <url>http://www.canal.com/imagen</url>
            <sitioWeb>http://www.canalIsabel.com</sitioWeb>
            <ancho>90</ ancho >
            <alto>36</ alto >
         </imagen>
         <articulo>
            <titulo>Titulo del artículo</titulo>
            <descripcion>Un resumen del contenido de la entrada.
            </descripcion>
         </articulo>
      </canal>
</rss>
```

6. Corrige el siguiente código para que sea válido. Los errores se encuentran en el DTD.

```xml
<?xml version="1.0" encoding="UTF-8"?>
<!DOCTYPE cine [
<!ELEMENT cine (SalasDeProyección)>
<!ELEMENT SalasDeProyección (películas+)>
<!ELEMENT películas (Título+,Sinopsis,HorasDeProyección+)>
<!ELEMENT Título (#PCDATA)>
<!ELEMENT Sinopsis (#PCDATA)>
<!ELEMENT HorasDeProyección (#PCDATA)>
<!ELEMENT Tiene3D>
]>
<cine>
   <SalasDeProyección ID="">
      <películas Codigo="">
         <Título></Título>
         <Sinopsis></Sinopsis>
         <HorasDeProyección></HorasDeProyección>
         <Tiene3D/>
      </películas>
   </SalasDeProyección>
<SalasDeProyección ID="">
      <películas Codigo="">
         <Título></Título>
         <HorasDeProyección></HorasDeProyección>
         <Tiene3D/>
      </películas>
   </SalasDeProyección>
</cine>
```

7. Crea un XML y su DTD asociado que almacene información sobre la organización de un instituto en función de las especificaciones que se indican a continuación.

   ➢ En el centro tenemos profesores, alumnos y personal laboral.

   ➢ Debemos guardar de forma obligatoria DNI, nombre y apellidos de los profesores bajo un mismo elemento.

   ➢ Además, se debe almacenar la cuenta de correo corporativa de cada profesor y de forma opcional su cuenta de correo personal. Otros datos a solicitar son el teléfono móvil, que se puede aportar más de uno, pero como mínimo, será uno, teléfono fijo en caso de que disponga de él y dirección postal.

   ➢ Un profesor puede tener abierto un classroom o no. En caso de que disponga de uno, aparecerá un elemento con atributo indicando su nombre.

   ➢ Los profesores pertenecen a un departamento, que estará liderado por un jefe o una jefa de departamento, cuyo nombre debe aparecer.

   ➢ Es preciso almacenar de cada alumno su nombre, apellidos, teléfono de los padres o propio —en caso de que sea mayor de edad (como mínimo, un teléfono)—, dirección postal y municipio en el que resida.

   ➢ Los alumnos estarán agrupados por cursos. Para cada curso es fundamental indicar un nombre de curso.

   ➢ Almacenaremos nombre, apellidos, dirección postal y teléfono del personal laboral. Además, es preciso indicar el horario en el que realiza su función, que puede ser "de mañana" o "de tarde".

XML SCHEMA.
VALIDACIÓN DE DOCUMENTOS XML

Contenidos

Validación de documentos XML.

XML Schema. Inclusión en documentos XML.

Estructura de un documento XML Schema. Sintaxis.

Definición de componentes. Elementos, atributos y entidades.

Restricciones.

Resumen del capítulo

En este capítulo vamos a continuar con el estudio de tecnologías usadas para la validación de documentos XML, XML Schema. Se definirán mediante XML Schema elementos, atributos y entidades, así como restricciones, entendiendo así que mediante el uso de esquemas la validación de documentos será muchos más precisa que la que se realiza a través de DTD.

Resultados de aprendizaje

RA4. Establece mecanismos de validación de documentos para el intercambio de información utilizando métodos para definir su sintaxis y estructura.

Criterios	a) Se ha establecido la necesidad de describir la información transmitida en los documentos y sus reglas.
	b) Se han identificado las tecnologías relacionadas con la definición de documentos.
	c) Se ha analizado la estructura y sintaxis específica utilizada en la descripción.
	d) Se han creado descripciones de documentos.
	e) Se han utilizado descripciones en la elaboración y validación de documentos.
	f) Se han asociado las descripciones con los documentos.
	g) Se han utilizado herramientas específicas.

9.1. INTRODUCCIÓN A LA VALIDACIÓN DE DOCUMENTOS XML MEDIANTE XML SCHEMA

En el contexto de XML (Extensible Markup Language), un **esquema** es un conjunto de reglas y definiciones que describen la estructura, el contenido y las restricciones de un documento XML. Los esquemas permiten validar que los datos en un documento XML cumplan con un formato predefinido, garantizando así que los documentos intercambiados entre sistemas sean coherentes y correctos. Los esquemas en XML son esenciales en aplicaciones donde la integridad y la consistencia de los datos son cruciales. Proveen una manera estandarizada de describir cómo deben estructurarse los documentos XML, incluyendo qué elementos y atributos están permitidos, en qué orden deben aparecer y qué tipos de datos son válidos.

En el Capítulo 8 estudiábamos los DTD como tecnologías que permitían la validación de documentos XML. En este capítulo estudiaremos XML Schema. Esta nueva tecnología permitirá llevar a cabo una validación más estricta que la anterior, con tipos de datos y un mayor número de reglas.

9.1.1. XML Schema (XSD)

XML Schema Definition (**XSD**) es una tecnología más avanzada y flexible que DTD, que fue desarrollada por W3C (World Wide Web Consortium). Utiliza XML para definir la estructura y las restricciones de otros documentos XML, lo que hace que sea más potente y expresivo que un DTD. XSD permite la definición de tipos de datos complejos, restricciones sobre valores y patrones específicos, entre otras cosas. Veamos un pequeño ejemplo.

```
Fichero XML (biblioteca.xml)
<biblioteca xmlns:xsi="http://www.w3.org/2001/XMLSchema-instance"
        xsi:noNamespaceSchemaLocation='biblioteca.xsd'> (1)
   <libro>
      <titulo>Lenguajes de Marcas</titulo>
      <autor>Isabel María Jiménez Cumbreras</autor>
   </libro>
   <libro>
      <titulo>Sistemas Informáticos</titulo>
      <autor>Isabel María Jiménez Cumbreras</autor>
      <autor>Francisco Javier Trani Jiménez</autor>
   </libro>
</biblioteca>
```

```
Fichero XSD (biblioteca.xsd)
<?xml version="1.0" encoding="UTF-8"?>
<xs:schema xmlns:xs="http://www.w3.org/2001/XMLSchema"
        elementFormDefault="qualified">
  <xs:element name="biblioteca"> (2)
    <xs:complexType> (3)
      <xs:sequence> (4)
        <xs:element name="libro" minOccurs="1" maxOccurs="unbounded">
          <xs:complexType>
            <xs:sequence>
              <xs:element name="titulo" type="xs:string"  (5)
                      minOccurs="1" maxOccurs="1" />
              <xs:element name="autor" type="xs:string"
                      minOccurs="1" maxOccurs="unbounded" />
```

```
            </xs:sequence>
          </xs:complexType>
        </xs:element>
      </xs:sequence>
    </xs:complexType>
  </xs:element>
</xs:schema>
```

En el ejemplo se muestra un fichero XML cuyo elemento raíz **(1)** presenta una serie de parámetros, que son los que indican el uso de un esquema XSD para la validación del código:

- **xmlns:xsi=http://www.w3.org/2001/XMLSchema-instance.** El parámetro **xmlns:xsi** establece un espacio de nombres donde se podrá encontrar la definición de los elementos que podremos incluir en nuestros esquemas.

- **xsi:noNamespaceSchemaLocation='biblioteca.xsd'.** Una vez se establece el espacio de nombres y el prefijo a partir del cual es accesible, en nuestro caso **xsi** debemos indicar la localización del fichero XSD que se ha desarrollado para la validación.

El desarrollo del fichero XML Schema inicia con el encabezado usado por cualquier documento XML seguido de la etiqueta `<xs:schema>`. A partir de aquí, se observa la codificación de elementos complejos **(2)** y elementos simples **(5)** que ya estudiaremos en el capítulo. Los elementos complejos se definen mediante una etiqueta especial, `<xs:complexType>` **(3)** además de la especificación del modo en el que deben encontrarse los subelementos que en este caso se representa mediante `<xs:sequence>` **(4)**. Esto último es similar a lo que veíamos en DTD como `<!ELEMENT libro (titulo,autor,isbn)>`, ya que indica que un libro estará compuesto por título, autor e ISBN en ese orden. Los elementos simples definen directamente un tipo de datos, es decir, el tipo de datos de la información que almacena. En nuestro caso, los elementos simples **(5)** son de tipo **string,** cadena de caracteres. Para finalizar, los elementos podrán repetirse o no, para ello XSD dispone de los parámetros **minOccurs** y **maxOccurs.**

9.2. INCLUSIÓN DE UN DTD EN NUESTROS DOCUMENTOS XML

Ya se ha introducido en el apartado anterior con el ejemplo expuesto, pero veamos detalladamente cómo hacemos referencia a un fichero XSD que valide un XML dado.

Los ficheros XSD se definen de manera externa, en esta tecnología no vamos a encontrar un XML con su XSD en el mismo fichero. Así, debemos plantear por un lado un fichero XML y por otro un archivo con extensión .xsd. Este fichero de validación debe ser incorporado en el elemento raíz de nuestro XML mediante una serie de parámetros. Supongamos que tenemos un fichero XML cuyo elemento raíz es `<productos>`, a la hora de definirlo, si queremos indicar que es validado por un esquema XML Schema debemos seguir la sintaxis:

```
<productos xmlns:xsi="http://www.w3.org/2001/XMLSchema-instance"
           xsi:noNamespaceSchemaLocation="productos.xsd">
```

Como ya el lector ha estudiado en el apartado anterior, mediante **xmlns** se referencia un espacio de nombres y se le asigna un prefijo con el que nos vamos a referir a todos los componentes de nuestro XSD. El parámetro siguiente, que pertenece al espacio de nombres definido, permitirá acceder al fichero .xsd (`xsi:noNamespaceSchemaLocation`), ya que estableceremos la ruta al fichero entre comillas, así como su nombre.

A partir de ahora, todo fichero XML que deba ser validado mediante XSD deberá incluir este par de parámetros en su estructura, concretamente en su elemento principal, la raíz, que engloba a todos los componentes de nuestro archivo.

9.3. COMPONENTES PRINCIPALES DE UN XML SCHEMA

Antes de analizar los componentes principales de un XSD veamos su estructura principal.

```
<?xml version="1.0" encoding="UTF-8"?> (1)
<xs:schema xmlns:xs="http://www.w3.org/2001/XMLSchema"
           elementFormDefault="qualified"> (2)
  <xs:element name="root"> (3)
    <xs:complexType> (4)
      <xs:sequence> (5)
        <xs:element name="element" type="xs:string"
                    minOccurs="0" maxOccurs="unbounded"/> (6)
      </xs:sequence>
    </xs:complexType>
  </xs:element>
</xs:schema>
```

Este código sería el que mostraría la aplicación **XML Copy Editor**, referenciada en el Capítulo 1, si decidiéramos crear un fichero .xsd. Así, todo XSD debe contener:

(1) La cabecera que inicia un documento XML, estableciendo en ella la versión, así como la codificación.

(2) La etiqueta `<xs:schema>`. Es la que engloba todo el esquema. En ella se establece un espacio de nombres, así como un prefijo asociado al mismo. De este modo y a partir de ahora, cada vez que queramos insertar en nuestro XSD una etiqueta válida en su sintaxis, deberá estar precedida por este prefijo (**xs**), debido a la inclusión del parámetro `xmlns:xs` y `elementFormDefault`, con valor igual a `qualified`, ya que básicamente refiere que todas las etiquetas deben estar calificadas en el espacio de nombres y deben contener **xs:** justo antes de su nombre, indiferentemente de que estas constituyan elementos globales o locales. El otro valor válido para `elementFormDefault` es `unqualified`, que exime del uso del espacio de nombres en elementos locales.

(3) Llegados a este punto comienza la definición del elemento raíz de nuestro XML. Por defecto, **XML Copy Editor** indica que el nombre de este elemento es **root**. Al ser un elemento que de manera habitual contendrá a otros no muestra otros atributos más allá de **name** o **minOccurs** y **maxOccurs**.

(4) `<xs:complexType>` y `<xs:sequence>`. Estas dos etiquetas son fundamentales para la creación de elementos que están compuestos por otros y establecer la secuencia que deben seguir estos subelementos. En los siguientes apartados analizaremos con detenimiento los componentes de un XSD y estudiaremos todos los usos de `<xs:complexType>`. El elemento raíz estará compuesto por otros así, tras el comienzo de la definición de esta etiqueta, encontramos este par de elementos iniciándose igualmente.

(6) En el ejemplo y finalizando el esquema, se supone la existencia de una única etiqueta más allá de la etiqueta raíz. Esta se llama **element** (name="element"), es de tipo string o cadena de caracteres (type="xs:string") y puede no aparecer, o aparecer 1 o muchas veces gracias a la definición de los parámetros **minOccurs="0"** y **maxOccurs=" unbounded"**.

Así, dicho todo esto, la estructura básica de un esquema, como la expuesta en el ejemplo, daría lugar a ficheros XML de tipo:

```
<root>
    <element>Texto</element>
    <element>Texto</element>
</root>
<root>
</root>
<root>
    <element>Texto</element>
</root>
```

Una vez estudiada la estructura básica de un XSD veamos en los siguientes apartados los componentes principales de este tipo de esquemas: elementos (simples y complejos), atributos y restricciones.

9.3.1. Elementos

Los **elementos** refieren las etiquetas que constituyen cualquier documento XML. XSD distingue dos tipos de elementos, simples y complejos. Los elementos simples son aquellos que contienen información. Un elemento simple estará compuesto de etiqueta de inicio sin atributos y etiqueta de fin. Los elementos complejos agruparán a otros elementos o contendrán atributos. Estudiémoslo con más detalle en los siguientes apartados.

9.3.1.1. Definición de elementos que contienen solo información. Elementos simples

Como ya se ha indicado, un **elemento simple** representa una etiqueta que no tiene definidos atributos y contiene directamente información. Un ejemplo de etiqueta simple sería:

```
<referencia_articulo>Lac977</referencia_articulo>
```

La definición de este tipo de elementos en XSD es sencilla y sigue la sintaxis que se muestra a continuación:

```
<xs:element name="nombre" type="tipo de dato"
            [minOccurs="valor" maxOccurs="valor"]¹ />
```

- **name.** Establece el nombre del elemento, etiqueta, XML. En nuestro ejemplo **name** debe ser igual a **referencia_articulo.**

---

[1] El uso de corchetes representa opcionalidad, no es necesario establecer valores a estos parámetros ya que por defecto su valor es 1 en ambos casos.

- **type.** Establece el tipo de dato de la información que englobará la etiqueta en cuestión. En el ejemplo descrito líneas arriba, la información es una cadena alfanumérica, con lo que el tipo de datos definido podría ser **string**.

- **minOccurs.** Atributo opcional. Representa el número mínimo de veces que debe aparecer la etiqueta. Si no se configura **minOccurs** toma como valor por defecto 1, es decir, la etiqueta debe aparecer como mínimo una vez.

- **maxOccurs.** Al igual que **minOccurs, maxOccurs** es opcional o, mejor dicho, su valor por defecto es 1, de manera que si no se configura la etiqueta aparecerá como máximo una vez. Si queremos que un elemento simple XML aparezca solo una vez podemos configurar **minOccurs** y **maxOccurs** a 1 o bien, obviar su uso y no incluirlos en el código.

Según lo explicado, la definición en XSD del ejemplo de etiqueta expuesto quedaría como:

```
<!-- Definición sin el uso de minOccurs y maxOccurs -->
<xs:element name="referencia_articulo" type="xs:string" />
```
```
<!-- Definición con el uso de minOccurs y maxOccurs -->
<xs:element name="referencia:articulo" type="xs:string"
            minOccurs="1" maxOccurs="1" />
```

Ahora bien, una etiqueta puede contener una gran cantidad de información y de muy diversos tipos. Es en este punto donde comenzamos a visualizar las diferencias entre DTD y XSD. Los XML Schema permiten definir diferentes tipos de datos de manera que son capaces de controlar no solo el etiquetado sino también la información que contiene.

Tipos de datos

Veamos a continuación los **tipos de datos**[2] XSD más usados:

- **xs:string.** Cadena de caracteres que representa información alfanumérica. Suele ser el tipo de datos más usado.

- **xs:integer.** Números enteros. Cuando se define un elemento de este tipo ,la información que se debe incluir en él ha de ser un valor numérico, positivo o negativo, sin decimales.

- **xs:decimal.** Representa datos numéricos que pueden contener una parte decimal.

- **xs:date.** Este tipo de datos refiere una fecha en el formato YYYY-MM-DD, donde YYYY representa un año mediante cuatro dígitos (2024), MM el mes representado mediante dos dígitos (08) y DD el día (25).

- **xs:time.** Tipo de dato usado para referir tiempo; en esta ocasión permite almacenar horas, minutos y segundos (hh:mm:ss).

- **xs:dateTime.** Tipo de datos utilizado para referenciar una fecha completa. El formato de la información debe ser similar al que se indica YYYY-MM-DDThh:mm:ss; por ejemplo, 2021-05-07T17:30:00.

- **xs:boolean.** Tipo de datos que admite como únicos valores **true** o **false**.

---

[2] Si el lector lo desea puede acceder al sitio web w3School y profundizar en los tipos de datos XSD https://www.w3schools.com/xml/schema_dtypes_string.asp

9.3.1.2. Definición de elementos que contienen otros elementos

Para definir **elementos que contienen otros elementos,** es decir, otras etiquetas que son las que mantienen la información, debemos seguir la sintaxis que se muestra a continuación.

```xml
<xs:element name="nombre" [minOccurs="valor" maxOccurs="valor"]>
   <xs:complexType>
      <xs:sequence>
         <!-- Definición de elementos simples -->
      </xs:sequence>
   </xs:complexType>
</xs:element>
```

Un ejemplo de definición XSD y de elemento XML válido para esa definición sería el que se muestra a continuación.

```xml
<xs:element name="direccion">
   <xs:complexType>
      <xs:sequence>
         <xs:element name="calle" type="xs:string" />
         <xs:element name="numero" type="xs:integer" />
         <xs:element name="cp" type="xs:string" />³
         <xs:element name="localidad" type="xs:string" />
         <xs:element name="provincia" type="xs:string" />
      </xs:sequence>
   </xs:complexType>
</xs:element>
<direccion>
   <calle>Las cruces</calle>
   <numero>13</numero>
   <cp>14007</cp>
   <localidad>Córdoba</localidad>
   <provincia>Córdoba</provincia>
</direccion>
```

En la declaración se observa cómo el elemento complejo **dirección** está formado de cinco elementos simples que se suceden en una secuencia en el XML. La definición de un elemento complejo inicia con la etiqueta `<xs: complexType>` seguida de una etiqueta que refiere la manera en que se deben ordenar los elementos simples dentro del mismo. En el ejemplo podemos observar `<xs:sequence>` pero existen otras que pueden ser colocadas en esta posición.

- `<xs:sequence>`. Indica que los elementos simples que forman el elemento complejo definido deben encontrarse en el documento XML en el orden en el que son generadas en el XSD. Así, en el ejemplo, no será posible crear un fichero XML en el lugar en que la etiqueta **localidad** se encuentre justo antes de la etiqueta **calle**.

```xml
<!-- Código XML incorrecto -->
<direccion>
   <localidad>Córdoba</localidad>
   <provincia>Córdoba</provincia>
```

---

³ Es usual ver definiciones de campos como código postal de tipo cadena de caracteres, aunque este compuesto por números. Se aconseja al lector que si se codifican campos que contienen números con los que no se van a hacer operaciones aritméticas estos se definan de tipo string ya que su peso en memoria es menor.

```
    <calle>Las cruces</calle>
    <numero>13</numero>
    <cp>14007</cp>
</direccion>
```

- **`<xs:choice>`**. Definimos un tipo complejo de tipo **choice** cuando queremos dar opción a que este esté compuesto por un tipo simple que puede variar entre los establecidos en un grupo. Veamos un pequeño ejemplo.

```
<xs:element name="identificacion">
    <xs:choice>
        <xs:element name="dni" type="xs:string" />
        <xs:element name="nif" type="xs:string" />
        <xs:element name="pasaporte" type="xs:string" />
    </xs:choice>
</xs:element>
```

Para el documento XSD expuesto, serían válidos los XML que se muestran a continuación:

```
<identificacion>
    <dni>12456789</dni>
</identificacion>
```
```
<identificacion>
    <nif>12456789U</nif>
</identificacion>
```
```
<identificacion>
    <pasaporte>ABC000971</pasaporte>
</identificacion>
```

Al indicar `<xs:choice>` estamos especificando que al usar el elemento complejo, en su interior solo podrá contener una de las etiquetas del grupo; en nuestro caso, la etiqueta **identificacion** solo podrá contener **DNI** o **NIF** o **pasaporte,** nunca se validará si colocamos más de un elemento del grupo entre sus etiquetas de inicio y fin.

- **`<xs:all>`**. La usaremos cuando los elementos hijos del elemento complejo deban aparecer en cualquier orden, eso sí, lo harán una vez cada uno. Si modificamos nuestro ejemplo sustituyendo `<xs:sequence>` por `<xs:all>` todos los XML definidos a continuación serán válidos.

```
<direccion>                              <direccion>
    <calle>Las cruces</calle>                <calle>Las cruces</calle>
    <numero>13</numero>                      <numero>13</numero>
    <localidad>Córdoba</localidad>           <cp>14007</cp>
    <cp>14007</cp>                           <localidad>Córdoba</localidad>
    <provincia>Córdoba</provincia>           <provincia>Córdoba</provincia>
</direccion>                             </direccion>
```
```
                <direccion>
                    <calle>Las cruces</calle>
                    <localidad>Córdoba</localidad>
                    <provincia>Córdoba</provincia>
                    <numero>13</numero>
                    <cp>14007</cp>
                </direccion>
```

9.3.1.3. Definición de elementos que contienen información y otros elementos

Para la definición de **elementos complejos** que, además de **etiquetas que contengan información**, solo es necesario añadir el atributo **mixed** con valor igual a **true** a la etiqueta `<xs:complexType>`. Veamos un ejemplo.

```
Documento XML
<?xml version="1.0" encoding="UTF-8"?>
<carta xmlns:xsi="http://www.w3.org/2001/XMLSchema-instance"
       xsi:noNamespaceSchemaLocation='Ejemplo4.xsd'>
  Esta carta va dirigida a <para>IES La Arboleda</para> con el objeto de
<asunto>hablar sobre el comienzo de curso</asunto>.
  Rogamos a la dirección del centro preste atención al siguiente <mensaje>Curso
escolar 24/25 ...</mensaje>
</carta>
```

```
XSD Asociado
<?xml version="1.0" encoding="UTF-8"?>
<xs:schema xmlns:xs="http://www.w3.org/2001/XMLSchema"
           elementFormDefault="qualified">
  <xs:element name="carta">
    <xs:complexType mixed="true"> (1)
      <xs:sequence>
        <xs:element name="para" type="xs:string" />
        <xs:element name="asunto" type="xs:string" />
        <xs:element name="mensaje" type="xs:string" />
      </xs:sequence>
    </xs:complexType>
  </xs:element>
</xs:schema>
```

Si se observa el documento XML se entrelazan textos y etiquetas, esto es posible gracias a la inclusión de **mixed="true" (1)**.

9.3.1.4. Definición de elementos vacíos

Los elementos vacíos suelen ser elementos que contienen atributos, es por ello que se suelen encontrar a menudo junto a etiquetas `<xs:attribute>`. Tanto si tienen atributos como no ya sea porque la existencia o no del propio elemento refiera información, este tipo de componentes se incluye entre los elementos complejos de XSD.

Así, la definición de un elemento vacío sin atributos sería como se muestra a continuación.

```
<xs:element name="nombre" >
  <xs:complexType />
</xs:element>
```

Veamos un ejemplo.

```
Documento XML
<?xml version="1.0" encoding="UTF-8"?>
<estado_civil xmlns:xsi="http://www.w3.org/2001/XMLSchema-instance"
              xsi:noNamespaceSchemaLocation='Ejemplo5.xsd'>
```

```
     <soltera />
  </estado_civil>
XSD asociado
<?xml version="1.0" encoding="UTF-8"?>
<xs:schema xmlns:xs="http://www.w3.org/2001/XMLSchema"
           elementFormDefault="qualified">
  <xs:element name="estado_civil"> (1)
    <xs:complexType>
      <xs:choice>
        <xs:element name="soltera" > (2)
          <xs:complexType />
        </xs:element>
        <xs:element name="casada" > (3)
          <xs:complexType />
        </xs:element>
        <xs:element name="viuda" > (4)
          <xs:complexType />
        </xs:element>
        <xs:element name="divorciada" > (5)
          <xs:complexType />
        </xs:element>
      </xs:choice>
    </xs:complexType>
  </xs:element>
</xs:schema>
```

En el código de muestra se crea un elemento llamado **estado_civil** (1) que puede estar compuesto por alguna de las siguientes etiquetas (recordar como <xs:choice> permite solo la inclusión de un elemento del grupo codificado) **<soltera />** (2), **<casada />** (3), **<viuda />** (4) y **<divorciada />** (5). Todas ellas refieren etiquetas vacías sin atributos de manera que lo único que se incluye entre <xs:element> y </xs:elemento> es una etiqueta <xs:complexType>. En posteriores apartados estudiaremos la sintaxis para crear etiquetas, vacías o no, con atributos.

9.3.1.5. Creación de nuestros propios tipos de datos

Debido al gran número de etiquetas que se generan en ocasiones en el desarrollo de elementos complejos y que existen etiquetas similares en diferentes zonas del código, es posible crear nuestros propios tipos de datos. De esta manera simplificamos mucho nuestros documentos consiguiendo que sean más fáciles de entender y manejar, además de fomentar la reutilización de código.

La sintaxis para crear nuestros propios tipos de datos es la siguiente.

```
<xs:complexType name="nombre del tipo">
  <xs:sequence>
    <xs:element name="elemento_1" type="tipo_1" />
    <xs:element name="elemento_2" type="tipo_2" />
       ...
    <xs:element name="elemento_n" type="tipo_n" />
  </xs:sequence>
</xs:complexType>
```

Este bloque de código debe ser creado entre las etiquetas de inicio y fin del esquema (<xs:schema> y </xs:schema>) y fuera de toda zona de definición de cualquier elemento XSD. Al asignar un nombre a la etiqueta <xs:complexType> se está indicando que su contenido puede ser referenciado y sustituido por él. Posteriormente, solo debemos indicar, al elemento que deseemos, el nombre del tipo creado en el parámetro **type**.

Veamos a continuación un ejemplo de uso en que un documento XML almacena información de un instituto. Tendremos datos sobre el profesorado y el alumnado y etiquetas similares para guardar sus datos personales. Es por ello que se hace necesaria la creación de un tipo de datos llamado **datosPersonales.**

```
Documento XML
<ies xmlns:xsi="http://www.w3.org/2001/XMLSchema-instance"
     xsi:noNamespaceSchemaLocation='Ejemplo6.xsd'>
  <profesorado>
    <profesor>
      <datos_personales>
        <nombre>Isabel</nombre>
        <apellidos>Jiménez</apellidos>
        <direccion>Calle La Palma,13</direccion>
      </datos_personales>
    </profesor>
    <profesor>
      <datos_personales>
        <nombre>Manuela</nombre>
        <apellidos>Cordero</apellidos>
        <direccion>Calle Palmito, 17</direccion>
      </datos_personales>
    </profesor>
  </profesorado>
  <alumnado>
    <alumno>
      <datos_personales>
        <nombre>Marta</nombre>
        <apellidos>Orellana</apellidos>
        <direccion>Calle Disney,19</direccion>
      </datos_personales>
    </alumno>
    <alumno>
      <datos_personales>
        <nombre>Hugo</nombre>
        <apellidos>López</apellidos>
        <direccion>Calle Marvel,11</direccion>
      </datos_personales>
    </alumno>
  </alumnado>
</ies>
```
```
XSD asociado
<?xml version="1.0" encoding="UTF-8"?>
<xs:schema xmlns:xs="http://www.w3.org/2001/XMLSchema"
           elementFormDefault="qualified">
  <xs:element name="ies">
    <xs:complexType>
      <xs:sequence>
        <xs:element name="profesorado" >
          <xs:complexType>
            <xs:sequence>
              <xs:element name="profesor"  minOccurs="1" maxOccurs="unbounded">
                <xs:complexType>
```

```xml
                      <xs:sequence> (1)
                        <xs:element name="datos_personales" type="datosPersonales" />
                      </xs:sequence>
                    </xs:complexType>
                  </xs:element>
                </xs:sequence>
              </xs:complexType>
            </xs:element>
            <xs:element name="alumnado" >
              <xs:complexType>
                <xs:sequence>
                  <xs:element name="alumno" minOccurs="1" maxOccurs="unbounded">
                    <xs:complexType>
                     <xs:sequence> (2)
                       <xs:element name="datos_personales" type="datosPersonales" />
                      </xs:sequence>
                    </xs:complexType>
                  </xs:element>
                </xs:sequence>
              </xs:complexType>
            </xs:element>
          </xs:sequence>
        </xs:complexType>
      </xs:element>

      <xs:complexType name="datosPersonales"> (3)
        <xs:sequence>
          <xs:element name="nombre" type="xs:string" />
          <xs:element name="apellidos" type="xs:string" />
          <xs:element name="direccion" type="xs:string" />
        </xs:sequence>
      </xs:complexType>
    </xs:schema>
```

Si se observa la parte de código señalada como **(3)**, se define un tipo de datos complejo que no se encuentra bajo ningún elemento, es creado justo antes del cierre del esquema. El tipo de dato contempla tres etiquetas simples, **nombre**, **apellidos** y **dirección**. Cada vez que usemos este tipo, en el ejemplo en los puntos **(1)** y **(2)**, el elemento en cuestión sobre el que se aplique el tipo estará formado por las tres etiquetas mencionadas. De este modo evitamos la repetición de elementos, códigos más simples y reutilizables.

Actividad 9.1

En el Capítulo 8, en la Actividad 8.1, se solicitaba el acceso al sitio web de Mclibre, en el apartado dedicado a la realización de ejercicios relacionados con la validación mediante DTD:

https://www.mclibre.org/consultar/xml/ejercicios/dtd.html[4]

y se pedía la realización de los ejercicios englobados bajo los Epígrafes 1 y 2. Obtén los XML exentos de errores de estos ejercicios y desarrolla los XSD que los validen.

---

[4] Puedes encontrar el código QR de acceso a Mclibre en el Apartado 8.3.1 del Capítulo 8.

9.3.2. Atributos

Como ya se ha explicado en capítulos anteriores, los *atributos* constituyen una parte bastante importante en un documento XML. Gracias a ellos almacenamos información y conseguimos bases de datos no relacionales más legibles y compactas. La definición de atributos en XSD no es compleja, sí debemos tener en cuenta si este se encuentra en una etiqueta vacía o etiqueta que contiene información. Eso sí, los atributos deben ser creados más allá de cualquier etiqueta <xs:sequence> ya que esta está diseñada para establecer la disposición de las subetiquetas en un elemento complejo.

9.3.2.1. Creación de atributos en etiquetas vacías

La definición de atributos en etiquetas que no contienen información es sencilla. Solo debemos especificar que este es un elemento complejo, siendo su complejidad la inclusión de atributos en él. Así, la sintaxis a seguir es:

```
<xs:element>
   <xs:complexType>
      <xs:attribute name="nombre" type="tipo de dato" use="opciones" />
   </xs:complexType>
</xs:element>
```

- **name.** Establece el nombre del atributo.

- **type.** Permite indicar qué tipo de información contendrá el atributo. Los tipos que se pueden incluir son los ya estudiados para los elementos simples.

- **use.** Gracias a este parámetro podremos obligar o no el uso del atributo. Los valores que se pueden asignar a **use** son **required** y **optional**.

```
Ejemplo XML
<profesor nombre="Isabel" apellidos="Jiménez" />
XSD asociado
<xs:element name="profesor" minOccurs="1" maxOccurs="unbounded">
   <xs:complexType>
      <xs:attribute name="nombre" type="xs:string" use="required" />
      <xs:attribute name="apellidos" type="xs:string" use="required" />
   </xs:complexType>
</xs:element>
```

9.3.2.2. Creación de atributos en etiquetas que contienen otras etiquetas o información

Veamos en el siguiente apartado el procedimiento a seguir en la inclusión de atributos en elementos que contienen otros elementos o información.

Atributos en elementos con subelementos

La sintaxis XSD a seguir cuando en XML tenemos un elemento que contiene subelementos y a su vez, debe incluir atributos, es la siguiente.

```xml
<xs:element name="nombre">
   <xs:complexType>
      <xs:sequence>
         <xs:element name="nombreS" type="tipo"
                     [minOccurs="valor" maxOccurs="valor"] />
            ...
         <xs:element name="nombreS" type="tipo"
                     [minOccurs="valor" maxOccurs="valor"] />
      </xs:sequence>
      <xs:attribute name="nombre_atributo" type="tipo" use="opción" />
         ...
      <xs:attribute name="nombre_atributo" type="tipo" use="opción" />
   </xs:complexType>
</xs:element>
```

Véase el siguiente ejemplo.

```xml
Documento XML
<?xml version="1.0" encoding="UTF-8"?>
<biblioteca xmlns:xsi="http://www.w3.org/2001/XMLSchema-instance"
            xsi:noNamespaceSchemaLocation='Ejemplo8.xsd'>
   <libro titulo="Lenguajes de Marcas y Sistemas de Gestión de Información">
      <autor>Isabel María Jiménez</autor>
   </libro>
</biblioteca>
```

```xml
Documento XSD
<?xml version="1.0" encoding="UTF-8"?>
<xs:schema xmlns:xs="http://www.w3.org/2001/XMLSchema"
           elementFormDefault="qualified">
   <xs:element name="biblioteca">
      <xs:complexType>
         <xs:sequence>
            <xs:element name="libro" minOccurs="1" maxOccurs="unbounded">
               <xs:complexType>

                  <xs:sequence>
                     <xs:element name="autor" type="xs:string"
                                 minOccurs="1" maxOccurs="unbounded" />
                  </xs:sequence>

                  <xs:attribute name="titulo" type="xs:string" use="required" />

               </xs:complexType>
            </xs:element>
         </xs:sequence>
      </xs:complexType>
   </xs:element>
</xs:schema>
```

Atributos en elementos que contienen información

Un ejemplo de este tipo de elemento seria `<libro autor="Isabel M. Jiménez">Lenguajes de Marcas y Sistemas de Gestión de Información</libro>`. Veamos la sintaxis para definir etiquetas similares en XSD.

```
<xs:element name="nombre"> (1)
  <xs:complexType> (2)
    <xs:simpleContent> (3)
      <xs:extension base="tipo"> (4)
        <xs:attribute name="nombre" type="tipo" use="opcion"/> (5)
      </xs:extension>
    </xs:simpleContent>
  </xs:complexType>
</xs:element>
```

En nuestro ejemplo:

```
<libro autor="Isabel M. Jiménez">Lenguajes de Marcas</libro>
```
```
<xs:element name="libro>
  <xs:complexType>
    <xs:simpleContent>
      <xs:extension base="xs:string">
        <xs:attribute name="autor" type="xs:string" use="optional" />
      </xs:extension>
    </xs:simpleContent>
  </xs:complexType>
</xs:element>
```

Según se observa en la sintaxis y posterior ejemplo, se comienza la definición como la de cualquier elemento, `<xs:element>` **(1)** seguida de la etiqueta `<xs:complexType>` **(2)** debido a que se va a proceder a definir un elemento de contenido complejo, ya que contiene información y atributos en su interior. A continuación descubrimos una nueva etiqueta `<xs:simpleContent>` **(3)**. Esta etiqueta XSD es necesaria y se utiliza para aquellos elementos que contienen información además de atributos. Concretamente hará referencia al contenido textual de la etiqueta que se está definiendo, en nuestro ejemplo, el título del libro englobado en `<libro>`. Así, a partir de ahí localizamos `<xs:extension base="">` **(4)**, siendo el valor asignado a **base** el tipo de dato de la información que contiene la etiqueta. Finalmente, entre las etiquetas de inicio y fin de `<xs:extension>` se incluirán todos los atributos que el elemento XML requiera **(5)**.

Actividad 9.2

Accede al sitio web de Mclibre, en el apartado dedicado a la realización de ejercicios relacionados con la validación mediante DTD: https://www.mclibre.org/consultar/xml/ejercicios/dtd.html, y obtén los documentos XML bien formados y válidos de los ejercicios englobados bajo los epígrafes 3 y 4. Desarrolla los correspondientes XML Schema que los validen.

9.3.3. Restricciones

Como ya sabemos, en el contexto de la validación de documentos XML, el lenguaje XSD (XML Schema Definition) desempeña un papel crucial al definir la estructura y las reglas que deben cumplir dichos documentos. Entre las herramientas más potentes que ofrece XSD se encuentran las *restricciones*. Las restricciones permiten controlar con precisión los valores y la estructura de los datos contenidos en un documento XML, asegurando así su conformidad con las especificaciones deseadas. Es algo que distingue claramente la validación XSD y DTD debido a que este último no posee métodos para validar el contenido, la información como tal.

De manera formal podemos decir que las restricciones en XSD son reglas que se aplican a los tipos de datos para limitar los valores posibles que pueden tomar los elementos y atributos de un documento XML. Estas restricciones garantizan que los datos no solo sigan una estructura particular, sino que también se ajusten a criterios específicos, tales como longitud, valor numérico, formato, entre otros.

Existen diferentes tipos de restricciones en XSD que se aplican a tipos de datos simples. A continuación, en los siguientes apartados, estudiaremos las principales restricciones disponibles en XSD.

9.3.3.1. Restricciones asociadas a los tipos de datos simples

En XSD, los tipos de datos simples son aquellos predefinidos por el lenguaje y aplicados a etiquetas simples o atributos, por ejemplo, `xs:string, xs:integer`, etc.

La inclusión de restricciones para estos tipos de datos se suele hacer siguiendo la sintaxis:

```
<xs:element name="nombre etiqueta">
   <xs:simpleType>
     <xs:restriction base="tipo de dato">
       <!-- Restricciones -->
     </xs:restriction>
   </xs:simpleType>
</xs:element>
```

Entre las restricciones que se engloban en este apartado encontramos.

Length

Suele aplicarse sobre el tipo de datos `xs:string` y restringe el número de caracteres que puede contener la información.

```
<xs:element name="cp">
   <xs:simpleType>
     <xs:restriction base="xs:string">
       <xs:length value="5"/>
     </xs:restriction>
   </xs:simpleType>
</xs:element>
```

`<cp>21120</cp>`	Correcto
`<cp>211</cp>`	Incorrecto
`<cp>2112014</cp>`	Incorrecto

Minlength y Maxlength

Al igual que **length**, se **minlength** y **maxlength** se aplican sobre tipos de datos cadenas de caracteres. Se usan para indicar los números mínimo y máximo de caracteres que la información puede contener.

```
<xs:element name="refCliente">
```

\

```
  <xs:simpleType>
    <xs:restriction base="xs:string">
      <xs:minLength value="2" />
      <xs:maxLength value="5" />
    </xs:restriction>
  </xs:simpleType>
</xs:element>
```

`<refCliente>A1</RefCliente>`	Correcto
`<refCliente>A</RefCliente>`	Incorrecto
`<refCliente>A1234</RefCliente>`	Correcto
`<refCliente>A12345678</RefCliente>`	Incorrecto

Mininclusive, Maxinclusive, Minexclusive y Maxexclusive

Este tipo de restricciones se aplica sobre tipos de datos numéricos, de manera que es posible definir el intervalo de números que puede ser usado. **Inclusive** y **exclusive** determinarán si los valores establecidos como valores de corte serán incluidos en el intervalo y por ende, podrán ser usados o no.

```
<xs:element name="edad_acceso">
  <xs:simpleType>
    <xs:restriction base="xs:integer">
      <xs:minInclusive value="18"/>
      <xs:maxInclusive value="120"/>
    </xs:restriction>
  </xs:simpleType>
</xs:element>
```

`<edad_acceso>3</edad_acceso>`	Incorrecto
`<edad_acceso>18</edad_acceso>`	Correcto

Enumeration

Establece un conjunto de valores que serán los únicos permitidos para el elemento al que se aplica la restricción.

```
<xs:element name="marca">
  <xs:simpleType>
    <xs:restriction base="xs:string">
      <xs:enumeration value="Audi"/>
      <xs:enumeration value="BMW"/>
      <xs:enumeration value="Mercedes"/>
    </xs:restriction>
  </xs:simpleType>
</xs:element>
```

`<marca>Audi</marca>`	Correcto
`<marca>Kia</marca>`	Incorrecto

Pattern

Permite definir expresiones regulares que deberán seguir los datos incluidos en la etiqueta asociada a la restricción. Para el desarrollo de estas expresiones se hará uso de determinados caracteres. Veamos a continuación qué elementos pueden formar parte de una expresión regular y su funcionalidad.

- **Carácter literal.** Carácter específico que debe aparecer en la cadena o patrón en la posición que se ha colocado.
- **Caracteres comodín:**
  - ➤ **Signo de puntuación punto (.).** Representa a cualquier carácter excepto el salto de línea.
  - ➤ **Signo asterisco (*).** Representa a un carácter que puede no aparecer, aparecer una vez o muchas veces. Se puede aplicar a un grupo de caracteres.
  - ➤ **Signo más (+).** Similar a *, con la diferencia de que el carácter + obliga al menos una vez a la existencia del elemento sobre el que se aplique. Puede asociarse a un grupo de caracteres.
  - ➤ **Signo interrogación (?).** Indica que el carácter o grupo de caracteres es opcional, es decir, puede aparecer una vez o ninguna.
  - ➤ **[].** Define un conjunto de caracteres. Por ejemplo, [A-Z] coincide con cualquier letra mayúscula.
  - ➤ **^.** Indica el inicio de la cadena.
  - ➤ **$.** Indica el final de la cadena.
  - ➤ **|.** Actúa como un operador OR. Por ejemplo, "a|b" coincide con "a" o "b".
  - ➤ **().** Agrupa caracteres o secuencias para aplicar operadores como *, +, ?
- **Secuencias de escape:**
  - ➤ **\d.** Refiere cualquier dígito (equivalente a [0-9]).
  - ➤ **\w.** Refiere cualquier carácter de palabra (letras, dígitos y el guion bajo).
  - ➤ **\s.** Refiere cualquier carácter de espacio en blanco (espacio, tabulación o salto de línea).
  - ➤ **\t.** Refiere el carácter de tabulación.

Veamos algunos ejemplos de uso de este tipo de restricciones.

Ejemplo 9.1. Validación de un código de cliente cuyo valor siempre está compuesto por tres letras mayúsculas seguidas de dos dígitos.

```
                          <!-- XML -->
<codigo>ABC34</código>
                      <!-- XSD. Opción 1 -->
<xs:element name="codigo">
   <xs:simpleType>
      <xs:restriction base="xs:string">
         <xs:pattern value="[A-Z]{3}[0-9]{2}" />
      </xs:restriction>
   </xs:simpleType>
</xs:element>
                      <!-- XSD. Opción 2 -->
<xs:element name="codigo">
   <xs:simpleType>
      <xs:restriction base="xs:string">
         <xs:pattern value="[A-Z]{3}\d{2}" />
      </xs:restriction>
   </xs:simpleType>
</xs:element>
```

Ejemplo 9.2. Validación de una etiqueta que almacena el NIF de una persona. La letra debe estar siempre en mayúsculas.

```
                            <!-- XML -->
<nif>29709509H</nif>
                         <!-- XSD. Opción 1 -->
<xs:element name="codigo">
   <xs:simpleType>
      <xs:restriction base="xs:string">
         <xs:pattern value="[0-9]{8}[A-Z]" />
      </xs:restriction>
   </xs:simpleType>
</xs:element>
                         <!-- XSD. Opción 2 -->
<xs:element name="codigo">
   <xs:simpleType>
      <xs:restriction base="xs:string">
         <xs:pattern value="\d{8}[A-Z]" />
      </xs:restriction>
   </xs:simpleType>
</xs:element>
```

Si quisiéramos añadir signos de puntuación para separar grupos de dígitos y letra, por ejemplo, para obtener un formato similar a: 29.709.509-H, la expresión regular debería cambiar a:

```
<xs:pattern value="\d{2}.\d{3}.\d{3}-[A-Z]" />.
```

Ejemplo 9.3. Validación de una etiqueta llamada **identificación,** que puede comenzar en dos caracteres, el primero en mayúsculas y el segundo en minúsculas, o no y contendrá dos dígitos y un guion finalizando en una letra.

```
                            <!-- XML -->
<identificacion>23-A</identificacion>
<identificacion>Bd11-n</identificacion>
                            <!-- XSD -->
<xs:element name="identificacion">
   <xs:simpleType>
      <xs:restriction base="xs:string">
         <xs:pattern value="([A-Z][a-z])?\d{2}-[A-Za-z]" />
      </xs:restriction>
   </xs:simpleType>
</xs:element>
```

9.4. EJEMPLO COMPLETO DE UN FICHERO XSD

Veamos a continuación un ejemplo completo de XML y su XSD asociado. Usaremos el documento XML utilizado en el capítulo anterior para el apartado similar a este. Tendremos en cuenta una serie de restricciones:

- El código de cliente debe comenzar en una letra y continuar con tres dígitos.
- El atributo población podrá contener los valores Murcia, Huelva y Granada.

- EL teléfono debe contener 9 dígitos.

- Las etiquetas día, mes y anio deben contener valores válidos, es decir, día debe contener un valor entre 1 y 31 (vamos a obviar los meses de 30 días y febrero en la restricción, entendiendo que el usuario en esas ocasiones utilizará datos correctos), mes debe contener un valor entre 1 y 12 y anio estará comprendido entre 1950 y 2006.

- Las marcas de vehículos posibles son: Citroën, Peugeot, BMW y Audi.

- Los colores permitidos serán blanco, negro, rojo y gris.

- Las matrículas de los vehículos deben comenzar con 3 letras mayúsculas y finalizar en 4 dígitos.

- El número de revisión comienza siempre en **R** y puede estar formado por 1 o muchos dígitos.

```xml
<?xml version="1.0" encoding="UTF-8"?>
<concesionario>
   <cliente codCliente="C100" nombre="Santiago" apellidos="Robles Marín">
      <direccionCliente nombre="Gran Vía, 3" poblacion="Murcia"
                        cp="30004" provincia="Murcia"/>
      <telefono>963689521</telefono>
      <telefono>633458795</telefono>
      <fechaNacimiento>
        <dia>10</dia>
        <mes>05</mes>
        <anio>1975</anio>
      </fechaNacimiento>
   </cliente>
   <cliente codCliente="C106" nombre="Iván" apellidos="Romero López">
      <direccionCliente nombre="Junterones, 3" poblacion="Murcia"
                        cp="30005" provincia="Murcia"/>
      <telefono>962485147</telefono>
      <fechaNacimiento>
        <dia>30</dia>
        <mes>10</mes>
        <anio>1950</anio>
      </fechaNacimiento>
   </cliente>
   <cochesVendidos matricula="CFG7812">
       <caracteristicas marca="Citroen" modelo="Xara 2.0"
                        color="blanco" precio="12650"
                        extras="Antena eléctrica"/>
<codigoCliente codigo="C100" />
       <fotografia>img/citroen_xara2.jpg</fotografia>
   </cochesVendidos>
   <cochesVendidos matricula="CMX1231">
       <caracteristicas marca="Peugeot" modelo="307"
                        color="blanco" precio="18000" />
         <codigoCliente codigo="C106" />
   </cochesVendidos>
   <revisiones matricula="CFG7812">
      <numRevision numero="R1" />
      <cambioAceite />
      <cambioFiltro />
      <revisionFrenos />
      <otros>Cambio de luces</otros>
   </revisiones>
   <revisiones matricula="CMX1231">
      <numRevision numero="R2" />
```

```
      <cambioAceite />
      <otros>Cambio de luces</otros>
   </revisiones>
   <revisiones matricula="CMX1231">
      <numRevision numero="R3" />
      <cambioFiltro />
      <revisionFrenos />
   </revisiones>
</concesionario>
```

El XSD asociado a este XML sería el siguiente.

```
<?xml version="1.0" encoding="UTF-8"?>
<xs:schema xmlns:xs="http://www.w3.org/2001/XMLSchema"
           elementFormDefault="qualified">

  <!-- Definición del elemento principal. Se definen tipos de datos
personalizados para hacer más legible el código -->

  <xs:element name="concesionario">
    <xs:complexType>
      <xs:sequence>
        <xs:element name="cliente" type="tipoCliente"
                    minOccurs="1" maxOccurs="unbounded" />

        <xs:element name="cochesVendidos" type="tipoCoche"
                    minOccurs="1" maxOccurs="unbounded" />

        <xs:element name="revisiones" type="tipoRevision"
                    minOccurs="1" maxOccurs="unbounded" />
      </xs:sequence>
    </xs:complexType>
  </xs:element>

  <!-- Fin de la definición del elemento principal -->

  <!-- Definición del tipo de dato que configura la etiqueta cliente -->
  <xs:complexType name="tipoCliente">
    <xs:sequence>

    <!-- Etiqueta direccionCliente -->
      <xs:element name="direccionCliente">
        <xs:complexType>
          <xs:attribute name="nombre" type="xs:string" use="required" />
          <xs:attribute name="poblacion" use="required"> (1)
            <xs:simpleType>
              <xs:restriction base="xs:string">
                <xs:enumeration value="Murcia" />
                <xs:enumeration value="Huelva" />
                <xs:enumeration value="Granada" />
              </xs:restriction>
            </xs:simpleType>
          </xs:attribute>
          <xs:attribute name="cp" type="xs:string" use="optional" />
          <xs:attribute name="provincia" type="xs:string" use="optional" />
        </xs:complexType>
      </xs:element>
```

```
    <!-- Etiqueta teléfono -->
    <xs:element name="telefono" minOccurs="1" maxOccurs="unbounded"> (2)
      <xs:simpleType>
        <xs:restriction base="xs:string">
          <xs:pattern value="\d{9}" />
        </xs:restriction>
      </xs:simpleType>
    </xs:element>

    <!-- Etiqueta fechaNamiciento -->
    <xs:element name="fechaNacimiento">
      <xs:complexType> <!-- Compuesta de las etiquetas dia, mes y anio -->
        <xs:sequence>
          <xs:element name="dia"> (3)
            <xs:simpleType>
              <xs:restriction base="xs:integer">
                <xs:minInclusive value="1" />
                <xs:maxInclusive value="31" />
              </xs:restriction>
            </xs:simpleType>
          </xs:element>
          <xs:element name="mes"> (4)
            <xs:simpleType>
              <xs:restriction base="xs:integer">
                <xs:minInclusive value="1" />
                <xs:maxInclusive value="12" />
              </xs:restriction>
            </xs:simpleType>
          </xs:element>
            <xs:element name="anio"> (5)
            <xs:simpleType>
              <xs:restriction base="xs:integer">
                <xs:minInclusive value="1950" />
                <xs:maxInclusive value="2006" />
              </xs:restriction>
            </xs:simpleType>
          </xs:element>
        </xs:sequence>
      </xs:complexType>
    </xs:element>
  </xs:sequence>
  <xs:attribute name="codCliente" use="required" > (6)
      <xs:simpleType>
        <xs:restriction base="xs:string">
          <xs:pattern value="[A-Za-z][0-9]{3}" />
        </xs:restriction>
      </xs:simpleType>
  </xs:attribute>
  <xs:attribute name="nombre" type="xs:string" use="required" />
  <xs:attribute name="apellidos" type="xs:string" use="required" />
</xs:complexType>
<!-- Fin definición etiqueta cliente -->

<!-- Definición del tipo de datos desarrollado para la etiqueta coches -->
<xs:complexType name="tipoCoche">
 <xs:sequence>
   <xs:element name="caracteristicas">
     <xs:complexType>
       <xs:attribute name="marca" use="required" > (7)
```

```
              <xs:simpleType>
                 <xs:restriction base="xs:string">
                   <xs:enumeration value="Citroen" />
                   <xs:enumeration value="Peugeot" />
                   <xs:enumeration value="BMW" />
                   <xs:enumeration value="Audi" />
                 </xs:restriction>
               </xs:simpleType>
             </xs:attribute>

             <xs:attribute name="modelo" type="xs:string" use="required" />
             <xs:attribute name="color" use="optional"> (8)
             <xs:simpleType>
                 <xs:restriction base="xs:string">
                   <xs:enumeration value="blanco" />
                   <xs:enumeration value="negro" />
                   <xs:enumeration value="rojo" />
                   <xs:enumeration value="gris" />
                 </xs:restriction>
               </xs:simpleType>
             </xs:attribute>
             <xs:attribute name="precio" type="xs:decimal" use="required" />
             <xs:attribute name="extras" type="xs:string" use="optional" />
         </xs:complexType>
         </xs:element>
         <xs:element name="codigoCliente">
           <xs:complexType>
             <xs:attribute name="codigo"> (9)
               <xs:simpleType>
                 <xs:restriction base="xs:string">
                   <xs:pattern value="[A-Z]\d{3}" />
                 </xs:restriction>
               </xs:simpleType>
             </xs:attribute>
           </xs:complexType>
         </xs:element>
         <xs:element name="fotografia" type="xs:string"
                 minOccurs="0" maxOccurs="1" />
       </xs:sequence>
       <xs:attribute name="matricula" use="required"> (10)
         <xs:simpleType>
           <xs:restriction base="xs:string">
             <xs:pattern value="[A-Z]{3}\d{4}" />
           </xs:restriction>
         </xs:simpleType>
       </xs:attribute>
     </xs:complexType>
     <!-- Fin definición etiqueta coches -->

     <!-- Definición del tipo de datos tipoRevision (etiqueta revisiones)-->
     <xs:complexType name="tipoRevision">
      <xs:sequence >
        <xs:element name="numRevision" >
        <xs:complexType>
         <xs:attribute name="numero"> (11)
          <xs:simpleType>
            <xs:restriction base="xs:string">
              <xs:pattern value="R\d+" />
            </xs:restriction>
```

```
      </xs:simpleType>
     </xs:attribute>
     </xs:complexType>
    </xs:element>
    <xs:element name="cambioAceite" minOccurs="0" maxOccurs="1" >
      <xs:complexType />
    </xs:element>
    <xs:element name="cambioFiltro" minOccurs="0" maxOccurs="1" >
      <xs:complexType />
    </xs:element>
    <xs:element name="revisionFrenos" minOccurs="0" maxOccurs="1" >
      <xs:complexType />
    </xs:element>
    <xs:element name="otros" type="xs:string" minOccurs="0" maxOccurs="1"  />
   </xs:sequence>
   <xs:attribute name="matricula" use="required"> (12)
     <xs:simpleType>
       <xs:restriction base="xs:string">
         <xs:pattern value="[A-Z]{3}\d{4}" />
       </xs:restriction>
     </xs:simpleType>
   </xs:attribute>
  </xs:complexType>
  <!-- Fin definición etiqueta revisiones -->

</xs:schema>
```

En el ejemplo se intenta plasmar todo lo aprendido en el capítulo, desde expresiones complejas de elementos, definición de tipos de datos, codificación de atributos o restricciones. Analicemos las líneas resaltadas con valor numérico en el código, refieren las restricciones planteadas en el ejercicio.

(1) Restricción sobre el atributo **población**. El texto de la restricción es: *"El atributo población podrá contener los valores Murcia, Huelva y Granada"*. Según se observa en el código, debido a que el valor del dato debe ser uno de los valores establecidos en la lista, se codifica una restricción de tipo **enumeration**. Las restricciones se aplican de igual modo sobre elementos simples y atributos.

```
<xs:attribute name="poblacion" use="required"> (1)
    <xs:simpleType>
       <xs:restriction base="xs:string">
          <xs:enumeration value="Murcia" />
          <xs:enumeration value="Huelva" />
          <xs:enumeration value="Granada" />
       </xs:restriction>
    </xs:simpleType>
</xs:attribute>
```

(2) Restricción sobre la etiqueta `telefono`. El texto de la restricción es: *"EL teléfono debe contener 9 dígitos"*. Para llevar a cabo la restricción usaremos una expresión regular, **\d{9}**. Recordamos que \d representa cualquier dígito. mientras que el valor entre llaves señala el número de veces que debe aparecer.

```
<xs:element name="telefono" minOccurs="1" maxOccurs="unbounded">
    <xs:simpleType>
       <xs:restriction base="xs:string">
          <xs:pattern value="\d{9}" />
       </xs:restriction>
    </xs:simpleType>
</xs:element>
```

(3) Restricción sobre la subetiqueta de `fechaNacimiento, dia`. El texto de la restricción es: *"Las etiquetas dia, mes y anio deben contener valores válidos, es decir, día debe contener un valor entre 1* *y 31 (vamos a obviar los meses de 30 días y febrero en la restricción entendiendo que el usuario en esas ocasiones utilizará datos correctos) [...]"*. Para el desarrollo se utilizan las restricciones sobre números minInclusive y maxInclusive, de manera que los valores numéricos que se permitirán sobre esta información deben encontrarse en el intervalo de 1 (`minInclusive="1"`) a 31 (`maxInclusive="31"`) incluidos ambos extremos.

```
<xs:element name="dia">
    <xs:simpleType>
        <xs:restriction base="xs:integer">
            <xs:minInclusive value="1" />
            <xs:maxInclusive value="31" />
        </xs:restriction>
    </xs:simpleType>
</xs:element>
```

(4) Restricción sobre la subetiqueta de `fechaNacimiento`, `mes`. *El texto de la restricción será: "[...] mes debe contener un valor entre 1 y 12 [...]"*. El desarrollo de este código es similar al anterior con la diferencia de los valores usados ya que los meses oscilan entre los valores 1 y 12, ambos incluidos.

```
<xs:element name="mes">
    <xs:simpleType>
        <xs:restriction base="xs:integer">
            <xs:minInclusive value="1" />
            <xs:maxInclusive value="12" />
        </xs:restriction>
    </xs:simpleType>
</xs:element>
```

(5) Restricción sobre la subetiqueta de `fechaNacimiento`, `anio`. El texto de la restricción es: *"[...] anio estará comprendido entre 1950 y 2006"*. Restricción similar a las vistas en los puntos **(3)** y **(4)**, la diferencia estriba como se vio en mes en los valores del intervalo de los años tenidos en cuenta.

```
<xs:element name="anio">
    <xs:simpleType>
        <xs:restriction base="xs:integer">
            <xs:minInclusive value="1950" />
            <xs:maxInclusive value="2006" />
        </xs:restriction>
    </xs:simpleType>
</xs:element>
```

(6) Restricción sobre el atributo `codCliente`. Según se mostraba en el enunciado, el texto de esta restricción es: *"El código de cliente debe comenzar en una letra y continuar con tres dígitos"*. Para el desarrollo de este código se hace necesario el uso de patrones, ya que la cadena que puede contener el atributo sigue unas especificaciones concretas sobre valores que debe contener. Como no se indica si la letra es mayúscula o minúscula, a la hora de establecer esta al comienzo de la cadena, entre corchetes se muestra `[A-Za_z]`. El código comenzará con un carácter de la A la Z, que puede ser mayúscula o minúscula. A continuación, la especificación de tres caracteres que se realiza para este componente mediante `[0-9]`, representa 1 dígito, `{3}` establece la inclusión de 3 dígitos.

```
<xs:attribute name="codCliente" use="required" >
    <xs:simpleType>
        <xs:restriction base="xs:string">
            <xs:pattern value="[A-Za-z][0-9]{3}" />
        </xs:restriction>
    </xs:simpleType>
</xs:attribute>
```

(7) Restricción sobre el atributo **marca**. El texto de la restricción es: *"Las marcas de vehículos posibles son: Citroën, Peugeot, BMW y Audi"*. Ya se han visto restricciones de este tipo. El valor de la marca debe encontrarse entre las cuatro que se indican en el enunciado, es decir, entre los valores de la lista dada. Por ello, debemos generar una enumeración de valores correctos.

```
<xs:attribute name="marca" use="required" >
    <xs:simpleType>
        <xs:restriction base="xs:string">
            <xs:enumeration value="Citroen" />
```

```
            <xs:enumeration value="Peugeot" />
            <xs:enumeration value="BMW" />
            <xs:enumeration value="Audi" />
        </xs:restriction>
    </xs:simpleType>
</xs:attribute>
```

(8) Restricción sobre el atributo **color** del elemento `coche`. El enunciado correspondiente a esta restricción es: *"Los colores permitidos serán blanco, negro, rojo y gris"*. Esta restricción se debe abordar, como todas las restricciones que contemplan una lista de valores, como contenido válido de un elemento o atributo. Es por ello que visualizamos etiquetas de tipo `<xs:enumeration>`.

```
<xs:attribute name="color" use="optional">
    <xs:simpleType>
        <xs:restriction base="xs:string">
            <xs:enumeration value="blanco" />
            <xs:enumeration value="negro" />
            <xs:enumeration value="rojo" />
            <xs:enumeration value="gris" />
        </xs:restriction>
    </xs:simpleType>
</xs:attribute>
```

(9) Restricción sobre el atributo **código** relacionado con la etiqueta `codigoCliente` en **coche**. El texto relacionado con esta restricción en el enunciado es: *"El código de cliente debe comenzar en una letra y continuar con tres dígitos"*. Aunque se aplica sobre otro elemento del código XML, es similar a la restricción (6).

```
<xs:attribute name="codigo">
    <xs:simpleType>
        <xs:restriction base="xs:string">
            <xs:pattern value="[A-Z]\d{3}" />
        </xs:restriction>
    </xs:simpleType>
</xs:attribute>
```

(10) Restricción sobre el atributo **matrícula**. El texto de esta restricción es: *"Las matrículas de los vehículos deben comenzar con 3 letras mayúsculas y finalizar en 4 dígitos"*. Este tipo de restricción es similar a la que se codificó para el código de cliente. La diferencia es el número de caracteres o dígitos y la especificación de que las letras deben ser obligatoriamente mayúsculas. Así, es necesario configurar un patrón: tres caracteres en mayúsculas `[A-Z]{3}` seguidos de cuatro dígitos `\d{4}`.

```
<xs:attribute name="matricula" use="required">
    <xs:simpleType>
        <xs:restriction base="xs:string">
            <xs:pattern value="[A-Z]{3}\d{4}" />
        </xs:restriction>
    </xs:simpleType>
</xs:attribute>
```

(11) Restricción sobre el atributo **número** en el elemento `numRevision`. El texto explicativo de la restricción es: *"El número de revisión comienza siempre en R y puede estar formado por 1 o muchos dígitos"*. Como en la restricción anterior, será necesario usar un patrón, colocando como carácter inamovible la 'R' seguido de `\d+`, es decir, 1 o muchos dígitos. Así, serán números de revisión válidos R1, R7, R97 o R97136.

```
<xs:attribute name="numero">
    <xs:simpleType>
        <xs:restriction base="xs:string">
            <xs:pattern value="R\d+" />
        </xs:restriction>
    </xs:simpleType>
</xs:attribute>
```

(12) Restricción sobre el atributo **matricula** de **revisiones**. Esta restricción ya se trató en el punto **(10):**

```
<xs:attribute name="matricula" use="required"> (12)
```

```
    <xs:simpleType>
        <xs:restriction base="xs:string">
            <xs:pattern value="[A-Z]{3}\d{4}" />
        </xs:restriction>
    </xs:simpleType>
</xs:attribute>
```

ACTIVIDADES DE AMPLIACIÓN

1. Accede a las Actividades de ampliación del Capítulo 6 y desarrolla el XSD que asociarías al documento XML desarrollado en la Actividad 1. Recuerda que en el documento se debía modelar la información recogida en un cine.

2. Desarrolla un XSD que valide la Actividad de ampliación 3 propuesta en el Capítulo 6 de este libro.

3. Desarrolla un XSD que valide la Actividad de ampliación 7 propuesta en el Capítulo 7 de este libro.

4. ¿Recuerdas la típica base de datos "Neptuno" que Microsoft adjunta a Access como base de datos de ejemplo? Échale un vistazo y usa las tablas Artículos, Pedidos, Proveedores y Clientes para desarrollar un documento XML junto a un XSD que lo valide. Establece restricciones simples y de mayor complejidad sobre los datos.

5. Crea un XSD que valide el siguiente código XML.

```xml
<?xml version="1.0" encoding="ISO-8859-1" ?>
    <rss version="2.0">
        <canal>
            <titulo>Mi canal</titulo>
            <url>http://www.canal.com</url>
            <descripcion>Canal dedicado a la creación de vídeos vistos en clase
            </descripcion>
            <lenguaje>es-ES</lenguaje>
            <imagen>
                <titulo>Título de la Imagen</titulo>
                <url>http://www.canal.com/imagen</url>
                <sitioWeb>http://www.canalIsabel.com</sitioWeb>
                <ancho>90</ ancho >
                <alto>36</ alto >
            </imagen>
            <articulo>
                <titulo>Titulo del artículo</titulo>
                <descripcion>Un resumen del contenido de la entrada.
                </descripcion>
            </articulo>
        </canal>
    </rss>
```

6. Repite la Actividad de ampliación 7 del Capítulo 7. Utiliza el XML desarrollado para este ejercicio y crear un XSD asociado. Añade las siguientes restricciones:

- El campo **dni** debe estar compuesto por 8 dígitos y una letra en mayúsculas.

- El campo **nombre** contendrá como máximo 20 caracteres.

- El campo **apellidos** contendrá como máximo 50 caracteres.

- El centro tiene como máximo 75 profesores.

- Las direcciones de correo deben ser validadas de manera que:

  ➢ Antes de la @ puede contener caracteres, dígitos y signo punto o guion bajo, longitud máxima de 20.

  ➢ A continuación, debe aparecer el símbolo @ seguido de un máximo de 10 caracteres, en esta zona no se permitirán signos ni dígitos, solo letras.

  ➢ Para finalizar, esta segunda parte debe terminar en los caracteres ".es".

- El teléfono fijo debe comenzar en 959. A partir de aquí contendrá 6 dígitos más.

- El teléfono móvil debe comenzar en 6.

- El código postal estará formado por 5 dígitos que comenzarán en 21.

- Solo existen cuatro departamentos en el centro: **Lengua, Matemáticas, Biología** e **Informática.**

- En el centro solo se cursa de 1ESO a 2Bachillerato.

7. Dado el siguiente código XML desarrolla un XSD asociado teniendo en cuenta las restricciones que se plantean.

- El atributo `país` para enviar a solo puede aceptar los valores EEUU, España y Portugal.

- La etiqueta `zip` contiene un número de 5 dígitos.

- El atributo `numProducto` está formado por tres dígitos, un guion y dos letras.

```xml
<?xml version="1.0"?>
<hojaPedido fechaPedido="1999-10-20">
   <enviarA pais="EEUU">
      <nombre>Alice Smith</nombre>
      <calle>123 Maple Street</calle>
      <ciudad>Mill Valley</ciudad>
      <estado>CA</estado>
      <zip>90952</zip>
   </enviarA>
   <facturarA pais="EEUU">
      <nombre>Robert Smith</nombre>
      <calle>8 Oak Avenue</calle>
      <ciudad>Old Town</ciudad>
      <estado>PA</estado>
      <zip>95819</zip>
   </facturarA>
   <comentario>¡Deprisa, mi césped parece una selva!</comentario>
   <elementos>
```

```
    <elemento numProducto="872-AA">
        <nombreProducto>Cortacesped</nombreProducto>
        <cantidad>1</cantidad>
        <precioEEUU>148.95</precioEEUU>
        <comentario>Confirmar que es eléctrico</comentario>
    </elemento>
    <elemento numProducto="926-AA">
        <nombreProducto>Monitor para bebes</nombreProducto>
        <cantidad>1</cantidad>
        <precioEEUU>39.98</precioEEUU>
        <fechaEnvio>1999-05-21</fechaEnvio>
    </elemento>
    </elementos>
</hojaPedido>
```

8. Dado el siguiente código XML define un XSD que lo valide teniendo en cuentas las siguientes especificaciones.

- Desarrolla un tipo de dato llamado "tipoGenero" que defina la etiqueta "Generos".

- Agrega una restricción al atributo "nombre" del tipo de datos realizado en el punto anterior de manera que su longitud máxima sea de 50 caracteres.

- Desarrolla un tipo de datos llamado "tipoPelicula" que defina la etiqueta "Peliculas".

- Establece una restricción para el tipo de datos "tipoPelicula" de manera que el año de estreno se encuentre entre 1977 y 2022.

- Ten en cuenta que la etiqueta **dni** está formada por 8 números y una letra mayúscula y que la etiqueta **numeroTelefono** siempre se compone de 10 números.

```
<web url="http://www.url.es" categoria="cine">
   <navegacion>
      <menu>Inicio</menu>
      <menu>Ver películas disponibles</menu>
      <menu>¿Problemas? Llámanos</menu>
      <menu>Dónde estamos</menu>
   </navegacion>
   <carrusel>
      <imagenCarrusel>imagenes/carrusel1.jpg</imagenCarrusel>
      <imagenCarrusel>imagenes/carrusel2.png</imagenCarrusel>
      <imagenCarrusel>imagenes/carrusel3.jpg</imagenCarrusel>
      <imagenCarrusel>imagenes/carrusel4.png</imagenCarrusel>
   </carrusel>
   <generos>
      <genero nombre="Acción"/>
      <genero nombre="Aventuras"/>
      <genero nombre="Ciencia Ficción"/>
      <genero nombre="Comedia"/>
      <genero nombre="Drama"/>
      <genero nombre="Intriga"/>
      <genero nombre="Musical"/>
      <Genero nombre="Terror"/>
   </generos>
   <peliculas>
```

```
    <pelicula>
        <titulo>Airbag</titulo>
        <director>Juanma Bajo</director>
        <interpretes>Karra Elejalde, Fernando Guillén Cuervo,...</Interpretes>
        <genero>Comedia</genero>
        <estreno>1997</estreno>
        <cartel>imagenes/airbag.jpg</cartel>
    </pelicula>
    <pelicula>
        <titulo>Barrio</titulo>
        <director>Fernando León</director>
        <interpretes>Críspulo Cabezas,Tomás Benito,...</interpretes>
        <genero>Drama</genero>
        <estreno>1998</estreno>
        <cartel>imagenes/barrio.jpg</cartel>
    </pelicula>
    <pelicula>
        <titulo>Cosas que dejé en la Habana</titulo>
        <director>Manuel Gutiérrez Ara</director>
        <interpretes>Violeta Rodríguez,Jorge Perugorría,...</interpretes>
        <genero>Drama</genero>
        <estreno>1998</estreno>
        <cartel>imagenes/cosas_que_deje_en_la_Habana.jpg</cartel>
    </pelicula>
</peliculas>
<alquileres>
    <alquiler>
        <recibo>11</recibo>
        <ident-Dvd>OJO-1</ident-Dvd>
        <dni>00000000J</dni>
        <fechaalquiler>2001-05-19T00:00:00</fechaalquiler>
        <fechadevolución>2001-05-24T00:00:00</fechadevolución>
        <precio>3.5</precio>
    </alquiler>
    <alquiler>
        <recibo>4</recibo>
        <ident-Dvd>SOL-1</ident-Dvd>
        <dni>00000000J</dni>
        <fechaalquiler>2001-05-16T00:00:00</fechaalquiler>
        <fechadevolución>2001-05-18T00:00:00<fFechadevolución>
        <precio>4</precio>
    </alquiler>
    <alquiler>
        <recibo>19</recibo>
        <ident-Dvd>SOL-2</ident-Dvd>
        <dni>00000000J</dni>
        <fechaalquiler>2001-05-25T00:00:00</fechaalquiler>
        <fechadevolución>2001-05-27T00:00:00</fechadevolución>
        <precio>4</precio>
    </alquiler>
</alquileres>
<clientes>
    <cliente>
        <dni>00000000J</dni>
        <nombre>Jesús Estan Camino</nombre>
        <direccion>C/Belén,3</direccion>
        <numeroTelefono>0960000000</numeroTelefono>
        <correoElectronico>EstanCamino@belen.es</correoElectronico>
    </cliente>
```

```
    <cliente>
        <dni>11111111A</dni>
        <nombre>Margarita Flores del Campo</nombre>
        <direccion>C/ Alegre, sn</direccion>
        <numeroTelefono>0962222222</numeroTelefono>
        <correoElectronico>campestre@gmail.com</correoElectronico>
    </cliente>
    <cliente>
        <dni>22222222B</dni>
        <nombre>Eva Fina Segura</nombre>
        <direccion>C/Protección, 28</direccion>
        <numeroTelefono>0961111111</numeroTelefono>
        <correoElectronico>evax@hotmail.com</correoElectronico>
    </cliente>
    <cliente>
        <dni>33333333C</dni>
        <nombre>Roberto Marco Gol</Nombre>
        <direccion>C/ Futbolista, 9</Direccion>
        <numeroTelefono>0963333333</NumeroTelefono>
        <correoElectronico>goleador@valencia.cf</CorreoElectronico>
    </cliente>
    </clientes>
</web>
```

TECNOLOGÍAS DE TRANSFORMACIÓN DE DOCUMENTOS XML. XSLT. INICIACIÓN A XPATH

Contenidos

Formateo de documentos XML mediante HTM, CSS y Bootstrap.

XPath.

Transformación de documentos XML mediante XSLT.

Resumen del capítulo

En este capítulo estudiaremos el modo de convertir documentos XML en documentos legibles por un navegador web tal que la información pueda visualizarse de manera amigable sin ser conocida la fuente de procedencia. Así, intentaremos dar formato a documentos XML y usaremos tecnologías como XPATH y XSLT para conseguir sitios generados a partir de información XML de manera rápida.

Resultados de aprendizaje

RA5. Realiza conversiones sobre documentos para el intercambio de información utilizando técnicas, lenguajes y herramientas de procesamiento.

Criterios	
	a) Se ha identificado la necesidad de la conversión de documentos para el intercambio de la información.
	b) Se han establecido ámbitos de aplicación.
	c) Se han analizado las tecnologías implicadas y su modo de funcionamiento.
	d) Se ha descrito la sintaxis específica utilizada en la conversión y adaptación de documentos para el intercambio de información.
	e) Se han creado especificaciones de conversión.
	f) Se han identificado y caracterizado herramientas específicas relacionadas con la conversión de documentos para el intercambio de información.
	g) Se han realizado conversiones sobre documentos para el intercambio de información.

10.1. INTRODUCCIÓN A LA VISUALIZACIÓN DE DOCUMENTOS XML

Como el lector habrá podido comprobar en capítulos anteriores, un documento XML es usa para el almacenamiento de información, con lo que su visualización en un navegador no va más allá de un listado de etiquetas con datos en su interior. En este capítulo vamos a estudiar cómo conseguir que esa manera de ver la información se parezca mucho más a la acostumbrada cuando accedemos a los sitios web albergados en Internet.

Así, por un lado, analizaremos el modo de cambiar la visualización de documentos XML y, por otro, generaremos sitios web de manera dinámica usando el etiquetado personalizado para ello. Esperamos que el lector no se asuste en demasía, ya que todo este proceso se lleva a cabo de una manera bastante sencilla y gracias a tecnologías que ya hemos usado como HTML y CSS, framework Bootstrap (plantillas) o tecnologías como XPath y XSLT, que estudiaremos de forma detallada en este capítulo.

10.2. VISUALIZACIÓN DE DOCUMENTOS XML MEDIANTE EL USO DE HTML, CSS Y BOOSTRAP

Es posible modificar la visualización de un documento XML en un navegador mediante el uso de etiquetas HTML o aplicando clases y propiedades CSS, incluso mediante la inclusión de elementos del framework Bootstrap o cualquier otro que estemos utilizando. Veamos a continuación cómo llevar a cabo este procedimiento.

10.2.1. Uso de etiquetas HTML en un documento XML

Es posible incluir **etiquetas HTML** en nuestros documentos XML, aunque para ello es necesario que estas etiquetas sean validadas por el estándar HTML adecuado para que se reconozcan y se tomen como etiquetas para aplicación de formato más allá de información.

Así, debemos agregar al nodo raíz de nuestro documento XML el atributo `xmlns="http://www.w3.org/1999/xhtml"`. Veamos un pequeño ejemplo. Supongamos el siguiente código XML y su visualización por defecto en un navegador web.

```
<?xml version="1.0" encoding="UTF-8"?>
<biblioteca>
  <libro>
    <titulo>Lenguajes de Marcas</titulo>
    <autor>Isabel M. Jiménez Cumbreras</autor>
  </libro>
  <libro>
    <titulo>Sistemas Informáticos</titulo>
    <autor>Isabel M. Jiménez Cumbreras</autor>
    <autor>Francisco Javier Trani Jiménez</autor>
  </libro>
</biblioteca>
```

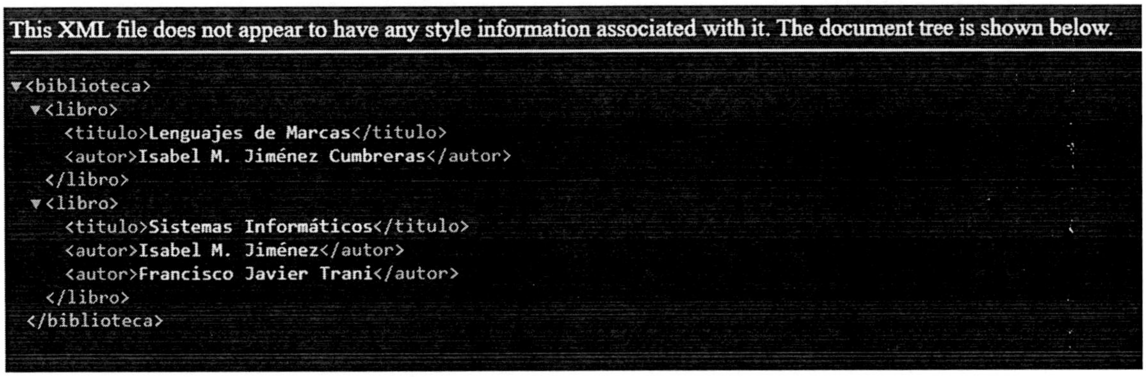

```
This XML file does not appear to have any style information associated with it. The document tree is shown below.

▼<biblioteca>
  ▼<libro>
      <titulo>Lenguajes de Marcas</titulo>
      <autor>Isabel M. Jiménez Cumbreras</autor>
    </libro>
  ▼<libro>
      <titulo>Sistemas Informáticos</titulo>
      <autor>Isabel M. Jiménez</autor>
      <autor>Francisco Javier Trani</autor>
    </libro>
  </biblioteca>
```

Figura 10.1. Ejemplo de visualización de un documento XML en cualquier navegador

Agreguemos a continuación el atributo **xmlns** a nuestro nodo raíz.

```
<?xml version="1.0" encoding="UTF-8"?>
<biblioteca xmlns="http://www.w3.org/1999/xhtml">
  <libro>
    <titulo>Lenguajes de Marcas</titulo>
    <autor>Isabel M. Jiménez Cumbreras</autor>
  </libro>
  <libro>
    <titulo>Sistemas Informáticos</titulo>
    <autor>Isabel M. Jiménez Cumbreras</autor>
    <autor>Francisco Javier Trani Jiménez</autor>
  </libro>
</biblioteca>
```

Lenguajes de Marcas Isabel M. Jiménez Cumbreras Sistemas Informáticos Isabel M. Jiménez Francisco Javier Trani

Figura 10.2. Visualización del documento XML una vez llevada a cabo la inclusión de referencia HTML

Como el lector puede observar, al incluir el atributo **xmlns** se identifica que van a ser usadas etiquetas HTML y el documento XML muestra únicamente la información encapsulada. Las etiquetas XML dejan de ser visualizadas. A partir de aquí podemos utilizar cualquiera de las etiquetas HTML vistas en capítulos anteriores. Por ejemplo, hagamos que los títulos de nuestros libros se muestren como títulos de nivel 2 y los nombres de los autores se visualicen en negrita y de color rojo.

```
<?xml version="1.0" encoding="UTF-8"?>
<biblioteca xmlns="http://www.w3.org/1999/xhtml">
  <libro>
    <titulo>
      <h2>Lenguajes de Marcas</h2>
    </titulo>
    <autor>
      <font color="red">
        <strong>Isabel M. Jiménez</strong>
      </font>
```

```
      </autor>
   </libro>
<libro>
   <titulo>
<h2>Sistemas Informáticos</h2>
   </titulo>
   <autor>
      <font color="red">
         <strong>Isabel M.
Jiménez</strong>
      </font>
   </autor>
   <autor>
      <font color="red">
         <strong>Francisco Javier
Trani</strong>
      </font>
   </autor>
   </libro>
</biblioteca>
```

Lenguajes de Marcas

Isabel M. Jiménez Cumbreras

Sistemas Informáticos

Isabel M. Jiménez Francisco Javier Trani

Figura 10.3. Visualización del documento XML una vez aplicadas las etiquetas HTML que se muestran en negrita

10.2.2. Uso de etiquetas, clases y propiedades CSS en un documento XML

Además de hacer uso de etiquetas HTML en nuestros documentos XML podemos introducir propiedades CSS o clases a las mismas. Para ello, en primera instancia, será necesario, como ocurría en la inclusión de código HTML, agregar cierta información en la cabecera del documento XML. Veamos el ejemplo que se muestra a continuación.

```
<?xml version="1.0" encoding="UTF-8"?>
<?xml-stylesheet href="css/estilos.css"?>
<biblioteca>
  <libro>
    <titulo>Lenguajes de Marcas</titulo>
    <autor>Isabel M. Jiménez</autor>
  </libro>
  <libro>
    <titulo>Sistemas Informáticos</titulo>
    <autor>Isabel M. Jiménez</autor>
    <autor>Francisco Javier Trani</autor>
  </libro>
</biblioteca>
```

En el código fuente anterior se muestra un documento XML, documento ya tratado en el Apartado 10.2.1. que a diferencia de este contiene una segunda línea del tipo: `<?xml-stylesheet href="css/estilos.css"?>`. Será en esta línea en donde se haga referencia al fichero CSS que contendrá toda la información de estilo que deseemos incluir para modificar visualmente el formato. Así, para hacer uso de CSS en XML debemos agregar a continuación de la cabecera del documento una línea con la sintaxis:

```
<?xml-stylesheet href="ruta al fichero CSS"?>
```

A partir de aquí solo debemos configurar nuestro archivo CSS con las propiedades que se consideren oportunas. Las etiquetas XML pueden ser accesibles como lo eran las etiquetas HTML así que, sobre ellas, de manera directa, podemos plasmar información visual.

```css
*{
    margin-left: 1em;
}
titulo{
    display: inline-block;
    margin-top: 1em;
    border: 1px dotted red;
}
autor{
    font-size: 1.2em;
    font-weight: bold;
}
```

En el ejemplo, aplicamos sobre la etiqueta **titulo** las propiedades **display, margin-top** y **border.** El uso de **display** es necesario para la aplicación de un margen superior. Se insta al lector a que acceda al Capítulo 3, Introducción a CSS, donde se estudiaba con detenimiento aspectos relacionados con el modelo caja y por ende, estas propiedades y sus valores. Además, la etiqueta **autor** también se ve modificada mediante propiedades relacionadas con la fuente de la información. El selector universal (*) sigue teniendo el mismo uso referenciando a todas las etiquetas del documento XML para aplicar propiedades generales a las mismas. Así, el resultado del código CSS anterior proporciona una visión general como la que se muestra en la Figura 10.4.

Lenguajes de Marcas **Isabel M. Jiménez**   Sistemas Informáticos   **Isabel M. Jiménez   Francisco Javier Trani**

Figura 10.4. Visualización del documento XML que almacena la información de los libros de una biblioteca una vez aplicado un formato visual al mismo.

Ahora bien, si necesitamos aplicar ciertas características visuales a nuestros documentos XML y es necesario el uso de clases CSS, es decir, nuestro formato visual es algo más complicado y debe ir más allá, será preciso incrustar el atributo **class** en las etiquetas XML o bien, añadir etiquetas HTML con dicho atributo. Si bien es cierto, para maquetaciones más complejas utilizaremos XSLT, que es el objeto principal de este capítulo, pero aun así, en el siguiente ejemplo se observa un breve código con el uso exclusivo de HTML y CSS.

```xml
                       Documento XML modificado
<?xml version="1.0" encoding="UTF-8"?>
<?xml-stylesheet href="css/estilos.css"?> (1)
<biblioteca xmlns="http://www.w3.org/1999/xhtml"> (2)
  <div class="contenedor"> (3)
    <libro>
      <titulo class="titulo">Lenguajes de Marcas</titulo>
      <span class="info">Quedan solo 3</span> (4)
      <autor class="autor">Isabel M. Jiménez</autor>
    </libro>
    <libro>
      <titulo class="titulo">Sistemas Informáticos</titulo>
      <span class="info">solo 1 a la venta</span> (4)
      <autor class="autor">Isabel M. Jiménez</autor>
      <autor class="autor">Francisco Javier Trani
```

```
              <span class="info">Ver otros libros del autor</span></autor>   (4)
        </libro>
    </div>
</biblioteca>
```
<center>Documento CSS asociado</center>
```
*{  (5)
    margin-left: 1em;
    box-sizing: border-box;
}
libro{
    display: block;
    width: 40%;
    border-right: 1px solid grey;
    border-bottom: 1px solid grey;
    height: 20vh;
    box-shadow: 2px grey;
}
.contenedor{  (6)
    display: flex;
    justify-content: center;
    flex-wrap: wrap;
    margin-top: 3em;
}
.info{  (8)
    font-size: 0.7em;
    padding: 5px;
    color: white;
    background-color: red;
    border-radius: 10px;
    text-shadow: none;
}
.titulo{  (8)
    font-family: "Arial";
    font-size: 2em;
    font-weight: bold;
}
.autor{  (8)
    display: block;
    font-size: 1.2em;
    color:grey;
    font-style: italic;
    font-weight: bold;
}
```

Analicemos el ejemplo:

(1) Inclusión de la etiqueta en este punto, que permitirá referenciar el fichero CSS en que ubicaremos las características necesarias para un formato visual establecido.

(2) Introducción del atributo **xmlns** necesario para usar etiqueta HTML en nuestro documento XML.

(3) Desarrollo del documento a partir de aquí e introducción de una primera etiqueta que permitirá la organización del contenido. Gracias a <div> mantendremos un elemento contenedor en el que ubicaremos cada libro.

(4) Definición de una etiqueta <span> que añade información susceptible de ser eliminada, ya que no es relevante para la propia información de un libro como tal. En este punto 4, se incluyen, además, las etiquetas XML definidas para el almacenamiento de los datos, debido a que es necesario tratar esa zona con un formato diferente al resto y su información no es necesaria; por ello, no es preciso crear una etiqueta XML para ella.

(5) Adición del selector universal para referenciar a todas las etiquetas XML, como en el ejemplo anterior. Este código es ya código CSS.

(6) Configuración de la capa contenedora Esto se hace mediante una clase que será utilizada por la etiqueta HTML: `<div>`. Como se estudió en el Capítulo 4, se utiliza la estructuración CSS a partir de Flexbox, usando propiedades muy sencillas para no emborronar demasiado y ayudar a la comprensión del código expuesto.

(7) Conversión en contenedor de la capa que engloba a todos los librosSolo era necesario conseguir que la etiqueta `<libro>` se viera afectada y para ello, solo debía adquirir la propiedad de bloque que se obtiene mediante **display: block.**

(8) Inclusión de clases para asignar a etiquetas XML como HTML y uso en el ejemplo de la potencia de CSS.

NOTA. En el desarrollo del código CSS se establece un orden a la hora de codificar etiquetas, clases, ID, etc. Este orden es expuesto de manera personal como buena práctica de programación debido, quizás, a la relevancia de los diferentes selectores CSS. Así, a la hora de desarrollar código CSS, los autores se decantan por colocar selectores de tipo universal y de etiqueta justo al principio, seguido de selectores ID y de clase. Esta es una manera de tener organizado el código y ayudar a aquellas personas que posteriormente acceden al mismo para realizar posibles modificaciones o actualizaciones. Se recalca nuevamente que esto es algo que el lector puede adoptar o no según considere, siempre teniendo en cuenta la propiedad en cascada de un documento CSS y la prioridad de selectores en él.

Finalmente, el resultado del código de ejemplo es el que se muestra en la Figura 10.5.

Figura 10.5. Visualización documento XML formateado en el ejemplo de código

Para finalizar y resumiendo el apartado, podemos decir que es posible formatear un documento XML aplicando para ello propiedades CSS. Solo debemos agregar bajo la cabecera XML la etiqueta de esta tecnología que enlaza con el fichero CSS. A partir de ahí, las propiedades de hoja de estilo podrán aplicarse a través de las propias etiquetas XML. Si queremos hacer uso de selectores más complejos como los estudiados con anterioridad en los Capítulos 3 y 4, podemos incluir etiquetas HTML a nuestro XML.

10.2.3. Uso del framework Bootstrap en un documento XML

Al igual que es posible añadir CSS y HTML a nuestros documentos XML, podemos utilizar Bootstrap en combinación con HTML para formatear nuestra información. Para ello, solo debemos establecer un enlace hacia el link CSS de Bootstrap y agregar aquellos elementos HTML necesarios para generar estructuras y hacer uso del atributo **class** y, por ende, las clases definidas por el framework.

> **NOTA.** Es importante tener en cuenta que no será posible acceder a toda la funcionalidad de Bootstrap, ya que enlazaremos con el fichero CSS de este, pero no con el script relacionado. Este tipo de prácticas no es usual directamente sobre el fichero XML, haremos uso de XSLT para ello.

Veamos a continuación un breve ejemplo.

```xml
<?xml version="1.0" encoding="UTF-8"?>
<?xml-stylesheet
href="https://cdn.jsdelivr.net/npm/bootstrap@5.3.3/dist/css/bootstrap.min.css"?> (1)
<biblioteca xmlns="http://www.w3.org/1999/xhtml"> (2)
  <div class="container mt-3">
    <div class="row">
        <libro class="col-lg-5 col-12 border border-danger"
              style="height: 30vh;">
          <titulo class="display-4">Lenguajes de Marcas</titulo>
          <span class="badge text-bg-danger">Quedan solo 3</span>
          <autor class="fs-3 d-block">Isabel M. Jiménez</autor>
        </libro>
        <libro class="col-lg-5 col-12 border border-danger offset-lg-1"
              style="height: 30vh;">
          <titulo class="display-4">Sistemas Informáticos</titulo>
          <span class="badge text-bg-danger">solo 1 a la venta</span>
          <autor class="fs-3 d-block">Isabel M. Jiménez</autor>
          <autor class="fs-3">Francisco Javier Trani </autor>
          <span class="badge text-bg-danger">
            Ver otros libros del autor
          </span>
        </libro>
    </div>
  </div>
</biblioteca>
```

(1) Si queremos hacer uso de CSS debemos incluir el acceso a nuestro fichero de hoja de estilo. En caso de Bootstrap, si accedemos a la documentación del framework, el enlace a las clases de Bootstrap es: https://cdn.jsdelivr.net/npm/bootstrap@5.3.3/dist/css/bootstrap.min.css. Así, solo debemos incluir en nuestro fichero XML la etiqueta de enlace a CSS con esta información.

(2) Además de CSS, utilizaremos etiquetas HTML para llevar a cabo cierta estructuración. Por ello añadiremos el atributo **xmlns** al elemento raíz de nuestro documento XML.

A partir del punto (2) se configura una estructura de capas de manera que se mantiene un elemento contenedor compuesto por una fila que incluye las columnas necesarias para visualizar todos los libros de la biblioteca. Así, se añaden etiquetas **<div>** para dar lugar al contenedor y la fila mientras que cada columna libro es definida por la propia etiqueta incluyendo clases de tipo **col-lg-5** y **col-12** consiguiéndose una visualización responsive tal que en tamaños de pantalla grandes cada libro ocupara 5 columnas mientras que en pantallas menores ocuparán toda la fila (12 columnas). Véase en negrita todas las clases Bootstrap empleadas. En la siguiente figura se observa la visualización final del documento.

Lenguajes de Marcas	Sistemas Informáticos
Quedan solo 3	solo 1 a la venta
Isabel M. Jiménez	Isabel M. Jiménez
	Francisco Javier Trani Ver otros libros del autor

Figura 10.6. Visualización de documento XML mediante el uso de Bootstrap.

10.3. XSLT. TRANSFORMACIÓN DE DOCUMENTOS XML

XSLT es un lenguaje de transformación basado en XML que se utiliza para transformar documentos XML en diferentes formatos, como HTML, texto plano o incluso, otro XML. XSLT define un conjunto de reglas para transformar la estructura de un documento XML de origen en un documento de salida, aplicando plantillas que indican cómo se deben procesar y presentar los datos del XML original.

La transformación con XSLT se basa en reglas escritas en hojas de estilo XSL (Extensible Stylesheet Language), que especifican cómo deben seleccionarse y manipularse los nodos del árbol del documento XML mediante un conjunto de expresiones XPath. Esto permite convertir datos XML a un formato más legible o útil para diferentes aplicaciones.

XPath (XML Path Language) es un lenguaje de consulta utilizado para navegar por la estructura de un documento XML y seleccionar nodos o conjuntos de nodos basados en una serie de criterios. XPath proporciona una sintaxis que definen rutas de acceso que a su vez identifican partes del documento, lo que permite extraer información específica y realizar operaciones sobre los nodos seleccionados.

10.3.1. Estándares XSLT

Antes de comenzar con el estudio de esta nueva tecnología, veamos cuáles son los estándares desarrollados por W3C de la misma, así como sus peculiaridades principales.

- **XSLT 1.0 (1999).** Esta es la versión original de XSLT, publicada como recomendación del W3C en noviembre de 1999. Introdujo el concepto de plantillas de transformación para convertir documentos XML a otros formatos (como HTML, texto plano, o XML). XSLT 1.0 utiliza XPath 1.0 para navegar y seleccionar nodos en el documento XML de entrada.

- **XSLT 2.0 (2007).** Publicada en enero de 2007, XSLT 2.0 proporcionó mejoras significativas, como un soporte más fuerte para tipado de datos a través de XML Schema, la capacidad de usar múltiples documentos de entrada, un mejor manejo de errores y un lenguaje de expresión más robusto con XPath 2.0. Esta nueva versión introdujo un mayor número de funciones y operadores que facilitaron la manipulación de datos XML.

- **XSLT 3.0 (2017).** Publicada en junio de 2017, XSLT 3.0 añadió soporte para transformaciones basadas en streaming, lo que permite procesar documentos XML muy grandes sin necesidad de cargarlos completamente en memoria. También introdujo plantillas modales, paquetes y funciones definidas por el usuario, así como soporte para mapas y arrays basándose en XPath 3.1.

10.3.2. Características XSLT

Una vez definido XSLT veamos algunas de sus características.

- **Lenguaje declarativo.** XSLT es un lenguaje declarativo, lo que significa que define "qué" hacer en lugar de "cómo" hacerlo.

- **Uso de XPath.** Para navegar y seleccionar partes del documento XML, XSLT se basa en XPath, un lenguaje de consulta que permite localizar nodos en un documento XML.

- **Independiente del formato de salida.** La transformación de un documento XML no se limita a HTML; puede producir texto, otro XML, o cualquier formato necesario.

- **Compatible con XML.** Dado que XSLT es un XML en sí mismo, es fácil integrarlo con otras herramientas y tecnologías que procesan XML.

10.3.3. XPath

Como se ha introducido en apartados anteriores, XSLT hace uso de XPath para poder acceder a los diferentes nodos de un documento XML. Es por ello que vamos a dedicar algunos párrafos a su estudio antes de conocer el modo en que se procede para visualizar la información mediante XSLT.

Ya en el Capítulo 7, Apartado 7.1.5. DOM (Modelo de Objetos del Documento), hablábamos de la estructura de nodos de un documento XML, se aconseja al lector acceder al mismo ya que para entender plenamente lo que se va a estudiar a continuación es preciso recordar cada término, cada elemento del DOM. Palabras como **nodo raíz**, **nodo padre**, **nodo hijo** y **nodo hermano** deben ser asociadas claramente a cada una de las partes de nuestro documento XML.

10.3.3.1. Estándares XPath según W3C

Existen varias versiones de XPath aprobadas por W3C:

- **XPath 1.0 (1999).** Versión original de XPath, publicada como recomendación por el W3C en noviembre de 1999. Proporciona la sintaxis básica y funciones fundamentales para navegar por documentos XML. Es ampliamente compatible y sigue siendo la versión más utilizada en muchas aplicaciones.

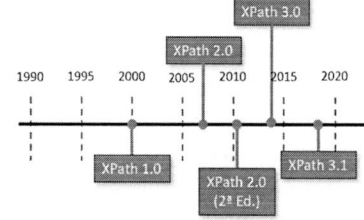

Figura 10.7. Estándares XPath

- **XPath 2.0 (2007).** Publicada en enero de 2007, esta versión agregó un mayor soporte para tipos de datos, funciones y operadores más complejos y un modelo de datos mejorado. Además, se introdujo la capacidad de trabajar con secuencias consiguiéndose una mayor integración con XQuery[1] y XSLT 2.0.

- **XPath 2.0 (2.ª edición) (2010).** Versión revisada de la especificación original de XPath 2.0 que fue publicada por el W3C el 14 de diciembre de 2010. No introduce nuevas características

---

[1] XQuery (XML Query Language) es un lenguaje de consulta y manipulación de datos diseñado específicamente para consultar, extraer y transformar datos almacenados en formato XML.

en el lenguaje en sí, pero proporciona una revisión consolidada que corrige errores, mejora las descripciones y aclara ciertas partes de la especificación original. En otras palabras, es una versión actualizada que mejora la precisión y la comprensión de la especificación, basada en los comentarios y la experiencia del uso práctico desde su lanzamiento en 2007.

- **XPath 3.0 (2014).** Publicada en abril de 2014, XPath 3.0 introdujo nuevas funciones y operadores, soporte para mapas y arrays y un sistema de tipos aún más robusto. Esta versión permitió una expresión más potente y flexible para manipular documentos XML y trabajar con datos más complejos.

- **XPath 3.1 (2017).** Publicada en marzo de 2017, esta versión se centró en mejorar el soporte para estructuras de datos JSON, introduciendo nuevas funciones para trabajar con objetos y matrices JSON. También amplió las funciones y operadores existentes para proporcionar una mejor interoperabilidad con datos no XML.

10.3.3.2. Características principales de XPath

Gracias a XPath se generan cadenas que conforman accesos a los diferentes nodos o elementos de un documento XML. Antes de comenzar el estudio de creación de estas cadenas se hace interesante listar una serie de características que definen este lenguaje.

- **Está formado por expresiones de ruta.** XPath utiliza una sintaxis basada en rutas para acceder a diferentes partes de un documento XML. Estas rutas se expresan mediante una serie de pasos que indican cómo navegar desde el nodo raíz hasta el nodo o conjunto de nodos deseados.

- **Usa operadores y funciones.** XPath incluye una gran variedad de operadores (como =, !=, >, <) y funciones (como `count()`, `text()`, `name()`, `contains()`) que permiten realizar operaciones avanzadas de selección y manipulación sobre los nodos XML.

- **Utiliza filtros.** Es posible definir predicados en XPath que permitan filtrar información mediante sentencias condicionales. Estos predicados se codifican entre corchetes `[]`. Un ejemplo de este tipo de cadena podría ser; `/biblioteca/libro[autor="Isabel María Jiménez Cumbreras"]` que extraerá todos los elementos `<libro>` cuyo elemento `<autor>` contenga el texto especificado entre comillas.

- **Dispone de ejes de navegación que definen relaciones entre nodos.** En XPath encontramos determinados elementos que definen la relación de un nodo con respecto a otros nodos, de manera que la navegación a través del árbol DOM de XML es más flexible.

- **Es independiente de la plataforma**. XPath es independiente del lenguaje de programación y de la plataforma, lo que lo hace ampliamente compatible con diversos sistemas y tecnologías que trabajan con XML.

10.3.3.3. Árbol del documento

XPath entiende que un documento XML es un árbol de nodos en los que estos tienen algún tipo de relación. Aunque ya hemos hablado de árbol y DOM en capítulos anteriores, es necesario profundizar aún más en el árbol, ya que son la base de generación de las cadenas de consulta XPath.

En informática, términos como **grafo** o **árbol** son comunes y técnicamente representan una estructura de datos. Esta estructura puede ser dirigida o no, de manera que podemos acceder de un nodo a otro en función de la posible relación existente entre ellos.

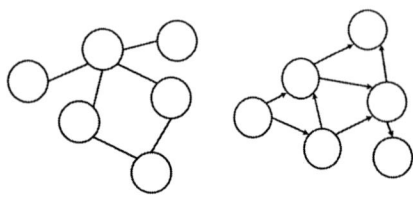

Figura 10.8. Grafo   **Figura 10.9.** Grafo dirigido

En un grafo, el término **arco** refiere a la línea que une dos nodos. En los grafos no dirigidos, podemos acceder de un nodo a otro siempre que exista un arco entre ellos, mientras que en los grafos dirigidos solo podremos acceder a un nodo si desde otro existe un arco dirigido hacia él. Si bien es cierto, en un grafo no dirigido es posible alcanzar un nodo desde varios puntos.

En los grafos dirigidos hablamos de nodos padre e hijo, siendo el nodo padre aquel desde el que parte el arco dirigido y nodo hijo al que llega este. Cuando tenemos un grafo tal que solo es posible acceder a un nodo desde uno concreto, es decir, solo existe un camino por el que llegar a un nodo, hablamos de árbol de nodos. Los árboles pueden ser dirigidos o no, como ocurría con los grafos. El DOM de un documento XML constituye un árbol de nodos dirigido.

Así, antes de comenzar debemos tener en cuenta que:

- Existen **nodos padres** e **hijos.**
- El árbol estará formado por **un único elemento raíz,** desde el que accederemos al resto de nodos.
- Los nodos que se encuentran en un mismo nivel del árbol se denominan **nodos hermanos**.
- Los **nodos descendientes** de uno dado serán todos aquellos nodos accesibles desde él.
- Los **nodos ascendientes** de uno dado serán todos aquellos nodos desde los que se es posible llegar a él.

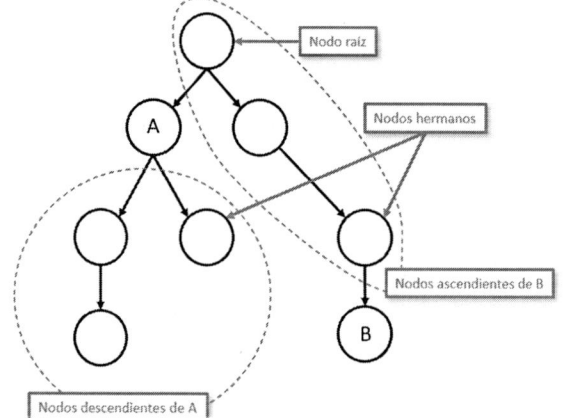

Figura 10.10. Relaciones entre nodos en un árbol dirigido

El DOM de un documento XML es un árbol dirigido. Veamos en el siguiente apartado la sintaxis de XPath y cómo acceder de un nodo a otro, teniendo en cuenta que atributos y texto serán tomados como nodos con la peculiaridad que son nodos que no pueden tener descendientes.

10.3.3.4. Sintaxis de las cadenas XPath

Una **cadena XPath** representa un recorrido en el árbol dirigido del documento XML. Las expresiones más sencillas son similares a las rutas de archivos en un explorador de Windows, en Windows Power Shell o en la Shell de GNU/Linux. Cuando evaluamos una cadena XPath, lo que hacemos es buscar los nodos en el documento y si se ajustan al recorrido definido en la expresión. La expresión devolverá todos aquellos nodos que la verifiquen. Es importante tener en cuenta que para poder evaluar una cadena XPath, el documento XML debe estar bien formado.

Una expresión XPath puede escribirse de manera abreviada o en su sintaxis más completa. La forma abreviada es más compacta y fácil de leer y es la que se estudiará en este apartado.

Antes de indicar la sintaxis de una cadena XPath recordemos el fichero XML de ejemplo usado en el Capítulo 7 y su árbol DOM. Hemos utilizado este documento ampliamente durante los capítulos dedicados a XML, DTD y XML Schema, así que debe ser más que conocido por el lector.

```xml
<?xml version="1.0" encoding="UTF-8"?>
<libros editorial="Gaceta">
    <libro titulo="Lenguajes de Marcas y Sistemas de Gestión de Información">
        <isbn>978-3-17-152789-0</isbn>
        <autor>Isabel María Jiménez Cumbreras</autor>
    </libro>
    <libro titulo="Sistemas Informáticos">
        <isbn>978-3-17-152797-0</isbn>
        <autor>Isabel María Jiménez Cumbreras</autor>
        <autor>Francisco Javier Trani Jiménez</autor>
    </libro>
</libros>
```

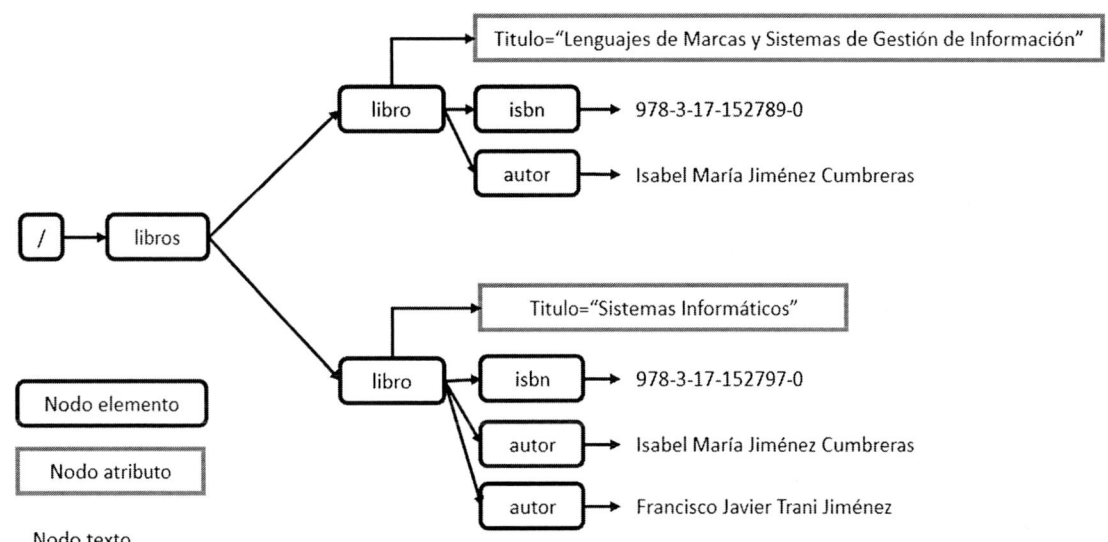

Figura 10.11. Árbol del documento XML libros

El documento dispone de una serie de nodos elemento (etiquetas), nodos atributos e información. Queda claro que si, por ejemplo, se desea obtener todos los **ISBN**, es preciso acceder desde `libros` a todas las etiquetas `libro`. Así, antes de comenzar tener en cuenta que:

- Para referenciar a los nodos elementos solo debemos escribir su nombre. El nodo `libro` será llamado en XPath de este mismo modo, `libro.`

- Para referenciar a los nodos atributos debemos colocar antecediendo a su nombre el símbolo arroba (@). El nodo atributo `titulo` será denominado en XPath como `@titulo`.

Teniendo en cuenta los puntos anteriores debemos establecer solo el **eje,** que será lo que nos permita seleccionar subconjuntos de nodos. Podríamos decir que un **eje** es un recorrido en el árbol. Así, la sintaxis de una cadena XPath estará formada por diferentes zonas, de manera que cada una de ellas será delimitada por los símbolos que se describen a continuación que serán los que den lugar a estos ejes.

Para desarrollar un eje y por consiguiente una cadena XPath utilizaremos los caracteres:

- **/**. Si se coloca al comienzo de la expresión XPath refiere el comienzo del documento, el nodo raíz, en otro caso determina nodo hijo. Siempre irá seguido del nombre del nodo en cuestión. Por ejemplo, si quisiéramos obtener todos los libros debería escribirse la cadena `/libros/libro`. Si se escribiera la cadena `/libro`, esta daría un error, ya que la barra inicial indica el comienzo del documento y el nodo raíz es `libros` no `libro`. Del mismo modo, si nuestro interés fuera mostrar el **ISBN** de cada libro, acceder a esta información debería realizarse con la cadena: `/libros/libro/@isbn`. Así, la sintaxis para desarrollar una cadena XPath usando el carácter / será:

```
/elemento_raiz/elemento_hijo/…/nodo_final o atributo
```

- **//**. La doble barra refiere a los descendientes de un elemento dado, de manera que a partir de ese elemento se localizarán todos los elementos accesibles desde él con ese nombre en cualquier ruta posible. Supongamos la cadena `//libro`. Con ella se visualizarán todos los libros encontrados desde la raíz del documento. Veamos un ejemplo algo más elaborado dado el siguiente XML:

```xml
<productos>
   <libros>
      <libro>
         <titulo>Dune</titulo>
         <autor>Frank Herbert</autor>
      </libro>
      <libro>
         <titulo>Divergente</titulo>
         <autor>Verónica Roth</autor>
      </libro>
   </libros>
   <películas>
      <pelicula>
         <titulo>Jurassic Park</titulo>
         <director>Steven Spielberg</director>
      </pelicula>
      <pelicula>
         <titulo>Ready Player One</titulo>
         <director>Steven Spielberg</director>
      </pelicula>
   </películas>
</productos>
```

En el ejemplo, al escribir `//titulo` se visualizarían todas las etiquetas `titulo` localizadas desde la raíz del documento de manera que se mostrarían todos los títulos sin distinguir si estos son de libros o películas. Si lo que se desea es mostrar todos los títulos de películas, la cadena XPath a desarrollar sería: `/productos/películas//titulo`. De este modo se mostrarían todos los títulos descendientes de películas. Conseguimos con esta nomenclatura que nuestra cadena XPath se vea reducida.

- **/..** Barra con doble punto. Representa al elemento padre. Por ejemplo, la cadena //**director/..** visualizaría todas las películas en el documento XML anterior.

- **.** El valor punto se utiliza para referir el propio elemento. Este cobrará sentido más adelante cuando se estudien los predicados.
- **|.** La barra vertical permitirá establecer varios recorridos en la misma cadena XPath, por ejemplo, `//autor|//director`.

Una vez se generan rutas es posible agregarles predicados que permiten especificar aún más los nodos que se desean consultar. Los predicados serán escritos entre corchetes, justo después de la ruta correspondiente, pudiéndose continuar la ruta después de ellos. Los posibles predicados que podemos usar serán:

- `[@atributo]`. Visualiza los elementos que contienen el atributo indicado.
- `[número]`. Si la ruta devuelve más de un resultado el número introducido entre corchetes indicará el que debe mostrarse en función de su orden; por ejemplo, si número es igual a 2, se visualizará el segundo resultado. Es posible hacer uso de funciones como `last()`, de manera que accederemos con ella al último elemento de todos los elementos obtenidos. Además, podemos usar operadores aritméticos e incluir expresiones de tipo `last()-1`, `last()-2`, etc.
- `[condición]`. Permitirá acceder a aquellos nodos que cumplan la condición establecida. Es posible establecer condiciones sobre los valores de los atributos. Para desarrollar estas condiciones haremos uso de operadores relacionales y lógicos tales como: =, !=, <, >, <=, >=, and, or y not(). Como ejemplo, en un documento XML que contara con un atributo `anyo` en alguno de sus elementos la cadena `//@anyo[. > 2023]` devolvería todos aquellos atributos `anyo` cuyo valor sea superior a 2023. Se observa en el ejemplo el uso del operador punto que hace referencia al mismo atributo, elemento referenciado como final en el eje.

Es usual encontrar condiciones compuestas conectadas gracias a los operadores lógico.

NOTA. En XPath podemos hacer uso de funciones como `text()`. A la hora de consultar un nodo concreto el resultado tras la búsqueda, si este es satisfactorio, es el conjunto de elementos al completo, etiquetas y contenidos incluidos. Ahora bien, si lo que se requiere es la extracción solo del texto, esto debe llevarse a cabo mediante la función `text()`. Esta función debe colocarse justo detrás del eje establecido.

NOTA. Si el lector desea profundizar más en XPath en Internet existen multitud de sitios web dedicados a su estudio. Particularmente la escritora considera de especial interés el sitio Mclibre, muy recomendado para este tema en el módulo profesional de Lenguajes de Marcas y Sistemas de Gestión de Información.

10.3.4. Inclusión de XSLT en nuestros documentos XML

Para incluir estilos en nuestros documentos XML mediante XSLT es necesario utilizar una sentencia de preprocesamiento `<?xml-stylesheet?>`. Esta sentencia se introducirá en el documento XML, justo después de la sentencia que determina el estándar XML. Veamos el siguiente ejemplo:

```
<?xml version="1.0" encoding="UTF-8"?>
<?xml-stylesheet type="text/xsl" href="transformacion.xsl"?>
<libros>
    <libro>
        <titulo>Lenguajes de Marcas</titulo>
        <autor>Isabel M. Jiménez Cumbreras</autor>
```

```
        </libro>
        <libro>
            <titulo>Sistemas Informáticos</titulo>
            <autor>Isabel M. Jiménez Cumbreras</autor>
            <autor>Francisco Javier Trani Jiménez</autor>
        </libro>
    </libros>
```

En el código se observa un documento XML que contiene una primera línea que establece el estándar XML y a continuación es donde se ubicará la referencia a XSLT:

```
<?xml-stylesheet type="text/xsl" href="transformacion.xsl"?>
```

- **type.** Indica el tipo de contenido del fichero referenciado por el atributo siguiente **href**.
- **href.** Este parámetro apunta al fichero XSL, es decir, a él asignaremos la ruta relativa al fichero que contiene la información de transformación.

10.3.5. Estructura de un documento XSLT

Antes de comenzar a estudiar los elementos fundamentales de un documento XSLT debemos conocer la **estructura** básica del mismo. Así, todo documento XSLT se muestra en inicio como se ve a continuación.

```
<?xml version="1.0" encoding="UTF-8"?>
<xsl:stylesheet xmlns:xsl="http://www.w3.org/1999/XSL/Transform" version="1.0">
  <xsl:template match="/">

    <!-- Declaración de elementos del diseño -->

  </xsl:template>
</xsl:stylesheet>
```

> **NOTA.** Es posible encontrar documentos XSLT que comiencen con la etiqueta `<xsl:transform>` en lugar de la etiqueta `<xsl:stylesheet>`; ambas son totalmente equivalentes.

Tras la declaración del estándar XML, encontraremos la etiqueta **`<xsl:stylesheet>`**. Esta será la etiqueta raíz que delimitará todo el documento. `<stylesheet>` contiene dos atributos:

- **`xmlns:xsl:`** declara el espacio de nombre por el que se regirá el resto de etiquetas XSLT.
- **`version:`** establece el estándar XSLT que será utilizado.

A partir de aquí, nuestro documento contendrá la estructura básica de un sitio web junto a etiquetas propias de la tecnología que estamos conociendo. Es usual encontrar documentos XSLT como el que se muestra en el ejemplo siguiente:

```
<xsl:template match="/">
    <html>
        <head>
            <title>Mi primera página XSLT</title>
        </head>
```

```
        <body>
            <h1>
                <xsl:value-of select="/libros/libro/titulo"/>
            </h1>
        </body>
    </html>
</xsl:template>
```

Si aplicamos el código anterior al documento XML que almacena la información de una biblioteca, el resultado de aplicar XSLT sería el que se muestra en la Figura 10.12.

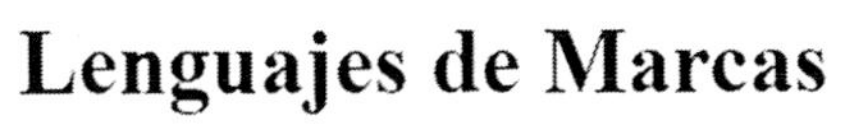

Lenguajes de Marcas

Figura 10.12. Resultado de aplicar la hoja de estilo XSLT al documento biblioteca.xml

Tras ver el resultado, el lector puede pensar que es erróneo, ya que solo aparece el título de un libro, nada más allá de ser así. Observemos el código.

Una vez declaradas las líneas que comienzan el documento XSLT encontramos las etiquetas HTML que desarrollan el esqueleto de un sitio web y justo en el cuerpo del mismo se incluye una etiqueta de título de nivel 1, `<h1>`. En ella se introduce la primera etiqueta propia de XSLT.

```
<xsl:value-of select="/libros/libro/titulo"/>
```

Estudiaremos este elemento en los posteriores apartados, pero como adelanto diremos que se trata de una etiqueta que permite visualizar el contenido de una etiqueta XML. En el ejemplo, se está solicitando la visualización del título de un libro. Para acceder al título debemos hacer uso de cadenas XPath, en esta ocasión **/libros/libro/titulo.** Según la ruta establecida, se parte de la etiqueta `<libros>`. A continuación, se accede al primer `<libro>` y de este, a la primera etiqueta `<titulo>` encontrada. Sin ningún atisbo de bucle, la información que esta hoja de estilo XSLT puede mostrar es solo la referida al primer elemento de la biblioteca.

10.3.6. Elementos de un documento XSLT

Un documento XSLT estará formado por un conjunto de **elementos** que permitirán filtrar la información almacenada en un XML. Gracias a esto podemos generar documentos HTML de manera más o menos dinámica.

En un documento XSLT podemos encontrar etiquetas HTML, referencias a CSS o frameworks como Bootstrap y etiquetas propias del lenguaje que permitirán el filtrado de los datos. Veremos los elementos que encontraremos más comúnmente en XSLT en los siguientes apartados.

10.3.6.1. Etiqueta `template`

La etiqueta `<xsl:template>` define una plantilla en XSLT. Esta plantilla se utiliza para transformar los elementos de un documento XML. En otras palabras, define un conjunto de reglas que especifican cómo debe procesarse y transformarse un nodo o conjunto de nodos en el árbol XML.

Como atributo principal de `<xsl:template>` tenemos **match.** Gracias a match indicaremos a partir de qué nodo se aplicará la plantilla que se va a desarrollar. Normalmente encontraremos el valor "/" asignado a este componente, de manera que la plantilla se aplicará a todos los nodos desde el nodo raíz.

10.3.6.2. Sentencia `value-of`

Dentro del contexto de un lenguaje de consulta como es XSLT, este elemento es fundamental para extraer y mostrar el contenido de los nodos del documento XML de origen durante el proceso de transformación. Como ya hemos estudiado, esta sentencia se apoya firmemente en cadenas XPath que serán las que indiquen la información a visualizar. La sintaxis de este tipo de elemento XSLT es la que se visualiza a continuación.

```
<xsl:value-of select="cadena_xpath"/>
```

Esta es una etiqueta vacía que devuelve el nodo localizado a través de "**cadena_xpath**". En función de las características de las etiquetas HTML entre las que introduzcamos los datos extraídos se visualizarán de un modo u otro.

> **NOTA.** Si se usa la aplicación XML Copy Editor para el desarrollo de ficheros XSLT y XML asociados a ellos, es posible generar de manera fácil el fichero HTML que se visualizaría tras la transformación. Para ello, teniendo activo el fichero XML que enlaza con un XSTL concreto, solo será necesario acceder a la opción de menú **XML >> XSL Transformación (F8).**

10.3.6.3. Sentencia `for-each`

En el apartado anterior estudiábamos el modo en el que mostrar la información de un nodo pero, ¿qué sucede si deseamos visualizar todos los nodos de un tipo concreto? En el caso de realizar una consulta sobre nuestro documento XML y esta devuelva un conjunto de datos, ¿cómo podemos extraer todos ellos? Es aquí donde entra en juego el elemento **for-each**.

Dado el resultado de una consulta, mediante **for-each** visualizaremos cada uno de los registros que forman la salida a dicha consulta. Así, en el ejemplo del Apartado 10.3.5, si modificáramos el código XSLT como sigue, obtendríamos el resultado de la Figura 10.13 en lugar del visualizado en la Figura 10.12.

```
<xsl:template match="/">
   <html>
      <head>
         <title>Mi primera página XSLT</title>
      </head>
      <body>
         <xsl:for-each select="/libros/libro">
            <h1>
               <xsl:value-of select="titulo"/>
            <h1>
         </xsl:for-each>
      </body>
   </html>
</xsl:template>
```

Lenguajes de Marcas

Sistemas Informáticos

Figura 10.13. Resultado de la consulta sobre libros
mediante `for-each`

Mediante el atributo **select** se especifica el elemento del que se quiere extraer la información. Si el resultado supone más de un registro, `for-each`, recorrerá cada uno de ellos mostrando estos mediante el formato HTML que se haya especificado. En nuestro ejemplo, son dos los libros almacenados en la base de datos XML y se muestran como títulos mediante etiquetas `<h1>`.

10.3.6.4. Etiqueta `sort`

Etiqueta usada en XSLT para ordenar por un campo concreto los resultados obtenidos tras una consulta. Véase el siguiente ejemplo:

Documento XML

```xml
<?xml version="1.0" encoding="UTF-8"?>
<?xml-stylesheet type="text/xsl" href="xslt/ejemplo6.xsl"?>
<peliculas>
  <pelicula>
     <titulo>El bueno, el feo y el malo</titulo>
     <director>Sergio Leone</director>
  </pelicula>
   <pelicula>
     <titulo>El señor de los anillos: La comunidad del anillo</titulo>
     <director>Peter Jackson</director>
  </pelicula>
   <pelicula>
     <titulo>Pulp Fiction</titulo>
     <director>Quentin Tarantino</director>
  </pelicula>
   <pelicula>
     <titulo>El señor de los anillos: El retorno del rey</titulo>
     <director>Peter Jackson</director>
  </pelicula>
   <pelicula>
     <titulo>La lista de Schindler</titulo>
     <director>Steven Spielberg</director>
  </pelicula>
   <pelicula>
     <titulo>Doce hombres sin piedad</titulo>
     <director>Sidney Lumet</director>
  </pelicula>
</peliculas>
```

Documento XSLT

```xml
<?xml version="1.0" encoding="UTF-8"?>
<xsl:stylesheet xmlns:xsl="http://www.w3.org/1999/XSL/Transform" version="1.0">
  <xsl:template match="/">
    <html>
      <head>
        <title>Ejemplo de uso de SORT</title>
      </head>
      <body>
        <h1>Mejores películas de la historia</h1>
```

```
            <ul>
            <xsl:for-each select="//pelicula">
              <xsl:sort select="titulo" />
              <li><xsl:value-of select="titulo" /></li>
            </xsl:for-each>
            </ul>
        </body>
      </html>
    </xsl:template>
</xsl:stylesheet>
```

En el código se observa un documento XML que recoge información sobre películas, concretamente su título y director y a continuación, el XSLT asociado que permite visualizar los diferentes títulos en una lista HTML desordenada. Si evitamos la inclusión de **sort** el resultado sería el que se muestra en la Figura 10.14. Las películas se distribuyen en el mismo orden en el que son definidas en el XML mediante `<xsl:sort select="titulo" />`, estableciendo el atributo **select** a **título,** lo que indica que el documento HTML resultante deberá mostrar los resultados ordenador por este campo, como se muestra en la Figura 10.15.

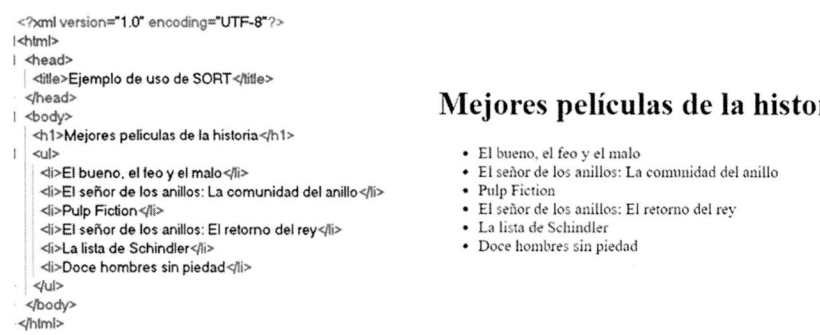

Figura 10.14. Visualización de las películas sin `sort`

Figura 10.15. Visualización de películas utilizando la etiqueta `sort`

10.3.6.5. Sentencia `if`

Esta sentencia XSLT permite establecer condiciones, de manera que la información solo será visible si la condición establecida es cierta. Es interesante para aplicar estilos en función de una propiedad o visualizar elementos obtenidos en la búsqueda con otro formato. Suele ser usada en bucles. Recordemos el ejemplo XML del apartado anterior y supongamos que necesitamos que las películas se visualicen en una tabla, de manera que a filas discontinuas su color de fondo varíe. Según esta casuística, el código podría ser como se indica a continuación (Figura 10.16).

```xml
<?xml version="1.0" encoding="UTF-8"?>
<xsl:stylesheet xmlns:xsl="http://www.w3.org/1999/XSL/Transform" version="1.0">
  <xsl:template match="/">
  <html>
      <head>
        <title>Ejemplo de uso de if</title>
      </head>
      <body>
        <table border="1px">
          <xsl:for-each select="//pelicula">
            <xsl:if test="(position() mod 2)=0"> (1)
              <tr style="background-color:#f1948a;color:white;">
                <td><xsl:value-of select="titulo" /></td>
              </tr>
            </xsl:if>
            <xsl:if test="(position() mod 2)=1"> (2)
              <tr style="background-color:#82e0aa;color:white;">
                <td><xsl:value-of select="titulo" /></td>
              </tr>
            </xsl:if>
          </xsl:for-each>
        </table>
      </body>
    </html>
  </xsl:template>
</xsl:stylesheet>
```

```xml
<?xml version="1.0" encoding="UTF-8"?>
<html>
 <head>
  <title>Ejemplo de uso de if</title>
 </head>
 <body>
  <table border="1px">
   <tr style="background-color:#82e0aa;color:white;">
    <td>El bueno, el feo y el malo</td>
   </tr>
   <tr style="background-color:#f1948a;color:white;">
    <td>El señor de los anillos: La comunidad del anillo</td>
   </tr>
   <tr style="background-color:#82e0aa;color:white;">
    <td>Pulp Fiction</td>
   </tr>
   <tr style="background-color:#f1948a;color:white;">
    <td>El señor de los anillos: El retorno del rey</td>
   </tr>
   <tr style="background-color:#82e0aa;color:white;">
    <td>La lista de Schindler</td>
   </tr>
   <tr style="background-color:#f1948a;color:white;">
    <td>Doce hombres sin piedad</td>
   </tr>
  </table>
 </body>
</html>
```

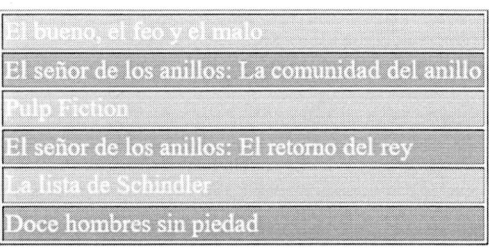

Figura 10.16. Resultado tras el uso de la sentencia if de XSLT en nuestro documento XML de ejemplo

En los puntos **(1)** y **(2)** se utiliza la función XPath `position()`. Esta función devuelve la posición en la que se encuentra el registro que se está tratando en ese momento teniendo en cuenta el conjunto resultado que devuelve **for-each**. Al utilizar el operador **mod** (módulo) con el valor 2, se trata de obtener si la posición en la que nos encontramos es par o impar, de manera que según sea de un modo u otro se genera una fila completa cuyo valor variará de verde o rojo. La Figura 10.16 señala el resultado, tanto el código fuente como la tabla resultado tras ser visualizado en el navegador.

10.3.6.6. Etiqueta `variable`

A la hora de desarrollar formatos visuales más complejos en los que se hace uso de varios grupos de información, en lo que comúnmente podríamos denominar tabla en una base de datos tipo Access, se hace en ocasiones fundamental el uso de variables mediante las cuales se mantiene la información de un campo concreto. Para ello, XSLT dispone de una etiqueta denominada **variable.** Al igual que otras sentencias de esta tecnología, es preciso que la variable se defina mediante el uso de un atributo **select** y como novedad, un atributo **name**. Mediante **name** daremos nombre a la variable para posteriormente hacer referencia a ella; con **select** especificaremos qué valor se asignará a esta. La variable es usada anteponiendo un signo $ a su nombre.

Creación de una variable en XSLT
`<xsl:variable name="nombre" select="elemento" />`
Uso de variables
`<xsl:value-of select="$nombre" />`

Como en apartados anteriores, vamos a mostrar un breve ejemplo y desarrollar a partir de él la definición de este elemento.

Documento XML

```
<?xml version="1.0" encoding="UTF-8"?>        <directores>
<?xml-stylesheet type="text/xsl"                 <director cod="1">
         href="xslt/Ejemplo8.xsl"?>                 <nombre>Sergio Leone</nombre>
<cine>                                           </director>
  <peliculas>                                    <director cod="2">
    <pelicula>                                     <nombre>Quentin Tarantino
     <titulo>                                       </nombre>
       El bueno, el feo y el malo                </director>
     </titulo>                                    <director cod="3">
     <director>1</director>                        <nombre>Peter Jackson</nombre>
    </pelicula>                                   </director>
    <pelicula>                                    <director cod="4">
     <titulo>El señor de los anillos:             <nombre>Steven Spielberg
        La comunidad del anillo                     </nombre>
     </titulo>                                    </director>
     <director>3</director>                       <director cod="5">
    </pelicula>                                     <nombre>Sidney Lumet</nombre>
```

```
     <pelicula>                            </director>
      <titulo>Pulp Fiction</titulo>        </directores>
      <director>2</director>             </cine>
     </pelicula>
     <pelicula>
      <titulo>El señor de los anillos:
          El retorno del rey
      </titulo>
      <director>3</director>
     </pelicula>
     <pelicula>
      <titulo>La lista de
          Schindler
      </titulo>
      <director>4</director>
     </pelicula>
     <pelicula>
      <titulo>Doce hombres
          sin piedad</titulo>
      <director>5</director>
     </pelicula>
   </peliculas>
```

Documento XSLT

```
<?xml version="1.0" encoding="UTF-8"?>
<xsl:stylesheet xmlns:xsl="http://www.w3.org/1999/XSL/Transform" version="1.0">
  <xsl:template match="/">
    <html>
      <head>
        <title>Ejemplo de uso de variables</title>
      </head>
      <body>
        <h1>Películas de la base de datos</h1>
        <table border="1">
          <tr>
            <td>Título</td>
            <td>Director</td>
          </tr>
          <xsl:for-each select="//pelicula">
            <xsl:variable name="codDirector" select="director" /> (1)
            <tr>
              <td><xsl:value-of select="titulo" /></td>
              <td><xsl:value-of
                  select="/cine/directores/director[@cod=$codDirector]" />
              </td>
            </tr>
          </xsl:for-each>
        </table>
      </body>
    </html>
  </xsl:template>
</xsl:stylesheet>
```

En el punto delimitado como **(1)** se define una variable denominada `codirector,` que será usada para almacenar el contenido de la etiqueta `director` ubicada dentro de la etiqueta `pelicula`. Esta etiqueta refiere un código que identifica a cada director de manera única, así, bajo `directores` todo director contiene un atributo `cod` cuyo valor será el que se pueda asociar con el elemento `director` de `pelicula`.

A la hora de visualizar el nombre del director que ha dirigido la película que se está mostrando no es posible hacerlo de manera directa, ya que en película, la etiqueta director es de tipo numérica. Así, es necesario extraer ese valor y compararlo con los atributos **cod** de /cine/directores/director para así obtener el nombre **(2)**. El **for-each** que se utiliza para extraer al conjunto de registros referencia el grupo de información **pelicula** de manera que, bajo este elemento, **director** solo podría ser de valor numérico. Es necesario enlazar con el otro grupo de información; es por ello por lo que es necesario declarar una variable. Si el lector lo desea, en el canal de YouTube de la autora podrá encontrar información más detallada y más ejemplos de uso de este elemento XSLT.

Películas de la base de datos

Título	Director
El bueno, el feo y el malo	Sergio Leone
El señor de los anillos: La comunidad del anillo	Peter Jackson
Pulp Fiction	Quentin Tarantino
El señor de los anillos: El retorno del rey	Peter Jackson
La lista de Schindler	Steven Spielberg
Doce hombres sin piedad	Sidney Lumet

Figura 10.17. Resultado tras consultar a nuestro XML todas las películas de nuestra base de datos junto a sus directores.

10.3.6.7. Etiqueta attribute

Mediante <xsl:attribute> podemos asignar a los atributos de las etiquetas HTML incluidas en XSLT información de las etiquetas de nuestro XML. Observemos el siguiente ejemplo que está escrito de manera errónea. Supongamos que el XML sobre el que se aplica el XSLT de ejemplo contiene grupos de etiqueta como el que se muestra.

```
                           Fragmento de XML
<Peliculas>
    <Titulo>Airbag</Titulo>
    <Director>Juanma Bajo</Director>
    <Interpretes>Karra Elejalde, Fernando Guillén Cuervo,...</Interpretes>
    <Genero>Comedia</Genero>
    <Estreno>1997</Estreno>
    <Cartel>imagenes/airbag.jpg</Cartel>
</Peliculas>
```

La etiqueta **<cartel>** hace referencia a la ruta relativa donde se ubica el fichero imagen que contiene el cartel de cada película. Así, podríamos suponer que lo ideal a la hora de realizar la transformación y obtener un fichero HTML sería la que sigue:

```
                            Código XSLT
<xsl:for-each select="//Peliculas">
    <tr>
        <td><xsl:value-of select="Titulo" /></td>
        <td>
            <img src="<xsl:value-of select='Cartel' />" alt="cartelera" /> (1)
        </td>
    </tr>
</xsl:for-each>
```

El desarrollador puede considerar normal asignar la etiqueta **value-of** de forma directa al atributo **src** de **img (1),** pero si va colocado entre comillas no se tomaría como un elemento XSLT, siendo el valor asignado a **src** la propia cadena **value-of.** Por otro lado, la propia construcción de la etiqueta profiere un error de malformado. Para poder asignar el valor de la etiqueta mediante value-of al atributo es necesario usar <xsl:attribute>; así, el código debe modificarse como sigue:

```
<xsl:for-each select="//Peliculas">
   <tr>
      <td><xsl:value-of select="Titulo" /></td>
      <td>
         <img alt="cartelera" >
            <xsl:attribute name="src">
               <xsl:value-of select="Cartel" />
            </xsl:attribute>
         </img>
      </td>
   </tr>
</xsl:for-each>
```

De este modo, si obtenemos el código HTML resultante de la transformación XSLT, veremos cómo se genera una etiqueta <img> cuyo valor varía en función del asignado en XML al elemento **Cartel** de cada película.

ACTIVIDADES DE AMPLIACIÓN

1. Mclibre es un sitio web dedicado al estudio de, entre otras tecnologías, XML, XPath o XSLT. Es un sitio web de interés desarrollado por docentes que imparten o impartían el módulo profesional de Lenguajes de Marcas. Es por ello que en este libro se hacer referencia a él en diferentes ocasiones. Accede al sitio web: https://www.mclibre.org/consultar/xml/ejercicios/xslt-1.html, y realiza las actividades que se plantean.

2. Accede al sitio web: https://www.mclibre.org/consultar/xml/ejercicios/xslt2.html, y realiza los ejercicios que se plantean.

3. "Neptuno" es la base de datos de ejemplo de Microsoft Access. En ella se encuentran tablas de Clientes, Artículos, Pedidos o Proveedores. Desde la aplicación de Microsoft es posible convertir las tablas que se deseen a documentos XML.

   - Localiza la base de datos Neptuno.

   - Accede a ella mediante Microsoft Access.

   - Encuentra las tablas que se indican en el enunciado y conviértelas a XML.

   - Genera un XML con etiqueta raíz `<Neptuni>` e incluye en las tablas las etiquetas obtenidas en el punto anterior. Puedes modificar la estructura si lo deseas y colocar la información como mejor consideres. Desde Access la conversión a XML solo supone la creación de etiquetas por campos encontrados en las tablas.

4. Una vez tenemos el documento XML de la Actividad de ampliación 3, realiza las siguientes consultas en XSLT mostrando la información en una tabla HTML.

   a) RefArtículo, RefProveedor, Nombre, Categoría, Precio Unidad y Unidades en existencias de todos los artículos que pertenezcan a la categoría de BEBIDAS.

   b) RefProveedor, Nombre de Proveedor, Dirección, Ciudad, Código Postal, País y Teléfono de todos los proveedores que sean del país FRANCIA.

   c) RefCliente, Nombre de Cliente, Dirección y Ciudad de todos los clientes que sean de la ciudad MADRID.

   d) RefPedido, RefCliente, RefArtículo y Fecha de los pedidos realizados por el cliente con referencia PICCO.

   e) RefArtículo, Nombre y Precio Unitario de las cervezas que se comercialicen (`Cerveza*`)

   f) RefArtículo, Nombre y Precio unitario de los QUESOS que se comercialicen.

   g) RefCliente, Nombre y Dirección de un cliente de cuyo nombre sólo se sabe que empieza por la palabra Cactus.

   h) RefArtículo, RefProveedor, Nombre de Artículo, Categoría, Precio Unidad y Unidades en existencias de todos los artículos que no pertenezcan a la categoría de BEBIDAS.

   i) RefProveedor, Nombre de la Proveedor, Dirección, Ciudad, Código Postal, País y Teléfono de todos los proveedores que no sean del país FRANCIA.

   j) RefCliente, Nombre de Cliente, Dirección y Ciudad de todos los clientes que no sean de la ciudad MADRID.

   k) RefArtículo, Nombre de Artículo, Categoría de todos los artículos con un PRECIO superior a 10.

   l) RefArtículo, RefProveedor, Nombre y Categoría de los artículos con un NÚMERO DE UNIDADES inferior o igual a 20.

   m) RefPedido, RefCliente, RefArtículo y Fecha de pedido de todos los pedidos que tengan un DESCUENTO superior o igual a 0,2.

   n) RefArtículo, Nombre de Artículo y Categoría de los 35 primeros artículos de la tabla.

   o) RefArtículo, RefProveedor, Nombre de Proveedor y Categoría de los artículos que sean de las categorías BEBIDAS y CONDIMENTOS.

5. Dada la base de datos siguiente en Access genera un documento XML asociado a ella y realiza transformaciones sobre la información en función de las consultas realizadas a continuación.

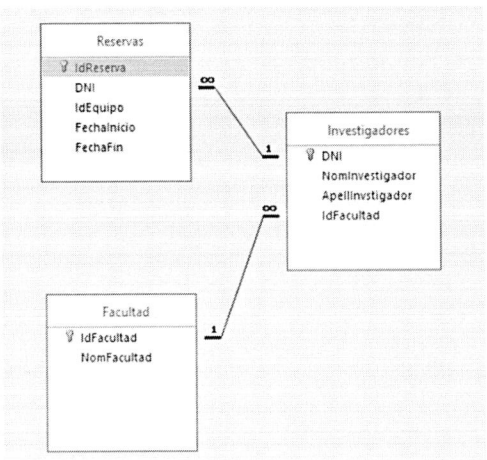

a) Muestra el nombre y apellidos de todos los investigadores.

b) Muestra el DNI, nombre, apellidos de los investigadores junto a la facultad donde trabajan.

c) Muestra las fechas de inicio y fin, así como el id de reserva de las reservas realizadas por el investigador con DNI 32544333I.

d) Muestra el id de equipo o id de equipos con el que hace reservas el investigador JOAN BASTARDES SOTO.

CAPÍTULO 11

LENGUAJES DE CONSULTAS
Y MANIPULACIÓN DE DOCUMENTOS. XQUERY

Contenidos

Introducción a los lenguajes de consulta.
XQuery. Características principales. Versiones.
Sintaxis. Estructura FLWOR.
BASEX.
Ejemplo de consultas XQuery.

Resumen del capítulo

En este capítulo se estudia la tecnología XQuery, que permite la realización de consultas en documentos XML. Se mostrarán sus características principales, la sintaxis que utiliza, así como la estructura FLWOR y el software BaseX que permite la implementación de código XQuery de manera sencilla y con un alto rendimiento. finalmente se pretende obtener documentos HTML de manera dinámica a través de bases de datos XML.

Resultados de aprendizaje

RA6. Gestiona la información en formatos de intercambio de datos analizando y utilizando tecnologías de almacenamiento y lenguajes de consulta.

Criterios

a) Se han identificado los principales métodos de almacenamiento de la información utilizados en documentos de intercambio de datos.

b) Se han identificado las ventajas e inconvenientes de almacenar información en formatos de intercambio de datos.

c) Se han establecido tecnologías eficientes de almacenamiento de información en función de sus características.

d) Se han identificado lenguajes y herramientas para el tratamiento y almacenamiento de información y su inclusión en documentos de intercambio de datos.

e) Se han utilizado lenguajes de consulta y manipulación en documentos de intercambio de datos.

f) Se han utilizado sistemas gestores de bases de datos relacionales en el almacenamiento de información en formatos de intercambio de datos.

g) Se han utilizado técnicas específicas para crear documentos de intercambio de datos a partir de información almacenada en bases de datos relacionales.

h) Se han identificado las características de los sistemas.

i) Se han utilizado herramientas para gestionar la información almacenada en bases de datos nativas.

11.1. INTRODUCCIÓN A LOS LENGUAJES DE CONSULTA Y MANIPULACIÓN DE DOCUMENTOS

Los **lenguajes de consulta** permiten acceder de manera eficiente a la información almacenada en diversos sistemas de gestión de datos. Su objetivo es facilitar la obtención de resultados específicos a partir de conjuntos de datos que pueden ser amplios y complejos, mediante el uso de expresiones que especifican tanto la información a recuperar como su forma de presentación. Estos lenguajes están diseñados para adaptarse a diferentes tipos de datos, que van desde estructuras tabulares, propias de las bases de datos relacionales, hasta documentos organizados en estructuras jerárquicas.

A lo largo del tiempo se han desarrollado diversos lenguajes de consulta, cada uno orientado a manejar un tipo particular de datos y un sistema de almacenamiento específico.

- **Lenguajes de consulta para bases de datos relacionales. SQL** (Structured Query Language), es el lenguaje estándar para consultar bases de datos relacionales como MySQL, PostgreSQL y Oracle. SQL permite realizar operaciones de selección, inserción, actualización y eliminación de datos almacenados en tablas. Su enfoque declarativo se centra en definir qué datos se necesitan, mientras que el motor de la base de datos determina cómo obtenerlos de manera eficiente.

- **Lenguajes de consulta para bases de datos no relacionales.** En bases de datos **NoSQL**, los datos no se organizan en estructuras tabulares estrictas. En lugar de ello, se utilizan modelos de almacenamiento más flexibles como documentos, pares clave-valor, grafos o columnas. Aquí, los lenguajes de consulta están diseñados para manejar este tipo de formatos.

  - ➢ **MongoDB Query Language (MQL).** Es un lenguaje de consulta utilizado en MongoDB, una base de datos **NoSQL** orientada a documentos. MQL permite buscar y manipular documentos almacenados en formato JSON o BSON, ampliamente utilizados en aplicaciones web. Este tipo de bases de datos no sigue una estructura tabular y sus consultas están orientadas a la manipulación de documentos flexibles.

- **Lenguajes de consulta para datos jerárquicos.** Los datos jerárquicos, como los que se encuentran en documentos XML o estructuras en árbol, requieren de lenguajes especializados para navegar por sus nodos. Estos lenguajes están optimizados para manejar datos organizados en niveles.

  - ➢ **XPath (XML Path Language).** Ya se ha estudiado en el Capítulo 10. Es un lenguaje diseñado específicamente para navegar y consultar la estructura de documentos XML. Permite seleccionar nodos (elementos y atributos) dentro de un documento mediante rutas que representan su jerarquía interna.

  - ➢ **XQuery.** Extiende las capacidades de XPath y está diseñado para realizar consultas complejas sobre documentos XML. Además de la selección de datos, XQuery permite realizar transformaciones y generar nuevos documentos XML.

Aunque JSON también representa un formato jerárquico, en este contexto no se utiliza de igual forma que XML. Para JSON se emplean lenguajes como **JSONiq,** enfocados a la manipulación de estructuras jerárquicas, pero en el formato JSON y son más comunes en bases de datos orientadas a documentos como las mencionadas en el apartado NoSQL.

Por otro lado, los lenguajes de manipulación de documentos se enfocan no solo en consultar, sino también en transformar y modificar el contenido de documentos estructurados o semiestructurados, como XML, JSON o incluso, HTML. Estos lenguajes son fundamentales cuando se trabaja con sistemas que manejan grandes volúmenes de documentos y requieren ajustes dinámicos. En el Capítulo 10 vimos la transformación de documentos a partir de tecnologías como **XSLT**.

11.2. XQUERY

XQuery es un lenguaje de consulta diseñado específicamente para interactuar con datos estructurados en formato XML (Extensible Markup Language). A diferencia de otros lenguajes de consulta como SQL, que están orientados a bases de datos relacionales, XQuery se enfoca en la manipulación de datos jerárquicos y semiestructurados, típicamente representados en documentos XML.

Veamos a continuación algunos de los aspectos principales de esta tecnología:

- El principal propósito de XQuery es permitir la extracción, consulta y transformación de datos almacenados en documentos XML. Además, también puede ser utilizado para generar nuevos documentos XML a partir de los resultados de una consulta.

- XQuery permite realizar consultas complejas sobre datos XML, incluyendo la selección, filtrado, combinación y transformación de elementos y atributos.

- XQuery se basa en XPath, un lenguaje que permite navegar por la estructura de los documentos XML. XPath facilita la localización de nodos (elementos, atributos, etc.) dentro de un documento XML, como ya el lector sabrá del estudio del capítulo 10.

- Además de recuperar datos, XQuery puede modificar o transformar los datos, permitiendo la reestructuración de la jerarquía del XML o constituyendo documentos HTML dinámicamente.

La primera versión oficial lanzada por W3C del estándar XQuery, XQuery 1.0, aparece en el año 2007, siguiendo a estas las versiones 3.0 y 3.1 en los años 2014 y 2017 respectivamente. La versión XQuey 3.0 introduce nuevas funciones y operadores, optimización de rendimiento y soporte adicional para tipos de datos, mientras que la versión 3.1 aporta arrays, mapas y nuevas funciones para un procesamiento más flexible y dinámico de datos.

11.3. SINTAXIS XQUERY

XQuery adopta una **sintaxis declarativa,** similar a la de SQL, aunque está optimizada para manejar datos jerárquicos. Una consulta básica en XQuery podría verse como la siguiente:

```
for $libros in doc("biblioteca.xml")/biblioteca/libro
where $libros/precio > 20
return $libros/titulo
```

En el ejemplo se accede a la base de datos XML con nombre **biblioteca.xml** y se apunta a la etiqueta **libro** de la misma, ubicada bajo la etiqueta raíz **biblioteca.** Una vez localizadas las etiquetas **libro** se filtran por precio, de manera que en el resultado final solo aparecerán aquellas cuyo precio sea mayor que 20 €. De los libros encontrados se visualizará el **título.**

A la hora de estudiar la sintaxis de estructuras XQuery debemos tener en cuenta la conocida como **FLWOR**, que es la configuración de consulta más importante del lenguaje. **FLWOR** es acrónimo de **For, Let, Where, Order by, Return** y se usa, ya sea o no en su totalidad, para extraer información y generar nuevos documentos XML, además de documentos HTML dinámicos. Veamos a continuación qué significado tiene cada uno de los elementos de la estructura FLWOR.

- **For.** Se utiliza para iterar sobre una secuencia de nodos o valores. Es similar a un bucle en otros lenguajes de programación. La secuencia a recorrer se especifica después de la palabra clave `in`. Durante la iteración, se asigna cada valor a una variable, que puede usarse posteriormente en la consulta.

  Una línea `for` se configura con la sintaxis:

```
for $Nombre_variable in doc("ruta documento xml")/CadenaXPath
```

  - ➤ **$Nombre_variable.** Representa la variable que iterará sobre todos los elementos encontrados tras la realización de la consulta.
  - ➤ **"ruta documento XML".** Representa el fichero en que se encuentra la información. Es posible ubicar solo el nombre del documento XML o la ruta relativa al mismo desde donde se almacena el fichero **.xq** (extensión de los ficheros que contienen tecnología XQuery).
  - ➤ **/CadenaXPath.** Representa la cadena XPath que indica los nodos que se deben extraer en la consulta o a los que se debe acceder.

- **let.** Se utiliza para definir variables intermedias, asignándoles valores que no provienen directamente de una iteración, sino de una expresión o cálculo. Es útil para almacenar temporalmente resultados que se podrán utilizar más adelante en la propia consulta. La sintaxis de una línea `let` es como sigue a continuación.

```
let $nombre_variable := /CadenaXPath
```

- **where.** Se utiliza para aplicar una condición de filtrado sobre la secuencia. Solo los elementos que cumplan con la condición especificada pasarán a las siguientes etapas de la consulta. Es posible obviar la sentencia `where` si se establecen las condiciones en la propia cadena XPath.

- **order by.** Permite ordenar los resultados de la consulta en función de una o más expresiones. La ordenación puede ser ascendente (por defecto) o descendente. Es opcional y se puede omitir si no es necesaria la ordenación de los datos.

- **return.** Especifica el resultado final de la consulta. Es aquí donde se define qué información se devolverá al usuario después de aplicar las iteraciones, filtrados y ordenaciones anteriores. El contenido de `return` puede ser una secuencia de nodos, una expresión calculada o incluso, una transformación completa de los datos (contenido HTML).

Supongamos el fichero de ejemplo XML Biblioteca.xml:

```xml
<?xml version="1.0" encoding="UTF-8"?>
<biblioteca>
  <libro>
    <titulo>Lenguajes de Marcas</titulo>
```

```
      <autor>Isabel M. Jiménez Cumbreras</autor>
      <precio>27</precio>
   </libro>
   <libro>
      <titulo>Sistemas Informáticos</titulo>
      <autor>Isabel M. Jiménez Cumbreras</autor>
      <autor>Francisco Javier Trani Jiménez</autor>
      <precio>32</precio>
   </libro>
</biblioteca>
```

Si ejecutamos la siguiente consulta XQuery sobre el fichero de datos, obtendremos el resultado de la Figura 11.1.

```
for $libro in doc("Biblioteca.xml")/biblioteca/libro (1)
let $precioConDescuento := $libro/precio * 0.9 (2)
where ($libro/precio > 20) (3)
order by $libro/titulo ascending (4)
return <resultado> (5)
          <titulo>{$libro/titulo}</titulo>
          <precioDescuento>{$precioConDescuento}</precioDescuento>
       </resultado>
```

```
📝 ⌂ 🔍  2 Results, 235 b                                                      Result
<resultado><titulo><titulo>Lenguajes de Marcas</titulo></titulo><precioDescuento>24.3</precioDescuento></resultado
>
<resultado><titulo><titulo>Sistemas Informáticos</titulo></titulo><precioDescuento>28.8</precioDescuento></
resultado>
```

Figura 11.1. Visualización obtenida a partir del software XBase, resultado de aplicar la consulta XQuery anterior

Si observamos detalladamente la consulta realizada sobre Biblioteca.xml, en el punto **(1)** se está procediendo a crear la variable **$libro,** que será la encargada de recorrer todas las etiquetas <libro> del documento XML "Biblioteca.xml", según se determina en la correspondiente cadena XPath **"/biblioteca/libro".** El punto **(2)** refiere la creación de una variable denominada **$precioConDescuento,** que alberga el valor calculado del precio aplicándole un descuento del 10 %. Si avanzamos en el código, se usa la sentencia **where** del punto **(3);** es aquí donde se determina que solo los libros con precio superior a 20 € serán susceptibles de ser mostrados. Esta misma condición se podría haber aplicado sobre la cadena XPath, transformándola en algo similar a **"biblioteca/libro[precio > 20]",** evitando así el uso de la línea **where.** El punto **(4)** indica que el resultado obtenido deberá ser ordenado de manera ascendente (**ascending**) para finalizar en el punto **(5),** que será donde claramente se establezca el modo en el que se visualizará la información resultante. En nuestro ejemplo generamos un nuevo documento XML cuya etiqueta raíz es **<resultado>,** a partir de la cual veremos etiquetas <libro> y <precioDescuento> donde se extraerá la información de estos elementos seleccionados de nuestro XML. Es importante observar cómo los elementos propios de XQuery se incluyen entre llaves { }.

El resultado final podría mejorarse incluyendo elementos HTML, constituyendo así a la creación de un documento web con información seleccionada de un fichero XML.

```
<html>
  <head>
    <title>Libros con descuento</title>
  </head>
  <body>
    <h1>Libros con descuento</h1>
    <h3>Biblioteca.xml</h3>
    <ul>
    {
        for $libro in doc("Biblioteca.xml")/biblioteca/libro
        let $precioConDescuento := $libro/precio * 0.9
        where ($libro/precio > 20)
        order by $libro/titulo ascending
        return
            <li>Titulo: {$libro/titulo},
            Precio con descuento: {$precioConDescuento}</li>
    }
    </ul>
  </body>
</html>
```

1. La estructura FLWOR se introduce entre {}.

2. Se agrega código HTML l La forma de separarlo del código propio de XQuery es mediante el uso de llaves.

3. La información se visualizará a partir de una lista desordenada tal que cada elemento estará formado por el título del libro junto al precio con descuento en el formato **Titulo: titulo, Precio con descuento: precio**.

El documento web generado a partir de este código de extensión **.xq** es el que se muestra en la Figura 11.2.

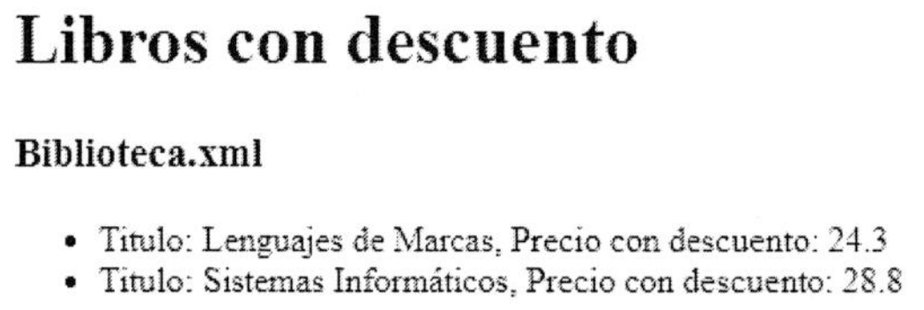

Libros con descuento

Biblioteca.xml

- Titulo: Lenguajes de Marcas, Precio con descuento: 24.3
- Titulo: Sistemas Informáticos, Precio con descuento: 28.8

Figura 11.2. Resultado HTML tras ejecutar el código XQuery de ejemplo

11.4. BASEX

BaseX es un software de gestión de bases de datos y un motor de procesamiento de consultas especializado en trabajar con datos en formato XML. Es una de las implementaciones más populares que utilizan tecnologías relacionadas con XML como XQuery, XPath y XSLT, para el procesamiento eficiente de datos jerárquicos y semiestructurados. BaseX se destaca por su alto rendimiento, su soporte para estándares W3C y su interfaz amigable, tanto para usuarios principiantes como avanzados. Veamos, a continuación, sus principales características.

11.4.1. Características principales de BaseX

BaseX se diseña para facilitar el trabajo con grandes volúmenes de datos XML, aportando una plataforma optimizada para consultas rápidas y eficientes. Algunas de sus **características** más destacadas son:

Compatibilidad con XQuery y XPath

BaseX implementa completamente el estándar XQuery 3.1, así como XPath 3.1, permitiendo a los usuarios ejecutar consultas avanzadas sobre documentos XML. Esto incluye la capacidad de hacer uso de las estructuras **FLWOR**, estudiada en el apartado anterior, funciones definidas por el usuario, tipos de datos y expresiones complejas, entre otras cosas.

Almacenamiento nativo de XML

A diferencia de otras bases de datos relacionales que requieren transformar los datos XML en tablas relacionales, BaseX ofrece **almacenamiento nativo XML,** lo que significa que los documentos XML se almacenan tales como son, preservando su estructura jerárquica. Este tipo de almacenamiento optimiza el procesamiento de consultas específicas de XML y permite un acceso más rápido a los datos.

Soporte para bases de datos de texto completo

BaseX incluye un potente motor de búsqueda de **texto completo,** que permite realizar consultas eficientes sobre el contenido textual dentro de los documentos XML. Los usuarios pueden definir índices para acelerar las búsquedas, lo cual es muy útil para manejar grandes volúmenes de datos textuales.

Soporte para otros formatos de datos

Además de XML, BaseX puede manejar otros formatos de datos como **JSON, HTML** y **CSV,** lo que la convierte en una herramienta versátil para diferentes tipos de documentos estructurados y semiestructurados.

Modificaciones en tiempo real

BaseX permite realizar modificaciones en tiempo real sobre los datos almacenados, utilizando **XQuery Update Facility.** Los usuarios pueden actualizar, insertar o eliminar elementos dentro de los documentos XML sin necesidad de detener el sistema o volver a cargar los documentos.

Interfaz gráfica de usuario (GUI)

BaseX ofrece una **interfaz gráfica** que facilita la gestión de las bases de datos y la ejecución de consultas XQuery. Esta interfaz es especialmente útil para usuarios que prefieren interactuar visualmente con los datos, además de permitir visualizaciones del árbol XML y resultados de consultas.

Multiplataforma y arquitectura cliente-servidor

BaseX es una aplicación multiplataforma (funciona en sistemas operativos como **Windows, Linux y MacOS**) y tiene una arquitectura cliente-servidor, lo que permite su integración en entornos distribuidos, facilitando el acceso remoto y la escalabilidad. Los usuarios pueden interactuar con BaseX mediante su interfaz web, cliente de línea de comandos o API.

11.4.2. Descarga e interfaz gráfica de BaseX

BaseX es un software que puede descargarse a través de su sitio web oficial https://basex.org/. Una vez se ha accedido a la URL, tras una breve explicación del software, el lector podrá observar un botón de descarga, a día de hoy la versión de BaseX disponible es la **BaseX 11.4**.

El proceso de instalación es sencillo. No debería suponer ninguna traba para usuarios que ya hayan instalado alguna aplicación en su sistema operativo. Tras su finalización, la interfaz gráfica que veremos en pantalla será similar a la de la Figura 11.3.

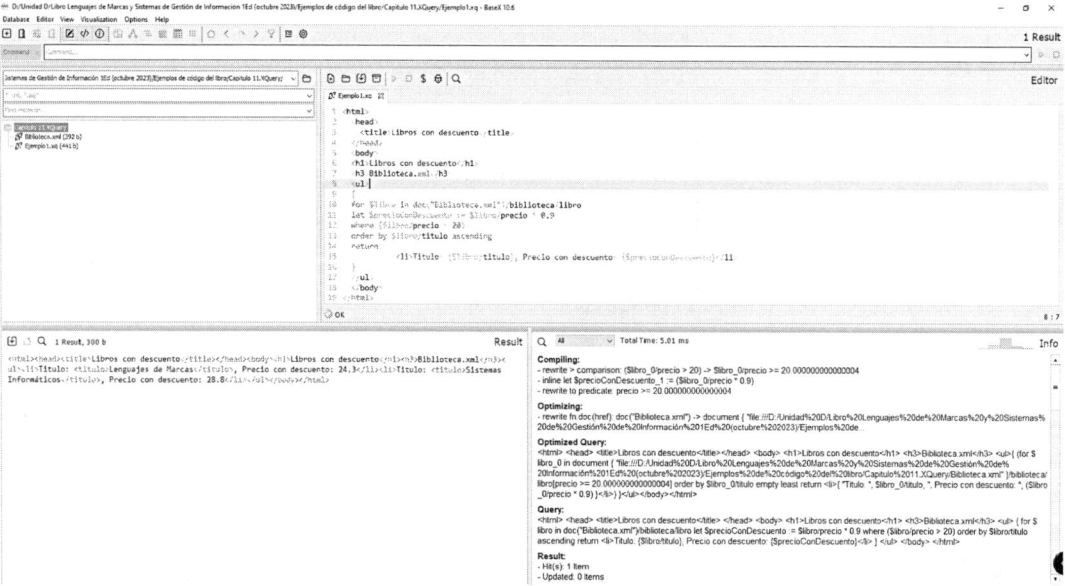

Figura 11.3. Interfaz gráfica de BaseX

Como se puede observar, existen varias zonas claramente diferenciadas.

- **Parte superior. Barra de herramientas**. Botonera desde la que se podrán realizar las operaciones más usuales, entre ellas la carga de la base de datos XML.

- **Zona de comandos**. Parte colocada justo debajo de la barra de herramientas. En ella podemos incluir comandos propios del sistema gestión de información.

- **Explorador de archivos.** Zona que encontraremos bajo el área de comandos en la parte izquierda de la aplicación. En él se visualizará una estructura de carpetas similar a la que observamos cuando accedemos al navegador de Windows u otro sistema operativo. Es útil que en esta zona se muestre la carpeta donde se encuentra el fichero de base de datos XML.

- **Zona de edición de código.** Parte situada junto al explorador de archivos, a su derecha, que será donde se visualicen los nuevos ficheros .xq, es decir, el código XQuery que estemos desarrollando para la ejecución sobre la base de datos correspondiente.

- **Zona de visualización de resultados.** Zona rectangular localizada bajo el explorador de archivos que permitirá visualizar el código resultante de la consulta XQuery que se esté ejecutando. Desde este mismo lugar podremos guardar este resultado en diferentes formatos, entre ellos HTML.

- **Zona de visualización de información adicional sobre los resultados obtenidos.** Recuadro posicionado a la derecha de la zona de resultado, con información adicional acerca del tiempo en el que se ha realizado la consulta, resultados obtenidos, etc.

11.4.3. Comenzar a trabajar con BaseX

Para comenzar a trabajar con la aplicación será necesario cargar la base de datos XML correspondiente. Para ello haremos uso del botón ubicado al inicio de la barra de herramientas (véase la Figura 11.4), o bien accederemos a la opción de menú **DataBase** y hacemos clic sobre **New**. Esto dará lugar al cuadro de diálogo que se muestra en la Figura 11.5.

Figura 11.4.
Botón **New**

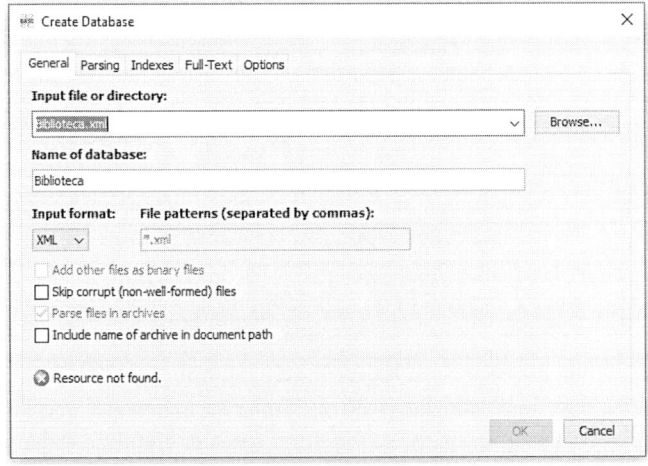

Figura 11.5. Cuadro de diálogo para acceso a base de datos XML

Para comenzar a realizar consultas sobre la base de datos XML en cuestión será necesario indicar al software su nombre y ubicación. Para ello, tras hacer clic sobre el botón de **New** debemos seleccionar **Browse**, esto permitirá al desarrollador localizar en el explorador de archivos el fichero en cuestión.

En la parte inferior de la ventana aparecerán iconos relevantes sobre la posible existencia de problemas o no a la hora de referenciar el recurso.

Una vez escogido el archivo XML solo se debe hacer clic en **Ok.** La vista del aplicativo cambiará en algunas zonas mostrándose las partes del fichero XML con sus etiquetas e información.

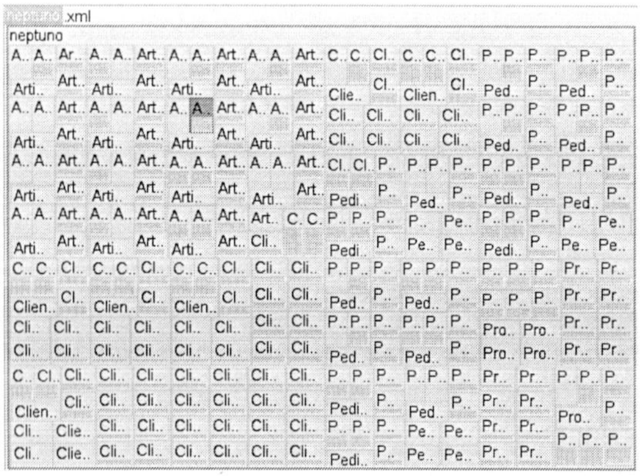

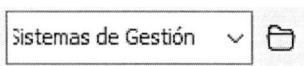

Figura 11.6. Zona de visualización de base de datos una vez ésta ha sido seleccionada.

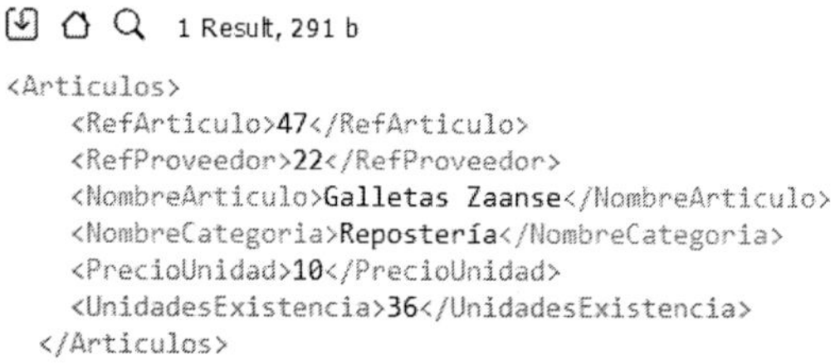

```
1 Result, 291 b
<Articulos>
    <RefArticulo>47</RefArticulo>
    <RefProveedor>22</RefProveedor>
    <NombreArticulo>Galletas Zaanse</NombreArticulo>
    <NombreCategoria>Repostería</NombreCategoria>
    <PrecioUnidad>10</PrecioUnidad>
    <UnidadesExistencia>36</UnidadesExistencia>
</Articulos>
```

Figura 11.7. Zona de resultado tras hacer clic sobre uno de los recuadros que se observan en la Figura 11.6 y que representan un dato o información sobre un elemento dentro del fichero XML.

El siguiente paso, tras elegir la base de datos XML, es seleccionar en la zona de explorador de archivos del programa la carpeta donde se guardarán las consultas. Se aconseja al lector que estas consultas se ubiquen junto al archivo XML, de manera que posteriormente se haga referencia a él mediante rutas relativas y que se seleccione la carpeta en el aplicativo, ya que en ocasiones puede que no hacerlo conlleve a errores inapreciables que hagan que consultas bien formadas no se ejecuten correctamente. Así, haremos clic sobre el icono de carpeta de la zona del explorador (véase la Figura 11.8) y, como en cualquier explorador de archivos, seleccionaremos la que contiene la base de datos.

Ya tenemos BaseX preparado para comenzar a generar consultas.

Figura 11.8. Zona superior del explorador de archivos de BaseX

NOTA. Es importante, una vez generada una consulta, almacenarla correctamente, ya que el software en ocasiones produce fallos, aun habiéndose seleccionado la carpeta correcta en el explorador. Recuerda siempre almacenar y posteriormente, ejecutar la consulta para obtener resultados.

11.5. EJEMPLO DE CONSULTAS XQUERY

Vamos a dedicar este apartado a la realización de consultas XQuery. Para ello, tenemos una base de datos, Neptuno.xml que se genera a partir de la base de datos de ejemplo de Microsoft Access. Neptuno.xml esta simplificada y adaptada de manera que se compone de grupos de elementos de tipo **Cliente**, **Artículos**, **Proveedores** y **Pedidos**. La siguiente tabla incorpora una muestra de la información que mantiene la base de datos XML.

Neptuno.xml
``` <neptuno>   <Articulos>   <RefArticulo>1</RefArticulo>   <RefProveedor>18</RefProveedor>   <NombreArticulo>Té Dharamsala</NombreArticulo> ```

```
      <NombreCategoria>Bebidas</NombreCategoria>
      <PrecioUnidad>18</PrecioUnidad>
      <UnidadesExistencia>39</UnidadesExistencia>
   </Articulos>

...

<Clientes>
   <RefCliente>SEVES</RefCliente>
   <NombreCliente>Seven Seas Imports</NombreCliente>
   <Direccion>90 Wadhurst Rd.</Direccion>
   <Ciudad>London</Ciudad>
   <CodPostal>OX15 4NB</CodPostal>
   <Pais>Reino Unido</Pais>
   <Telefono>(71) 555-1717</Telefono>
   </Clientes>

...

<Pedidos>
   <RefPedido>22</RefPedido>
   <RefCliente>SEVES</RefCliente>
   <RefArticulo>51</RefArticulo>
   <Cantidad>30</Cantidad>
   <Descuento>0</Descuento>
   <FechaPedido>2005-05-24T00:00:00</FechaPedido>
   </Pedidos>

...

<Proveedores>
   <RefProveedor>21</RefProveedor>
   <NombreProveedor>Lyngbysild</NombreProveedor>
   <Direccion>Lyngbysild
Fiskebakken 10</Direccion>
   <Ciudad>Lyngby</Ciudad>
   <CodPostal>2800</CodPostal>
   <Pais>Dinamarca</Pais>
   <Telefono>43844108</Telefono>
   </Proveedores>
</neptuno>
```

Una vez conocida la información de la que se va a partir, veamos las diferentes consultas de ejemplo y su resolución.

11.5.1. Artículos de la categoría "bebidas"

En esta consulta debemos visualizar la información relativa a las referencias de artículo y de proveedor, el nombre de artículo, la categoría de artículo, el precio/unidad y las unidades en existencia de todos los artículos de la categoría bebidas, es decir, debemos mostrar toda la información referida a un artículo y los artículos que se mostrarán serán los de la categoría indicada. Veamos cuál será la consulta XQuery, pero antes analicemos paso lo que debemos tener en cuenta.

Fichero base de datos:	`Neptuno.xml`
Elementos que intervienen:	`Artículos`
Cadena XPath para acceder a todos los artículos:	`//Articulos`
Cadena XPath para acceder a todos los artículos si filtramos directamente en ella sobre la categoría de bebidas:	`//Articulos[NombreCategoria="Bebidas"]`

Con la información de la tabla podemos comenzar nuestra consulta:

```
for $articulos in doc("Neptuno.xml")//Articulos (opción 1)
for $articulos in doc("Neptuno.xml")//Articulos[NombreCategoria="Bebidas"]
(opción 2)
```

Las opciones darán lugar a dos consultas de estructuras diferentes, pero que proporcionarán la misma información. La primera de ellas necesitará hacer uso de **where** para poder filtrar por categoría, mientras que en la segunda esta cláusula no será necesaria, ya que el filtro se lleva a cabo en la propia cadena XPath.

Opción 1

```
for $articulos in doc("Neptuno.xml")//Articulos
where $articulos/NombreCategoria = "Bebidas"
return
  <resultado>
    <referencias>{$articulos/RefArticulo/text()}</referencias>
    <refProveedor>{$articulos/RefProveedor/text()}</refProveedor>
    <nombre>{$articulos/NombreArticulo/text()}</nombre>
    <categoria>{$articulos/NombreCategoría/text()}</categoria>
    <precio>{$articulos/PrecioUnidad/text()}</precio>
    <stock>{$articulos/UnidadesExistencia/text()}</stock>
</resultado>
```

Opción 2

```
for $articulos in
doc("Neptuno.xml")//Articulos[NombreCategoria="Bebidas"]
return
  <resultado>
    <referencias>{$articulos/RefArticulo/text()}</referencias>
    <refProveedor>{$articulos/RefProveedor/text()}</refProveedor>
    <nombre>{$articulos/NombreArticulo/text()}</nombre>
    <categoria>{$articulos/NombreCategoría/text()}</categoria>
    <precio>{$articulos/PrecioUnidad/text()}</precio>
    <stock>{$articulos/UnidadesExistencia/text()}</stock>
</resultado>
```

En ambos casos el resultado será:

```
<resultado>
    <referencias>1</referencias>
    <refProveedor>18</refProveedor>
    <nombre>Té Dharamsala</nombre>
```

```
        <categoria>Bebidas</categoria>
        <precio>18</precio>
        <stock>39</stock>
    </resultado>
    <resultado>
        <referencias>2</referencias>
        <refProveedor>1</refProveedor>
        <nombre>Cerveza tibetana Barley</nombre>
        <categoria>Bebidas</categoria>
        <precio>19</precio>
        <stock>17</stock>
    </resultado>
... (hasta un total de 12 resultados encontrados)
```

Podemos refinar la visualización introduciendo una tabla HTML; veamos cómo.

```
<html>
  <head>
    <title>Consulta 1 sober neptuno.xml</title>
  </head>
  <body>
    <table border="1">
      <tr>
        <th>Referencia</th>
        <th>RefProveedor</th>
        <th>Nombre</th>
        <th>Categoria</th>
        <th>Precio</th>
        <th>Stock</th>
      </tr>
    {for $articulos in doc("Neptuno.xml")//Articulos
    where $articulos/NombreCategoria = "Bebidas"
    return
      <tr>
        <td>{$articulos/RefArticulo/text()}</td>
        <td>{$articulos/RefProveedor/text()}</td>
        <td>{$articulos/NombreArticulo/text()}</td>
        <td>{$articulos/NombreCategoria/text()}</td>
        <td>{$articulos/PrecioUnidad/text()}</td>
        <td>{$articulos/UnidadesExistencia/text()}</td>
      </tr>
    }
    </table>
  </body>
</html>
```

Debemos incluir el código XQuery entre llaves para así poder intercalarlo con en el código HTML. Si almacenamos el fichero resultante como HTML, el resultado de la consulta se mostraría de la forma que se muestra en la Figura 11.9.

Referencia	RefProveedor	Nombre	Categoria	Precio	Stock
1	18	Té Dharamsala	Bebidas	18	39
2	1	Cerveza tibetana Barley	Bebidas	19	17
24	10	Refresco Guaraná Fantástica	Bebidas	4	20
34	16	Cerveza Sasquatch	Bebidas	14	111
35	16	Cerveza negra Steeleye	Bebidas	18	20
38	18	Vino Côte de Blaye	Bebidas	264	17
39	18	Licor verde Chartreuse	Bebidas	18	69
43	20	Café de Malasia	Bebidas	46	17
67	16	Cerveza Laughing Lumberjack	Bebidas	14	52
70	7	Cerveza Outback	Bebidas	15	15
75	12	Cerveza Klosterbier Rhönbräu	Bebidas	8	125
76	23	Licor Cloudberry	Bebidas	18	57

Figura 11.9. Resultado de la consulta realizada sobre Neptuno.xml en la que se pretende extraer la información referida a los artículos de la categoría bebidas

11.5.2. Visualizar las bebidas cuyo nombre contiene la palabra "cerveza"

En esta ocasión debemos visualizar los campos RefArtículo, Nombre y Precio Unitario, de las cervezas que se comercialicen (Cerveza*).

Fichero base de datos:	`Neptuno.xml`
Elementos que intervienen:	`Articulos`
Cadena XPath para acceder a todos los artículos:	`//Articulos`
Cadena XPath para acceder a todos los artículos si filtramos directamente en ella sobre las Cervezas:	`//Articulos[contains(NombreArticulo, "Cerveza")]`

Como ocurría en el apartado anterior, con la información de la tabla podemos ya comenzar a desarrollar la consulta.

```
                              Opción 1
for $articulos in doc("Neptuno.xml")//Articulos
where $articulos/contains(NombreArticulo,"Cerveza")
return
  <resultado>
    <referencias>{$articulos/RefArticulo/text()}</referencias>
    <nombre>{$articulos/NombreArticulo/text()}</nombre>
    <precio>{$articulos/PrecioUnidad/text()}</precio>
</resultado>
```

Opción 2

```
for $articulos in
doc("Neptuno.xml")//Articulos[contains(NombreArticulo,"Cerveza")]
return
   <resultado>
     <referencias>{$articulos/RefArticulo/text()}</referencias>
     <nombre>{$articulos/NombreArticulo/text()}</nombre>
     <precio>{$articulos/PrecioUnidad/text()}</precio>
</resultado>
```

En ambos casos el resultado será:

```
<resultado>
    <referencias>2</referencias>
    <nombre>Cerveza tibetana Barley</nombre>
    <precio>19</precio>
</resultado>
<resultado>
    <referencias>34</referencias>
    <nombre>Cerveza Sasquatch</nombre>
    <precio>14</precio>
</resultado>
…Hasta un total de 6 resultados.
```

Como hacíamos en el apartado anterior, podemos cambiar la visualización para que esta se muestre mediante una tabla u otro elemento HTML. Vamos a colocar cada resultado en capas y organizar estas mediante Flexbox.

Fichero estilo.css

```
*{
    box-sizing: border-box;
    font-family: Arial;
}
.contenedor{
    display: flex;
    justify-content: center;
    flex-wrap: wrap;
    width: 50%;
}
.item{
    width: 40%;
    border: 1px solid grey;
    border-radius: 5px;
    box-shadow: 10px 5px grey;
    margin: 1em;
    padding: 1em;
}
```

Consulta .xq

```html
<html>
  <head>
    <link rel="stylesheet" href="estilo.css" />
    <title>Cervezas que se comercializan</title>
  </head>
  <body>
    <div class="contenedor">
      {for $articulos in doc("Neptuno.xml")//Articulos
      where contains($articulos/NombreArticulo,"Cerveza")
      return
        <div class="item">
          <h6>{$articulos/RefArticulo/text()}</h6>
          <h2>{$articulos/NombreArticulo/text()}</h2>
          <p>{$articulos/PrecioUnidad/text()}<span>€</span></p>
        </div>
      }
    </div>
  </body>
</html>
```

Tras ejecutar la consulta XQuery se genera un fichero resultado con código HTML, que se puede almacenar con esta extensión de manera que el resultado tras visualizar en un navegador será similar al que se muestra en la Figura 11.10.

Figura 11.10. Resultado tras la ejecución de la consulta sobre los datos

Al igual que se ha usado CSS para mejorar la visualización del resultado, es posible usar framework como Bootstrap o de otro tipo. Se insta al lector que investigue cómo hacerlo y realice las Actividades 11.1 y 11.2.

Actividad 11.1

Modifica la consulta realiza en este apartado para llevar a cabo la estructuración y visualización en general a través del framework Bootstrap.

Actividad 11.2

En función de los campos y grupos de información que contiene la base de datos **neptuno.xml** utilizada en este apartado, realiza las siguientes consultas XQuery:

a) `RefArtículo, RefProveedor, Nombre de Artículo, Categoría, Precio Unidad` y `Unidades en Existencia` de todos los artículos que no pertenezcan a la categoría de `BEBIDAS`.

b) `RefArtículo, RefProveedor, Nombre` y `Categoría` de los artículos con un número de unidades inferior o igual a 20.

c) `RefArtículo, Nombre de Artículo` y `Categoría` de los 35 primeros artículos de la tabla.

d) `RefArtículo, RefProveedor, Nombre de Proveedor` y `Categoría` de los artículos que sean de las categorías `Bebidas` y `Condimentos`.

e) `RefCliente, Nombre` de `Cliente, Dirección` y `Ciudad` de los clientes que sean de las ciudades `Madrid, Barcelona, Sevilla` y `Oviedo`.

f) `RefPedido, RefCliente, Cantidad` y `Descuento` de los pedidos realizados con más de 14 unidades y que tengan `descuento 0`.

ACTIVIDADES DE AMPLIACIÓN

1. Supongamos que tenemos una base de datos XML llamada **empresas.xml** cuyos grupos de información se relacionan y contienen los campos que se observan en esta representación gráfica que parte de un diagrama de base de datos tradicional y relacional.

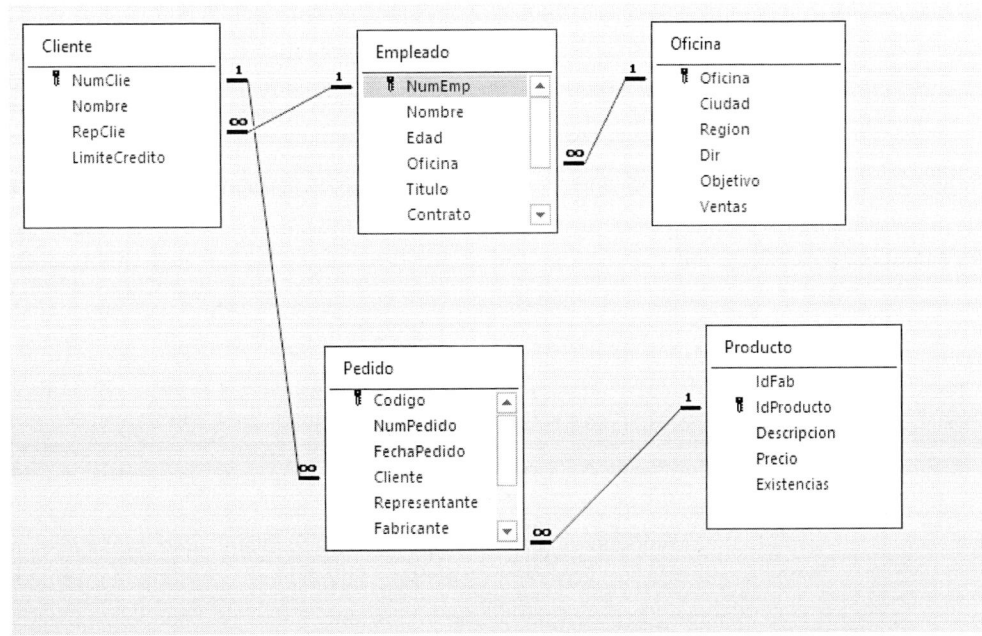

Figura 11.11. Figura que muestra los datos que se almacenan en el fichero especificado

a) Muestra los clientes de la empleada Ana Bustamante, como se indica a continuación.

b) Obtén una lista de todos los productos, indicando para cada uno su `IdFab`, `IdProducto`, `Descripción`, `Precio` y `Precio con IVA incluido` (es el precio anterior aumentado en un 21 %).

c) Muestra cuántos pedidos ha realizado un cliente llamado Cristóbal García.

d) Señala todos aquellos pedidos cuyo importe sea superior a 20 €. Ordénalos por importe, de mayor a menor.

e) Expón todos los pedidos realizados en el mes de enero.

f) Mostrar, cómo se indica en la Figura 1.12 los empleados que tienen una oficina asignada, usando para ello el framework Bootstrap.

Figura 11.12. Visualización del Apartado f)

g) Lista los pedidos mostrando su número, importe, nombre del cliente y el límite de crédito del cliente correspondiente.

h) Indica las oficinas con un objetivo superior a 3600 €, indicando para cada una de ellas el nombre de su director.

2. Supongamos un fichero **concesionario.xml** que tiene una estructura similar a la que se muestra en la siguiente figura en formato Access, realiza las siguientes consultas en XQuery. Visualiza los resultados de manera atractiva utilizando para ello HTML, CSS y si es posible Bootstrap.

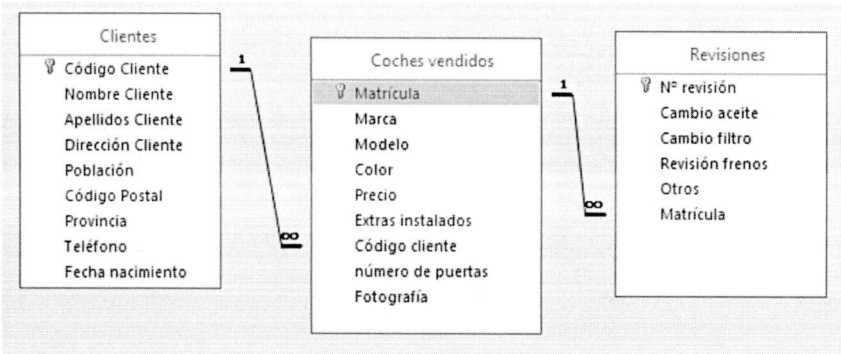

Figura 11.13. Estructura del fichero concesionario.xml.

a) Muestra los clientes del concesionario con código postal 30006.

b) Señala todos los clientes cuya dirección sea Gran Vía.

c) Indica la matrícula, la marca, el modelo, el precio y la fotografía de todos los coches vendidos en el concesionario.

d) Cita el nombre, los apellidos y la matrícula de aquellos clientes que han comprado un coche.

e) Presenta el código de cliente, el nombre y los apellidos de los clientes que compraron coches con precio superior a 12.000 €.

f) Crea una página que use Bootstrap en la que se muestre un carrusel con los datos de los coches del concesionario y justo después, un listado de todos los coches que precisan revisión.

CAPÍTULO 12

SISTEMAS DE
GESTIÓN DE INFORMACIÓN EMPRESARIAL (SGIE)

Contenidos

Introducción. Características y ventajas.

Tipos de SGIE.

Sistemas de planificación de recursos (ERP).

Sistemas de gestión de relaciones con clientes (CRM).

SAP y Odoo de consultas XQuery.

Resumen del capítulo

Este capítulo introduce al lector en los sistemas de gestión de información empresarial entendiendo qué son, sus características principales, sus beneficios, cómo se implementan, así como sus funciones principales. Se hace hincapié en los sistemas ERP y CRM mediante un software como SAP y Odoo.

Resultados de aprendizaje

RA7. Opera sistemas empresariales de gestión de información realizando tareas de importación, integración, aseguramiento y extracción de la información.

Criterios	
	a) Se han identificado los principales sistemas de gestión empresarial.
	b) Se han reconocido las ventajas de los sistemas de gestión de información empresariales.
	c) Se han evaluado las características de las principales aplicaciones de gestión empresarial.
	d) Se han instalado aplicaciones de gestión de la información empresarial.
	e) Se han configurado y administrado las aplicaciones.
	f) Se han establecido y verificado mecanismos de acceso seguro a la información.
	g) Se han generado informes.
	h) Se han realizado procedimientos de extracción de información para su tratamiento e incorporación a diversos sistemas.
	i) Se han elaborado documentos relativos a la explotación de la aplicación

12.1. INTRODUCCIÓN A LOS SISTEMAS DE GESTIÓN DE INFORMACIÓN EMPRESARIAL (SGIE)

En la era de la digitalización y el crecimiento exponencial de los datos, las organizaciones requieren herramientas eficientes para la recopilación, almacenamiento, procesamiento y análisis de información. Los Sistemas de Gestión de Información Empresarial (SGIE) cumplen con esta función al proporcionar una infraestructura tecnológica que permite optimizar la toma de decisiones, mejorar la eficiencia operativa y garantizar la competitividad en un entorno de negocios altamente cambiante.

Un **Sistema de Gestión de Información Empresarial** es un conjunto de herramientas y procesos diseñados para administrar los datos corporativos de manera integral. Su función principal es centralizar la información generada en distintas áreas de la empresa, asegurando su accesibilidad, seguridad y veracidad. A través de estos sistemas, las empresas pueden estructurar datos dispersos y transformarlos en conocimiento estratégico para mejorar su capacidad de respuesta ante cambios del mercado optimizando así la toma de decisiones.

12.1.1. Características principales de los SGIE

Los sistemas de gestión de información empresarial presentan una serie de características que los hacen fundamentales para el éxito organizacional:

- **Integración de Datos**. Permiten la consolidación de información proveniente de distintas áreas de la empresa, tales como ventas, finanzas, producción y recursos humanos.

- **Automatización de Procesos**. Facilitan la reducción de tareas manuales, minimizando errores humanos y aumentando la eficiencia operativa.

- **Accesibilidad y Seguridad**. Garantizan que la información esté disponible para los usuarios autorizados en cualquier momento y desde cualquier ubicación, manteniendo protocolos de seguridad robustos.

- **Capacidad Analítica**. Incorporan herramientas de *Business Intelligence* (BI) para generar informes, *dashboards*[1] interactivos y modelos predictivos que apoyan la toma de decisiones basada en datos.

- **Escalabilidad**. Se adaptan al crecimiento de la organización, permitiendo la expansión y modificación de sus funcionalidades según las necesidades del negocio.

12.1.2. Ventajas de los Sistemas de Gestión de Información Empresarial

La correcta implementación de un sistema de gestión de información empresarial aporta numerosas ventajas. Veamos a continuación de forma breve algunas de ellas:

---

[1] Panel de control visual que presenta datos clave de la empresa en tiempo real de manera clara e intuitiva.

- **Optimización de la Toma de Decisiones.** Proporciona información confiable y en tiempo real, lo que permite tomar decisiones fundamentadas en datos objetivos y reducir la incertidumbre en los procesos estratégicos.

- **Reducción de Costos Operativos.** La automatización y mejora de procesos disminuye los costos administrativos y operacionales, eliminando redundancias y aumentando la eficiencia en el uso de recursos.

- **Mejora en la Productividad.** Al facilitar el acceso rápido y estructurado a la información relevante, los empleados pueden enfocarse en actividades de mayor valor agregado, reduciendo el tiempo dedicado a tareas manuales y repetitivas.

- **Cumplimiento Normativo.** Los sistemas de gestión de información empresarial contribuyen a garantizar el cumplimiento de regulaciones y normativas empresariales mediante la gestión documental eficiente, auditorías automatizadas y la trazabilidad de la información.

- **Mayor Seguridad de la Información.** Implementan controles de acceso, cifrado de datos y sistemas de autenticación que protegen la información sensible de la empresa, minimizando los riesgos de filtraciones o accesos no autorizados.

- **Mejor Experiencia del Cliente.** Al contar con información centralizada y actualizada en tiempo real, las empresas pueden ofrecer un servicio más personalizado, mejorando la satisfacción del cliente y fortaleciendo su relación con la organización.

- **Adaptabilidad y Escalabilidad.** Los sistemas de gestión de información están diseñados para evolucionar junto con la empresa, permitiendo la incorporación de nuevas funcionalidades y la integración con otras tecnologías a medida que crecen las necesidades del negocio.

12.1.3. Tipos de Sistemas de Gestión de Información Empresarial

Como se ha estudiado en párrafos anteriores, los sistemas de gestión empresarial representan un conjunto de herramientas tecnológicas que han sido diseñadas para optimizar la administración de recursos, mejorar la toma de decisiones y aumentar la eficiencia operativa en las organizaciones. Existen diversos tipos que veremos a continuación y se distinguen en función del ámbito específico al que se dedique en la empresa.

12.1.3.1. Sistemas de Planificación de Recursos Empresariales (ERP)

Estos sistemas integran todos los procesos clave de una empresa en una plataforma única, permitiendo la automatización y optimización de operaciones. Incluyen módulos para contabilidad, gestión de inventarios, compras, ventas, producción y logística. Su principal ventaja es la capacidad de ofrecer información en tiempo real y mejorar la coordinación entre diferentes áreas del negocio. Un ejemplo de sistema **ERP** es **SAP Business One**, diseñado para pequeñas y medianas empresas que buscan mejorar su eficiencia operativa.

12.1.3.2. Sistemas de Gestión de Relaciones con Clientes (CRM)

Los CRM están diseñados para administrar y mejorar las interacciones con los clientes, optimizando los procesos de ventas, marketing y servicio postventa. Permiten personalizar la comunicación, analizar el comportamiento de los clientes y automatizar campañas de marketing. Un ejemplo de este tipo es **Salesforce CRM.** Se trata de una de las soluciones más utilizadas a nivel mundial por su flexibilidad y escalabilidad.

12.1.3.3. Sistemas de Inteligencia de Negocios (BI)

Estos sistemas se enfocan en la recopilación, análisis y visualización de grandes volúmenes de datos para apoyar la toma de decisiones. Proporcionan herramientas de análisis predictivo, informes interactivos y *dashboards* que facilitan la interpretación de la información empresarial. Un ejemplo de BI es **Power BI**, una plataforma de Microsoft que permite crear informes visuales y tomar decisiones basadas en datos.

12.1.3.4. Sistemas de Gestión Documental (DMS)

Su función principal es organizar, almacenar y recuperar documentos electrónicos, facilitando el acceso a la información y garantizando la seguridad documental. Son esenciales para empresas que manejan grandes volúmenes de documentos y requieren un flujo de trabajo optimizado. Un ejemplo de este tipo es **Microsoft SharePoint**, una solución que permite compartir documentos, colaborar en tiempo real y gestionar contenido empresarial.

12.1.3.5. Sistemas de Gestión del Conocimiento (KMS)

Estos sistemas centralizan la información y las mejores prácticas de una organización para optimizar la gestión del conocimiento y la capacitación interna. Ayudan a documentar procesos, compartir información estratégica y mejorar la productividad mediante la colaboración entre empleados. Un ejemplo de este tipo es **Confluence**, una plataforma que permite documentar, estructurar y compartir información corporativa de manera eficiente.

12.2. SISTEMAS DE PLANIFICACIÓN DE RECURSOS EMPRESARIALES (ERP)

Los Sistemas de Planificación de Recursos Empresariales (ERP *Enterprise Resource Planning*) son soluciones tecnológicas diseñadas para integrar y gestionar de manera eficiente los distintos procesos operativos y administrativos de una empresa en una única plataforma digital. Estos sistemas permiten que las organizaciones centralicen y automaticen tareas clave, como la contabilidad, la gestión de inventarios, las compras, la producción, la logística y los recursos humanos, facilitando el acceso a información en tiempo real y mejorando la toma de decisiones estratégicas.

12.2.1. Ventajas de los ERP

En los párrafos anteriores, de manera general, hablábamos de los sistemas de gestión de información empresarial y de sus características y ventajas o beneficios principales, en este apartado, vamos a centrarnos en resaltar las ventajas de un tipo de SGIE, los ERP.

- **Centralización de la información**. En una empresa es esencial tener toda la información reunida o centralizada de manera que con ello se eviten posibles errores en la información, duplicidad, falta de integridad, etc. Es importante evitar los silos de información separados ya que suponen el peor enemigo para una organización. Gracias a los ERP, los datos de los diferentes departamentos de una empresa están reunidos.

- **Automatización del trabajo manual**. Los ERP automatizan los procesos, flujos de trabajo y las tareas. La aplicación realiza de manera automática todo tipo de tareas, actualiza inventarios en tiempo real, asigna trabajos a los empleados en función de su especialidad, horario, etc. Esto es fundamental ya que la automatización optimiza exponencialmente el tiempo a la empresa y evita errores humanos.

- **Disponibilidad de la información**. Gracias a los ERP, los empleados pueden acceder a cualquier información que pueda tener cierta relevancia en el desempeño de sus labores en la empresa. El acceso rápido a los datos y que estos datos se encuentren actualizados, es de vital importancia, ya que permite una rápida toma de decisiones en todos los niveles que conforman la organización.

12.2.2. Desventajas de los ERP

Aunque tras lo leído hasta ahora al lector le parezca que este tipo de software no pueda presentar desventajas debido a los beneficios que aporta, los ERP presentan dos claras desventajas, el **coste** y la **implementación**.

- **Coste**. Los costes que conlleva la inclusión de este tipo de software en una empresa pueden ser muy elevados. Esto se debe fundamentalmente a que, si la empresa desarrolla un tipo específico de proceso de negocio que no es generalizado, sino específico de ella, será preciso que esa funcionalidad sea desarrollada a medida, es decir, el ERP deberá ser personalizado. Además, para todas las posibles actualizaciones del software, este deberá ser adaptado nuevamente. Si bien es cierto, a día de hoy, los ERP se han vuelto mucho más flexibles, de manera que, con un paquete estándar, cualquier organización pueda añadir por sí misma nuevas funcionalidades, controles, etc., que se adapten a la actividad que desarrolla.

- **Implementación**. La implementación de un ERP en una organización puede suponer un gran impacto en la empresa. La instalación en los diferentes dispositivos, el aprendizaje de los empleados para proceder a su uso, su posterior utilización, todo esto puede conllevar un gran esfuerzo humano por parte de gerentes y empleados. Es importante escoger un software ERP adecuado a las características del negocio y entender que este será usado por personas que deben utilizarlo de la manera más correcta y óptima posible.

12.2.3. Tipos de ERP

Existen dos tipos principales de ERP, diferenciados por su método de implementación y acceso, **ERP On-Premise** y **Cloud ERP**.

12.2.3.1. ERP On-Premise (instalación local)

Este tipo de ERP se instala en los servidores y equipos físicos de la empresa. Su implementación suele requerir una infraestructura tecnológica robusta y de un grupo de profesionales especializados y encargados de la administración, mantenimiento y desarrollo de la infraestructura tecnológica, a este grupo de personas se les suele denominar equipo TI.

Ventajas	Desventajas
> Mayor control sobre los datos y la infraestructura. > Personalización avanzada según las necesidades específicas del negocio.	> Costos elevados de instalación y mantenimiento. > Requiere un equipo interno de TI para su administración.

Algunos ejemplos de ERP On-Premise son:

- **SAP ERP**. Esta es una de las soluciones más utilizadas a nivel mundial, ideal para grandes corporaciones con necesidades avanzadas de personalización.

- **Microsoft Dynamics GP**. Orientado a medianas empresas, proporciona herramientas de contabilidad y gestión financiera integradas.

- **Oracle E-Business Suite**. Ofrece una solución integral para grandes organizaciones, con módulos para finanzas, producción y logística.

NOTA: El equipo TI juega un papel fundamental en la implementación y gestión de los ERP, asegurando su correcto funcionamiento, optimización y actualización constante. Sus principales funciones incluyen:

- **Administración de servidores y redes**. Garantizar la conectividad y disponibilidad de los sistemas informáticos.

- **Soporte técnico**. Resolver incidencias y problemas que puedan surgir en el uso de software y hardware.

- **Seguridad informática**. Implementar medidas de protección contra ataques cibernéticos y asegurar la integridad de los datos empresariales.

- **Desarrollo e integración de software**. Personalizar sistemas para adaptarlos a las necesidades específicas de la empresa.

El papel del equipo de TI es crucial para garantizar el éxito de cualquier sistema ERP, ya que su experiencia y conocimiento permiten mantener la estabilidad y seguridad de la infraestructura tecnológica.

12.2.3.2. ERP en la Nube (Cloud ERP)

Este tipo ERP se basa en servidores remotos, permitiendo el acceso desde cualquier lugar con conexión a internet. Su implementación suele ser más rápida y menos costosa en comparación con los ERP locales.

A continuación, se presentan algunos ejemplos de ERP en la Nube:

- **Oracle ERP Cloud**. Solución flexible y escalable, utilizada por empresas que buscan optimizar sus operaciones en la nube.

- **SAP Business ByDesign**. Diseñado para medianas empresas, ofrece una plataforma integral con capacidades analíticas avanzadas.

- **NetSuite ERP**. Propiedad de Oracle, es una opción popular para pequeñas y medianas empresas que buscan una solución completamente basada en la nube.

Ventajas	Desventajas
> Reducción de costos en infraestructura y mantenimiento. > Accesibilidad desde cualquier ubicación. > Actualizaciones automáticas proporcionadas por el proveedor.	> Dependencia de la conectividad a internet. > Menos flexibilidad en la personalización en comparación con las soluciones on-premise.

12.2.4. SAP

Antes de nada, comencemos hablando de SAP. SAP es un software diseñado para facilitar la administración de una empresa mediante la integración de sus diferentes áreas operativas. Desarrollado por la compañía alemana SAP SE, se ha posicionado como una de las soluciones más robustas y utilizadas a nivel mundial, sus siglas proceden de **Systems, Applications, Products in Data Processing**, es decir, **Sistemas, Aplicaciones** y **Productos para el procesamiento de datos**. Gracias a su arquitectura modular, SAP permite gestionar procesos de contabilidad, finanzas, logística, producción, recursos humanos, ventas, entre otros.

Su implementación ayuda a mejorar la eficiencia operativa, reducir errores, optimizar el uso de recursos y proporcionar información en tiempo real para la toma de decisiones estratégicas.

El sistema se basa en una arquitectura centralizada que garantiza la coherencia y disponibilidad de los datos en todos los departamentos, eliminando redundancias y permitiendo un acceso uniforme a la información clave de la organización

Figura 12.1. Entorno SAP ERP. Fuente: https://www.sap.com/spain/products/erp/what-is-sap-erp.html

Sabías que… Según la lista **Forbes Global 2000** (ranking anual desarrollado por la revista Forbes que analiza en cuatro indicadores, ventas, utilidades, activos y valor de mercado, a 2000 empresas privadas del mundo), el 92% de las empresas y el 98% de las 100 marcas más valoradas utilizan SAP. Además, sobre el 80% de los clientes de SAP son pymes.

SAP ofrece soluciones en una amplia gama de áreas dentro de una empresa, desde la gestión de clientes, gastos, realización de presupuestos, contratación, manejo de recursos, recursos humanos, etc. A día de hoy son muchas las empresas que optan por SAP como primera opción, empresas vinculadas a diferentes sectores, por ejemplo, empresas relacionadas con energía y recursos naturales, industrias aeronáuticas, dedicadas a las tecnologías, moda, agronegocios, industrias del sector servicios, etc.

12.2.4.1. Ventajas en la implementación de SAP en empresas

La implementación de SAP en una empresa conlleva numerosos beneficios, entre los que se destacan los siguientes:

- **Integración y centralización de la información**. Todos los datos de la empresa se encuentran en un solo sistema, lo que facilita su acceso y mejora la toma de decisiones.

- **Automatización de procesos**. SAP reduce la necesidad de intervención manual en diversas tareas, minimizando errores y aumentando la eficiencia operativa.

- **Mejor planificación y control**. La empresa puede gestionar sus recursos de manera más precisa, optimizando costos y mejorando la rentabilidad.

- **Cumplimiento de normativas**. SAP permite a las empresas cumplir con regulaciones contables, fiscales y de calidad de manera más sencilla y automatizada.

- **Escalabilidad y flexibilidad**. El sistema es altamente adaptable a las necesidades de cualquier empresa, desde pequeñas y medianas empresas (PYMEs) hasta grandes corporaciones.

- **Acceso a datos en tiempo real**. Los informes y análisis generados por SAP permiten tomar decisiones estratégicas basadas en información actualizada y confiable.

12.2.4.2. Evolución y Versiones de SAP

A lo largo de los años, SAP ha evolucionado para adaptarse a las nuevas tecnologías y requerimientos del mercado. Como estudiábamos en párrafos anteriores, existen dos tipos de sistemas, **Cloud** y **On-premise**, veamos a continuación en SAP una breve comparativa de ambos modelos para su uso en empresas.

Característica	SAP Cloud	SAP On-Premise
Implementación	Basado en la nube, accesible desde cualquier lugar.	Instalado en servidores propios dentro de la empresa.
Costos	Modelo de suscripción (OPEX), sin inversión inicial alta.	Costos elevados de infraestructura y mantenimiento (CAPEX).
Mantenimiento y Actualizaciones	SAP se encarga del mantenimiento y actualizaciones automáticas.	La empresa es responsable de las actualizaciones y mantenimiento.
Seguridad	Seguridad gestionada por SAP con estándares avanzados.	La empresa controla la seguridad y debe invertir en protección.
Flexibilidad y Escalabilidad	Alta escalabilidad y rápida adaptación a cambios del negocio.	Más rigidez, requiere mayor planificación para escalar.
Personalización	Limitada en comparación con On-Premise, aunque permite extensiones con SAP BTP.	Mayor capacidad de personalización, pero con mayor costo y complejidad.
Tiempo de Implementación	Más rápido, ya que no requiere infraestructura propia.	Puede tardar más debido a la instalación y configuración de servidores.
Integración	Se integra fácilmente con otros servicios en la nube.	Puede requerir desarrollos adicionales para integrarse con otros sistemas.
Accesibilidad	Disponible desde cualquier dispositivo con conexión a internet.	Limitado a la red interna de la empresa (salvo configuraciones específicas).
Regulación y Cumplimiento	SAP se encarga de cumplir con normativas globales.	La empresa es responsable del cumplimiento normativo.

> **NOTA:** Las siglas **OPEX** refieres un tipo de costo recurrente en la empresa, gastos del día a día, como pueden ser sueldos, servicios o la propia suscripción a SAP Cloud, sus siglas procedes de **Operational Expenditure**. En el caso de **CAPEX** (*Capital Expenditure*) hace referencia a inversiones que se realizan en las empresas en activos a largo plazo, como puede ser la compra de servidores, maquinaria, infraestructuras o licencias perpetuas de software como SAP On-Premise. Este tipo de gasto es elevado de manera que antes de llevarse a cabo es precisa una planificación y disponer de la suficiente financiación.

Algunas de sus versiones más destacadas incluyen:

- **SAP R/3**. Introducido en la década de 1990, fue una de las primeras soluciones ERP en adoptar una arquitectura cliente-servidor.

- **SAP ECC (ERP Central Component)**. Se convirtió en la versión estándar para muchas empresas, ofreciendo mayor funcionalidad y capacidad de integración con otros sistemas.

- **SAP S/4HANA**. Es la versión más reciente y avanzada de SAP ERP, diseñada para operar sobre la base de datos en memoria SAP HANA, lo que permite procesar grandes volúmenes de datos en tiempo real, mejorando significativamente la velocidad y eficiencia del sistema.

A continuación, se muestra una tabla comparativa con las principales características de las versiones enunciadas.

Característica	SAP R/3	SAP ECC	SAP S/4HANA
Lanzamiento	Década de 1990	Años 2000	2015
Arquitectura	Cliente-servidor (3 capas: presentación, aplicación y base de datos)	Similar a R/3 pero con mejoras en integración y funcionalidad	Basado en tecnología *in-memory*[2] con arquitectura simplificada
Base de Datos	Compatible con múltiples bases de datos (Oracle, SQL Server, etc.)	Compatible con varias bases de datos	Exclusivamente sobre SAP HANA
Procesamiento	Basado en disco, procesamiento más lento	Mejor eficiencia que R/3 pero sigue dependiendo del almacenamiento en disco	Procesamiento en memoria (mucho más rápido)

---

[2] La tecnología *in-memory* refiere un nuevo enfoque de almacenamiento y procesamiento de datos donde toda la información se guarda y gestiona directamente en la memoria RAM, en lugar de en un disco o una base de datos tradicional.

Característica	SAP R/3	SAP ECC	SAP S/4HANA
Interfaz de Usuario	SAP GUI tradicional	SAP GUI mejorado	SAP Fiori, con interfaz moderna y responsive
Capacidad Analítica	Limitada, requiere herramientas externas para BI	Integración con SAP BW para análisis	Análisis en tiempo real con Embedded Analytics
Modularidad y Funcionalidad	ERP modular con módulos básicos	Mayor integración y funcionalidad extendida	Procesos simplificados y optimizados, eliminando redundancias
Flexibilidad y Extensibilidad	Personalizable, pero con mayor complejidad	Más flexible y con integración mejorada con otros sistemas	Integración nativa con la nube, IoT, AI y Machine Learning
Compatibilidad	Sistemas antiguos, difícil integración con nuevas tecnologías	Compatible con diversas versiones de SAP y otros sistemas	Focalizado en tecnologías modernas, menos compatibilidad con versiones antiguas
Implementación	*On-Premise*	*On-Premise* (aunque algunas versiones soportan integración en la nube)	Cloud, On-Premise e híbrido
Soporte de SAP	Descontinuado	Soporte hasta 2027 (posible extensión hasta 2030)	Soporte a largo plazo con actualizaciones continuas

12.2.4.3. Componentes principales de SAP

Uno de los aspectos en los que destaca SAP es en su enfoque modular, lo que permite a las empresas elegir e implementar solo los módulos que sean relevantes para sus operaciones. Entre las aplicaciones asociadas a SAP encontramos **SAP Business Suite**. SAP Business Suite es un conjunto de aplicaciones empresariales integradas que abarcan diferentes áreas funcionales dentro de una organización, como finanzas, recursos humanos, operaciones, ventas, logística y más. Estas aplicaciones permiten a las empresas gestionar sus procesos empresariales de manera eficiente, conectando diferentes departamentos y facilitando el flujo de información en tiempo real. Los componentes principales de SAP Business Suite son:

- **SAP ERP (Enterprise Resource Planning)**. Se encarga de la planificación de recursos empresariales. Es la base de SAP Business Suite, incluye módulos fundamentales como Finanzas, Ventas, Compras, Producción, Recursos Humanos, etc.

- **SAP CRM (Customer Relationship Management)**. Gestiona la interacción con los clientes, mejorando las ventas, el marketing y el servicio al cliente.

- **SAP SRM (Supplier Relationship Management)**. Facilita la relación con los proveedores y optimiza el proceso de compras.

NOTA: SAP Fiori constituye la interfaz de usuario de SAP. Se trata de una interfaz de usuario moderna, sencilla y fácil de usar para interactuar con los diferentes módulos de la aplicación. El objetivo de SAP Fiori es mejorar la experiencia del usuario final y facilitar el acceso a las funcionalidades de SAP en cualquier dispositivo, ya sea PC de escritorio, portátil, tablets o teléfonos móviles.

Figura 12.2. Imagen SAP Fiori. Fuente: https://shtransformation.com/que-es-sap-fiori/

- **SAP SCM (Supply Chain Management)**. Ayuda en la planificación y gestión de la cadena de suministro, mejorando la eficiencia en la logística y la distribución.

- **SAP PLM (Product Lifecycle Management)**. Gestiona el ciclo de vida de los productos, desde el diseño hasta la producción y el mantenimiento.

- **SAP BI (Business Intelligence)**. Proporciona herramientas analíticas para la toma de decisiones basadas en datos y la elaboración de informes.

- **SAP HCM (Human Capital Management)**. Gestiona todos los aspectos relacionados con los recursos humanos, como la contratación, la nómina y la gestión del talento.

NOTA: Hoy día es habitual en el mundo empresarial escuchar la frase "gestión del talento". La gestión del talento hace referencia a un conjunto de prácticas y procesos dentro de la organización destinados a atraer, desarrollar, retener y optimizar las habilidades y capacidades de los empleados. En términos más simples, podríamos decir que, es el proceso de gestionar a las personas dentro de una empresa para asegurar que se maximicen sus habilidades y contribuciones.

12.2.4.4. SAP ERP

SAP ERP constituye, como ya se ha estudiado, el componente que se encarga de la planificación de recursos empresariales. Como promulga SAP, es modular, lo que indica que contiene diferentes módulos para cubrir diferentes áreas de la empresa. La planificación se gestiona principalmente a través de los módulos que se van a enunciar a continuación.

- **SAP MM (Material Management)**. Se ocupa de la gestión de inventarios (gestión de pedidos) y la planificación de compras. Permite gestionar la adquisición de materiales y los procesos de aprovisionamiento de manera eficiente, manteniendo un inventario adecuado para la producción.

- **SAP SD (Sales and Distribution)**. Este módulo se encarga de la gestión de ventas, procesos de distribución y planificación de demanda. Asegura que los productos lleguen a los clientes de manera eficiente y que se optimicen los recursos en función de las ventas.

- **SAP PP (Production Planning)**. El módulo de planificación de la producción se encarga de la gestión de los procesos de fabricación. Permite la planificación de la producción y la asignación eficiente de los recursos de manufactura (personas, maquinaria, materiales) para asegurar que los productos se fabriquen según la demanda.

- **SAP FI (Financial Accounting) y SAP CO (Controlling)**. Estos módulos se ocupan de la gestión financiera y el control de costes. A través de SAP FI, se gestionan las transacciones financieras y se asegura que los recursos financieros se asignen adecuadamente. SAP CO, por su parte, se encarga de la contabilidad de gestión, analizando y optimizando los costes internos y el uso de los recursos dentro de la organización.

- **SAP HCM (Human Capital Management)**. Este módulo gestiona los recursos humanos de la empresa, desde la planificación de personal hasta la gestión de nóminas y evaluaciones de desempeño. Asegura que los recursos humanos estén alineados con las necesidades de producción y operativas de la empresa.

- **SAP WM (Warehouse Management)**. Este módulo ayuda a gestionar almacenes y depósitos de manera eficiente, optimizando la distribución de recursos físicos y garantizando la disponibilidad de productos y materiales cuando se necesiten.

- **SAP APO (Advanced Planning and Optimization)**. No se encuentra en todas las versiones de SAP ERP, en caso de que se incluya, este módulo se utiliza para planificación avanzada, que involucra la optimización de la cadena de suministro y la gestión de inventarios a nivel estratégico. APO se conecta con SAP ERP para mejorar la planificación de la producción, la gestión de recursos, y la cadena de suministro.

Cada módulo de SAP ERP está interconectado, lo que permite que la información fluya de manera eficiente entre diferentes áreas, evitando duplicidad de datos y mejorando la coordinación dentro de la empresa.

> **NOTA:** Si el lector lo desea puede obtener mayor información del software desde el sitio web del mismo: https://www.sap.com/spain/products/erp/what-is-sap-erp.html

12.2.4.5. Instalación SAP On-Premise

A la hora de usar esta versión de SAP es necesario proceder a la instalación en los servidores de la empresa, así, antes de comenzar debemos conocer los requisitos hardware y software que deben tener las máquinas en cuestión.

- **Requisitos hardware**: Procesador de cuádruple núcleo, mínimo 16 GB de RAM y al menos 500 GB de almacenamiento.

- **Requisitos software**: Windows Server o Linux en alguna de sus versiones servidoras (cuando hablamos de Linux es posible convertir una distribución de escritorio en servidora instalando determinados paquetes que representan servicios como LDAP, DNS, etc.).

El proceso de instalación debe ser llevado a cabo por el equipo TI o empresa encargada del mantenimiento de los equipos informáticos. Para ello:

1. Es necesario descargar el software desde el sitio web de SAP, concretamente desde la zona dedicada al soporte. Será ahí donde encontraremos un enlace de descarga. Al hacer clic en él se visualizará una nueva página web que nos solicitará un correo electrónico. Debemos tener licencia o usuario registrado para poder disponer del paquete.

2. El servidor o servidores donde se va a instalar SAP debe estar perfectamente preparado y configurado para tal fin. Así, es necesario actualizar el sistema operativo e instalar todos los paquetes adicionales que el software pueda necesitar.

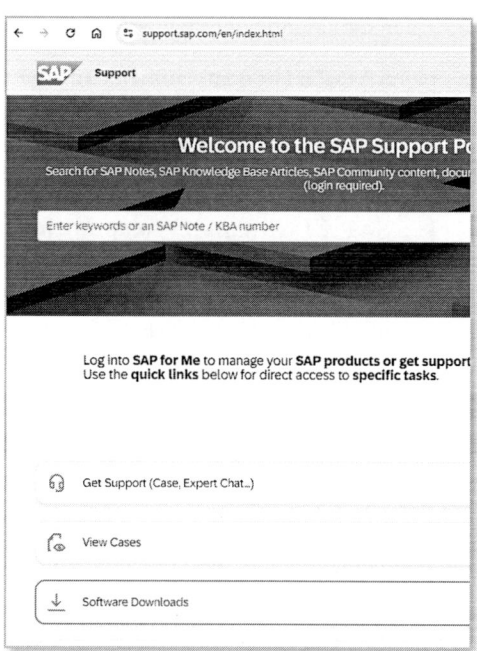

Figura 12.3. Sitio web de soporte SAP desde el que se puede llevar a cabo la descarga.
https://support.sap.com/en/index.html

3. El siguiente paso será la selección, instalación y configuración de la base de datos en el servidor (SAP HANA).

4. Llegados a este punto se procederá a ejecutar el instalador de SAP descargado, iniciaremos SAP Software Provisioning Manager (SWPM). A partir de aquí, se seleccionará la opción de instalación SAP ERP y se seguirán las instrucciones que el asistente indique definiendo parámetros como el directorio de instalación, credenciales y conexión con la base de datos

12.2.4.6. Instalación en la Nube

SAP ofrece soluciones en la nube que permiten utilizar SAP ERP como SAP S/4HANA Cloud sin necesidad de infraestructura local siendo esta opción la de menor costo inicial y la más rápida de implementar.

Para hacer uso de SAP en este formato solo es necesario:

- Disponer de una cuenta SAP Business Tecnology Platform (BTP).

- Tener conexión a internet.

- Haber adquirido una licencia para SAP S/4HANA Cloud.

Pasos a seguir para la instalación en la nube:

1. **Registro en SAP BTP**. Acceder al sitio web de SAP Business Technology Platform (https://www.sap.com/spain/index.html?geotargering_redirect=true) y crear una cuenta.

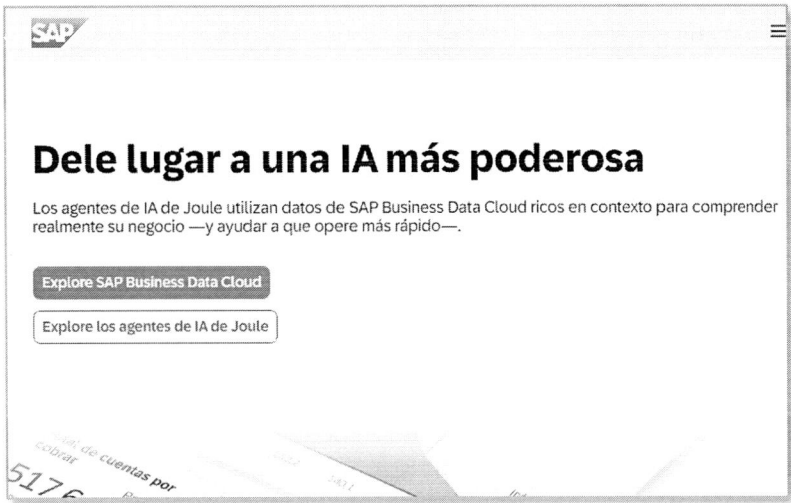

Figura 12.4. Sitio web para uso de SAP en la nube.

2. **Elección del servicio**. Seleccionar SAP S/4HANA Cloud en el Marketplace de SAP.

3. **Configuración del entorno**. Definir los recursos y usuarios.

4. **Acceso a la plataforma**. Acceder al sistema iniciando sesión y posteriormente configurar los módulos que necesite nuestra organización.

Figura 12.5. Inicio de sesión en SAP.

5. **Pruebas y validación**. Asegurar el correcto funcionamiento de los procesos empresariales mediante el desarrollo de pruebas que puedan llevar a detectar posibles fallos en el sistema.

Actividad 12.1

Es posible observar el funcionamiento de SAP mediante la utilización de una cuenta Trial, este tipo de cuentas las proporciona el sistema para la realización de actividades durante un período de 14 días. Accede al sitio web de SAP y crea una cuenta Trial para posteriormente acceder a los apartados que se explican en los párrafos siguientes.

12.2.4.7. Gestión de órdenes de compra

La gestión de pedidos en SAP ERP es un proceso clave dentro de la administración de la cadena de suministro, permitiendo a las empresas controlar eficientemente la adquisición de bienes y servicios. A través del módulo de gestión de materiales (MM, Materials Management), SAP proporciona herramientas avanzadas para la creación, seguimiento y procesamiento de órdenes de compra, asegurando una integración fluida con proveedores y otras áreas del negocio.

Este proceso abarca desde la solicitud de compra hasta la recepción de los bienes y el pago a los proveedores, garantizando un flujo de trabajo estructurado y transparente. Dentro del entorno SAP, la gestión de pedidos no solo optimiza la planificación de adquisiciones, sino que también permite la trazabilidad de cada transacción, minimizando riesgos y mejorando la toma de decisiones.

Gracias a la automatización y a la integración con módulos como Finanzas (FI, Financial Accounting) y Gestión de Inventarios (IM, Inventory Management), SAP ERP permite un control detallado sobre los pedidos, facilitando el cumplimiento de contratos, la optimización del inventario y la reducción de costos operativos.

Desde la página de inicio, en la zona superior izquierda, al hacer clic sobre el desplegable **Página de inicio** podremos visualizar todos los paquetes instalados, entre ellos, bajo la categoría **Gestión de materiales – Pedidos** el de **Gestión de Órdenes de Compra**.

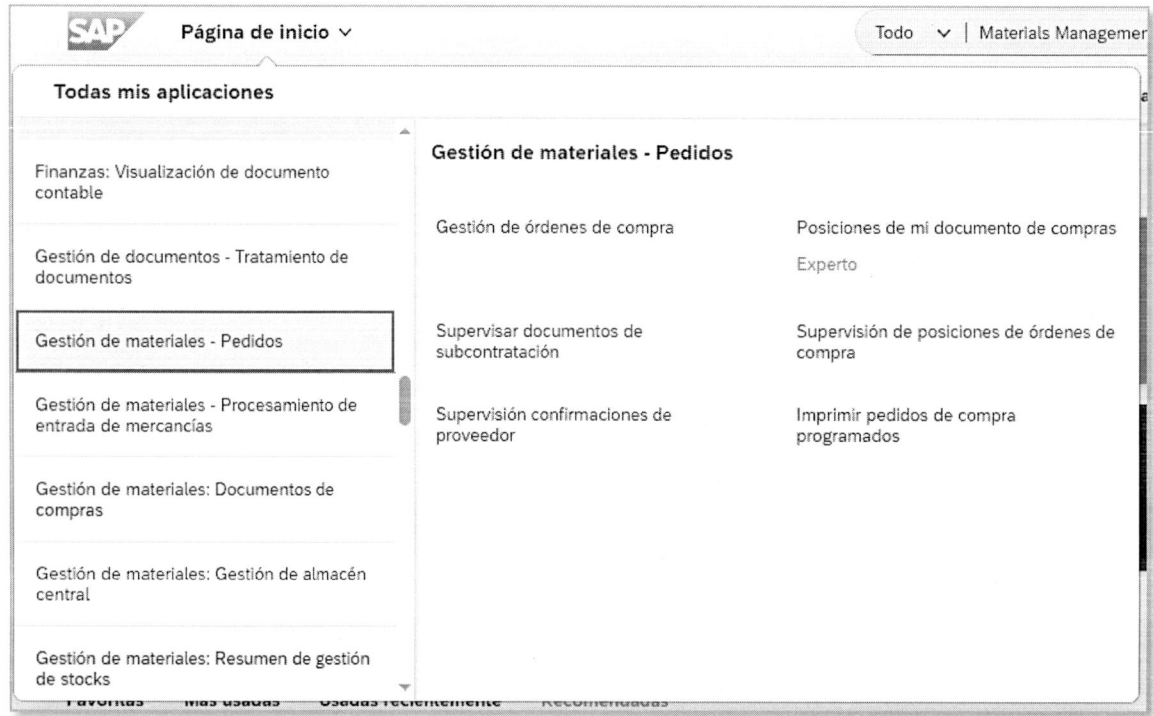

Figura 12.6. Acceso a la aplicación de gestión de órdenes de compra.

Al hacer clic sobre **Gestión de Órdenes de Compra** se mostrará una imagen similar a la que se observa en la figura siguiente.

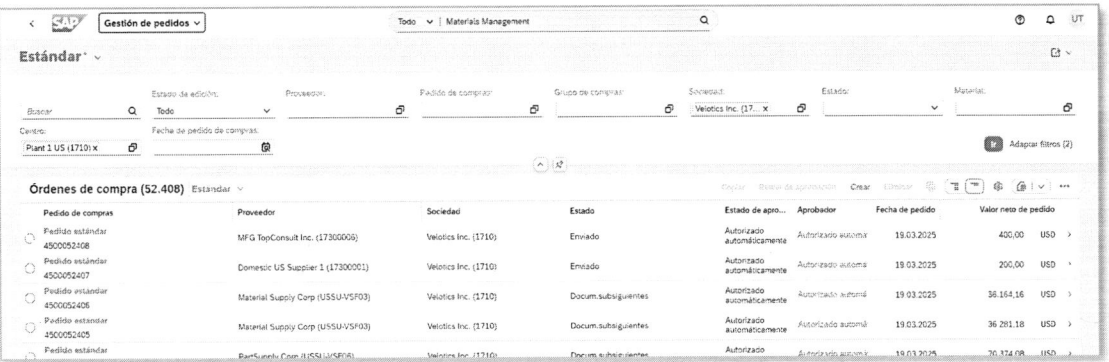

Figura 12.7. Vista del módulo de Gestión de Órdenes de Compra.

Entre las diferentes opciones a realizar en la aplicación se encuentran la de filtrado o búsqueda de órdenes de compra, visualización detallada de una compra o inserción de una entrada al listado (crear una nueva orden de compra).

Filtrar órdenes de compra

En la gestión de compras, el filtrado de órdenes de compra es un paso esencial para acceder rápidamente a la información relevante y optimizar la toma de decisiones. En SAP ERP, la interfaz de SAP Fiori permite aplicar distintos filtros para encontrar órdenes de compra específicas sin necesidad de recorrer una lista extensa de registros. Entre las opciones de filtrado encontramos:

- **Estado de edición**. Permite seleccionar órdenes en distintos estados, como abiertas, aprobadas o enviadas.

- **Proveedor**. Filtra las órdenes según el proveedor asignado.

- **Pedido de compras**. Búsqueda de una orden específica introduciendo su número.

- **Grupo de compras**. Facilita la búsqueda según el equipo o persona responsable de la compra.

- **Sociedad**. Limita la búsqueda a una empresa o filial en particular.

- **Estado**. Muestra órdenes en diferentes fases del proceso (creadas, aprobadas, enviadas, recibidas, etc.).

- **Material**. Permite filtrar por un producto o servicio específico.

- **Centro**. Ayuda a identificar órdenes asociadas a una planta o ubicación determinada.

- **Fecha de pedido de compras**. Permite seleccionar un rango de fechas para visualizar órdenes generadas en un período concreto.

Si deseamos aplicar un filtro solo será necesario escoger la característica o características por las que se quiera llevar a cabo la búsqueda y hacer clic sobre el botón **Ir** ubicado en la zona inferior derecha bajo el panel de filtros que se pueden aplicar. Al realizar la búsqueda, la parte inferior se verá modificada con los resultados de la búsqueda solicitada.

Actividad 12.2

Accede a la aplicación en la zona dedicada a la gestión de compras y observa la interfaz localizando los elementos que se indican en el apartado.

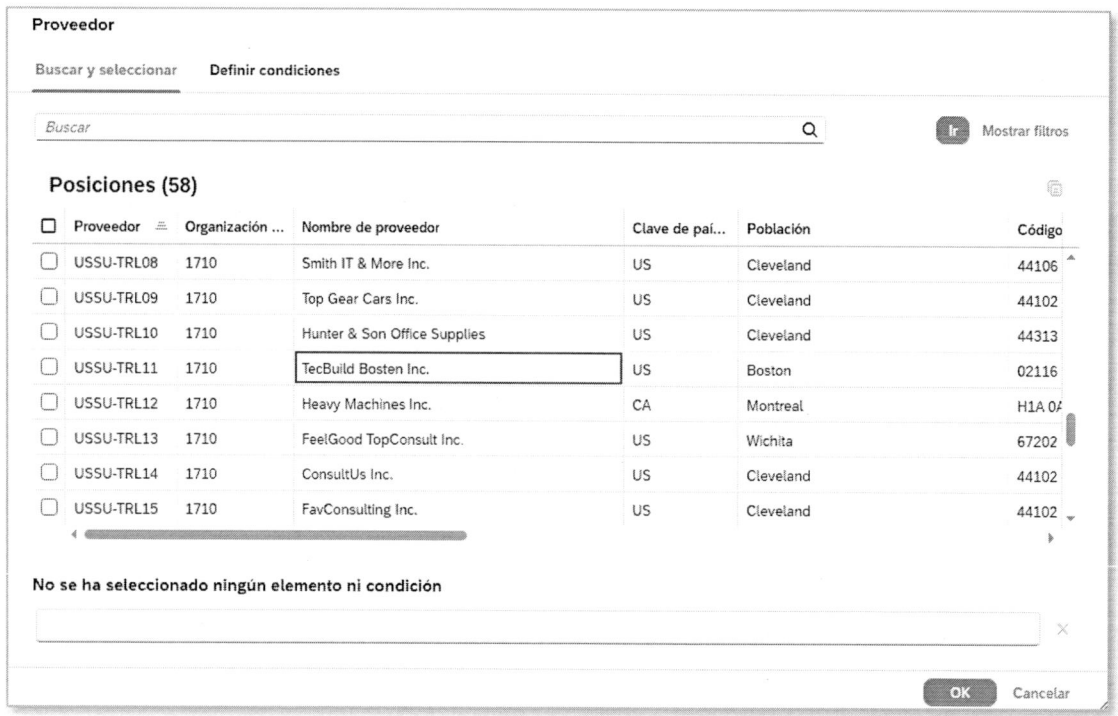

Figura 12.8. Cuadro de diálogo que visualiza el sistema cuando deseamos filtrar por proveedor. En la ventana se muestran todos los proveedores almacenados en el sistema de manera que solo debemos hacer clic sobre la casilla de verificación izquierda asociada al proveedor por el que se desea realizar la búsqueda.

Visualizar detalles de una compra

Una vez filtradas y seleccionadas las órdenes de compra en SAP ERP, es posible visualizar los detalles específicos de cada pedido. Esta información es fundamental en el ámbito empresarial. Así, cuando hacemos clic sobre alguno de los pedidos realizados encontraremos los datos básicos del pedido, las condiciones de entrega y pago y los artículos incluidos en el mismo.

Figura 12.9. Vista de detalles del pedido con código 4500052438 extraído de la búsqueda realizada en párrafos anteriores.

- **Datos básicos de un pedido**. Entre los datos que se consideran básicos en un pedido encontramos:

  → **Número de Pedido**. Identificador único que diferencia el pedido del resto.

  → **Proveedor**. Empresa o entidad encargada de suministrar los bienes o servicios.

  → **Destinatario**. Empresa, organismo, persona a la que va dirigido el pedido.

  → **Fecha de Creación**. Indica cuándo se generó el pedido.

  → **Valor Neto**. Valor total del pedido formateado en la moneda definida en el sistema.

  → **Autor**. Usuario o sistema que creó la orden.

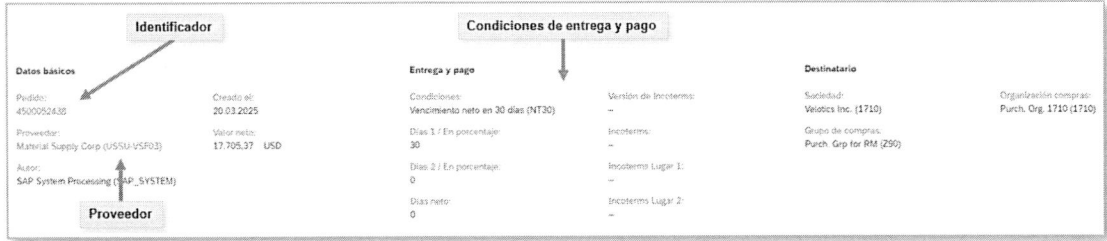

Figura 12.10. Pestaña Información general en los detalles de un pedido.

  → **Condiciones de entrega y pago**. En este apartado se indica el plazo estipulado para liquidar la factura, por ejemplo, pago neto en 30 días, además de los **Incoterms** que refieren los términos comerciales internacionales que rigen la entrega de los bienes. Bajo **destinatario** encontraremos la información relacionada con la sociedad, grupo de compras u organización que ha realizado el pedido.

- **Listado de artículos**. En esta zona se muestran todos los artículos que se han incluido en el pedido seleccionado. Al igual que ocurre con el listado de pedidos, al hacer clic sobre uno de los artículos de esta lista se visualizará una nueva ventana con información referida al producto en cuestión. Entre los datos más relevantes relacionados con cada artículo encontramos:

  → **Posición**. Número secuencial de cada artículo en la orden.

  → **Grupo de Productos**. Clasificación de los materiales dentro de la empresa.

  → **Descripción del Material**. Nombre y referencia del producto solicitado.

  → **Cantidad Ordenada**. Número de unidades requeridas.

  → **Fecha de Entrega**. Día estimado para la recepción del material.

  → **Precio Unitario y Total**. Coste por unidad del material adquirido y el valor total de la orden, calculado en función de la cantidad solicitada. Este dato es esencial para evaluar el impacto financiero del pedido y asegurar que los costos sean acordes a las condiciones de compra establecidas con el proveedor.

Insertar una nueva compra

La creación de una nueva orden de compra es un proceso esencial dentro de la gestión de una empresa, ya que permite formalizar la solicitud de bienes o servicios a un proveedor determinado. En el sistema SAP, este procedimiento se inicia accediendo al módulo de gestión de compras y seleccionando la opción **crear**.

Figura 12.11. Zona de herramientas junto a enlace **crear** pedido.

Al hacer clic sobre **crear** se visualizará una imagen similar a la de la figura siguiente.

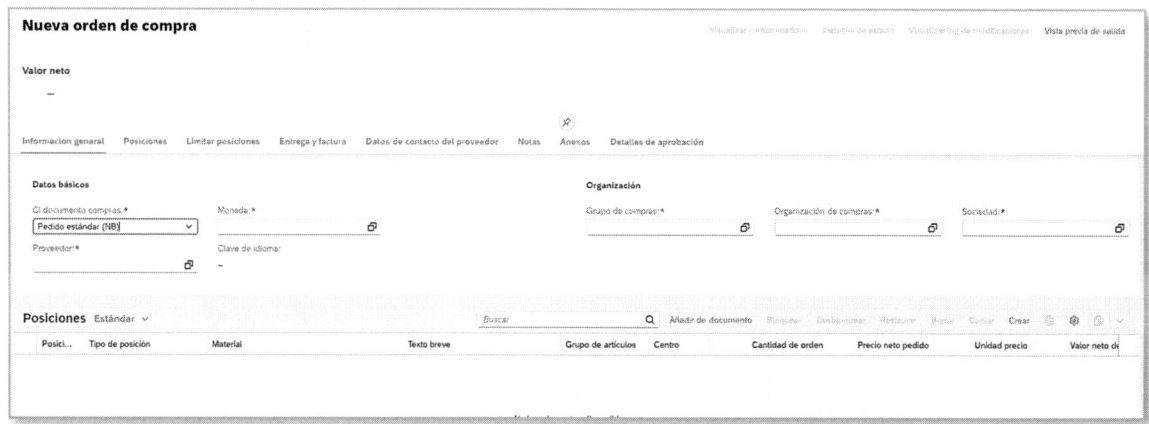

Figura 12.12. Vista para la introducción de una nueva orden de compra.

El realizar una orden de compra en SAP requiere completar varios datos de importancia para asegurar que el proceso se lleve a cabo correctamente. En primer lugar, dentro de los datos básicos, es fundamental seleccionar la **clase de documento de compra**, que en la figura corresponde a un "Pedido Estándar (NB)". También es necesario especificar la **moneda** en la que se efectuará la transacción y definir el **proveedor**, que será la empresa encargada de suministrar los materiales o servicios solicitados.

Por otro lado, dentro de la organización de compras, se debe indicar el **grupo de compras**, que es la unidad responsable de gestionar la adquisición de los productos. Además, se especifican la organización de compras y la sociedad, que identifican la entidad dentro de la empresa que lleva a cabo la transacción.

Una parte esencial del pedido es la **sección de posiciones**, donde se añaden los materiales o servicios que se desean adquirir. Aquí se detallan aspectos como la **descripción del producto**, la **cantidad requerida**, el **precio unitario** y **el centro de almacenamiento** donde se recibirán los elementos.

Finalmente, se pueden establecer las **condiciones y términos del pedido**. Esto incluye definir las **condiciones de pago**, las **fechas de entrega** y otros acuerdos específicos con el proveedor para garantizar el cumplimiento del contrato.

Una vez que todos estos elementos han sido ingresados y revisados, el pedido de compra puede ser aprobado y enviado formalmente al proveedor haciendo clic sobre **orden**.

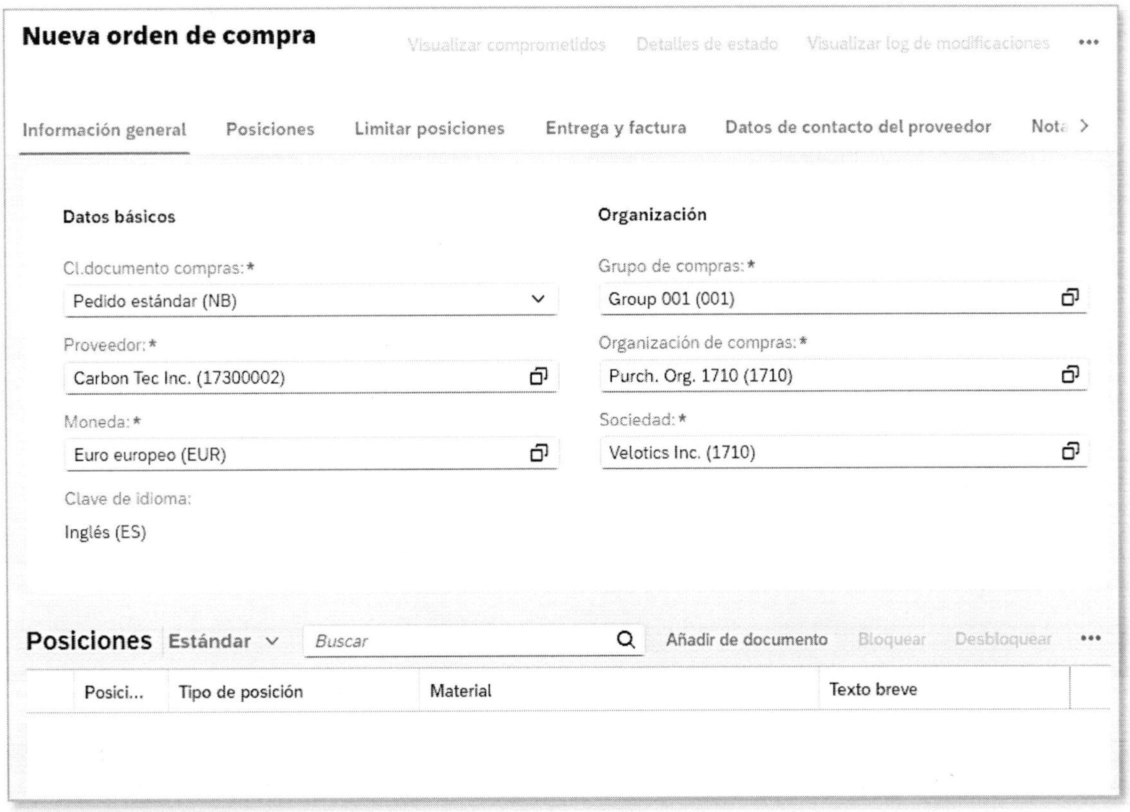

Figura 12.13. Formulario para la generación de un nuevo pedido Los diferentes apartados del pedido se clasifican en las pestañas ubicadas en la parte superior.

Actividad 12.3

Pon en práctica las indicaciones aportadas en el apartado e inserta una nueva compra en el sistema.

12.2.4.8. Gestión de recursos humanos

La gestión de recursos humanos en SAP se lleva a cabo a través del módulo SAP HCM (Human Capital Management) o su evolución en la nube, **SAP SuccessFactors**. Este módulo permite a las empresas administrar eficazmente todo lo relacionado con su personal, desde el reclutamiento hasta la nómina y la planificación del talento.

Entre las principales funcionalidades de SAP en la zona referida a la gestión de recursos humanos encontramos:

- **Administración de personal (PA - Personnel Administration)**. Permite gestionar toda la información relacionada con los empleados dentro de la organización, desde su contratación hasta su baja. Las funcionalidades de este módulo son:

  → Almacenamiento y actualización de datos personales y laborales (nombre, dirección, número de empleado, cargo, salario, etc.).

  → Gestión de contratos y cambios de posición.

  → Registro de historial laboral y evaluaciones.

  → Control de movimientos internos (ascensos, traslados, cambios de departamento).

  → Generación de informes para auditorías y análisis de personal.

- **Gestión del tiempo (PT - Time Management)**. Facilita el control de la asistencia, el registro de horas trabajadas, las ausencias y la planificación de turnos de los empleados. Las funcionalidades de este módulo son:

  → Registro de horas trabajadas, horas extras y días festivos trabajados.

  → Gestión de vacaciones, permisos y bajas médicas.

  → Planificación de turnos y horarios de trabajo.

  → Integración con nómina para el cálculo de pagos en función del tiempo trabajado.

  → Informes sobre puntualidad y control de asistencia.

- **Gestión de la nómina (PY - Payroll)**. Automatiza el cálculo y procesamiento de los salarios, impuestos y otros beneficios de los empleados, asegurando el cumplimiento de regulaciones laborales. Las funcionalidades de este módulo son:

→ Cálculo de sueldos y salarios con base en horas trabajadas, bonificaciones y deducciones.

→ Gestión de impuestos, seguridad social y beneficios adicionales.

→ Generación de comprobantes de pago (recibos de nómina).

→ Integración con bancos para pagos automáticos.

→ Informes financieros y cumplimiento de normativas fiscales.

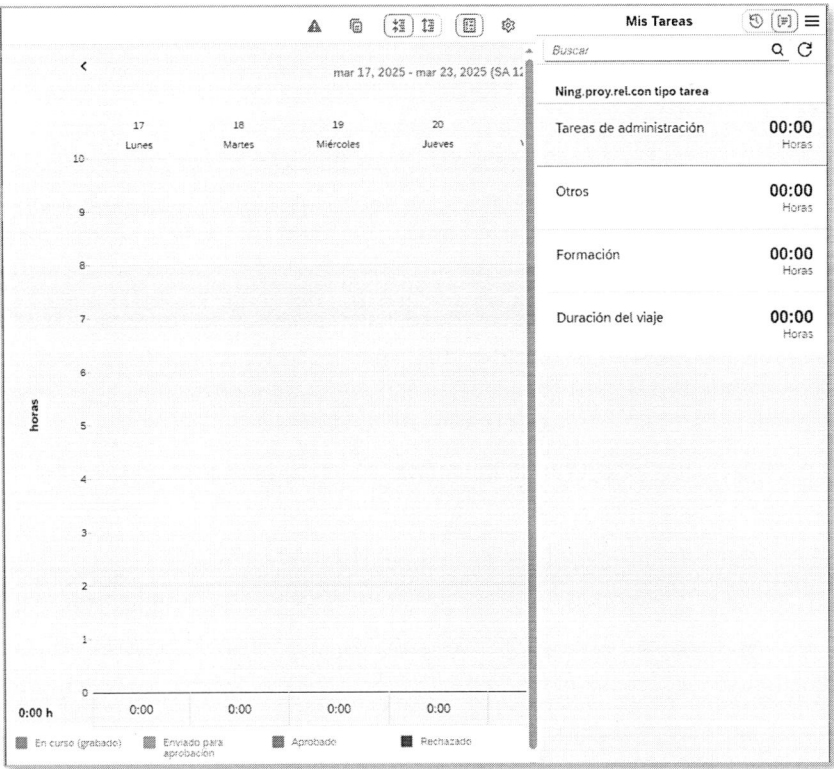

Figura 12.14. Visualización gestión de tiempo es SAP.

- **Desarrollo organizacional (OM - Organizational Management)**. Permite estructurar la organización en función de los puestos, jerarquías y departamentos, facilitando la planificación y asignación de recursos humanos. Las funcionalidades de este módulo son:

    → Definición y mantenimiento de estructuras organizativas.

    → Creación de organigramas interactivos.

    → Gestión de relaciones entre empleados, departamentos y posiciones.

    → Integración con la planificación de la fuerza laboral.

    → Análisis de estructura organizativa para optimización de recursos.

- Gestión del talento. Se enfoca en el desarrollo de los empleados, la gestión del desempeño y la capacitación para mejorar la productividad y retención del talento. Las funcionalidades principales de este módulo son:

  → Evaluación del desempeño con *feedback* continuo.

  → Planes de formación y desarrollo profesional.

  → Identificación de competencias y habilidades clave.

  → Planificación de carrera y sucesión dentro de la empresa.

  → Programas de incentivos y reconocimiento.

12.2.4.9. Gestión de ventas

En SAP, la gestión de ventas se lleva a cabo a través del módulo SAP SD (*Sales and Distribution*). Este módulo es parte de SAP ERP y permite gestionar todo el ciclo de ventas, desde la preventa hasta la facturación y la entrega del producto o servicio. Desde el menú inicial podemos acceder a diferentes subapartados referidos a todo el proceso de ventas y distribución de los productos de la empresa. Entre las principales funcionalidades de gestión de ventas encontramos:

- **Gestión de clientes y pedidos de venta**. Permite gestionar toda la información relacionada con los clientes y registrar los pedidos de venta de manera eficiente. Las funcionalidades clave de este componente son (Figura 12.15):

  → Creación y gestión de documentos de clientes con datos comerciales, fiscales y de contacto.

  → Registro y seguimiento de pedidos de venta.

  → Gestión de condiciones comerciales (descuentos, precios especiales, impuestos).

  → Creación de contratos de ventas y acuerdos comerciales.

- **Gestión del proceso de ventas**. Controla todas las fases del proceso de venta, desde la oferta hasta la facturación. Las funcionalidades clave de este componente son:

  → Cotizaciones y ofertas comerciales para clientes.

  → Conversión de ofertas en pedidos de venta.

  → Verificación de disponibilidad de productos en inventario.

  → Planificación y programación de entregas.

- **Gestión de entregas y logística**. Coordina la distribución y envío de productos a los clientes. Las funcionalidades clave de este componente son:

  → Creación y gestión de documentos de entrega.

  → Control del *picking* (selección de productos en el almacén).

  → Integración con SAP MM (gestión de materiales) y SAP WM (gestión de almacenes).

  → Seguimiento de envíos y logística de transporte.

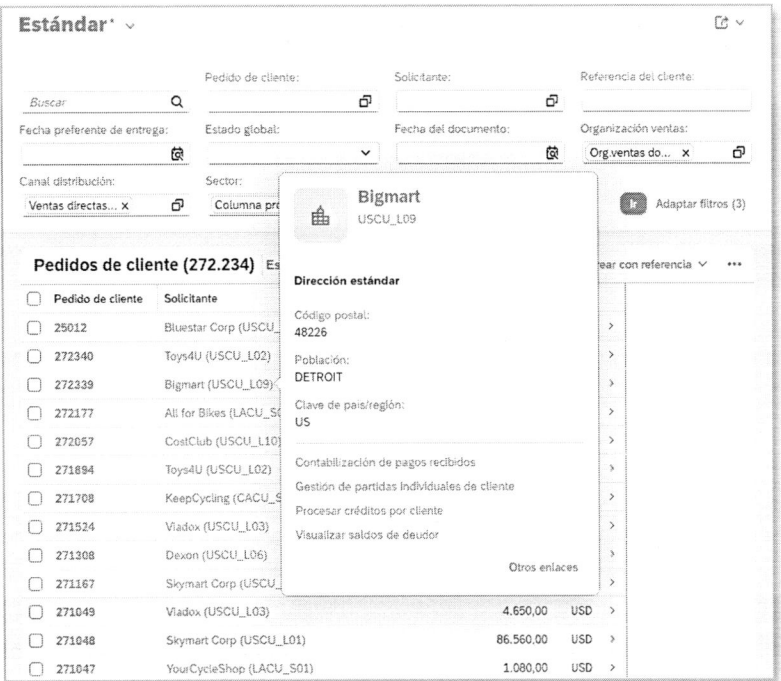

Figura 12.15. Gestión de pedidos de clientes.

- **Facturación y gestión de pagos**. Automatiza la emisión de facturas y el registro de pagos. Las funcionalidades de este componente son:

  → Generación automática de facturas basadas en pedidos y entregas.

  → Gestión de notas de crédito y débito.

  → Integración con SAP FI (gestión financiera) para el control de cuentas por cobrar.

  → Control de pagos y gestión de reclamaciones.

- **Gestión de devoluciones y reclamaciones**. Facilita el proceso de devoluciones y reclamaciones de clientes. Entre sus principales funcionalidades encontramos:

  → Registro y seguimiento de devoluciones de productos.

  → Gestión de reembolsos o reposiciones.

  → Control de calidad de productos devueltos.

  → Generación de notas de crédito para ajustes contables.

- **Informes y análisis de ventas**. Proporciona herramientas para analizar el desempeño de ventas y tomar decisiones estratégicas. Entre las funcionalidades principales de este módulo encontramos:

  → Informes de ventas por región, cliente o producto.

  → Análisis de márgenes de ganancia y rentabilidad.

  → Seguimiento de desempeño de equipos de ventas.

  → Un *dashboard* con KPI clave de ventas.

Figura 12.16. Creación de un nuevo documento de facturación.

12.3. SISTEMAS DE GESTIÓN DE RELACIONES CON CLIENTES (CRM)

En un mundo donde la competencia empresarial es cada vez más intensa, las organizaciones buscan estrategias efectivas para diferenciarse y fidelizar a sus clientes. En este contexto, los Sistemas de Gestión de Relaciones con Clientes (CRM, por sus siglas en inglés, *Customer Relationship Management*) han adquirido una importancia fundamental.

El CRM es un enfoque estratégico que combina tecnología, procesos y prácticas de negocio para gestionar y analizar las interacciones con los clientes a lo largo de su ciclo de vida. Su objetivo principal es mejorar las relaciones comerciales, optimizar la retención de clientes y, en última instancia, aumentar la rentabilidad de la empresa.

A través del uso de plataformas especializadas, las empresas pueden recopilar, organizar y analizar datos sobre las preferencias, el historial de compras y la comunicación con los clientes. Esta información permite personalizar la oferta de productos o servicios, mejorar la experiencia del usuario y tomar decisiones más informadas en el ámbito comercial.

Los sistemas CRM no solo benefician a grandes corporaciones, sino que también son una herramienta clave para pequeñas y medianas empresas que buscan mejorar la gestión de sus relaciones comerciales y aumentar su competitividad en el mercado.

12.3.1. Ventajas y desventajas de los CRM

Implementar un sistema CRM puede aportar numerosos beneficios a una empresa, especialmente en la gestión eficiente de clientes y la optimización de procesos comerciales. Sin embargo, también implica ciertos desafíos que deben considerarse antes de su adopción. A continuación, se presentan las principales ventajas y desventajas de los sistemas CRM:

Ventajas

- **Mejora en la gestión de clientes.** Permite centralizar y organizar la información de los clientes, facilitando un seguimiento más eficiente.

- **Aumento de la fidelización.** Al conocer mejor a los clientes, se pueden personalizar ofertas y brindar un mejor servicio, aumentando su lealtad.

- **Optimización de procesos comerciales.** Automatiza tareas como el seguimiento de ventas, marketing y servicio al cliente, reduciendo costos operativos.

- **Análisis de datos y toma de decisiones.** Proporciona informes y métricas clave que ayudan a las empresas a ajustar sus estrategias comerciales.

- **Incremento en la productividad.** Facilita la comunicación interna y mejora la coordinación entre departamentos.

Desventajas

- **Costo elevado.** Implementar un CRM, especialmente uno robusto, puede ser costoso para algunas empresas.

- **Complejidad en la implementación.** Requiere una adaptación de los procesos internos y una capacitación adecuada para su uso eficiente.

- **Resistencia al cambio.** Algunos empleados pueden mostrar reticencia a adoptar nuevas tecnologías o procesos.

- **Dependencia tecnológica.** Un fallo en el sistema puede afectar la operatividad del negocio si no se cuenta con un plan de contingencia.

- **Problemas de integración.** Puede ser complicado integrar un CRM con otros sistemas ya existentes en la empresa.

12.3.2. Tipos de CRM

Los sistemas CRM pueden clasificarse en diferentes categorías según su enfoque y funcionalidad. Cada tipo de CRM está diseñado para cumplir con necesidades específicas dentro de la gestión de relaciones con clientes, ya sea automatizando procesos, analizando datos o mejorando la colaboración interna. La elección del tipo de CRM adecuado dependerá de los objetivos de la empresa y del nivel de interacción que se desea tener con los clientes.

En los siguientes párrafos se presentan los principales tipos de CRM y sus características.

12.3.2.1. CRM Operativo

El CRM operativo se enfoca en la automatización y optimización de los procesos de negocio que involucran la interacción directa con los clientes. Su principal objetivo es mejorar la eficiencia de los departamentos de ventas, marketing y servicio al cliente. Sus características principales son:

- **Automatización de ventas**. Facilita la gestión del ciclo de ventas mediante el registro de oportunidades, pronósticos de ventas y seguimiento de clientes potenciales.

- **Automatización del marketing**. Permite ejecutar campañas de marketing segmentadas, enviar correos electrónicos automatizados y gestionar *leads*[3] de manera eficiente.

- **Automatización del servicio al cliente**. Mejora la gestión de solicitudes, quejas y soporte técnico mediante herramientas como chatbots[4] y bases de conocimiento.

Este tipo de CRM es ideal para empresas que buscan mejorar la interacción con los clientes y reducir la carga de trabajo manual en sus procesos comerciales.

12.3.2.2. CRM Analítico

El CRM analítico se centra en la recopilación, organización y análisis de datos de los clientes. Su propósito es transformar la información en conocimiento útil para mejorar la toma de decisiones estratégicas. Sus características principales son:

- **Análisis de comportamiento del cliente**. Ayuda a comprender patrones de compra, preferencias y tendencias de los clientes.

- **Segmentación de clientes**. Permite dividir la base de datos en grupos específicos según características demográficas, geográficas o de comportamiento.

- **Predicción de tendencias**. Utiliza modelos de inteligencia artificial y aprendizaje automático para anticipar futuras necesidades de los clientes.

Este tipo de CRM es especialmente útil para empresas que desean personalizar sus estrategias comerciales y maximizar la efectividad de sus campañas de marketing.

12.3.2.3. CRM Colaborativo

El CRM colaborativo tiene como objetivo mejorar la comunicación y la coordinación entre los diferentes departamentos de una empresa, asegurando que todos tengan acceso a la misma información sobre los clientes. Sus características principales son:

- **Intercambio de datos en tiempo real**. Permite que los equipos de ventas, marketing y servicio al cliente accedan a información actualizada sobre los clientes.

- **Integración con múltiples canales**. Facilita la interacción con clientes a través de diferentes plataformas como correo electrónico, redes sociales, chats en vivo y llamadas telefónicas.

---

[3] *Leads* se refiere a clientes potenciales.
[4] Software automatizado mediante el cual se puede mantener una conversación con el cliente.

- **Trabajo en equipo más eficiente**. Fomenta la colaboración interna mediante herramientas compartidas, reduciendo la duplicación de esfuerzos y mejorando la experiencia del cliente.

Este CRM es ideal para empresas con múltiples departamentos o que trabajan en entornos donde la comunicación fluida entre equipos es clave para la satisfacción del cliente.

12.3.2.4. CRM Estratégico

El CRM estratégico se enfoca en la visión a largo plazo de la relación con los clientes, ayudando a la empresa a desarrollar estrategias que maximicen el valor del cliente a lo largo del tiempo. Sus características principales son:

- **Construcción de relaciones duraderas**. Se centra en la fidelización y satisfacción del cliente en lugar de centrarse únicamente en las ventas inmediatas.

- **Optimización del ciclo de vida del cliente**. Busca mejorar la experiencia del cliente en cada etapa de su interacción con la empresa.

- **Desarrollo de estrategias personalizadas**. Utiliza la información recopilada para crear planes de acción específicos para cada tipo de cliente.

Este tipo de CRM es ideal para empresas que priorizan la lealtad del cliente y buscan un crecimiento sostenido a través de relaciones sólidas y a largo plazo.

12.3.3. SAP CRM

SAP CRM es una solución de gestión de relaciones con clientes desarrollada por SAP. Este sistema forma parte de la suite de soluciones **SAP Customer Experience (CX)** y está diseñado para ayudar a las empresas a mejorar sus procesos de ventas, marketing y servicio al cliente.

SAP CRM permite a las organizaciones gestionar interacciones con clientes en múltiples canales, optimizar la automatización de ventas, analizar datos de clientes y mejorar la personalización de la oferta de productos y servicios. Su integración con otros módulos de SAP, como SAP ERP y SAP S/4HANA, lo convierte en una herramienta de gran funcionalidad para empresas que ya utilizan el ecosistema SAP.

Además, con la evolución hacia SAP Customer Experience (CX), SAP ha impulsado una transición hacia soluciones en la nube como **SAP Sales Cloud**, **SAP Service Cloud** y **SAP Marketing Cloud**, proporcionando mayor flexibilidad y capacidad de análisis avanzado mediante inteligencia artificial y aprendizaje automático

12.3.4. SAP Sales Cloud

SAP Sales Cloud es una solución avanzada dentro de **SAP Customer Experience (CX)** diseñada para optimizar y automatizar los procesos de ventas. Su objetivo principal es mejorar la eficiencia de los equipos comerciales, aumentar la productividad y proporcionar información valiosa para la toma de decisiones estratégicas.

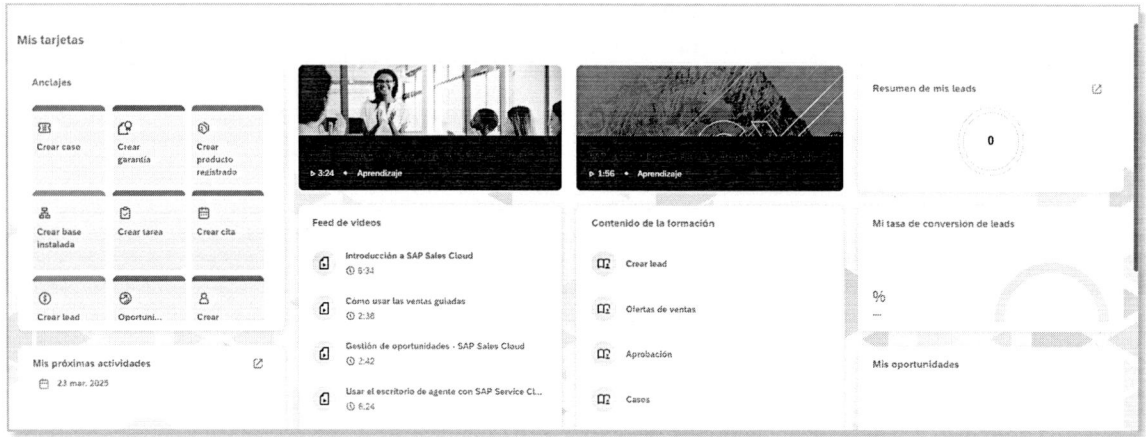

Figura 12.17. SAP Sales Cloud.

En un entorno de ventas cada vez más dinámico y competitivo, las empresas necesitan herramientas que les permitan gestionar sus clientes de manera eficiente, optimizar procesos y mejorar su toma de decisiones. **SAP Sales Cloud** es una solución diseñada para ayudar a los equipos comerciales a automatizar tareas, mejorar la relación con los clientes y aumentar las ventas mediante el uso de datos en tiempo real e inteligencia artificial.

Una de las **principales funcionalidades de SAP Sales Cloud** es la **gestión de clientes** y **oportunidades de venta**. Con esta herramienta, los equipos pueden acceder a una visión completa y detallada de cada cliente, incluyendo su historial de interacciones, compras anteriores y preferencias. La plataforma permite gestionar cuentas y contactos de manera centralizada, asegurando que la información siempre esté actualizada y disponible para todos los miembros del equipo. Además, facilita el seguimiento de oportunidades de negocio, lo que ayuda a priorizar aquellas con mayor potencial de conversión y optimizar la estrategia comercial.

Otro aspecto clave de SAP Sales Cloud es la **automatización del proceso de ventas**. Desde la **identificación de clientes potenciales** hasta la **firma de contratos**, la plataforma permite agilizar cada fase del ciclo de ventas. Los representantes comerciales pueden generar cotizaciones y propuestas comerciales de manera rápida, evitando procesos manuales que consumen tiempo y pueden generar errores. Además, la integración con inteligencia artificial permite hacer predicciones sobre posibles cierres de ventas y recomendar las mejores acciones para cada oportunidad, aumentando la eficiencia del equipo comercial.

La movilidad es otro de los grandes beneficios de esta solución. Al estar basada en la nube, SAP Sales Cloud permite a los vendedores acceder a la información desde cualquier lugar y en cualquier dispositivo, ya sea un PC, tablet o teléfono móvil. Esto significa que pueden consultar datos, actualizar registros o registrar visitas comerciales en tiempo real, sin importar dónde se encuentren. Incluso en situaciones donde no hay conexión a internet, la aplicación permite trabajar sin problemas y sincronizar la información una vez que se restablezca el acceso.

Además de optimizar las ventas, SAP Sales Cloud proporciona potentes herramientas de análisis e informes. La plataforma genera informes detallados sobre el desempeño comercial, previsión de ingresos y análisis de tendencias del mercado. Estos datos permiten a los gerentes tomar decisiones más informadas y ajustar las estrategias de ventas según el comportamiento de los clientes. Los **dashboards**[5] personalizables facilitan la visualización de los indicadores clave de rendimiento (KPIs), permitiendo que cada usuario acceda a la información más relevante para su función.

Un aspecto fundamental de SAP Sales Cloud es su capacidad de integración con otras soluciones SAP. Al conectar esta plataforma con SAP ERP o SAP S/4HANA, las empresas pueden acceder a datos relacionados con inventario, facturación y logística en un solo sistema, eliminando la duplicación de información y mejorando la eficiencia operativa. También se puede integrar con SAP Marketing Cloud para coordinar estrategias de marketing y ventas, asegurando que las campañas lleguen al público adecuado en el momento oportuno. Además, la conexión con SAP Service Cloud permite brindar un mejor soporte postventa, asegurando una experiencia positiva para los clientes incluso después de la compra.

12.3.4.1. Interfaz de SAP Sales Cloud

Una vez se accede al sistema, la ventana principal de la aplicación muestra diferentes zonas desde las que se pueden crear nuevas cuentas de clientes, gestionar citas, ver vídeos explicativos o estadísticas y resúmenes.

Accesos rápidos y funcionalidad

Figura 12.18. Zona de accesos rápidos y funcionalidad.

En esta zona se encuentran las diferentes funcionalidades de la aplicación web. Será aquí donde encontraremos opciones como **Crear cuenta**, **Crear cita** o **Crear una tarea**.

---

[5] Un dashboard, también conocido como panel de control, es una interfaz visual que muestra información clave sobre un negocio, proceso o sistema en un formato gráfico e intuitivo. Su objetivo es permitir a los usuarios monitorear datos en tiempo real, analizar tendencias y tomar decisiones informadas de manera rápida y eficiente.

Zona de alertas y visibilidad de estado de determinadas actividades

Será en esta zona donde las personas encargadas de interactuar con los clientes de la empresa visualicen alertas sobre próximas actividades, acciones a realizar, así como estadísticas relacionadas con su actuación en las diferentes operaciones en las que intervienen.

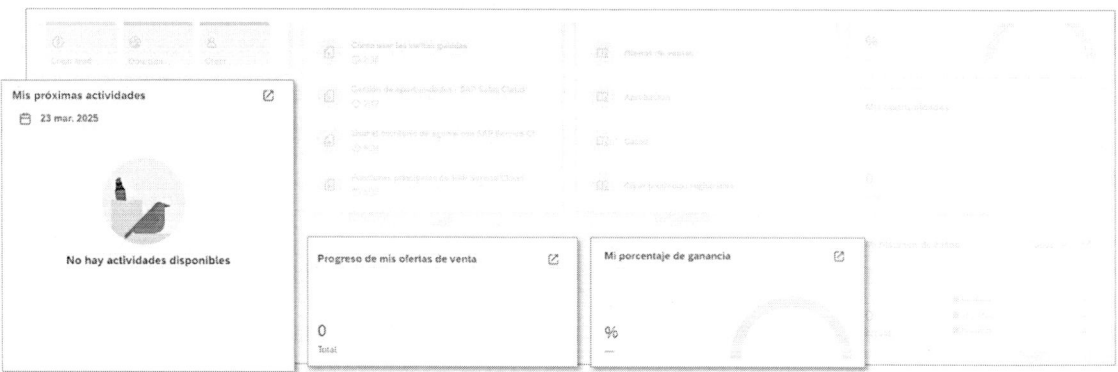

Figura 12.19. Alertas sobre próximas actividades y estadísticas e información sobre progresos, ganancias, etc.

Barra de menú superior

Esta barra de menús contiene accesos directos a funcionalidades relacionadas con el trato directo con el cliente o para ayudar al mismo como puede ser un *widget* (pequeña herramienta que proporciona una funcionalidad concreta dentro del software) mediante el cual realizar llamadas o comenzar chat en tiempo real o centro de soporte con preguntas frecuentes. Además, en el icono de la derecha es posible acceder al perfil con el que se ha iniciado sesión y realizar ciertas configuraciones en el mismo.

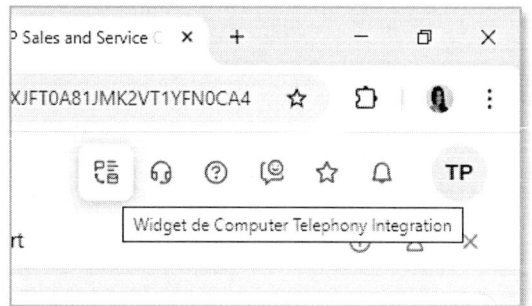

Figura 12.20. Barra de menús.

Actividad 12.4

Accede en esta ocasión a SAP Sales Cloud y observa su interfaz. Realiza un breve esquema sobre todo aquello que puedes realizar en la aplicación.

12.3.4.2. Operaciones en SAP Sales Cloud

Si observamos la ventana principal de SAP Sales Cloud veremos que existe una serie de accesos directos que refieren la funcionalidad del sistema. Veamos a continuación qué tipo de operaciones se pueden llevar a cabo.

Crear caso

La opción de crear caso permite gestionar incidentes, solicitudes o reclamaciones que puedan hacer los clientes. Un caso puede estar relacionado con una **cuenta**, **contacto**, **oportunidad** o **producto específico**.

Gracias a la creación de nuevos casos es posible realizar un seguimiento eficiente de problemas y garantizar una rápida resolución. Se pueden registrar detalles como:

- Tipo de caso (consulta, queja, solicitud técnica, etc.).

- Prioridad (alta, media, baja).

- Responsable asignado.

- Estado del caso (abierto, en proceso, resuelto, cerrado).

La **creación de un caso** será necesario, por ejemplo, cuando un cliente reporta que un producto adquirido no funciona correctamente. Desde **SAP Sales Cloud** se hará clic sobre **crear un caso** para así dar seguimiento a la incidencia hasta su resolución.

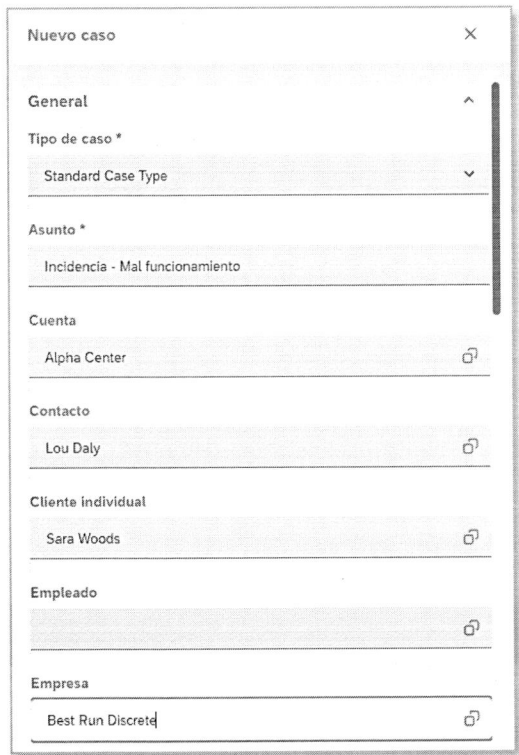

Figura 12.21. Pantallas que permiten la creación de un nuevo caso, nueva incidencia sobre un producto o servicio para su posterior seguimiento.

Crear garantía

La garantía de un producto es un compromiso del fabricante o vendedor que asegura la reparación, reemplazo o mantenimiento de un artículo dentro de un período determinado, en caso de defectos de fabricación o fallos en su funcionamiento. Su objetivo es brindar confianza al cliente y garantizar la calidad del producto adquirido, estableciendo condiciones y cobertura específicas. La opción **crear garantía** permite registrar y administrar garantías asociadas a productos o servicios vendidos. A la hora de cumplimentar una nueva garantía se pueden definir:

- Fecha de inicio y vencimiento de la garantía.
- Condiciones y cobertura.
- Cliente y producto asociado.
- Responsable del servicio de garantía.

Además, desde esta opción, se facilita el seguimiento y control de garantías activas para cumplir con acuerdos de servicio. Como ejemplo de creación necesaria de garantías supongamos una empresa que vende equipos de hardware con 2 años de garantía. Al realizar la venta, se registra la garantía del equipo para futuras referencias.

Crear producto registrado

Esta opción permite registrar productos específicos que han sido vendidos a clientes, facilitando su seguimiento y gestión dentro de SAP Sales Cloud. Es especialmente útil para empresas que comercializan bienes duraderos, equipos tecnológicos o productos que requieren mantenimiento y soporte postventa. Al registrar un producto, se pueden incluir detalles como el **número de serie**, la **fecha de compra**, el **cliente propietario**, la **garantía asociada** y el **historial de servicio**. Esto permite a los equipos de ventas y servicio técnico acceder rápidamente a la **información del producto**, **programar mantenimientos**, **gestionar incidencias** y **ofrecer un mejor soporte al cliente**.

Crear base instalada

La base instalada hace referencia a los **productos o servicios que han sido vendidos e implementados en los clientes**. Esta opción en SAP Sales Cloud permite **registrar** y **gestionar dichos productos, facilitando el seguimiento de su ciclo de vida, mantenimiento y renovaciones**. Es especialmente útil para empresas que ofrecen servicios de soporte postventa, mantenimiento o actualizaciones, ya que proporciona un registro detallado de los productos asociados a cada cliente. Al gestionar la base instalada, los equipos de ventas y servicio pueden anticiparse a necesidades futuras, como la renovación de contratos o la oferta de servicios adicionales, mejorando así la relación con el cliente y asegurando nuevas oportunidades de negocio.

Crear tarea

El módulo de **creación de tareas** permite a los usuarios gestionar y asignar actividades comerciales dentro del equipo de ventas. Las tareas pueden estar relacionadas con leads, oportunidades, cuentas o contactos, y pueden incluir actividades como llamadas de seguimiento, envío de correos electrónicos, preparación de propuestas comerciales o cualquier otra acción pendiente. Además, se pueden establecer fechas de vencimiento, prioridades y responsables para asegurar que ninguna actividad quede sin atender. Gracias a esta función, los equipos pueden mejorar su organización y productividad, asegurando un seguimiento efectivo de los procesos de venta y la atención al cliente.

NOTA: Un lead es un cliente potencial que ha mostrado interés en los productos o servicios de una empresa, pero que aún no ha sido calificado como una oportunidad de negocio. Puede provenir de diversas fuentes, como formularios web, campañas de marketing, eventos o referencias. Los leads requieren un proceso de seguimiento y calificación para determinar si tienen el potencial de convertirse en clientes reales.

Al hacer clic sobre **Crear tarea** aparecerá en la zona de la derecha el formulario de **Nueva tarea**. Entre sus opciones podremos establecer una descripción, la prioridad de la tarea a realizar, fecha/hora de inicio y fecha/hora de finalización, el porcentaje de tarea completado, si se encuentra en estado de **abierta**, **en proceso**, **completada** o **cancelada**, el responsable y el organizador, así como anexos necesarios a tener en cuenta. Véase las siguientes figuras.

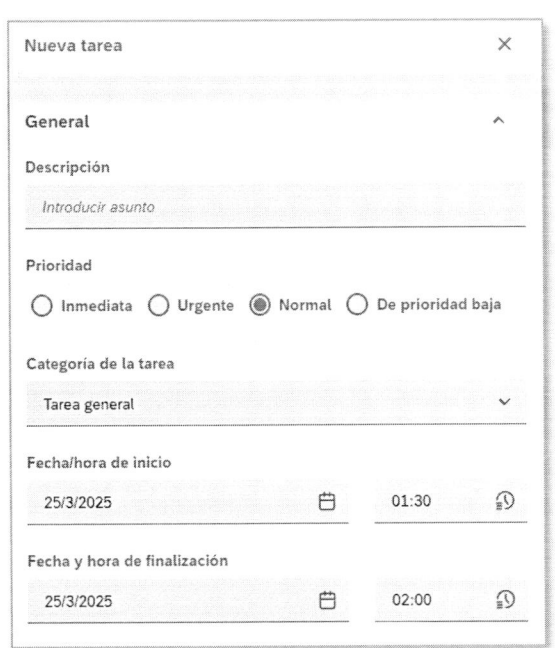

Figura 12.22. Parámetros básicos en la creación de una nueva tarea.

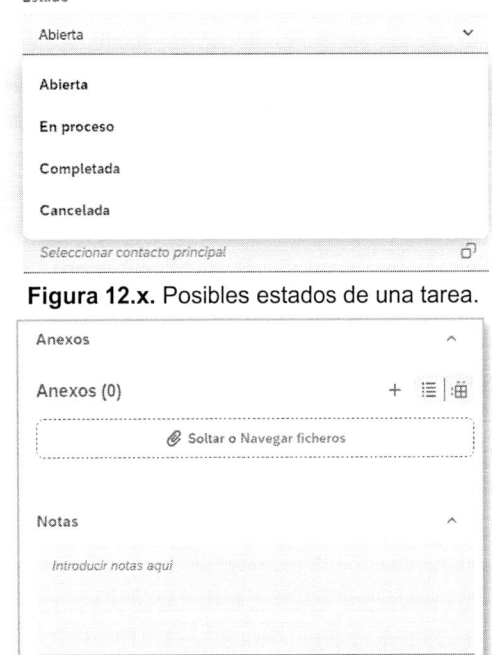

Figura 12.x. Posibles estados de una tarea.

Figura 12.23. Zona para la inclusión de anexos.

Crear cita

Esta opción facilita la planificación y gestión de reuniones con clientes o prospectos, ayudando a los equipos de ventas a coordinar de manera eficiente sus interacciones comerciales. Al crear una cita en SAP Sales Cloud, es posible definir detalles como la fecha y hora del encuentro, los participantes involucrados (tanto internos como externos), el lugar donde se llevará a cabo (presencial o virtual) y los temas a tratar. Además, las citas pueden integrarse con calendarios y recordatorios para garantizar su cumplimiento. Esto ayuda a mantener un registro ordenado de todas las interacciones con los clientes, asegurando un mejor seguimiento de las oportunidades de negocio.

Crear lead

Un *lead* representa un cliente potencial que ha mostrado interés en los productos o servicios de la empresa, pero que aún no está completamente calificado como una oportunidad de negocio. La función de crear *leads* en SAP Sales Cloud permite capturar información clave, como el nombre del contacto, la empresa, la industria y la fuente del *lead* (por ejemplo, un evento, una campaña de marketing o una recomendación). Una vez registrado, el *lead* puede ser evaluado y nutrido con información adicional hasta que esté listo para convertirse en una oportunidad de negocio real. Este proceso ayuda a los equipos de ventas a priorizar sus esfuerzos y enfocarse en las empresas con mayor probabilidad de conversión.

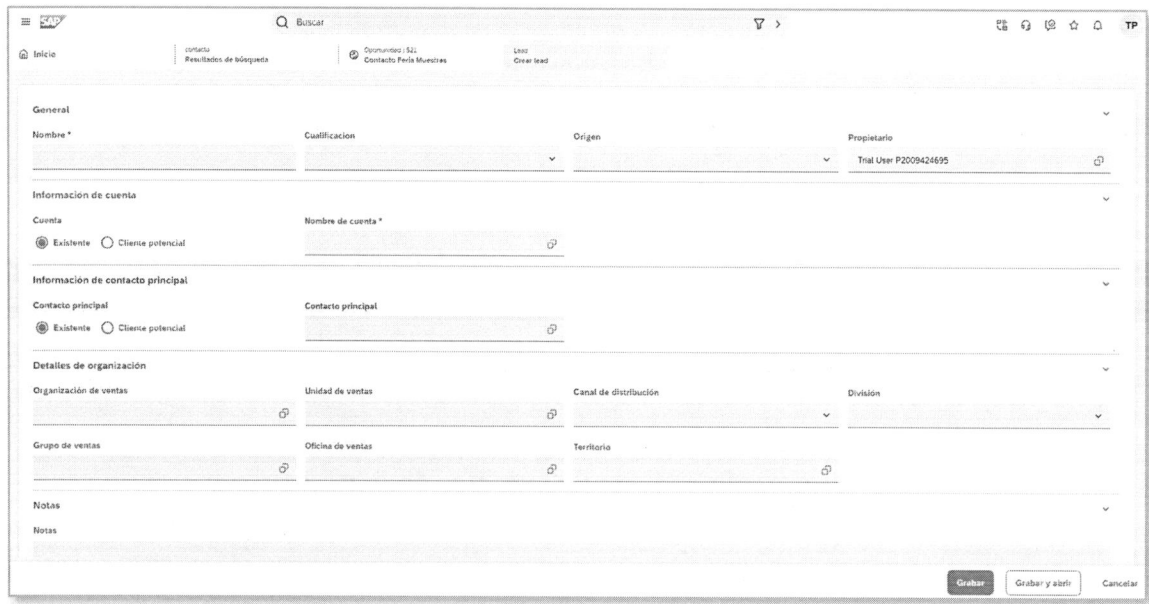

Figura 12.24. Pestaña maximizada de crear leads juntos a pestañas de leads creados con anterioridad.

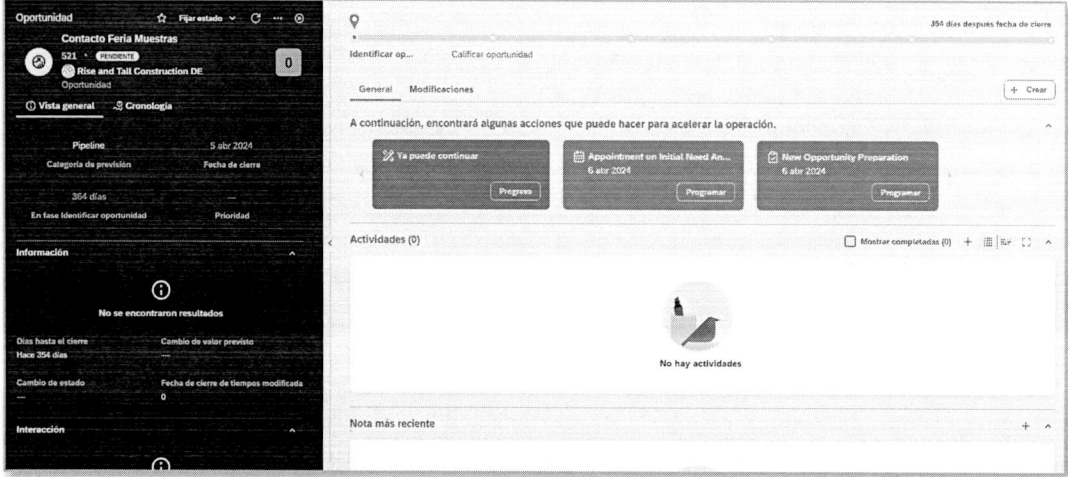

Figura 12.25. *Leads* registrado en el sistema.

Oportunidad nueva

Las oportunidades representan un paso más avanzado en el proceso de ventas en comparación con los *leads*, ya que implican un interés concreto por parte del cliente en adquirir un producto o servicio. Al crear una nueva oportunidad en SAP Sales Cloud, los usuarios pueden registrar detalles clave como el **cliente asociado**, los **productos o servicios ofrecidos**, el **valor estimado de la venta**, la **fase del ciclo de ventas** (por ejemplo, propuesta enviada, negociación, cierre pendiente) y la **fecha esperada de cierre**. Este módulo es fundamental para la gestión estratégica de las ventas, ya que permite hacer un seguimiento detallado del *pipeline* comercial, pronosticar ingresos y mejorar la planificación de recursos.

Crear cuenta

Las cuentas representan a las empresas o clientes individuales con los que se mantiene una relación comercial. La función de crear cuentas permite registrar información detallada sobre cada cliente, incluyendo su **nombre, dirección, industria, tamaño de la empresa** y **contactos asociados**. Esto facilita la organización de la cartera de clientes y permite a los equipos de ventas y servicio acceder rápidamente a la información relevante en cada interacción. Además, al contar con una base de datos estructurada, las empresas pueden segmentar a sus clientes y diseñar estrategias personalizadas para fortalecer las relaciones comerciales y aumentar las oportunidades de venta.

Crear contacto

Los contactos son las personas clave dentro de las cuentas registradas en SAP Sales Cloud, como gerentes, responsables de compras o tomadores de decisiones. La opción de crear contactos permite almacenar información relevante sobre cada persona, incluyendo su nombre, cargo, correo electrónico, teléfono y preferencias de comunicación. Esto facilita la gestión de relaciones comerciales personalizadas, ya que los equipos de ventas pueden identificar fácilmente a los interlocutores adecuados dentro de cada organización. Además, al contar con un registro detallado de los contactos, es posible mejorar la segmentación y la efectividad de las campañas de marketing y ventas.

Actividad 12.5

Pon en práctica las diferentes tareas vistas en este apartado.

12.4. ODOO

Odoo es un potente software de gestión empresarial (ERP) de código abierto que integra en una sola plataforma todas las áreas clave de una empresa, como **ventas, contabilidad, inventario, compras, recursos humanos** y más. Su arquitectura modular permite a las empresas adaptar el sistema a sus necesidades específicas, escalándolo fácilmente a medida que crecen. Con una interfaz intuitiva y automatización avanzada, Odoo **optimiza procesos**, **mejora la eficiencia** y **reduce costos operativos**, convirtiéndose en una solución flexible y accesible para empresas de todos los tamaños.

Figura 12.26. Logotipo de Odoo, software de gestión empresarial de código abierto.
Sitio web: https://www.odoo.com/es_ES

12.4.1. Historia y evolución de Odoo

Odoo fue fundado en 2005 por Fabien Pinckaers, un ingeniero belga que tenía la visión de crear un software de gestión empresarial accesible y eficiente. Inicialmente, la plataforma se llamaba **TinyERP**, pero en 2009 cambió su nombre a **OpenERP**, reflejando su compromiso con el software de código abierto.

El verdadero punto de inflexión llegó en 2014, cuando el software pasó a llamarse **Odoo**, ampliando su alcance más allá del ERP tradicional. Con este cambio, la plataforma evolucionó hacia un ecosistema completo de aplicaciones empresariales, incluyendo soluciones de comercio electrónico, CRM, gestión de proyectos y marketing digital. Desde entonces, Odoo ha crecido exponencialmente, con millones de usuarios en todo el mundo y una comunidad activa de desarrolladores y empresas que contribuyen a su mejora continua.

Hoy en día, Odoo cuenta con dos versiones principales:

- **Odoo Community**. Una versión gratuita y de código abierto con funcionalidades esenciales.

- **Odoo Enterprise**. Una versión de pago con características avanzadas, soporte técnico y mayor escalabilidad.

12.4.2. Características de Odoo

Veamos a continuación cuáles son las características clave de esta aplicación.

- **Arquitectura modular**. Una de las principales ventajas de Odoo es su enfoque modular. En lugar de implementar un sistema ERP completo desde el inicio, las empresas pueden comenzar con unos pocos módulos y expandirse a medida que sus necesidades crecen. Algunos de los módulos más populares incluyen:

    → **Ventas**. Gestión de clientes, cotizaciones, contratos y facturación.

    → **Contabilidad**. Control financiero, conciliación bancaria, informes y gestión fiscal.

    → **Inventario**. Administración de existencias, trazabilidad y automatización de almacenes.

    → **Recursos humanos**. Reclutamiento, nómina, gestión de empleados y seguimiento de asistencia.

> → **Marketing**. Email marketing, automatización de campañas y análisis de clientes.
>
> → **Comercio electrónico**. Creación de tiendas online con integración a otros módulos de ventas y logística.

- **Interfaz intuitiva y experiencia de usuario**. A diferencia de muchos ERPs tradicionales que pueden ser complejos y poco intuitivos, Odoo ha puesto un fuerte énfasis en la experiencia del usuario. Su interfaz moderna y limpia permite a los empleados adaptarse rápidamente al sistema, reduciendo el tiempo de formación y mejorando la productividad.

- **Integración total**. Odoo permite una integración fluida entre todos sus módulos. Por ejemplo, una venta generada en el módulo de CRM puede reflejarse automáticamente en el módulo de contabilidad, actualizando las facturas y el inventario sin necesidad de intervención manual. Esto minimiza errores, agiliza procesos y mejora la eficiencia operativa.

- **Flexibilidad y personalización**. Al ser un software de código abierto, Odoo ofrece un alto nivel de personalización. Las empresas pueden modificar los módulos existentes o desarrollar nuevas aplicaciones adaptadas a sus necesidades específicas. Además, su API permite integraciones con otras plataformas y herramientas externas.

- **Accesibilidad y movilidad**. Odoo es accesible desde cualquier dispositivo con conexión a internet, ya que funciona en la nube y también puede ser instalado en servidores locales. Esto permite que los equipos trabajen de manera remota y accedan a información en tiempo real, mejorando la colaboración y la toma de decisiones.

12.4.3. Ventajas de Odoo frente a otros ERP

Odoo es utilizado por empresas de todos los tamaños y sectores, desde *startups* y pequeñas empresas hasta corporaciones internacionales, siendo especialmente útil en empresas tipo **Retail y comercio electrónico**, de manufacturación y distribución, de servicios profesionales y pertenecientes al sector financiero. Entre las ventajas del sistema encontramos.

Costo accesible	Código abierto	Fácil implementación y escalabilidad	Comunidad activa y soporte continuo
En comparación con otros ERPs como SAP, Oracle o Microsoft Dynamics, Odoo ofrece una solución mucho más económica, especialmente en su versión Community.	Su naturaleza open-source[6] permite que cualquier empresa o desarrollador pueda modificar y mejorar el software según sus necesidades.	No es necesario instalar todos los módulos desde el principio, lo que facilita una adopción progresiva.	Miles de desarrolladores y empresas en todo el mundo contribuyen a mejorar el sistema constantemente.

---

[6] Open Source (o Código Abierto) se refiere a un tipo de software cuyo código fuente está disponible públicamente, de manera que cualquier persona puede ver, usar, modificar y distribuir el código libremente, bajo ciertas licencias.

12.4.4. Acceso a Odoo e interfaz gráfica

Acceder a Odoo es un proceso relativamente sencillo, ya se utilice la versión en la nube o una instalación local. En la mayoría de los casos, el acceso se realiza desde el navegador, introduciendo la URL correspondiente al servidor donde se encuentra alojado Odoo. En el caso de una instalación en la nube, esta URL es proporcionada por el proveedor o por Odoo directamente al crear una base de datos en su sitio web oficial. Una vez en la página de inicio de sesión, se solicitan las credenciales del usuario: dirección de correo electrónico y contraseña. Los permisos que tenga el usuario dependerán del rol asignado por el administrador del sistema.

Figura 12.27. Pantalla de inicio de sesión en Odoo.

Una vez introducidos correo electrónico y contraseña, el usuario accede al entorno de trabajo de Odoo, el cual es completamente web y no requiere de instalación de software adicional. Este diseño facilita el trabajo remoto, el acceso desde distintos dispositivos y una gestión centralizada.

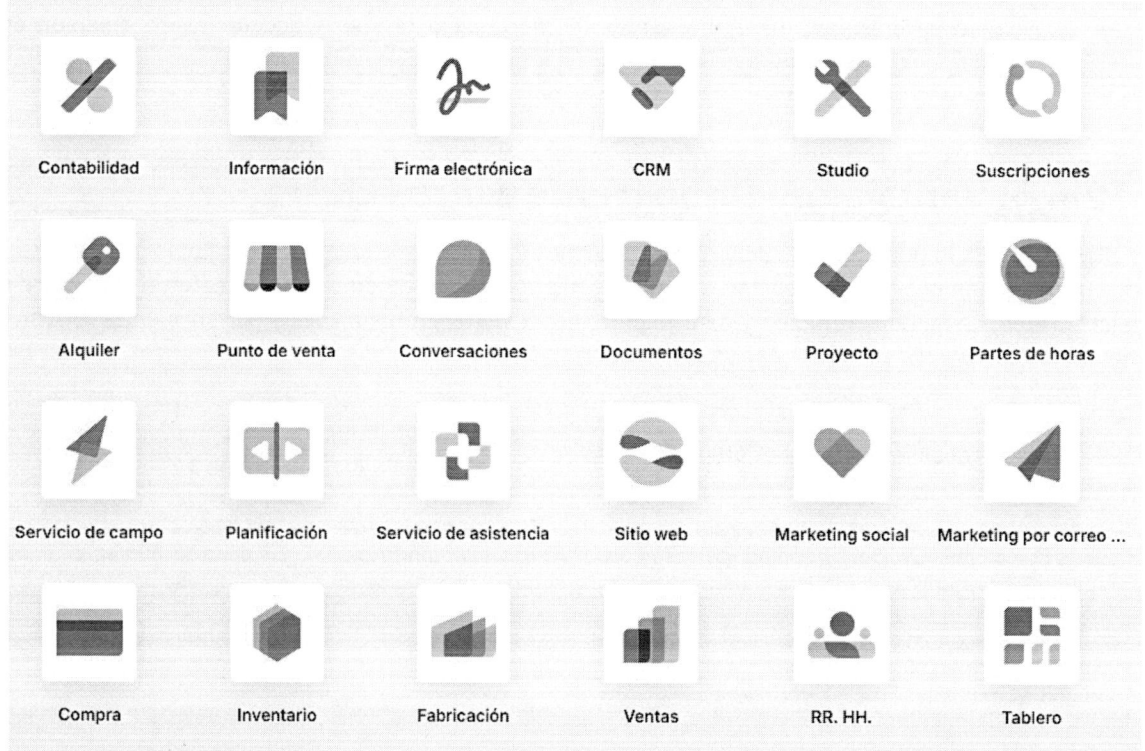

Figura 12.28. Algunas de las aplicaciones de Odoo, entre ellas aplicaciones ERP y CRM.

Como se observa en la figura anterior, la interfaz es bastante amigable e intuitiva al mismo tiempo que cambiante en función de la aplicación o módulo que estemos ejecutando en cada momento.

Actividad 12.6

Accede al sitio web de Odoo, crea una cuenta en el mismo y comienza a utilizar las diferentes funcionalidades explicadas en este capítulo.

12.4.5. Módulo de contabilidad en Odoo

El módulo de Contabilidad de Odoo es uno de los más potentes y completos del sistema ERP. Permite la gestión de toda la parte financiera de la empresa de manera integrada con ventas, compras, inventario y otros módulos. Para acceder a él solo es necesario en la pantalla de inicio de la plataforma hacer clic sobre **Contabilidad**.

Figura 12.29. Módulo de contabilidad Odoo.

La figura siguiente muestra la pantalla de inicio del módulo contabilidad, se visualiza lo que Odoo denomina **Tablero**, es decir, su pantalla principal, dedicada a dar una visión rápida, visual y funcional de la situación financiera de la empresa. En su interfaz, se observa en la parte superior, una barra de menús mediante la cual acceder a clientes, proveedores, etc., la zona inferior da lugar a la visualización de estadísticas de ventas o acciones relacionadas con compras u otras operaciones.

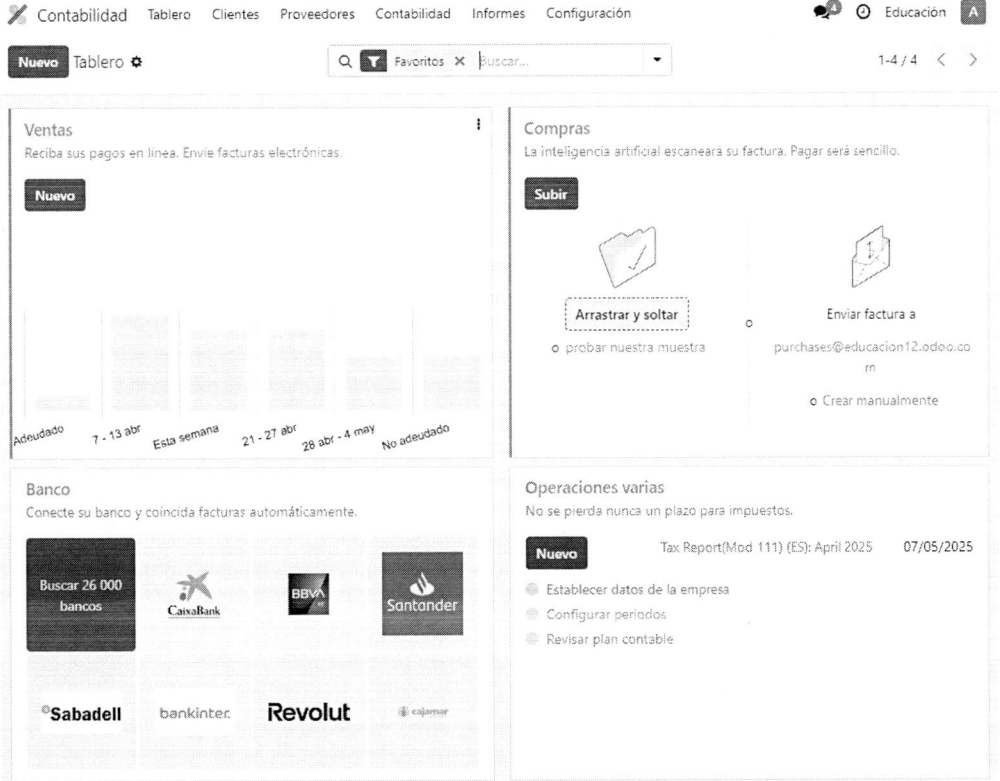

Figura 12.30. Tablero del módulo de contabilidad en Odoo.

12.4.5.1. Creación de un nuevo cliente

La creación de nuevos clientes se realiza a través del menú superior **Clientes**. Será en esta opción en la que localicemos el submenú **clientes** que dará paso a una nueva vista en la aplicación. Al hacer clic sobre el botón **Nuevo** se solicitarán datos relativos a la empresa o particular en cuestión tales como **Nombre**, **Dirección**, **Teléfono** o **personas de contacto**, así como **ventas** y **compras**. La opción de añadir una imagen representativa o logotipo, indicativo, de la empresa es una opción también bastante atractiva. Además, es posible enviar un mensaje desde la misma ventana de creación. La figura siguiente muestra la interfaz que se genera para la creación de un nuevo cliente.

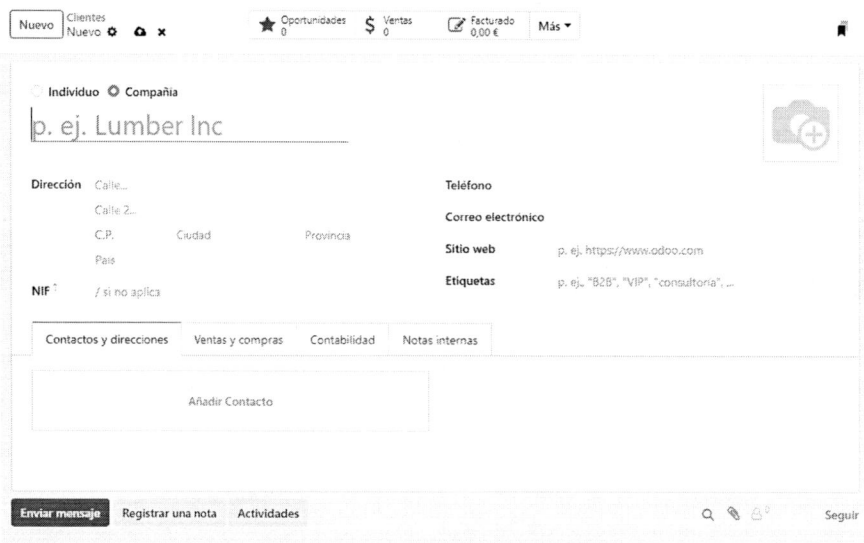

Figura 12.31. Ventana para la inserción de un nuevo cliente.

Una vez el cliente se ha insertado, a la hora de hacer clic cobre la opción **Cliente** del menú con este mismo nombre se visualizarán mediante tarjetas todos los clientes registrados.

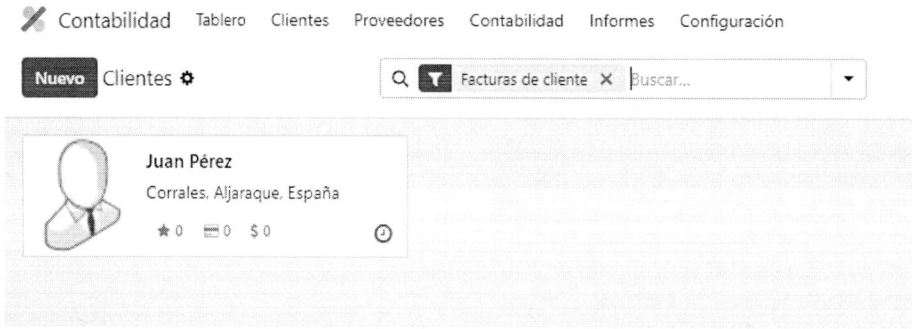

Figura 12.32. Visualización de los clientes registrados en nuestra organización.

12.4.5.2. Creación de un nuevo producto

Al igual que se ha procedido en la creación de un cliente, un producto podrá ser incluido desde el menú superior, en la opción **Clientes** o **Proveedores** según el producto se encuentre asociado a un cliente de la empresa o a una empresa proveedora de la misma. La ventana de visualización en ambos casos es similar, lo que se ve modificado es la forma en la que se listan estos en función del lugar en el que se haya hecho clic.

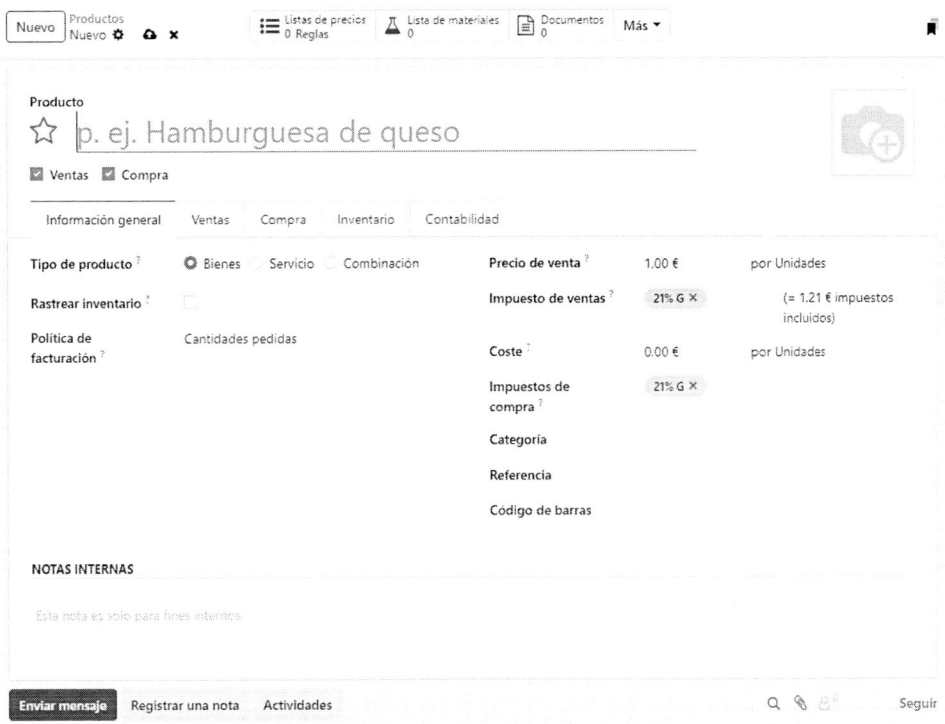

Figura 12.33. Registro de un nuevo producto.

En caso de que no tengamos una base de datos ya creada y operativa será necesario ir incluyendo todos los elementos que forman parte de la contabilidad de cualquier organización.

Desde las opciones de configuración del producto, icono en forma de tuerca que se encuentra junto a su nombre en la parte superior izquierda, será posible realizar acciones del tipo **Duplicar producto** o **Eliminar** este, además, se pueden generar etiquetas en diferentes formatos para hacer promoción del mismo en supermercados u otros lugares de ventas, en caso de que esta se lleve a cabo en formato físico.

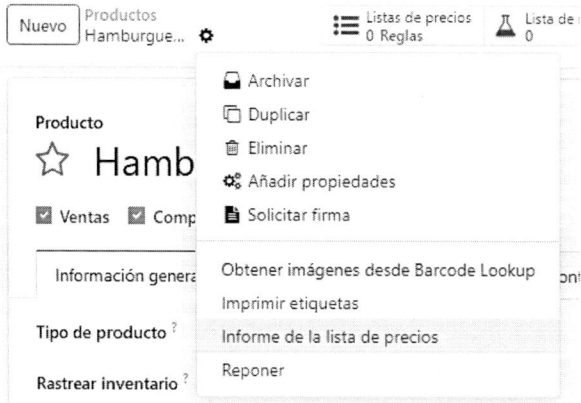

Figura 12.34. Acciones adicionales a realizar sobre el producto seleccionado.

La inserción de nuevos elementos en este módulo es siempre similar, de manera muy intuitiva y clara.

12.4.5.3. Realización de informes

En Odoo, los informes son fundamentales para la toma de decisiones, la gestión empresarial y el análisis de datos. Permiten visualizar información clave de manera concisa y organizada, facilitando la identificación de tendencias, oportunidades y áreas de mejora.

Desde el módulo de contabilidad es posible realizar informes desde la opción del menú con este nombre. Es posible realizar **informes de extractos bancarios**, **informes de auditoría**, **de contactos** o **administración**.

La siguiente figura muestra un informe de **balance de situación**. Si se observa en la parte superior derecha será posible exportar este en formato PDF o XLSX de manera que puedan seguir interactuándose con los datos en aplicaciones de hojas de cálculo.

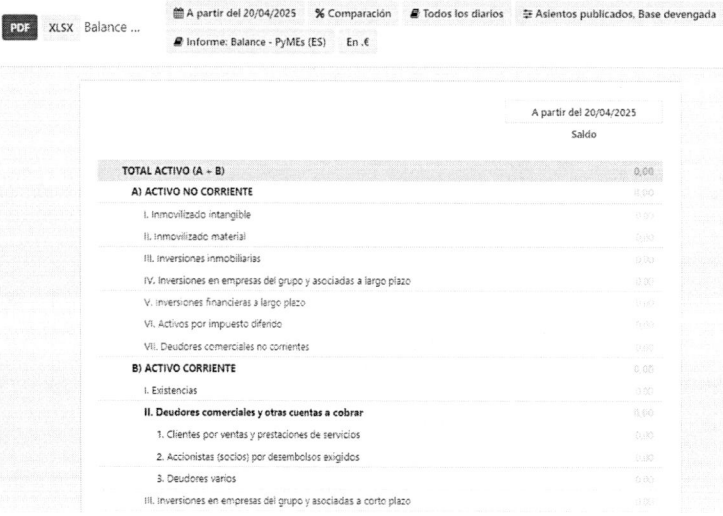

Figura 12.35.
Informe de balance de situación.

ACTIVIDADES DE AMPLIACIÓN

1. Elabora una tabla comparativa entre al menos dos soluciones de ERP en la nube y dos locales, destacando ventajas, desventajas, costos, escalabilidad y casos de uso reales.

2. Diseña un plan de implementación de SAP S/4HANA para una empresa ficticia. Incluye fases, recursos necesarios, formación al personal y estimación de tiempos y costos.

3. Investiga una empresa real que utilice Salesforce o SAP CRM. Resume cómo lo implementaron, qué mejoras obtuvieron y qué retos enfrentaron.

4. Crea una cuenta Trial en SAP y simula una gestión de órdenes de compra. Documenta con capturas de pantalla los pasos seguidos y reflexiona sobre la experiencia.

5. Compara Power BI, Tableau y SAP BI. Evalúa sus funcionalidades, facilidad de uso y casos en los que se recomendaría cada uno.

6. Elabora un pequeño manual visual con instrucciones básicas para la gestión de recursos humanos (SAP HCM), incluyendo cómo registrar un empleado y gestionar su nómina.

7. Foro de Debate: ERP vs. CRM. Organiza un foro o escribe un ensayo comparando ambos sistemas. ¿Pueden coexistir? ¿Cuál es más vital en diferentes contextos?

8. Módulo SAP en Profundidad. Elige un módulo específico (por ejemplo, SAP MM o SAP FI) y crea una presentación que explique su funcionamiento, principales transacciones y beneficios.

9. Investiga un caso real donde la implementación de un ERP falló (por ejemplo, Hershey's o Lidl). Analiza las causas y qué se podría haber hecho diferente.

CAPÍTULO 13

SINDICACIÓN DE CONTENIDOS Y LENGUAJES DE MARCAS

Contenidos

¿Qué es la sindicación de contenidos?

Funcionamiento de los feeds RSS y Atom

Estructura de un archivo RSS y Atom

Lectores y plataformas de sindicación

Ejemplos de uso en entornos reales.

Resumen del capítulo

Este capítulo aborda el proceso mediante el cual un sitio web puede distribuir de forma automática y estructurada sus publicaciones a través de formatos estándar como RSS y Atom, basados en lenguajes de marcas como XML. Esta tecnología permite que otros sitios, aplicaciones o usuarios puedan suscribirse a un canal informativo y recibir las novedades sin necesidad de acceder manualmente a la web original. En este capítulo se estudian tanto los aspectos técnicos (estructura de los feeds, actualización automática, funcionamiento de los lectores), como los beneficios que ofrece esta práctica en cuanto a eficiencia, difusión de contenidos y automatización de la información en la web moderna.

Resultados de aprendizaje

RA2. Opera sistemas empresariales de gestión de información realizando tareas de importación, integración, aseguramiento y extracción de la información.

Criterios	
	i) Se han identificado las tecnologías en que se basa la sindicación de contenidos.
	j) Se han reconocido los ámbitos de aplicación de la sindicación de contenidos.

13.1. INTRODUCCIÓN

13.1.1. ¿Qué es la sindicación de contenidos?

La sindicación de contenidos es un proceso mediante el cual se permite la distribución automática y estructurada de la información publicada en un sitio web, facilitando que otros usuarios, plataformas o sitios puedan acceder a estos contenidos sin necesidad de visitar directamente la fuente original. Esta técnica se ha convertido en una herramienta esencial para la difusión de noticias, artículos de blog[1], episodios de pódcast[2], productos comerciales, y otros tipos de publicaciones periódicas.

La sindicación se realiza mediante el uso de **canales de distribución de contenido**, comúnmente conocidos como **feeds**, que utilizan formatos estandarizados como RSS (Really Simple Syndication) o Atom. Estos formatos estructuran los datos mediante el lenguaje XML (eXtensible Markup Language), lo cual permite su interpretación por diferentes aplicaciones, lectores de noticias o agregadores de contenido.

13.1.2. Importancia de la sindicación de contenidos en el intercambio de información web

En el contexto actual de la web, caracterizado por una gran cantidad de información que se actualiza constantemente, la sindicación de contenidos cumple un papel fundamental. Permite a los usuarios mantenerse actualizados de manera eficiente, sin necesidad de consultar manualmente cada sitio web. Asimismo, facilita la difusión de contenido a gran escala, permitiendo a los creadores llegar a audiencias más amplias a través de múltiples plataformas.

Esta automatización en el intercambio de información no solo beneficia a los consumidores de contenido, sino también a los desarrolladores, profesionales del marketing y medios de comunicación, ya que proporciona un método estándar, estructurado y confiable para compartir datos.

13.1.3. Relación con los lenguajes de marcas

La sindicación de contenidos está íntimamente relacionada con los lenguajes de marcas, ya que utiliza **XML** como lenguaje base para estructurar los datos que se van a compartir. XML es un lenguaje de marcas extensible, lo que significa que permite definir etiquetas personalizadas para describir el contenido de forma precisa y jerárquica.

Gracias a esta característica, RSS y Atom pueden utilizarse para crear archivos bien estructurados que son fácilmente interpretables tanto por usuarios como por máquinas. En el marco del módulo de lenguajes de marcas, la sindicación de contenidos representa una aplicación práctica más de los conocimientos adquiridos sobre marcado estructurado, jerarquía de etiquetas, y validez sintáctica, elementos fundamentales en el estudio de este tipo de lenguajes.

---

[1] Un blog es un sitio web o sección dentro de una web donde se publican contenidos en forma de artículos o entradas (*posts*).
[2] Un pódcast es un contenido en formato de audio digital que se distribuye por internet y que los usuarios pueden escuchar en línea (streaming) o descargar para escuchar más tarde.

13.2. FUNDAMENTOS TÉCNICOS

13.2.1. ¿Qué es un feed o canal de sindicación?

Un feed (también llamado canal o fuente de sindicación) es un archivo que contiene una lista de entradas recientes de un sitio web, como noticias o publicaciones de blog. Este archivo se actualiza automáticamente cada vez que se añade nuevo contenido en el sitio. Los usuarios o aplicaciones pueden suscribirse a estos feeds para recibir las actualizaciones en tiempo real, sin necesidad de acceder directamente a la página web.

Estos archivos están estructurados utilizando un lenguaje de marcas, generalmente XML, y siguen especificaciones concretas, como RSS o Atom, que definen cómo deben organizarse los datos.

13.2.2. Formatos más utilizados: RSS y Atom

Los archivos de sindicación (tanto en formato RSS como Atom) se basan en el lenguaje XML, lo que significa que están compuestos por elementos organizados mediante etiquetas jerárquicas. Cada etiqueta tiene un propósito concreto y ayuda a describir de forma estructurada el contenido que se quiere sindicar.

RSS (Really Simple Syndication)

RSS es uno de los formatos más antiguos y extendidos para la sindicación. Existen varias versiones, siendo RSS 2.0 la más común.

Atom

Atom es un estándar más reciente desarrollado por la IETF como alternativa a RSS, con una estructura algo más compleja pero más rigurosa en cuanto a especificaciones.

13.2.3. Elementos básicos de un archivo de sindicación (XML)

Los archivos de sindicación (tanto en formato RSS como Atom) se basan en el lenguaje XML, lo que significa que están compuestos por elementos organizados mediante etiquetas jerárquicas. Cada etiqueta tiene un propósito concreto y ayuda a describir de forma estructurada el contenido que se quiere sindicar.

A continuación, se explica en detalle la estructura y función de los principales elementos de cada uno de estos formatos.

13.2.3.1. Estructura de etiquetas RSS

RSS (Really Simple Syndication), en su versión 2.0, es uno de los formatos más extendidos para la sindicación de contenidos, como ya se ha comentado en párrafos anteriores. Su estructura general incluye:

- **Elemento raíz, <rss>.** Supone en elemento principal bajo el que se encontrarán todos los demás. Debe incluir un atributo **versión**.

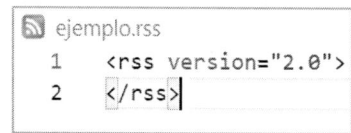

```
ejemplo.rss
1    <rss version="2.0">
2    </rss>
```

Figura 13.1. Estructura de cualquier documento RSS.

- **Elemento <channel>.** Representa el núcleo del feed y contiene información general del canal. Dentro de este elemento se colocarán tanto los metadatos[3] del canal como los elementos tipo **item** que representan las entradas individuales.

```
<?xml version="1.0" encoding="UTF-8"?>
<rss version="2.0">
  <channel>
    <title>Mi Blog</title>
    <link>https://www.miblog.com</link>
    <description>Un blog sobre tecnología y novedades.</description>
    <language>es-ES</language>

    <item>
      <title>Nueva entrada sobre IA</title>
      <link>https://www.miblog.com/post/ia</link>
      <description>Entrada detallada sobre los avances en
inteligencia artificial.</description>
      <pubDate>Mon, 17 May 2025 09:30:00 GMT</pubDate>
    </item>

    <item>
      <title>Actualización de Software</title>
      <link>https://www.miblog.com/post/actualizacion</link>
      <description>Nueva versión de mi software
disponible.</description>
      <pubDate>Mon, 17 May 2025 08:00:00 GMT</pubDate>
    </item>
  </channel>
</rss>
```

A continuación, se indican las etiquetas que se incluyen dentro de la etiqueta <channel> y que describen el canal en sí. Etiquetas de uso obligatorio:

— **<title>.** Indica el título del canal.

---

[3] Los metadatos son datos que describen otros datos, es decir, son información sobre información. Sirven para proporcionar detalles sobre el contenido, calidad, historia, disponibilidad y otras características de los datos. En esencia, son datos que ayudan a comprender y organizar otros datos. Por ejemplo, En un archivo de imagen: La resolución de la imagen, el modelo de cámara, la fecha y hora de la toma, el autor, la ubicación donde se tomó la foto serían metadatos.

— **\<link\>**. Entre las etiquetas de inicio y fin de \<link\> se ubica la URL principal del sitio web.

— **\<description\>**. Representa un breve resumen del contenido del canal.

Etiquetas opcionales:

— **\<language\>**. Idioma principal del canal, en formato ISO (por ejemplo, "es-es").

— **\<pubDate\>**. Fecha de publicación del canal.

— **\<lastBuildDate\>**. Fecha de la última actualización.

— **\<category\>**. Categoría temática del canal.

— **\<generator\>**. Software usado para generar el feed.

- **Elemento \<item\>**. Cada \<item\> representa una entrada del canal, como un artículo, noticia o entrada de blog. Las etiquetas que se suelen encontrar bajo \<item\> son:

— **\<title\>**. Será en esta etiqueta donde se indique el título del contenido.

— **\<link\>**. URL del artículo original.

— **\<description\>**. Resumen o descripción del contenido.

— **\<pubDate\>**. Fecha de publicación.

En nuestro código de ejemplo se observa una entrada que hace referencia a la inteligencia artificial, **\<title\>Nueva entrada sobre IA\</title\>**, cuya noticia se encuentra bajo el enlace **https://www.miblog.com/post/ia**, siendo la descripción aportada **"Entrada detallada sobre los avances en inteligencia artificial."** La entrada se ha publicado el **lunes 17 de mayo de 2025 a las 09:30**.

13.2.3.2. Estructura de etiquetas Atom

Atom es un estándar alternativo a RSS, más estricto, diseñado por la IETF (Internet Engineering Task Force o Grupo de trabajo de ingeniería de Internet). A diferencia de RSS, Atom utiliza espacios de nombres XML y requiere ciertos elementos obligatorios. Está especialmente pensado para asegurar consistencia y compatibilidad entre plataformas.

- **Elemento raíz \<feed\>**. Es el contenedor principal de un documento Atom. Incluye generalmente un espacio de nombres.

```xml
<?xml version="1.0" encoding="utf-8"?>
<feed xmlns="http://www.w3.org/2005/Atom">
  <title>Título del feed</title>
  <subtitle>Subtítulo del feed</subtitle>
  <updated>2025-05-18T14:30:00Z</updated>
  <author>
    <name>Autor</name>
    <email>autor@ejemplo.com</email>
  </author>
  <link rel="alternate" href="http://ejemplo.com"/>
  <id>urn:uuid:60a76c81-c10f-43a2-9995-0d02b9b4a1ba</id>
```

```
  <entry>
    <title>Título del artículo</title>
    <link rel="alternate" href="http://ejemplo.com/articulo1"/>
    <updated>2025-05-18T10:00:00Z</updated>
    <author>
      <name>Autor del artículo</name>
    </author>
    <content type="html"><![CDATA[<p>Contenido del
artículo</p>]]></content>
    <summary>Resumen del artículo</summary>
    <id>urn:uuid:f0a76c81-c10f-43a2-9995-0d02b9b4a1ba</id>
  </entry>

  <entry>
    <title>Otro artículo</title>
    <link rel="alternate" href="http://ejemplo.com/articulo2"/>
    <updated>2025-05-18T12:00:00Z</updated>
    <author>
      <name>Otro autor</name>
    </author>
    <content type="html"><![CDATA[<p>Contenido del segundo
artículo</p>]]></content>
    <summary>Resumen del segundo artículo</summary>
    <id>urn:uuid:10a76c81-c10f-43a2-9995-0d02b9b4a1ba</id>
  </entry>
</feed>
```

Bajo <feed> podemos incluir una serie de etiquetas que describen el canal general del contenido, algo similar a lo que se veía en RSS, pero con nombres de etiquetas diferentes y mayor estructuración:

— **<title>**. Título del canal o fuente.

— **<link>**. Enlace al sitio web principal o al *feed*.

— **<updated>**. Fecha de la última actualización del *feed*.

— **<id>**. Identificador único del feed, debe ser único.

— **<author>**. Información sobre el autor del canal, este dato es opcional si el nombre está en cada entrada. Véase el ejemplo anterior.

• **Elemento <entry>**. Para cada entrada del canal se debe almacenar información, esta será concretada en las etiquetas que se indican a continuación.

— **<title>**. Título de la entrada.

— **<link>**. Enlace al contenido original.

— **<id>**. Identificador único de la entrada.

— **<updated>**. Fecha de la última modificación.

— **<summary>**. Resumen del contenido.

— **<author>**. Etiqueta opcional, proporciona información sobre el autor de esa entrada.

De manera esquemática se podrían indicar las diferencias entre la estructura de un documento RSS y Atom y estos entre sí mediante la siguiente tabla:

Elemento	RSS	Atom
Etiqueta raíz	<rss>	<feed>
Versión indicada	Atributo versión="2.0"	Namespace XML (xmlns)
Entrada individual	<item>	<entry>
Fecha de publicación	<pubDate>	<update>
Identificador único	<guid>	<id>
Estructura estricta	No	Sí
Uso principal	Blogs, medios y noticias	Blog, servicios web y APIs

Actividad 13.1

Desarrolla un fichero RSS de al menos tres entradas que referencie información sobre recetas de thermomix tm7.

Actvidad 13.2

Desarrolla un fichero Atom de al menos tres entradas con información relacionada con tendencias de peinados 2025.

13.3. FUNCIONAMIENTO DE LA SINDICACIÓN DE CONTENIDOS

El proceso de sindicación de contenidos se basa en una serie de pasos que permiten la **creación**, **distribución**, **lectura** y **actualización automática** de información estructurada mediante XML. Este mecanismo garantiza que los usuarios o sistemas puedan acceder a los últimos contenidos publicados en una web sin necesidad de visitarla directamente.

En este apartado se detalla cada fase del funcionamiento de la sindicación, desde su creación hasta su consumo final por parte del usuario o aplicación.

13.3.1. ¿Cómo se crea un feed RSS o Atom?

La creación de un feed RSS o Atom constituye el primer paso en el proceso de sindicación de contenidos. Este proceso permite transformar el contenido de un sitio web en un formato estructurado y estándar, que puede ser leído por aplicaciones de terceros de manera automatizada. La elaboración de un feed implica tanto decisiones técnicas como organizativas, dado que debe representar fielmente la estructura informativa del sitio y facilitar su consumo.

Así, a la hora de desarrollar un feed se deben tener en cuenta estos pasos:

1. **Análisis del contenido a sindicar**. Antes de generar el archivo de sindicación, es necesario analizar qué tipo de contenido será incluido en el feed. Habitualmente, se sindican elementos como: **publicaciones de un blog, noticias en un portal informativo, episodios de un pódcast, productos recientes en una tienda online, víedos o multimedia de una plataforma de contenidos**, etc. Este análisis inicial permite establecer qué campos deben incluirse en el archivo XML (título, descripción, enlace, fecha, autor, etc.) y cuántas entradas recientes se desean mostrar (por ejemplo, los 10 últimos artículos).

2. **Elección del formato: RSS o Atom**. Como ya se ha estudiado existen dos estándares principales para la creación de feeds: **RSS** (Really Simple Syndication) y **Atom**. Ambos están basados en el lenguaje XML y cumplen la misma función, aunque difieren en estructura, flexibilidad y extensibilidad. RSS 2.0 está ampliamente adoptado y dispone de una estructura más sencilla. Atom, por su parte, ofrece mayor rigor sintáctico. La elección de uno u otro dependerá de la herramienta que se utilice y del nivel de compatibilidad deseado con los lectores de feeds.

3. **Generación del archivo XML**. Una vez decidido el contenido y el formato, se procede a crear el archivo XML. Este archivo debe cumplir con la estructura establecida por el estándar elegido. Los principales pasos en esta etapa son:

   - **Estructurar el encabezado del documento**. El documento deberá comenzar con una declaración XML.

```
<?xml version="1.0" encoding="UTF-8"?>
```

Figura 13.2. Encabezado XML.

   - **Definir el nodo raíz**. El nodo raíz dependerá del estándar, así, si se decide optar por RSS se incluirá la etiqueta <rss versión="2.0"> a continuación de la cabecera XML o bien <feed xmlns="http://www.w3.org/2005/Atom"> en caso de Atom.

   - **Incluir la información del canal**. Especificar el título del canal, la descripción general, el enlace al sitio web, el idioma, la fecha de actualización y otros metadatos.

   - **Agregar los elementos de contenido**. Cada publicación o entrada se representará mediante un bloque específico determinado por el estándar como ya ocurriera en el punto 3.2. Así, para RSS se usará la etiqueta <item>, mientras que para Atom utilizaremos <entry>. Cada entrada debe contener al menos un **título**, la **URL** asociada, **fecha de publicación**, un **resumen o descripción** y un **identificador único**.

Ejemplo de feed RSS

```
<rss version="2.0">
 <channel>
  <title>Blog de Lenguajes de Marcas</title>
  <link>https://www.ejemplo.com</link>
  <description>Publicaciones sobre XML, HTML y más.</description>
  <language>es-es</language>
  <item>
   <title>Introducción a XML</title>
   <link>https://www.ejemplo.com/xml-introduccion</link>
   <description>Una guía básica sobre XML y su sintaxis.</description>
   <pubDate>Sat, 18 May 2025 08:00:00 GMT</pubDate>
   <guid>https://www.ejemplo.com/xml-introduccion</guid>
  </item>
 </channel>
</rss>
```

4. **Publicación del feed**. Una vez generado el archivo XML, debe ser almacenado en un servidor web para que pueda ser accedido públicamente mediante una URL. Para asegurar que el archivo sea reconocido como un feed, el servidor debe enviarlo con el tipo MIME adecuado **application/rss+xml** o **application/atom+xml**, dependiendo del formato.

5. **Automatización del proceso de actualización**. En sitios web dinámicos o que publican contenido frecuentemente, es imprescindible que el feed se actualice automáticamente. Esto se puede lograr mediante:

   - **Sistemas de gestión de contenidos (CMS)**[4] como WordPress, que generan feeds automáticamente sin intervención del usuario.

   - **Scripts personalizados** en lenguajes como PHP, Python o JavaScript del lado del servidor, que consultan una base de datos y regeneran el XML cada vez que se añade nuevo contenido.

   - **Plugins o módulos** específicos que amplían las capacidades de sitios existentes.

   Este proceso de automatización garantiza que el feed refleje siempre el estado más reciente del sitio web y reduce la posibilidad de errores humanos.

6. **Validación del archivo XML**. Un paso crucial es validar el archivo XML generado para asegurar que cumple con la sintaxis del estándar utilizado y que puede ser leído correctamente. Existen diversas herramientas en línea para validar feeds RSS y Atom, como:

   - W3C Feed Validation Service

   - Feed Validator

   Una vez validado, el feed está listo para ser utilizado por cualquier lector compatible.

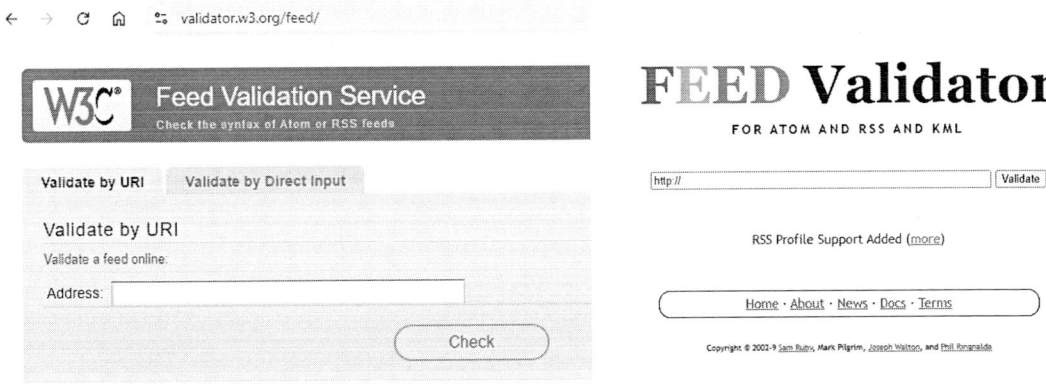

Figura 13.3. Feed Validation Service   **Figura 13.4**. Feed Validator.

---

[4] Software que permite a los usuarios crear, gestionar, almacenar, editar y publicar contenido digital, especialmente en sitios web, sin necesidad de tener conocimientos avanzados de programación o codificación.

13.3.2. ¿Cómo se consume un feed?

Una vez que el feed ha sido creado y publicado correctamente en un sitio web, el siguiente paso en el proceso de sindicación es su consumo. Este concepto hace referencia al conjunto de mecanismos que permiten a los usuarios o sistemas *acceder*, *interpretar* y *visualizar* la información contenida en el feed.

Consumir un feed implica acceder al archivo XML y transformarlo en contenido comprensible y útil, ya sea por medio de aplicaciones especializadas, sistemas de gestión de contenido o lectores automatizados.

Los feeds RSS y Atom pueden ser consumidos por distintos tipos de agentes:

- **Usuarios finales,** "*lectores humanos*". Utilizan lectores de feeds o agregadores (en inglés, *feed readers* o *news aggregators*) para recibir y leer las actualizaciones desde varios sitios web, todo desde una única interfaz. Algunos ejemplos de lectores son: **Feedly, Inoreader, The Old Reader, Mozilla Thunderbird** (cliente de correo que incluye lector RSS), **Reeder** (en sistemas Apple).

Figura 13.5. Aplicativo web Feedly.

Figura 13.6. The Old Reader.

Crea tu propia fuente de noticias

Con Inoreader, la información acude a ti al momento de estar disponible. Sigue tus sitios web y creadores favoritos, colecciona artículos y descubre contenido inspirador a lo largo de la web. Filtra el ruido y aprovecha al máximo tu tiempo en línea.

Figura 13.7. Inoreader.

- **Aplicaciones web y móviles.** Refieren sistemas y plataformas que integran contenidos externos para enriquecer su funcionalidad. Como ejemplo de este tipo encontramos: Agregadores de noticias como **Google News**, páginas de inicio personalizadas como **Netvibes** o aplicaciones móviles de seguimiento de medios digitales.

- **Otros sitios web, contenido embebido** o **republicado.** Los feeds permiten a otros sitios web mostrar automáticamente contenido actualizado desde fuentes externas (por ejemplo, un blog de una universidad puede mostrar en su portada las últimas publicaciones de un grupo de investigación).

- **Sistemas automatizados** y **motores de búsqueda.** Motores de búsqueda como **Google**, **Bing** o **servicios como IFTTT** y **Zapier** utilizan los feeds para detectar cambios y nuevas publicaciones, facilitando su indexación o desencadenando tareas automatizadas (como compartir la información en redes sociales).

13.3.2.1. Funcionamiento técnicamente hablando de un lector de feeds

Un lector de feeds realiza una serie de operaciones que permiten presentar el contenido sindicado de manera útil al usuario:

1. **Suscripción al feed.** El lector solicita al usuario que introduzca la URL del feed (por ejemplo, https://www.ejemplo.com/feed.xml). En muchos casos, el lector detecta automáticamente la presencia del feed en una página si esta contiene una etiqueta <link rel="alternate" type="application/rss+xml"> en su encabezado HTML.

2. **Análisis del contenido XML.** El lector descarga el archivo XML y lo interpreta (parsea) usando un motor de análisis XML. Identifica los elementos clave como <title>, <link>, <description> o <entry>, dependiendo del formato.

3. **Comparación con entradas anteriores.** Para saber si hay nuevo contenido, el lector compara las entradas actuales con las ya guardadas. Para ello, se basa en campos como **<guid>** en RSS, **<id>** en Atom y la fecha de publicación (**<pubDate>** o **<updated>**).

4. **Presentación al usuario.** Una vez identificado el nuevo contenido, el lector lo muestra de forma estructurada y legible, generalmente con **título con enlace, fecha, descripción o resumen** e **imagen** destacada en caso de que haya sido incluida en el feed. Además, los lectores pueden permitir al usuario *marcar artículos* como leídos o favoritos, *buscar contenidos* dentro de los feeds, *clasificarlos* por etiquetas o carpetas o *recibir notificaciones* al publicarse nuevas entradas.

Los lectores RSS no están permanentemente conectados al feed. En su lugar, lo consultan de forma periódica, según una frecuencia determinada (por ejemplo, cada 30 minutos, cada hora o manualmente). Para optimizar este proceso, los servidores pueden utilizar cabeceras HTTP que ayudan a evitar descargas innecesarias:

- **ETag.** Identificador único que cambia solo si el contenido se ha modificado.

- **Last-Modified.** Indica la última fecha de modificación del feed.

Si el lector detecta que no hay cambios, no descarga el archivo completo, lo que ahorra recursos tanto para el cliente como para el servidor.

13.3.3. Proceso de actualización automática del contenido

Uno de los pilares fundamentales de la sindicación de contenidos es la capacidad de mantener los datos constantemente actualizados sin intervención manual por parte del usuario o el administrador. Esta actualización automática es la que otorga a los feeds RSS y Atom su valor práctico, permitiendo la distribución instantánea de información reciente y garantizando que los consumidores del feed (usuarios o sistemas) dispongan siempre del contenido más reciente.

En muchos sitios web (por ejemplo, blogs, portales de noticias, tiendas electrónicas), el contenido se modifica o amplía con frecuencia. Cada nueva publicación, modificación o eliminación de información debe reflejarse en el archivo del feed correspondiente para asegurar que los consumidores reciben datos precisos y actualizados.

El objetivo es que cualquier cambio en el contenido se vea reflejado en tiempo real o con muy poca demora en el feed XML, sin que sea necesario editar el archivo manualmente.

A continuación, se explica en profundidad cómo se lleva a cabo este proceso desde el punto de vista técnico y organizativo.

13.3.3.1. Automatización del proceso mediante CMS o scripts

En la mayoría de los casos, los feeds no se escriben manualmente, sino que se generan de forma dinámica. Esto significa que el archivo XML del feed no es estático, sino que se crea automáticamente a partir de una base de datos cada vez que se solicita. Este mecanismo suele implementarse mediante:

1. **Sistemas de Gestión de Contenidos (CMS)**

   - WordPress, Joomla, Drupal y otros CMS populares generan el feed de forma nativa.

   - Cada vez que se publica una nueva entrada, el sistema actualiza automáticamente el feed.

2. **Scripts personalizados en servidores web**

   - Utilizan lenguajes como PHP, Python, Ruby, Node.js, etc.

   - Extraen la información más reciente de una base de datos (por ejemplo, MySQL) y construyen el archivo XML a partir de ella.

   - Estos scripts se pueden ejecutar automáticamente cada vez que se accede al feed, o bien en intervalos mediante tareas programadas.

13.3.3.2. Mecanismos de verificación de cambios

Para evitar que los lectores de feeds descarguen de manera innecesaria el archivo completo del canal cada vez que lo consultan, se implementan diversos mecanismos orientados a optimizar el tráfico de datos entre el cliente (lector de feeds) y el servidor web. Estos mecanismos permiten determinar si el contenido ha sido modificado desde la última vez que fue solicitado, y en caso contrario, evitan su retransmisión completa, lo que mejora significativamente la eficiencia del sistema.

1. Uno de los métodos más comunes es el uso de **la cabecera HTTP Last-Modified**. Esta cabecera proporciona la fecha y hora exactas en las que el archivo del feed fue modificado por última vez. Cuando un lector de feeds realiza una petición al servidor, puede consultar esta información para comparar con la fecha de la última actualización que tiene almacenada. Si la fecha del servidor es posterior, el lector descargará el nuevo contenido; si no, entenderá que no hay cambios y evitará una descarga innecesaria.

2. Otro mecanismo de control ampliamente utilizado es la **cabecera HTTP ETag (Entity Tag)**. Este encabezado actúa como un identificador único asociado a la versión actual del recurso. Cada vez que el contenido del feed sufre una modificación, el servidor genera un nuevo ETag. El lector de feeds puede enviar el ETag anterior en su siguiente solicitud, y el servidor determinará si corresponde con la versión más reciente. Si no ha habido cambios, se puede evitar la descarga del contenido completo, optimizando así el uso del ancho de banda.

3. Por último, se encuentra el **uso de condiciones en la petición HTTP**, en particular mediante **la cabecera If-Modified-Since**. Esta instrucción permite al lector de feeds especificar en su solicitud la fecha de la última vez que recibió una versión del feed. Si el contenido no ha sido modificado desde esa fecha, el servidor responderá con el código de estado **304 Not Modified**, lo que indica que no se requiere volver a enviar el archivo, ya que no ha cambiado.

Estos tres mecanismos contribuyen de manera fundamental a la eficiencia de la sindicación de contenidos, al reducir el tráfico innecesario, disminuir la carga en los servidores y mejorar la experiencia del usuario al permitir un acceso más rápido a la información actualizada.

13.3.3.3. Descripción del flujo de sindicación

El proceso de sindicación de contenidos puede dividirse en las siguientes etapas:

Etapa 1: Creación del contenido original

- El autor o administrador del sitio web crea una nueva publicación, noticia, entrada de blog, producto, etc.
- Esta información se almacena en una base de datos y se muestra en la página web principal.

Etapa 2: Generación del feed

- El sistema (CMS o script personalizado) detecta la nueva publicación y actualiza el archivo XML del feed.
- Este archivo contiene metadatos estructurados (título, fecha, enlace, resumen…) de los contenidos más recientes.

Etapa 3: Publicación del feed

- El archivo XML está disponible públicamente en una URL concreta (por ejemplo: https://sitio.com/rss.xml).
- El sitio web puede incluir una etiqueta en su <head> HTML para facilitar que los navegadores o lectores detecten el feed:

<link rel="alternate" type="application/rss+xml" title="RSS"
href="https://sitio.com/rss.xml" />

Etapa 4: Consulta del lector o agregador

- Un usuario se suscribe al feed mediante un lector de feeds (Feedly, Inoreader, etc.).
- El lector realiza una petición periódica (HTTP GET) al archivo XML del feed.

Etapa 5: Análisis y comparación

- El lector analiza el contenido XML recibido.
- Compara los identificadores y fechas de las entradas con los datos ya almacenados para detectar nuevas publicaciones.

Etapa 6: Visualización para el usuario

- El lector muestra las nuevas entradas al usuario de forma organizada: título, resumen, enlace, fecha, imágenes, etc.
- El usuario puede leer directamente en el lector o visitar la página original haciendo clic en el enlace de cada entrada.

Etapa 7: Repetición automática

- El lector repite la consulta de forma automática cada cierto intervalo (por ejemplo, cada hora).
- Si detecta cambios, actualiza su base de datos interna y muestra las novedades.

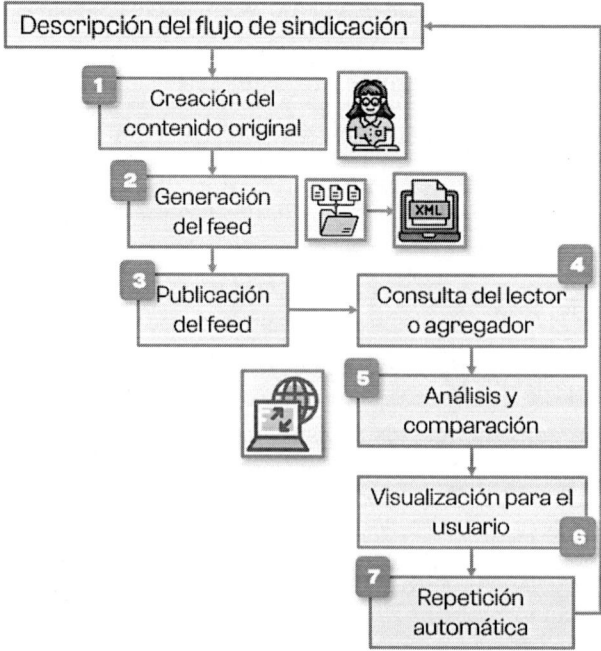

Figura 13.8. Pasos descriptivos del flujo de sindicación.

Comprender el flujo de sindicación de contenidos resulta de vital importancia en el contexto de un módulo académico dedicado al estudio de los lenguajes de marcas, ya que permite ilustrar de forma concreta y aplicada diversos principios fundamentales de esta disciplina. Lejos de ser un mero ejercicio teórico, el análisis de este flujo ofrece una visión sobre cómo los lenguajes de marcas se integran en entornos reales, facilitando la interoperabilidad entre sistemas, la estructuración de la información y la automatización de procesos.

En primer lugar, este flujo pone de manifiesto la interacción directa entre datos estructurados —como los que se expresan mediante XML— y los servicios web que consumen dicha información. A través del uso de etiquetas y estructuras jerárquicas, los lenguajes de marcas permiten describir de manera clara, precisa y normalizada los distintos elementos que componen un contenido digital, como títulos, fechas, enlaces y descripciones. Esta organización favorece la legibilidad tanto para personas como para sistemas automatizados, y se convierte en la base sobre la que operan los lectores de feeds y plataformas de agregación.

Asimismo, el estudio de este proceso demuestra la utilidad práctica de las etiquetas XML y sus atributos en el contexto de la comunicación entre aplicaciones distribuidas. Cada etiqueta define una parte específica del contenido, mientras que los atributos permiten añadir propiedades adicionales que enriquecen la información semántica. Esta capacidad descriptiva es esencial para lograr una correcta interpretación de los datos por parte de los sistemas receptores.

Además, el flujo de sindicación es un ejemplo claro de cómo los lenguajes de marcas hacen posible la automatización de tareas informativas. Gracias a la estructuración de los datos, los lectores de feeds pueden analizar, filtrar y mostrar contenido nuevo de forma completamente automática, sin intervención humana constante. Este principio de automatización es clave en el desarrollo de sistemas eficientes, actualizables y sostenibles a largo plazo.

Finalmente, el análisis del proceso de sindicación introduce al lector en conceptos técnicos fundamentales relacionados con la arquitectura web moderna. Entre estos se encuentran el *modelo cliente-servidor*, las *peticiones y respuestas HTTP*, los *encabezados condicionales* (ETag, Last-Modified, etc.), la *gestión de recursos web*, y la *sincronización de versiones*. Todos estos elementos son esenciales no solo para comprender el funcionamiento de los feeds, sino también para adquirir una visión más amplia sobre cómo interactúan los distintos componentes de la web en aplicaciones contemporáneas.

13.4. VENTAJAS Y BENEFICIOS DE LA SINDICACIÓN DE CONTENIDOS

La sindicación de contenidos representa una de las prácticas más eficaces y versátiles para la distribución automatizada de información en entornos digitales. Gracias a su estructura basada en lenguajes de marcas como XML, y formatos estandarizados como RSS y Atom, ofrece beneficios significativos tanto para los productores de contenido como para los consumidores. A continuación, se analizan de forma detallada sus principales ventajas desde diversas perspectivas.

13.4.1. Beneficios para el emisor del contenido

Los sitios web que implementan sistemas de sindicación obtienen ventajas relevantes en cuanto a visibilidad, eficiencia y alcance de su contenido:

- **Mayor difusión del contenido.** La sindicación permite que el contenido llegue automáticamente a plataformas externas, lectores de feeds y servicios de agregación. Además, se amplifica el alcance de cada publicación sin necesidad de duplicar esfuerzos en distribución manual.

- **Mejora del posicionamiento y tráfico web.** Al incluir enlaces a la fuente original en cada ítem del feed, se incrementan las visitas al sitio web principal, esto mejora la indexación por parte de los motores de búsqueda, que pueden rastrear los feeds como fuentes de contenido recientes.

- **Automatización de tareas de publicación.** Permite programar y mantener actualizado el contenido de manera automática en otros medios, como redes sociales o plataformas de terceros, reduciendo la carga de trabajo manual y minimizando errores humanos en la distribución del contenido.

- **Facilidad de integración con otros sistemas.** El uso de formatos estandarizados permite integrar los feeds con herramientas de marketing, CRM, apps móviles o servicios de analítica de forma ágil y eficiente.

13.4.2. Beneficios para el usuario o lector

Desde el punto de vista del consumidor de información, la sindicación ofrece importantes ventajas relacionadas con la *accesibilidad*, el *ahorro de tiempo* y la *personalización de contenidos.*

- **Acceso centralizado a múltiples fuentes.** Mediante un lector de feeds, el usuario puede seguir diversas fuentes de información desde una única interfaz. De este modo se evita la necesidad de visitar cada página web individualmente para verificar si hay novedades.

- **Información en tiempo real.** El usuario recibe notificaciones o actualizaciones en cuanto se publica nuevo contenido. Esto resulta especialmente útil en contextos donde la inmediatez es esencial, como noticias, alertas técnicas o precios de productos.

- **Personalización del consumo informativo.** El lector puede seleccionar qué fuentes seguir, ordenarlas por categorías y filtrar contenidos por palabras clave, idioma, fecha, etc. Se optimiza el tiempo dedicado a la lectura al acceder solo a la información que resulta relevante.

- **Compatibilidad con dispositivos móviles.** Muchos lectores de feeds están disponibles como aplicaciones móviles, lo que permite mantenerse informado en cualquier momento y lugar. La interfaz simplificada y sin elementos publicitarios mejora la experiencia de lectura.

13.4.3. Ventajas técnicas y estructurales

La sindicación de contenidos no solo es funcional desde el punto de vista del usuario y el editor, sino que también representa una solución sólida desde el plano técnico y organizativo:

- **Uso de estándares abiertos.** RSS y Atom están basados en XML, un lenguaje ampliamente documentado, soportado y compatible con numerosos entornos. Esto facilita el desarrollo de herramientas personalizadas y garantiza la interoperabilidad.

- **Eficiencia en la transferencia de datos.** Gracias a los mecanismos de actualización condicional (como ETag y Last-Modified), se minimiza el tráfico de red. Se optimiza el rendimiento tanto del lado del servidor como del cliente.

- **Separación entre contenido y presentación.** El feed contiene únicamente la información estructurada, sin estilos ni elementos visuales, lo que permite reutilizarla fácilmente en distintos contextos. Esto favorece el principio de reutilización del contenido (content reuse), fundamental en entornos de documentación técnica y desarrollo web.

- **Escalabilidad y mantenibilidad.** La sindicación es una solución escalable que puede manejar desde pocos hasta miles de suscriptores sin grandes modificaciones técnicas. El mantenimiento es mínimo una vez configurado el sistema, y las actualizaciones se producen de forma automatizada.

13.4.4. Aplicaciones prácticas y casos de uso

Las ventajas descritas se traducen en una amplia gama de aplicaciones en distintos sectores:

- **Medios de comunicación**: para distribuir noticias en tiempo real a lectores y agencias de información.

- **Blogs personales o corporativos**: para fidelizar lectores y aumentar el tráfico web.

- **Tiendas electrónicas**: para mostrar nuevos productos o promociones directamente en plataformas externas.

- **Educación**: para mantener al día a estudiantes con actualizaciones de temarios, calendarios o recursos.

- **Administración pública**: para publicar boletines oficiales, avisos y resoluciones accesibles para ciudadanos y medios.

13.5. LECTORES Y PLATAFORMAS DE SINDICACIÓN

La sindicación de contenidos no tendría un impacto real sin la existencia de herramientas capaces de interpretar, organizar y presentar esa información de manera accesible y útil para los usuarios. Estas herramientas reciben el nombre de **lectores de feeds** o **plataformas de agregación**, y desempeñan un papel crucial en el ecosistema de la sindicación al actuar como intermediarios inteligentes entre las fuentes de contenido (sitios web) y los consumidores de información. En este apartado se van a describir los principales tipos de lectores, sus funcionalidades, ejemplos representativos y su impacto en la experiencia de usuario.

13.5.1. Definición y propósito de un lector de feeds

Un lector de feeds, también conocido como **agregador** o **cliente de sindicación**, es una aplicación o servicio en línea diseñado para suscribirse a una o varias fuentes de contenido mediante el uso de formatos estandarizados como RSS o Atom. Su función principal consiste en consultar automáticamente los archivos de sindicación, detectar nuevas publicaciones y presentarlas al usuario de forma ordenada, sin necesidad de que este visite cada sitio web por separado.

Estos lectores pueden operar como aplicaciones web, programas de escritorio o aplicaciones móviles, y suelen ofrecer funcionalidades adicionales como categorización de contenidos, notificaciones, búsquedas personalizadas y sincronización entre dispositivos.

13.5.2. Clasificación de los lectores de feeds

Los lectores de feeds pueden clasificarse según su modalidad de uso o tipo de instalación:

1. Lectores basados en la web

Son servicios accesibles desde un navegador, sin necesidad de instalar software adicional. Permiten al usuario consultar sus fuentes desde cualquier dispositivo conectado a internet. Algunos ejemplos populares incluyen:

- **Feedly**: uno de los lectores más utilizados a nivel mundial. Ofrece una interfaz moderna, categorización de fuentes, integración con herramientas de productividad y versiones gratuitas y de pago.

- **Inoreader**: combina potentes filtros de contenido, etiquetas personalizadas, automatización y búsqueda avanzada.

- **The Old Reader**: emula la apariencia del antiguo lector de Google, con una interfaz sencilla y orientada a la lectura rápida.

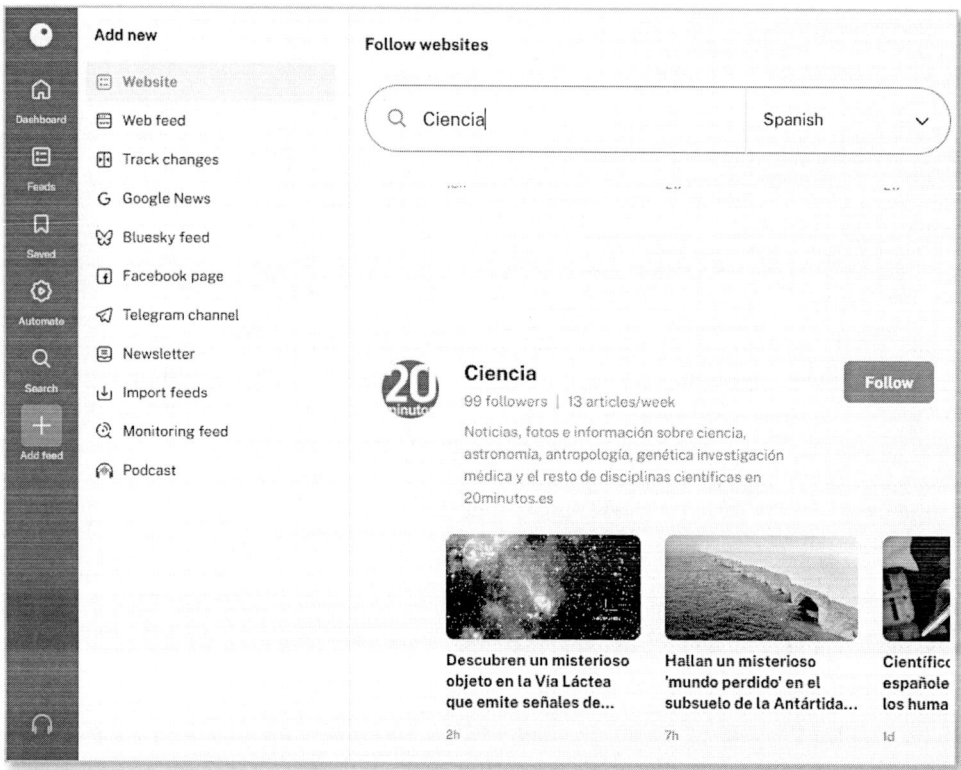

Figura 13.9. Inoreader. Tras el logeo en la aplicación se realiza una búsqueda sobre ciencia en ella y se muestran todas las noticias relacionadas con el tiempo en su parte inferior de publicación en la web.

2. Lectores de escritorio

Son programas que se instalan en el ordenador del usuario. Ofrecen un entorno de lectura más privado y, en algunos casos, con soporte offline. Algunos ejemplos destacados son:

- **RSSOwl**: lector de código abierto para Windows, macOS y Linux, con funciones de filtrado, etiquetado y exportación.

- **QuiteRSS**: software ligero, con opción de importar/exportar feeds, navegación integrada y personalización del aspecto.

Figura 13.10. Entorno de QuiteRSS.

3. Aplicaciones móviles

Diseñadas para **smartphones** y **tabletas**, permiten seguir noticias y actualizaciones en cualquier lugar. Algunos ejemplos incluyen:

- **Reeder (iOS/macOS)**: elegante, rápido y con integración con varios servicios de sincronización.

- **Flym (Android)**: aplicación de código abierto y sin publicidad, ideal para usuarios que valoran la simplicidad.

13.5.3. Funcionalidades comunes de los lectores

Más allá de mostrar las entradas de los feeds, los lectores modernos incorporan numerosas funciones que permiten realizar un mayor número de funciones al usuario final, algunas de ellas son:

- Organización por carpetas o categorías para agrupar las fuentes por temática o interés.

- Marcado de artículos como leídos/no leídos, y posibilidad de guardar entradas para su lectura posterior.

- Búsqueda de palabras clave dentro de los contenidos sindicados.

- Filtros avanzados que permiten incluir o excluir artículos según criterios específicos.

- Notificaciones en tiempo real cuando se detectan nuevas publicaciones.

- Integración con redes sociales o herramientas externas como **Pocket**[5], **Evernote** o **Trello**.

13.5.4. Comparación con otros medios de distribución de contenido

En el contexto actual de sobrecarga informativa, donde los usuarios reciben contenidos a través de múltiples canales —como redes sociales, notificaciones móviles o boletines por correo electrónico— y los lectores de feeds (o agregadores de contenidos) representan una alternativa eficaz, discreta y controlada para mantenerse informado. Estos sistemas, que procesan automáticamente archivos en formato RSS o Atom, ofrecen numerosas ventajas en comparación con otros métodos de consumo de información digital.

Una de las principales ventajas de los lectores de feeds es el respeto por la privacidad del usuario. A diferencia de los boletines de noticias enviados por correo electrónico, los lectores de feeds no requieren que el usuario proporcione datos personales, como direcciones de correo, números de teléfono u otra información identificativa. Este aspecto los convierte en una opción segura y anónima, ideal para quienes desean informarse sin comprometer su identidad ni exponerse a estrategias de marketing agresivas.

Asimismo, estos sistemas otorgan al usuario un control absoluto sobre los contenidos que desea recibir. En lugar de depender de algoritmos de recomendación que priorizan la popularidad o el interés comercial, el lector selecciona manualmente las fuentes de su interés, asegurando una experiencia informativa personalizada, transparente y alineada con sus preferencias reales.

Otro beneficio notable es la ausencia de publicidad invasiva. Muchos lectores de feeds muestran únicamente el texto principal o un resumen de las entradas, eliminando anuncios gráficos, ventanas

---

[5] Pocket es una aplicación y servicio web que permite guardar contenido web (artículos, vídeos, etc.) para ser leído o visto más tarde, incluso sin disponer de conexión a internet. Refiere una especie de lista de lectura online que se sincroniza en diferentes dispositivos.

emergentes, contenido promocional incrustado u otros elementos que suelen interrumpir la lectura en páginas web tradicionales. De este modo, se favorece una experiencia más limpia, eficiente y centrada exclusivamente en la información.

Por último, la interfaz de los lectores de feeds está generalmente optimizada para la lectura, con diseños minimalistas y sin elementos visuales ajenos al contenido. Esto contribuye a reducir las distracciones y permite al usuario concentrarse plenamente en el texto, lo cual resulta especialmente valioso en entornos académicos, profesionales o de investigación.

En conjunto, todas estas características expuestas convierten a los lectores de feeds en herramientas sumamente útiles para un consumo de información estructurado, consciente y libre de interferencias, en contraste con otros métodos más intrusivos o algorítmicamente condicionados.

13.6. EJEMPLO PRÁCTICO

A continuación, en este apartado, pasaremos a mostrar un ejemplo práctico de sitio web que servirá posteriormente como generador de noticias.

Figura 13.11. Sitio web donde se introducen noticias relacionadas con las nuevas tecnologías.

La imagen anterior refleja la visualización de un sitio web de noticias tecnológicas llamado **TechHoy**, el código HTML de este sitio podría ser algo como el que se muestra a continuación (los estilos aplicados se incluyen en el correspondiente fichero CSS que no se añade en el apartado, además, también se utiliza para la maquetación el framework Bootstrap).

```
<!DOCTYPE html>
<html lang="es">
<head>
  <meta charset="UTF-8" />
  <title>TechHoy - Noticias de Tecnología</title>
  <link rel="stylesheet" href="normalize.css" />
  <link href="Bootstrap⁶" rel="stylesheet" integrity="sha384-
EVSTQN3/azprG1Anm3QDgpJLIm9Nao0Yz1ztcQTwFspd3yD65VohhpuuCOmLASjC"
crossorigin="anonymous" />
  <link rel="stylesheet" href="estilos.css" />
  <script
src="https://cdn.jsdelivr.net/npm/bootstrap@5.0.2/dist/js/bootstrap.bun
dle.min.js" integrity="sha384-
MrcW6ZMFYlzcLA8Nl+NtUVF0sA7MsXsP1UyJoMp4YLEuNSfAP+JcXn/tWtIaxVXM"
crossorigin="anonymous"></script>
  <link rel="alternate" type="application/rss+xml" title="TechHoy RSS"
href=https://www.techhoy.com/feed/rss.xml />
</head>
<body>
  <header>
    <h1>TechHoy</h1>
    <p>Actualidad tecnológica al instante</p>
  </header>

  <main>

    <article>
        <div>
            <h2>1. Apple presenta su nuevo chip M5</h2>
            <img
src="https://s1.elespanol.com/2025/02/05/omicrono/tecnologia/921918428_
252874371_1024x576.jpg" alt="Chip Apple M5" width="300">
            <p><strong>Publicado:</strong> 28 de mayo de 2025</p>
            <p>Apple ha lanzado el procesador M5, destacando por su
rendimiento mejorado y consumo eficiente.</p>
        </div>
    </article>

    <article>
        <h2>2. Google integra IA generativa en su buscador</h2>
        <img src="https://roastbrief.com.mx/wp-
content/uploads/2024/04/google-AI-Submit-free-articles-directory.jpg"
alt="IA Google" width="300">
        <p><strong>Publicado:</strong> 26 de mayo de 2025</p>
        <p>Google incorpora funciones de IA generativa para mejorar la
relevancia de las respuestas en su buscador.</p>
    </article>

    <article>
```

---

[6] Referencia URL de Bootstrap, la palabra Bootstrap en el código debe ser sustituida por esta dirección URL: https://cdn.jsdelivr.net/npm/bootstrap@5.0.2/dist/css/bootstrap.min.css.

```
     <h2>3. Microsoft lanza Copilot Pro para desarrolladores</h2>
     <img
src="https://cdn.computerhoy.com/sites/navi.axelspringer.es/public/medi
a/image/2024/01/diferencias-copilot-copilot-pro-merece-pena-pagar-ia-
windows-11-3262591.jpg?tf=3840x" alt="Copilot Pro" width="300">
     <p><strong>Publicado:</strong> 25 de mayo de 2025</p>
     <p>La nueva versión de Copilot mejora la productividad en
entornos de programación con IA integrada.</p>
   </article>

   <article>
     <h2>4. Samsung revela su pantalla plegable 3D</h2>
     <img src="https://p.turbosquid.com/ts-
thumb/80/W9aCBL/se/sga53b_0001/jpg/1647856901/600x600/fit_q87/7865fd407
2355c13cc319abccd66d513775ac165/sga53b_0001.jpg" alt="Pantalla 3D
Samsung" width="300">
     <p><strong>Publicado:</strong> 24 de mayo de 2025</p>
     <p>Un prototipo de pantalla plegable con tecnología 3D, ideal
para realidad aumentada.</p>
   </article>

   <article>
     <h2>5. Meta presenta sus nuevas gafas VR ultraligeras</h2>
     <img src="https://about.fb.com/wp-content/uploads/2022/12/EOY-VR-
Roundup_Social-Share.jpg?w=1200" alt="Gafas VR Meta" width="300">
     <p><strong>Publicado:</strong> 22 de mayo de 2025</p>
     <p>Meta lanza una nueva generación de gafas de realidad virtual,
con mayor comodidad y resolución.</p>
   </article>

   <article>
     <h2>6. Intel anuncia sus primeros chips con arquitectura
cuántica</h2>
     <img src="https://www.techpowerup.com/img/5pKBKTNn04InIWeH.jpg"
alt="Intel Quantum" width="300">
     <p><strong>Publicado:</strong> 21 de mayo de 2025</p>
     <p>Intel entra en la carrera cuántica con chips híbridos
orientados al procesamiento científico.</p>
   </article>

   <article>
     <h2>7. Xiaomi presenta el primer teléfono solar</h2>
     <img src="https://m.media-amazon.com/images/I/715U822PfBL.jpg"
alt="Teléfono solar Xiaomi" width="300">
     <p><strong>Publicado:</strong> 20 de mayo de 2025</p>
     <p>El nuevo smartphone de Xiaomi incorpora paneles solares
traseros como fuente de carga alternativa.</p>
   </article>

   <article>
     <h2>8. Amazon lanza almacenes 100% automatizados</h2>
     <img src="https://espiral21.com/wp-
content/uploads/2024/07/digit.jpg" alt="Robots Amazon" width="300">
```

```
    <p><strong>Publicado:</strong> 19 de mayo de 2025</p>
    <p>La compañía anuncia centros logísticos totalmente operados por
robots inteligentes.</p>
    </article>

    <article>
    <h2>9. Huawei desarrolla su propio sistema operativo de IA</h2>
    <img
src="https://www.notebookcheck.org/fileadmin/Notebooks/News/_nc4/44474.
jpg" alt="Sistema operativo Huawei" width="300">
    <p><strong>Publicado:</strong> 18 de mayo de 2025</p>
    <p>HarmonyAI OS será el nuevo sistema para dispositivos
inteligentes autónomos.</p>
    </article>

    <article>
    <h2>10. NVIDIA presenta su nueva GPU para IA generativa</h2>
    <img src="https://images.nvidia.com/aem-
dam/Solutions/geforce/ada/news/rtx-40-series-graphics-cards-
announcements/geforce-rtx-4090-product-photo-001.png" alt="NVIDIA IA"
width="300">
    <p><strong>Publicado:</strong> 17 de mayo de 2025</p>
    <p>NVIDIA lanza una GPU orientada a la creación de contenido por
IA con velocidades récord.</p>
    </article>

    <article>
    <h2>11. OpenAI libera modelo de lenguaje optimizado para
móviles</h2>
    <img src="https://www.hoffman.com/wp-
content/uploads/2023/12/OpenAI-shutterstock-image-1024x576.jpg"
alt="Modelo OpenAI" width="300">
    <p><strong>Publicado:</strong> 16 de mayo de 2025</p>
    <p>Se trata de un LLM liviano optimizado para ejecutarse
directamente en teléfonos inteligentes.</p>
    </article>

    <article>
    <h2>12. Sony lanza altavoz inteligente con reconocimiento
emocional</h2>
    <img
src="https://upload.wikimedia.org/wikipedia/commons/4/41/Emotion_Engine
_%26_Graphics_Synthesizer_%287583178660%29.jpg" alt="Sony Emocional"
width="300">
    <p><strong>Publicado:</strong> 15 de mayo de 2025</p>
    <p>Este dispositivo puede adaptar su respuesta según el estado
emocional del usuario.</p>
    </article>

  </main>

  <footer>
   <p>© 2025 TechHoy - Todos los derechos reservados</p>
  </footer>
</body>
</html>
```

La línea de código siguiente:

<link rel="alternate" type="application/rss+xml" title="TechHoy RSS" href=https://www.techhoy.com/feed/rss.xml />

se utiliza para informar a navegadores, lectores de feeds y servicios web que este sitio web ofrece una fuente RSS (sindicación de contenidos). Cada parte refiere:

- **<link ... />**. Etiqueta HTML sin cierre, sin contenido, que define una relación entre el documento HTML actual y un recurso externo (como hojas de estilo, iconos o, en este caso, un feed RSS).

- **rel="alternate"**. Indica que el recurso vinculado es una alternativa al contenido principal de la página. En este caso, se trata de una versión alternativa del contenido en forma de feed RSS. Podríamos decir a grosso modo que gracias a este parámetro se está indicando al navegador que el contenido de la página posee una versión XML.

- **type="application/rss+xml"**. Especifica el tipo MIME del recurso vinculado.

- application/rss+xml. Indica que el archivo enlazado está en formato RSS (un tipo de XML).

- **title="TechHoy RSS"**. Representa un título descriptivo del feed. Los navegadores o lectores de feeds pueden mostrar este texto como nombre del feed para que el usuario lo identifique.

- **href=https://www.techhoy.com/feed/rss.xml**. Es la URL del recurso en sí, en este caso, del archivo RSS. Indica la dirección donde está disponible el feed para que pueda ser descargado o suscrito.

En el caso de que la fuente estuvira descrita en Atom, esta línea cambiaría al siguiente modo:

<link rel="alternate" type="application/atom+xml" title="TechHoy Atom" href="https://www.techhoy.com/feed/atom.xml" />

Según se observa, la diferencia con la etiqueta anterior estriba en el atributo **type** que establece como tipo MINE del recurso **atom+xml**. El propio fichero referenciado mediante el atributo **href**, **atom.xml** contendrá la estructura XML adecuada como Atom.

Si se desea ofrecer ambos feed en un sitio web tan solo se deben colocar ambas etiquetas en la cabecera del documento HTML (<head>...</head>).

```
<head>
  <title>TechHoy - Noticias de Tecnología</title>
  <link rel="alternate" type="application/rss+xml" title="TechHoy
RSS" href="https://www.techhoy.com/feed/rss.xml" />
  <link rel="alternate" type="application/atom+xml" title="TechHoy
Atom" href="https://www.techhoy.com/feed/atom.xml" />
</head>
```

Una vez se han incluídos estas etiquetas, cualquier navegador moderno o lector de feeds que visite nuestra página web detectará automáticamente que existe un feed RSS o Atom y ofrecerá al usuario la opción de suscribirse. Por ejemplo:

- En navegadores antiguos (como Firefox en sus versiones más antiguas), aparecía un icono RSS en la barra de direcciones.

- En herramientas como Feedly o Thunderbird, esto permite localizar el feed sin tener que copiar/pegar manualmente su URL.

¿Cuál sería el código RSS referenciado en el link? Si nuestra página web linca un fichero RSS este debe encontrarse definido. Veamos a continuación, cómo debe ser el fichero RSS.xml y Atom.xml para este blog de noticias.

Fichero RSS.xml.

```xml
<?xml version="1.0" ?>
<rss version="2.0">
  <channel> (1)
    <title>TechHoy - Noticias de Tecnología</title>
    <link>https://www.techhoy.com</link>
    <description>Actualidad sobre tecnología, innovación e
inteligencia artificial</description>
    <language>es</language>
    <pubDate>Wed, 28 May 2025 12:00:00 GMT</pubDate>
    <item> (2)
      <title>Apple presenta su nuevo chip M5</title>
      <link>https://www.techhoy.com/noticias/apple-chip-m5</link>
      <description>&lt;![CDATA[&lt;img
src=&quot;https://www.techhoy.com/images/apple-m5.jpg&quot;
width=&quot;200&quot;/&gt;&lt;br/&gt;Apple ha lanzado el procesador
M5, destacando por su rendimiento mejorado y consumo
eficiente.]]&gt;</description>
      <pubDate>Wed, 28 May 2025 10:00:00 GMT</pubDate>
      <guid>https://www.techhoy.com/noticias/apple-chip-m5</guid>
    </item>
    <item>
      <title>Google integra IA generativa en su buscador</title>
      <link>https://www.techhoy.com/noticias/google-buscador-
ia</link>
      <description>&lt;![CDATA[&lt;img
src=&quot;https://www.techhoy.com/images/google-ia.jpg&quot;
width=&quot;200&quot;/&gt;&lt;br/&gt;Google incorpora funciones de IA
generativa para mejorar la relevancia de las
respuestas.]]&gt;</description>
      <pubDate>Mon, 26 May 2025 09:00:00 GMT</pubDate>
      <guid>https://www.techhoy.com/noticias/google-buscador-
ia</guid>
    </item>
    <item>
      <title>Microsoft lanza Copilot Pro para desarrolladores</title>
      <link>https://www.techhoy.com/noticias/copilot-pro</link>
```

```
        <description>&lt;![CDATA[&lt;img
src=&quot;https://www.techhoy.com/images/copilot-pro.jpg&quot;
width=&quot;200&quot;/&gt;&lt;br/&gt;La nueva versión de Copilot
mejora la productividad en entornos de programación con IA
integrada.]]&gt;</description>
        <pubDate>Sun, 25 May 2025 11:00:00 GMT</pubDate>
        <guid>https://www.techhoy.com/noticias/copilot-pro</guid>
      </item>
      <item>
        <title>Samsung revela su pantalla plegable 3D</title>
        <link>https://www.techhoy.com/noticias/samsung-pantalla-
3d</link>
        <description>&lt;![CDATA[&lt;img
src=&quot;https://www.techhoy.com/images/samsung-3d.jpg&quot;
width=&quot;200&quot;/&gt;&lt;br/&gt;Un prototipo de pantalla
plegable con tecnología 3D, ideal para realidad
aumentada.]]&gt;</description>
        <pubDate>Sat, 24 May 2025 15:00:00 GMT</pubDate>
        <guid>https://www.techhoy.com/noticias/samsung-pantalla-
3d</guid>
      </item>
      <item>
        <title>Meta presenta sus nuevas gafas VR ultraligeras</title>
        <link>https://www.techhoy.com/noticias/meta-vr</link>
        <description>&lt;![CDATA[&lt;img
src=&quot;https://www.techhoy.com/images/meta-vr.jpg&quot;
width=&quot;200&quot;/&gt;&lt;br/&gt;Meta lanza una nueva generación
de gafas de realidad virtual, más ligeras y con mayor
resolución.]]&gt;</description>
        <pubDate>Thu, 22 May 2025 14:00:00 GMT</pubDate>
        <guid>https://www.techhoy.com/noticias/meta-vr</guid>
      </item>
      <item>
        <title>Intel anuncia sus primeros chips con arquitectura
cuántica</title>
        <link>https://www.techhoy.com/noticias/intel-quantum</link>
        <description>&lt;![CDATA[&lt;img
src=&quot;https://www.techhoy.com/images/intel-quantum.jpg&quot;
width=&quot;200&quot;/&gt;&lt;br/&gt;Intel entra en la carrera
cuántica con chips híbridos orientados al procesamiento
científico.]]&gt;</description>
        <pubDate>Wed, 21 May 2025 13:00:00 GMT</pubDate>
        <guid>https://www.techhoy.com/noticias/intel-quantum</guid>
      </item>
      <item>
        <title>Xiaomi presenta el primer teléfono solar</title>
        <link>https://www.techhoy.com/noticias/xiaomi-solar</link>
        <description>&lt;![CDATA[&lt;img
src=&quot;https://www.techhoy.com/images/xiaomi-solar.jpg&quot;
width=&quot;200&quot;/&gt;&lt;br/&gt;El nuevo smartphone de Xiaomi
incorpora paneles solares traseros como fuente de carga
alternativa.]]&gt;</description>
        <pubDate>Tue, 20 May 2025 10:30:00 GMT</pubDate>
```

```
      <guid>https://www.techhoy.com/noticias/xiaomi-solar</guid>
    </item>
    <item>
      <title>Amazon lanza almacenes 100% automatizados</title>
      <link>https://www.techhoy.com/noticias/amazon-robots</link>
      <description>&lt;![CDATA[&lt;img
src=&quot;https://www.techhoy.com/images/amazon-robots.jpg&quot;
width=&quot;200&quot;/&gt;&lt;br/&gt;La compañía anuncia centros
logísticos totalmente operados por robots
inteligentes.]]&gt;</description>
      <pubDate>Mon, 19 May 2025 12:00:00 GMT</pubDate>
      <guid>https://www.techhoy.com/noticias/amazon-robots</guid>
    </item>
    <item>
      <title>Huawei desarrolla su propio sistema operativo de
IA</title>
      <link>https://www.techhoy.com/noticias/huawei-os</link>
      <description>&lt;![CDATA[&lt;img
src=&quot;https://www.techhoy.com/images/huawei-os.jpg&quot;
width=&quot;200&quot;/&gt;&lt;br/&gt;HarmonyAI OS será el nuevo
sistema para dispositivos inteligentes autónomos.]]&gt;</description>
      <pubDate>Sun, 18 May 2025 08:45:00 GMT</pubDate>
      <guid>https://www.techhoy.com/noticias/huawei-os</guid>
    </item>
    <item>
      <title>NVIDIA presenta su nueva GPU para IA generativa</title>
      <link>https://www.techhoy.com/noticias/nvidia-gpu</link>
      <description>&lt;![CDATA[&lt;img
src=&quot;https://www.techhoy.com/images/nvidia-gpu.jpg&quot;
width=&quot;200&quot;/&gt;&lt;br/&gt;NVIDIA lanza una GPU orientada a
la creación de contenido por IA con velocidades
récord.]]&gt;</description>
      <pubDate>Sat, 17 May 2025 11:20:00 GMT</pubDate>
      <guid>https://www.techhoy.com/noticias/nvidia-gpu</guid>
    </item>
    <item>
      <title>OpenAI libera modelo de lenguaje optimizado para
móviles</title>
      <link>https://www.techhoy.com/noticias/openai-mobile</link>
      <description>&lt;![CDATA[&lt;img
src=&quot;https://www.techhoy.com/images/openai-mobile.jpg&quot;
width=&quot;200&quot;/&gt;&lt;br/&gt;Un LLM liviano optimizado para
ejecutarse directamente en teléfonos
inteligentes.]]&gt;</description>
      <pubDate>Fri, 16 May 2025 13:10:00 GMT</pubDate>
      <guid>https://www.techhoy.com/noticias/openai-mobile</guid>
    </item>
    <item>
      <title>Sony lanza altavoz inteligente con reconocimiento
emocional</title>
      <link>https://www.techhoy.com/noticias/sony-emotion</link>
      <description>&lt;![CDATA[&lt;img
src=&quot;https://www.techhoy.com/images/sony-emotion.jpg&quot;
```

```
width=&quot;200&quot;/&gt;&lt;br/&gt;Este dispositivo puede adaptar
su respuesta según el estado emocional del
usuario.]]&gt;</description>
      <pubDate>Thu, 15 May 2025 16:30:00 GMT</pubDate>
      <guid>https://www.techhoy.com/noticias/sony-emotion</guid>
    </item>
  </channel>
</rss>
```

El código muestra una primera zona en la que se referencia información del feed **(1)**:

```
<channel>
    <title>TechHoy - Noticias de Tecnología</title>
    <link>https://www.techhoy.com</link>
    <description>Actualidad   sobre   tecnología,   innovación   e
inteligencia artificial</description>
    <language>es</language>
    <pubDate>Wed, 28 May 2025 12:00:00 GMT</pubDate>
...
</channel>
```

- **<title>**. Título del canal, en nuestro ejemplo, TechHoy – Noticias de Tecnología.

- **<link>**. URL del sitio web.

- **<description>**. Descripción del feed.

- **<language>**. Idioma en el que se desarrollan las noticias.

- **<pubDate>**. Fecha de publicación del canal. En nuestro ejemplo, el 28 de mayo de 2025 a las 12:00.

A partir de aquí comienzan a definirse los diferentes ítems **(2)** que representan las noticias del canal:

```
<item>
      <title>Apple presenta su nuevo chip M5</title>
      <link>https://www.techhoy.com/noticias/apple-chip-m5</link>
      <description>&lt;![CDATA[&lt;img
src=&quot;https://www.techhoy.com/images/apple-m5.jpg&quot;
width=&quot;200&quot;/&gt;&lt;br/&gt;Apple ha lanzado el procesador
M5,   destacando   por   su   rendimiento   mejorado   y   consumo
eficiente.]]&gt;</description>
      <pubDate>Wed, 28 May 2025 10:00:00 GMT</pubDate>
      <guid>https://www.techhoy.com/noticias/apple-chip-m5</guid>
</item>
```

Este código muestra la primera noticia de nuestro sitio web. El título de la misma, **Apple presenta su nuevo chip M5** está ubicado entre etiquetas **<title></title>**. A continuación, se establece la URL de la noticia mediante la etiqueta **<link>** para posteriormente dar lugar a su descripción que no es más que el texto que se muestra en el sitio.

Si la codificación del feed hubiera sido con **Aton**, el código resultante debería de haber sido el que sigue:

Fichero Atom

```xml
<?xml version="1.0" ?>
<feed xmlns="http://www.w3.org/2005/Atom">
  <title>TechHoy - Noticias de Tecnología</title>
  <link href="https://www.techhoy.com"/>
  <updated>2025-05-28T12:00:00Z</updated>
  <id>https://www.techhoy.com/feed/atom</id>
  <entry>
    <title>Apple presenta su nuevo chip M5</title>
    <link href="https://www.techhoy.com/noticias/apple-chip-m5"/>
    <id>https://www.techhoy.com/noticias/apple-chip-m5</id>
    <updated>Wed,T28TMayT2025T10:00:00TGMT</updated>
    <summary type="html">&lt;![CDATA[&lt;img
src=&quot;https://www.techhoy.com/images/apple-m5.jpg&quot;
width=&quot;200&quot;/&gt;&lt;br/&gt;Apple ha lanzado el procesador
M5, destacando por su rendimiento mejorado y consumo
eficiente.]]&gt;</summary>
  </entry>
  <entry>
    <title>Google integra IA generativa en su buscador</title>
    <link href="https://www.techhoy.com/noticias/google-buscador-
ia"/>
    <id>https://www.techhoy.com/noticias/google-buscador-ia</id>
    <updated>Mon,T26TMayT2025T09:00:00TGMT</updated>
    <summary type="html">&lt;![CDATA[&lt;img
src=&quot;https://www.techhoy.com/images/google-ia.jpg&quot;
width=&quot;200&quot;/&gt;&lt;br/&gt;Google incorpora funciones de IA
generativa para mejorar la relevancia de las
respuestas.]]&gt;</summary>
  </entry>
  <entry>
    <title>Microsoft lanza Copilot Pro para desarrolladores</title>
    <link href="https://www.techhoy.com/noticias/copilot-pro"/>
    <id>https://www.techhoy.com/noticias/copilot-pro</id>
    <updated>Sun,T25TMayT2025T11:00:00TGMT</updated>
    <summary type="html">&lt;![CDATA[&lt;img
src=&quot;https://www.techhoy.com/images/copilot-pro.jpg&quot;
width=&quot;200&quot;/&gt;&lt;br/&gt;La nueva versión de Copilot
mejora la productividad en entornos de programación con IA
integrada.]]&gt;</summary>
  </entry>
  <entry>
    <title>Samsung revela su pantalla plegable 3D</title>
    <link href="https://www.techhoy.com/noticias/samsung-pantalla-
3d"/>
    <id>https://www.techhoy.com/noticias/samsung-pantalla-3d</id>
    <updated>Sat,T24TMayT2025T15:00:00TGMT</updated>
```

```
    <summary type="html">&lt;![CDATA[&lt;img
src=&quot;https://www.techhoy.com/images/samsung-3d.jpg&quot;
width=&quot;200&quot;/&gt;&lt;br/&gt;Un prototipo de pantalla
plegable con tecnología 3D, ideal para realidad
aumentada.]]&gt;</summary>
  </entry>
  <entry>
    <title>Meta presenta sus nuevas gafas VR ultraligeras</title>
    <link href="https://www.techhoy.com/noticias/meta-vr"/>
    <id>https://www.techhoy.com/noticias/meta-vr</id>
    <updated>Thu,T22TMayT2025T14:00:00TGMT</updated>
    <summary type="html">&lt;![CDATA[&lt;img
src=&quot;https://www.techhoy.com/images/meta-vr.jpg&quot;
width=&quot;200&quot;/&gt;&lt;br/&gt;Meta lanza una nueva generación
de gafas de realidad virtual, más ligeras y con mayor
resolución.]]&gt;</summary>
  </entry>
  <entry>
    <title>Intel anuncia sus primeros chips con arquitectura
cuántica</title>
    <link href="https://www.techhoy.com/noticias/intel-quantum"/>
    <id>https://www.techhoy.com/noticias/intel-quantum</id>
    <updated>Wed,T21TMayT2025T13:00:00TGMT</updated>
    <summary type="html">&lt;![CDATA[&lt;img
src=&quot;https://www.techhoy.com/images/intel-quantum.jpg&quot;
width=&quot;200&quot;/&gt;&lt;br/&gt;Intel entra en la carrera
cuántica con chips híbridos orientados al procesamiento
científico.]]&gt;</summary>
  </entry>
  <entry>
    <title>Xiaomi presenta el primer teléfono solar</title>
    <link href="https://www.techhoy.com/noticias/xiaomi-solar"/>
    <id>https://www.techhoy.com/noticias/xiaomi-solar</id>
    <updated>Tue,T20TMayT2025T10:30:00TGMT</updated>
    <summary type="html">&lt;![CDATA[&lt;img
src=&quot;https://www.techhoy.com/images/xiaomi-solar.jpg&quot;
width=&quot;200&quot;/&gt;&lt;br/&gt;El nuevo smartphone de Xiaomi
incorpora paneles solares traseros como fuente de carga
alternativa.]]&gt;</summary>
  </entry>
  <entry>
    <title>Amazon lanza almacenes 100% automatizados</title>
    <link href="https://www.techhoy.com/noticias/amazon-robots"/>
    <id>https://www.techhoy.com/noticias/amazon-robots</id>
    <updated>Mon,T19TMayT2025T12:00:00TGMT</updated>
    <summary type="html">&lt;![CDATA[&lt;img
src=&quot;https://www.techhoy.com/images/amazon-robots.jpg&quot;
width=&quot;200&quot;/&gt;&lt;br/&gt;La compañía anuncia centros
logísticos totalmente operados por robots
inteligentes.]]&gt;</summary>
  </entry>
  <entry>
```

```
      <title>Huawei desarrolla su propio sistema operativo de
IA</title>
      <link href="https://www.techhoy.com/noticias/huawei-os"/>
      <id>https://www.techhoy.com/noticias/huawei-os</id>
      <updated>Sun,T18TMayT2025T08:45:00TGMT</updated>
      <summary type="html">&lt;![CDATA[&lt;img
src=&quot;https://www.techhoy.com/images/huawei-os.jpg&quot;
width=&quot;200&quot;/&gt;&lt;br/&gt;HarmonyAI OS será el nuevo
sistema para dispositivos inteligentes autónomos.]]&gt;</summary>
    </entry>
    <entry>
      <title>NVIDIA presenta su nueva GPU para IA generativa</title>
      <link href="https://www.techhoy.com/noticias/nvidia-gpu"/>
      <id>https://www.techhoy.com/noticias/nvidia-gpu</id>
      <updated>Sat,T17TMayT2025T11:20:00TGMT</updated>
      <summary type="html">&lt;![CDATA[&lt;img
src=&quot;https://www.techhoy.com/images/nvidia-gpu.jpg&quot;
width=&quot;200&quot;/&gt;&lt;br/&gt;NVIDIA lanza una GPU orientada a
la creación de contenido por IA con velocidades
récord.]]&gt;</summary>
    </entry>
    <entry>
      <title>OpenAI libera modelo de lenguaje optimizado para
móviles</title>
      <link href="https://www.techhoy.com/noticias/openai-mobile"/>
      <id>https://www.techhoy.com/noticias/openai-mobile</id>
      <updated>Fri,T16TMayT2025T13:10:00TGMT</updated>
      <summary type="html">&lt;![CDATA[&lt;img
src=&quot;https://www.techhoy.com/images/openai-mobile.jpg&quot;
width=&quot;200&quot;/&gt;&lt;br/&gt;Un LLM liviano optimizado para
ejecutarse directamente en teléfonos inteligentes.]]&gt;</summary>
    </entry>
    <entry>
      <title>Sony lanza altavoz inteligente con reconocimiento
emocional</title>
      <link href="https://www.techhoy.com/noticias/sony-emotion"/>
      <id>https://www.techhoy.com/noticias/sony-emotion</id>
      <updated>Thu,T15TMayT2025T16:30:00TGMT</updated>
      <summary type="html">&lt;![CDATA[&lt;img
src=&quot;https://www.techhoy.com/images/sony-emotion.jpg&quot;
width=&quot;200&quot;/&gt;&lt;br/&gt;Este dispositivo puede adaptar
su respuesta según el estado emocional del usuario.]]&gt;</summary>
    </entry>
</feed>
```

En el caso de Atom, la etiqueta raíz **<feed>** contiene toda la información del canal mientras que serán las etiquetas **<entry>** las que incluyan la referencia a las noticias. El lector puede observar las diferencias entre ambos códigos, ya estudiadas con anterioridad al ver la sintaxis de ambas codificaciones.

Una vez se han generado estos tres ficheros las noticias del sitio web pueden ser reconocidas por prácticamente cualquier lector de feeds:

1. **El sitio HTML incluye la referencia al feed** gracias a la introducción en la etiqueta <head> las etiquetas de enlace a los ficheros XML correspondientes.

```
<link rel="alternate" type="application/rss+xml" title="TechHoy RSS"
href="https://www.techhoy.com/feed/rss.xml" />

<link rel="alternate" type="application/atom+xml" title="TechHoy
Atom" href="https://www.techhoy.com/feed/atom.xml" />
```

- Los navegadores y lectores de feeds detectan automáticamente los feeds disponibles en tu web.

- Esto facilita que herramientas como Feedly o extensiones RSS encuentren el contenido.

2. **Los archivos RSS y Atom están accesibles** por URL pública gracias a las direcciones URL especificadas en las etiquetas <link> anteriores.

```
https://www.techhoy.com/feed/rss.xml
https://www.techhoy.com/feed/atom.xml
```

- Es importante recordar que el servidor donde se encuentren alojados los ficheros no bloquee bots ni herramientas automatizadas.

- Si están bien formateados, los lectores de feeds podrán analizarlos y extraer el contenido.

3. **El contenido del feed está correctamente estructurado.** Es importante entender que los lectores de feeds buscan: *Títulos* (<title>), *Enlaces* (<link>), *Fechas de publicación* (<pubDate> o <updated>), *Descripciones* o *contenido, ID único por noticia,* (Opcional) *Imágenes* o *resúmenes en HTML.* Si los feeds contienen todo esto, funcionarán correctamente en lectores modernos.

4. **No se requiere acción del usuario más allá de suscribirse.** Una vez que el lector reconoce el feed, el usuario solo tiene que pulsar "seguir" o "suscribirse". A partir de ahí, las noticias se actualizan automáticamente cada vez que se publiquen nuevas.

Para finalizar, se aconseja realizar algunas comprobaciones de manera que se garantice con certeza que nuestras noticias serán reconocidas por los lectores de feed.

1. **Verificación de feed accesibles.** Antes de probar en lectores de feed es interesante observar si las direcciones URL aportadas son correctas y derivan a la información que se desea. Para ello solo será necesario colocar estas en un navegador. Copia la URL de tus etiquetas <link>, https://www.techhoy.com/feed/rss.xml y https://www.techhoy.com/feed/atom.xml de una en una y observa si se muestra el fichero, en caso de error podrás corregirlo antes de que el usuario final desee acceder mediante los diferentes modos que se han visto en el capítulo.

2. **Validación del contenido del feed (estructuralmente)**. Es posible llevar a cabo esta acción mediante el uso de aplicaciones web diseñadas para ello como **W3C Feed Validation Service** o **Feed Validator by Rubydoc.info**. Estos validadores indicarán si existe algún error de sintaxis, si alguna etiqueta no es correcta, si hay errores en fechas, etc.

3. **Probar en lectores de feeds (RSS/Atom Readers)**. Una vez validados los ficheros se puede proceder a la suscripción del feed de manera que se observe si su funcionamiento es correcto.

Actividad 13.3

Escoge un tema y desarrolla un sitio web, blog, con al menos diez noticias. A continuación, desarrolla los ficheros RSS y Atom asociados.

Actividad 13.4

Valida el contenido que acabas de crear y observa como es leído por alguno de los lectores de feed vistos en el capítulo

---

ACTIVIDADES DE AMPLIACIÓN

1. Elige tres lectores de feeds diferentes (por ejemplo: Feedly, Inoreader, The Old Reader, QuiteRSS, etc.). Suscríbete a un mismo feed RSS (puede ser el del ejemplo TechHoy o uno real, como el de un periódico). A continuación, realiza una tabla comparativa que incluya los siguientes aspectos:

   - Facilidad de uso.

   - Interfaz gráfica.

   - Velocidad de actualización.

   - Posibilidad de filtrado y organización.

   - Funcionalidades adicionales (modo offline, sincronización, integración con otras apps).

   Redacta una conclusión indicando cuál consideras más útil y por qué.

2. Crea una página web HTML sencilla con una sección titulada "Últimas noticias". Utiliza JavaScript o un widget externo (como FeedWind, RSSInclude o una librería JS) para mostrar dinámicamente las entradas de un feed RSS o Atom. Debes asegurarte de que se visualicen al menos: el título, un fragmento o resumen, el enlace a la noticia, la fecha de publicación. Adjunta el código HTML y una captura de pantalla del resultado final.

3. Simula un lector de feeds sencillo en un lenguaje como Python o JavaScript. El script debe leer un archivo RSS (local o remoto).

   - Detectar si hay nuevas entradas usando la fecha de publicación o el guid.

   - Mostrar en consola los nuevos títulos detectados.

   - Describe en un breve informe cómo se podría mejorar este proceso añadiendo soporte para ETag o Last-Modified.

4. Elige un tema que te interese (por ejemplo: videojuegos, cine, sostenibilidad...). Crea dos archivos XML, uno con formato RSS 2.0 y otro con formato Atom 1.0, con al menos 5 entradas diferentes cada uno. Debes asegurarte de que ambos archivos estén bien estructurados y sean válidos. Valida ambos feeds en el W3C Feed Validator y adjunta la captura de validación.

5. Investiga cómo un CMS como WordPress o Blogger genera automáticamente sus feeds. Accede al feed de un blog (por ejemplo: https://blogname.wordpress.com/feed/) y analiza su estructura. Describe:

   - Qué campos incluye el feed (título, descripción, fecha, etc.).

   - Si cumple el estándar RSS o Atom.

   - Cómo se podría integrar ese feed en una app móvil o servicio de automatización (como IFTTT).

   Concluye con una reflexión sobre las ventajas de automatizar la publicación de contenidos.